BEIJING LANGUAGES INSTITUTE

CHINESE
FOR TODAY

Second Edition

今日
汉语

THE COMMERCIAL PRESS

Chinese for Today [Book 1]
今日汉语（一）

Compiled and written by
Huang Zhengcheng, Ding Yongshou, Liu Lanyun, Qiu Yanqing,
Li Jiyu, Lu Jianji, Hu Huainian and Xiong Wenhua
of The Beijing Languages Institute

Executive Editors
Wang Yue, Wong Ka Lai

Published by

The Commercial Press (Hong Kong) Ltd.
8/F., Eastern Central Plaza, 3 Yiu Hing Road, Shau Kei Wan, Hong Kong.
http://www.commercialpress.com.hk

Printed by

Elegance Printing & Book Binding Co., Ltd.
Block A, 4/F., Hoi Bun Ind. Bldg., 6 Wing Yip St., Kwun Tong, Kln., H.K.

First Edition 1986
Second Edition / 4th Printing February 2001

ISBN 962 07 4290 7

Printed in Hong Kong

目 录 Contents

Phonetics I

    Exercises XI

Abbreviations of Parts of Speech XXI

Lesson

  1. 欢迎 Welcome 1

  2. 介绍 Introduction 11

  3. 找人 Looking for Someone 20

  4. 你去哪儿 Where Are You Going 29

  5. 去邮局 To the Post Office 39

      复习 一 Revision 1 48

  6. 寄信 Mailing a Letter 50

  7. 兑换外币 Exchanging Foreign Money for Renminbi ... 58

  8. 今天几号 What's the Date Today 67

  9. 现在几点 What Time Is It 75

10. 打电话 Making a Telephone Call 84

      复习 二 Revision 2 95

11. 谁的钢笔 Whose Pen Is It 98

12. 买东西 Shopping 109

13. 去机场 Going to the Airport 119

14. 在饭馆 In a Restaurant 129

15. 看病 Consulting a Doctor 140

      复习 三 Revision 3 151

16. 北京的天气 The Weather in Beijing 154

17. 问年龄 Asking People's Age 163

18. 在北京观光 Sightseeing in Beijing 174

Lesson

19. 我们正说你呢 We Are Just Talking about You 183

20. 辞行 Saying Goodbye 193

     复习 四 Revision 4 205

21. 相遇 A Chance Meeting 209

22. 我们游览长城去了 We Went to the Great Wall 221

23. 宴请 Invitation to a Dinner 234

24. 送行 Seeing People off 246

25. 中国人的称呼 Chinese Forms of Address 258

     复习 五 Revision 5 270

26. 问路 Asking the Way 274

27. 老友重逢 When Old Friends Meet 284

28. 谈汉语学习 Talking about Learning Chinese 296

29. 橱窗里的"人" The "Man" in the Shop Window 309

30. 怎样写中文信 How to Write Chinese Letters 320

     复习 六 Revision 6 331

31. 我们是同行 We Are in the Same Profession 335

32. 现在什么节目 What's on the Radio and TV 345

33. 我以前来过西安 I've Been to Xi'an Before 355

34. 我们就要离开中国了 Leaving China 369

35. 祝你们一路平安 Wish You a Pleasant Trip 382

     复习 七 Revision 7 393

Appendices

  I 词汇表 Vocabulary 396

     专名 Proper Nouns 424

     补充词汇表 Supplementary Vocabulary 428

     专名 Proper Nouns 440

  II 语法索引 Grammar Index 443

Preface

I

CHINESE FOR TODAY is a series in two stages conceived and designed for people outside China who want to learn modern Chinese. It can be used as a textbook for regular classroom teaching, as well as for self-teaching purposes.

The textbook for Stage One contains 35 lessons preceded by a concise introduction to speech sounds and tones of modern Chinese. The texts of these lessons are all lively and true-to-life dialogues. They deal with situations a foreigner travelling or living in China is likely to find him or herself in. The major aim of this stage is to teach basic sentence patterns and ways of expression in modern spoken Chinese.

In the 35 lessons of the second stage, spoken and written Chinese are given equal attention, and a broader spectrum of life in modern Chinese society is presented through dialogues and stories. More complex sentence patterns and different ways of expression in a given situation are introduced and drilled, while what has been taught in the first stage is systematically revised. An integral part of each lesson in this stage is a Word Study section which illustrates, compares and summarizes the most frequently used expressions and phrases through examples and explanation.

In Stage One each text ranges from one to three hundred characters of which about 30 are new words. In Stage Two each text contains four to six hundred characters with some 40 of them being new words.

The learner, upon finishing the two stages, can expect to be able to recognize two thousand five hundred characters, at least half of which he or she should be able to write. These characters should be adequate for him or her to understand non-technical radio broadcasts, to carry on conversations on a variety of topics and to read newspapers and non-technical journals.

In compiling this series, conscious efforts were made to incorporate the finer features of other Chinese textbooks. The underlying objective of this series is to enable the learner to acquire a solid command of the Chinese language in listening, speaking, reading, and writing. This is achieved, among other ways, through careful grading of material, giving particular attention to what presents special difficulty to the foreign learner, and systematic presentation of ways of expression peculiar to the Chinese language. For the convenience of average users of this textbook linguistic terminology is cut down to the minimum.

To acquire facility in a language the learner needs to be familiar with the cultural and historical background of the nation where the language is spoken. This being the case, concise, clear annotations are provided where necessary. These will help the learner to understand what the Chinese would say in a given situation, how he or she would put it and why. The language taught in the series is consistently standard modern Chinese, and gives due emphases to common set phrases, sayings and idioms.

To be used with Stage One is the companion book *EXERCISES* which serves to aid the user in recognizing, reading and writing characters. To meet the needs of some users, in the word lists, underneath all the simplified characters their originals in complex strokes are given. There is also a companion *READER* to go with the second volume. It is to help the learner revise what he or she has learned and obtain a broader and deeper understanding of Chinese history and culture.

In *CHINESE FOR TODAY* ample exercises of various types have been devised for those language points which the learner is expected to master. After every five lessons there is a special section for revision.

As a supplement, recordings of speech sounds and tones and the texts in standard spoken Chinese are available on cassette tapes.

II

HOW TO USE *CHINESE FOR TODAY*

Both the person wishing to learn Chinese on his own and the instructor teaching a course will find this series should serve their purposes admirably. Furthermore, the series is designed so that it may be used by learners with different specific goals. For example, the learner whose sole objective is mastery of basic spoken Chinese need only use the main textbooks of Stages One and Two, and the student equally interested in oral and written forms may use all materials simultaneously.

In using this series, the importance of practice should be emphasized. This is particularly so when a Chinese environment is lacking. The lessons are written and arranged in such a way as to facilitate the learner to do an ample amount of exercises.

The following are some hints the user of this textbook may find useful.

1) **Phonetics.** More time and effort should be given to the comparatively few difficult sounds and tones instead of directing equal attention to everything. The learner will find it rewarding to listen to the recordings and to compare his or her own voice with that on the tape and thus to correct errors in pronunciation and intonation. It is most stimulating to combine phonetic exercises with the study of the texts.

2) **Dialogue/text and new words lists.** The student is encouraged to listen to the recordings first all the way through, then practise repeatedly reading aloud with the recordings afterwards. Difficult words and language points are numbered for quick reference. Extensive oral exercises on the new words and the text may be done in class to enable the learner to understand properly and to use correctly what is being taught in different situations.

3) **Study points.** The learner should bear in mind that not all that is annotated here is of the same importance. Some of the notes are just to provide background information. Those points which have exercises to go with them are the ones on which the student should concentrate.

4) **Exercises.** The exercises are designed to help the student to use in real situations the language they have just learnt. The phonetic exercises, oral exercises and listening exercises can be used for drills in class, while written exercises are recommended to be assigned as homework.

5) *EXERCISES IN READING AND WRITING CHINESE CHARACTERS* is a collection of exercises intended to improve the learner's ability to recognize, to read and to write characters, as well as to improve his or her reading comprehension. For those who are interested in Chinese characters, this supplement should prove invaluable. It is divided into two parts, one for reading and one for writing. As the two parts are independent, the learner who wishes to learn both reading and writing should use them simultaneously.

This textbook was written by Huang Zhengcheng（黄政澄）, Ding Yongshou（丁永寿）, Liu Lanyun（刘岚云）, Qiu Yanqing（邱衍庆）, Li Jiyu（李继禹）and Lu Jianji（鲁健骥）. English translation is by Hu Huainian（胡怀年）. Xiong Wen hua（熊文华）also took part in the translation of Book One. The compilers and translators are all teachers at the Beijing Languages Institute.

In the course of compiling this series, we have received generous assistance from Lo Chihong and Linda Jaivin. For this we wish to express our appreciation and gratitude.

The authors

FORMAT OF STAGE ONE OF *CHINESE FOR TODAY*

1) There are 35 lessons in this volume, with a section for revision between every five lessons. Preceding the lessons is an introduction to phonetics and coming after the lessons is a general word list in the Chinese alphabetic order. Each lesson is composed of the following parts: the text, the new words, the study points, the exercises and the key to the exercises.

2) *Pinyin* (Romanized spelling) is provided under each line of the text, which is translated into English. Points in the text which are annotated are marked by small Arabic numerals.

3) New words, which are arranged in the order of their appearance in the text, are accompanied by their Romanized Chinese spellings *(pinyin)*, parts of speech and English translations. The student can also refer to the Word List in the appendix where the characters are listed in alphabetical order by *pinyin* spelling. English translations of the new words, as a rule, are of the same parts of speech as the Chinese originals. The relatively few words that don't correspond to standard English parts of speech are properly explained. Proper names are rendered into Romanized Chinese spellings. Accepted English spellings are also given for words such as Beijing (Peking), and Guǎngzhōu (Canton). New words in the exercises are listed under Supplementary Words.

4) Some of the examples in the notes are taken from the text. Where necessary, extra examples have been added. These additional examples are accompanied by both Romanized Chinese spellings and English translations.

5) There are four types of exercises in this book. They are: phonetic exercises, oral exercises, written exercises and listening exercises.

6) All the simplified characters in this series follow the *LIST OF SIMPLIFIED CHARACTERS* published in January, 1956 by the State Council of the People's Republic of China. For the convenience of overseas learners, characters in complex strokes are provided underneath their simplified versions in the word lists of the *EXERCISES IN READING AND WRITING CHINESE CHARACTERS*.

A Note on the Second Edition

CHINESE FOR TODAY has been published for several years and it has been used in many countries worldwide. The Commercial Press has decided to publish the second edition and I would like to take this opportunity to make some revisions. These are:

1) Some necessary changes have been made to the content of some of the texts which are outdated.

2) Some appropriate revisions have been made to the joining and separating of syllables in Chinese phonetic transcription according to the relevant rules and regulations.

3) For the convenience of the readers, we have provided a grammatical index in Book One. An index has also been added to Book Two for the study of words and expressions.

4) We have also rectified the mistakes that occurred in the first edition.

Huang Zhengcheng

第二版说明

《今日汉语》出版几年了，世界上许多国家都在使用它。商务印书馆决定要出第二版，趁此机会，特作如下几点修改：

1) 对部分过时的课文内容作了一些必要的修改。

2) 根据有关规定，对一些词的连写分写作适当的调整。

3) 为给使用者更好地提供方便，第一册书后增加了主要语法点索引；第二册书后增加了词语例解索引。

4) 对书中原有的个别错误作了订正。

黄政澄

Phonetics

Traditionally a Chinese syllable is divided into two parts: the initial *(sheng)*, and the final *(yun)*. The syllable can be pronounced in different contours which are known as tones, e.g. in sān（三）, s is the initial and *an* the final, and the syllable is in the high-level tone.

The initial is made up of only one consonant and the final might be made up of one, two or three vowels, or a combination of one or two vowels and a consonant (-n or -ng).

The following is a brief description of the initials *(sheng)*, finals *(yun)* and tones.

INITIALS

The 23 initials *(sheng)* in standard modern spoken Chinese are shown in the table below:

Voiceless						Voiced		
unaspirsted	aspiraled	unaspirsted	aspiraled					
b	p						m	w
				f				
		z	c	s				
d	t						n	l
		zh	ch	sh	r			
		j	q	x				y
g	k			h				

b is similar to "b" in the English word "bore" but is voiceless.

p is similar to "p" in the English word "port", but is invariably produced with a strong puff of air.

m is equivalent to the English "m" in "more".

f is equivalent to the English "f" in "four".

d is similar to the English "d" in "dirt" but is voiceless. It is pronounced with the tip of the tongue more to the front of the mouth than the "d" in English.

t is similar to "t" in the English word "term". It is produced with a stronger puff of air and with the tip of the tongue more to the front of the mouth than the "t" in English.

n is equivalent to "n" in the English word "nurse".

l is equivalent to "l" in the English word "learn".

z is similar to the cluster "ds" in the English word "cards" but is voiceless and is produced with the tip of the tongue more to the front of the mouth.

c is the aspirated counterpart of *z*. It is similar to the cluster "ts" in the English word "its" but is pronounced with a stronger puff of air and with the tip of the tongue more to the front of the mouth.

s is similar to "s" in the English word "sun", but in pronouncing it, the tip of the tongue is more to the front of the mouth.

zh is a voiceless consonant produced with the tip of the tongue pressed against the hard palate and with the air puffed out from between the tongue and the hard palate. It is similar to "dge" in the English word "judge", but is pronounced with the tip of the tongue drawn more to the back of the mouth.

ch is the aspirated counterpart of *zh*. In pronouncing it, the tip of the tongue is drawn more to the back of the mouth than when pronouncing "ch" in the English word "church".

sh is produced with the tip of the tongue raised toward the hard palate and air is squeezed out from the channel thus made. To pronounce it, the tip of the tongue is drawn more to the back of the mouth than when pronouncing "sh" of "shirt" in English.

r is the voiced counterpart of *sh*. It is different from "r" as in the English word "run" in that, to pronounce it, the tip of the tongue is drawn more to the back and the lips are not pursed.

j is produced by placing the tip of the tongue against the back of the lower teeth and pressing the blade against the hard palate. It is similar to the "d" and "y" combination in "and yet", but is voiceless. When pronouncing it, the tip of the tongue is much lower than when pronouncing "j" of the English word "jeep".

q is the aspirated counterpart of *j*. It is similar to the "t" and "y" combination in "don't you", but is produced with a stronger puff of air. The tip of the tongue is much lower than when pronouncing "ch" in the English word "cheese".

x   is produced by placing the tip of the tongue against the lower teeth and raising the blade toward the hard palate. It is similar to the "s" and "y" combination of "bless you". The tip of the tongue is much lower than when pronouncing "sh" of the English "she".

g   is similar to the English consonant "g" in "girl" but is voiceless.

k   is similar to "k" in the English word "kerf", but is produced with a stronger aspiration.

h   is produced by raising the back of the tongue toward the soft palate and releasing the air through the channel thus made. It is similar to "ch" in the German word "ach", but is different from the "h" of English "hot" in that the former (Chinese *h*) is a velar fricative while the latter a glottal fricative.

y   is similar to the English "y" of "yes", but it can be produced with slight friction.

w   is similar to the English "w" in "woo", but it can be produced with slight friction.

In learning the Chinese initials, attention must be paid to the difference between the aspirated and unaspirated initials which differentiate words, e.g.

Aspirated	**Unaspirated**
qīkān 期刊 (periodical)	jīgān 鸡肝 (chicken liver)
chū tǔ 出土 (unearthed)	zhūdǔ 猪肚 (pork tripe)

When pronouncing the aspirated initials, the learner may hold a piece of thin paper close to the mouth. The paper would vibrate as the result of aspiration when the sound is properly pronounced.

If he has difficulty in producing *j, q, x,* the learner may press the tip of tongue with his finger to ensure that it doesn't move away from the back of the lower teeth.

To get the correct pronunciation of *zh, ch, sh, r,* the learner may push the tip of the tongue backward with his finger.

As a rule, we don't pronounce any initial alone. There must be a final after it, so that it sounds clear. Thus, for citation purpose,

b, p, m, f are followed by o: bo, po, mo, fo.

d, t, n, l, g, k, h are followed by e: de, te, ne, le, ge, ke, he.

FINALS

There are 29 finals in standard modern spoken Chinese:

Simple finals		Diphthong and triphthong finals			Finals ending with -n or -ng		
a		*a*i	*a*o	an			
					ang		
o			*o*u				
						ong	
e^1							
e^2 er				en		eng	
e^3							
		*e*i					
i^1 ia	ie	ia o i*u*		i*a*n	in i*a*ng		ing iong
i^2							
i^3							
u ua uo		u*a*i u*i*		u*a*n	un u*a*ng		
ü üe				ü*a*n	ün		

In the Table, finals on the same line have the same beginning vowel and the italicized vowels of those in the same column, are roughly of the same value. The italicized vowel in a final represents one pronounced louder than the rest.

a   is equivalent to "a" in the English word "farm" as pronounced by Americans.

ai   is roughly of the same value as "ai" in the English word "aisle", but the beginning *a* is pronounced shorter than that of English.

ao   is roughly of the same value as "ou" in the English word "out", but the beginning *a* is shorter than the "o" (in "out") in pronunciation.

an   is *a* with -n ending.

ang   is equivalent to "a (as in "father") +ng" in English, or to "ang" in German.

o   is similar to the English word "or" in pronunciation. It is spelled only with *b, p, m, f, y, w.*

ou   is equivalent to "oa" in "boat" in American English, but *o* is shorter than its counterpart in English.

ong   is equivalent to "u (as in "put") + -ng" in English or "ung" in German.

e^1   which occurs after *d, t, n, l, g, k, h, z, c, s, zh, ch, sh, r*, is produced with the same tongue position as that of *o*, but the lips are unrounded. It is similar to "er" in the English word "herb"; only, the back of the tongue is raised a little.

e^2   which occurs in a neutral tone syllable, is equivalent to the unstressed "a" (the indefinite article) in English.

e^3   is equivalent to "e" in "yes". It may stand alone or follow y or *ü* and may be written as *ê* to avoid confusion with *e^1*.

er   is pronounced with the tongue in the same position as pronouncing *e^2* but the tip of the tongue turns up toward the hard palate. It is similar to "er" in "better" in American English.

ei   is of the same value as "ei" in the English word "eight", but *e* in *ei* is very short.

en   is the combination of "e^2+n". It is pronounced as the unstressed indefinite article "an" in English.

i^1   is equivalent to "ea" in the English word "eat" in pronunciation. Note that *i^1* is different from "i" of "it" in English.

i^2   is vocalized *s*, i.e. when producing *s*, friction is released by a drawback of the tip of the tongue and the vocal cord is made vibrating at the same time. *i^2* occurs only after *z, c, s.*

i^3   is vocalized *r*, i.e. when producing *r*, the tip of the tongue is lowered a bit, but there is no friction. It occurs only after *zh, ch, sh, r.*

ia   is the combination of "i^1+a", in which *a* is louder and clearer than *i* which serves only as a medial.

iao   is the combination of "i^1+ao".

ian   is the combination of "i^1+e^3+n".

iang   is the combination of "i^1+ang".

ie   is the combination of "i^1+e^3" which is similar to "ye" in "yes" but without friction.

iu   is the combination of "i^1+u" and between the two vowels, there is a very weak e^2.

iong   is the combination of "i^1+ong".

in   is the combination of "i^1+n". This is different from the English "in" in that it is pronounced with a higher position of the tongue.

ing   is the combination of "i^1+ng".

u   is similar to "u" in "rule" in English, but the lips are not so tightly pursed and is shorter than the English "u". It doesn't occur after *j, q, x, y*.

ua   is the combination of "$u+a$".

uai   is the combination of "$u+ai$".

uan   is the combination of "$u+an$".

uang   is the combination of "$u+ang$".

uo   is the combination of "$u+o$".

ui   is the combination of "$u+i$" with a very weak e^2 in between.

un   is the combination of "$u+n$" with a very weak e^2 in between.

ü   is similar to the French sound "*u*" or German sound "*ü*". It is produced with the same tongue position as when pronouncing i^1, but the lips are pursed as producing *u*. When spelled with *j, q, x, y*, the two dots in the letter ü are omitted, e.g. qūyù 区域 (region), but they will remain when spelled with the initials *n* and *l*.

üan   is the combination of "$ü+e^3+n$". It is written *uan* (the two dots in the letter *ü* are omitted) when spelled with *j, q, x, y*, e.g. yuánquán 源泉 (source).

üe   is the combination of "$ü+e^3$". It is written *ue* (the two dots in the letter *ü* are omitted), e.g. quèyuè 雀跃 (to jump for joy) and the dots remain when spelled with the initials *n* and *l*.

ün   is the combination of "$ü+n$". It is only spelled with *j, q, x, y* and is written *un* (the two dots in *ü* are omitted), e.g. jūnyún 均匀 (homogeneous).

Note that all the beginning i, u, ü in the above finals are merely medials which are very short.

The Chinese initials and finals are very regularly combined with each other. Just read the following Table:

Initials \ Finals	b	p	m	f	w	d	t	n	l	g	k	h	z	c	s	zh	ch	sh	r	j	q	x	y
a	ba	pa	ma	fa	wa	da	ta	na	la	ga	ka	ha	za	ca	sa	zha	cha	sha					ya
o	bo	po	mo	fo	wo																		yo
e¹						de	te	ne	le	ge	ke	he	ze	ce	se	zhe	che	she	re				
e³																							ye
i¹	bi	pi	mi			di	ti	ni	li											ji	qi	xi	yi
i²													zi	ci	si								
i³																zhi	chi	shi	ri				
u	bu	pu	mu	fu	wu	du	tu	nu	lu	gu	ku	hu	zu	cu	su	zhu	chu	shu	ru				
ü								nü	lü											ju	qu	xu	yu

TONES

In standard modern spoken Chinese, there are 4 basic tones, commonly known as the 1st, 2nd, 3rd and 4th tones. The tones are represented respectively by the tone-graphs "-", " ˊ ", " ˇ " and " ˋ " which are written over the simple final or the main vowel in a compound final. The values of the four tones are shown in the five-degreed pitch-graph as follows:

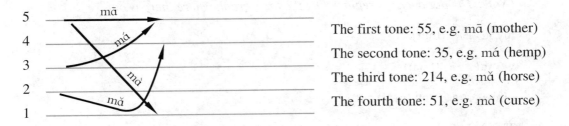

The first tone: 55, e.g. mā (mother)

The second tone: 35, e.g. má (hemp)

The third tone: 214, e.g. mǎ (horse)

The fourth tone: 51, e.g. mà (curse)

The 1st tone is a high level tone, the 2nd tone starts from the middle pitch and rises to the high pitch, the 3rd tone starts from the mid-low pitch, falls to the low pitch and then rises to the mid-high pitch, and the 4th tone is a complete falling tone, i.e. it falls from the high-pitch to the low-pitch.

The four tones can also be represented by musical notes as follows:

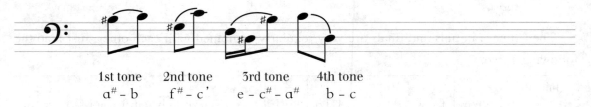

1st tone	2nd tone	3rd tone	4th tone
a# – b	f# – c'	e – c# – a#	b – c

However, the pitch of a tone is not absolute. People speak in different pitch ranges, but the relative tone contours are the same.

Another point to be noted is that every tone contour, like the glide in music, is presented in a gradual glide rather than a sharp falling or rising.

The learner should not be satisfied with an approximately correct command of the tones, but should try to be perfect. When they have grasped the four tones in general, they have to learn which tone the syllable(s) of a word is (are) in, for tones can differentiate words. For example, mǎi 买 (to buy) is in the 3rd tone. If you fail to get it correct and pronounce it in the 4th tone, it becomes mài 卖 (to sell) which means completely differently. And if you read it in the 1st tone, the syllable carries no sense, for there is no such a syllable in Chinese.

Each of the four tones, when followed by another, will more or less undertake some changes, but the third tone changes most prominently. Here is a brief account of these changes:

1) The 3rd tone loses its final rise when followed by a 1st, 2nd, 4th or a neutral tone syllable, i.e. only the initial falling portion remains. This is called the half-third tone, e.g.

   qǐng hē 请喝 (please drink)
   (Note: The dot over i is replaced by the tone-graph where there is one.)

   lǚyóu 旅游 (tour)

   wǒ shì 我是 (I am)

   nǐmen 你们 [you (pl.)]

2) The 3rd tone changes to the second when followed by another 3rd tone syllable e.g. Nǐ hǎo! 你好 (How are you!) is pronounced Ní hǎo! but the syllable is still marked in the third tone.

Apart from the four basic tones, there is a special tone called the neutral tone which always occurs in syllables other than the beginning one. The neutral tone is pronounced short and soft and goes without any tone-graph in writing. The neutral tone has three values:

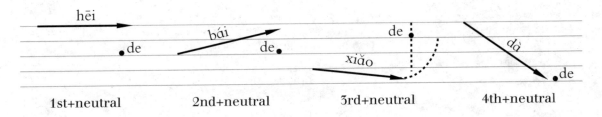

| 1st+neutral | 2nd+neutral | 3rd+neutral | 4th+neutral |

1)   It is pronounced in the middle pitch when following a 1st or 2nd tone syllable (including those which are originally in the third tone), e.g.

hēide 黑的 (a black one)
báide 白的 (a white one)

2)   It is pronounced in the mid-high pitch when following a 3rd tone syllable, e.g.

xiǎode 小的 (a small one)

3)   It is pronounced in the low pitch when following a 4th tone syllable, e.g.

dàde 大的 (a big one)

Exercises

🔲 **1. Pronounce the following after the recording:**

1) **Initials:**

b (o)	p (o)	m (o)	f (o)
d (e)	t (e)	n (e)	l (e)
z (i)	c (i)	s (i)	
zh (i)	ch (i)	sh (i)	r (i)
j (i)	q (i)	x (i)	
g (e)	k (e)	h (e)	
y (i)	w (u)		

2) **Finals:**

a ai ao an ang o ou ong e¹ e² e³ er en eng
i¹ ia iao ian iang ie iu iong in ing
u ua uai uan uang uo ui un
ü üan üe ün

3) **Tones:**

ā	á	ǎ	à	lā	lá	lǎ	là
yā	yí	yǐ	yì	mī	mí	mǐ	mì
wū	wú	wǔ	wù	fū	fú	fǔ	fù

2. Discriminate the initials that are easily confused:

1) **Read the following in pairs:**

(1) b,	p	(2) d,	t	(3) g,	k	(4) z,	c
bō	pō	dā	tā	gē	kē	zī	cī
bāo	pāo	dāi	tāi	gāng	kāng	zōng	cōng
bēi	pēi	dī	tī	gū	kū	zān	cān
bēn	pēn	duō	tuō	guān	kuān	zūn	cūn

(5) zh,	ch	(6) j,	q	(7) c,	s	(8) ch,	sh
zhī	chī	jīn	qīn	cī	sī	chē	shē
zhuī	chuī	jiē	qiē	cāng	sāng	chī	shī
zhuāng	chuāng	jiū	qiū	cū	sū	chuān	shuān
zhōu	chōu	jū	qū	cā	sā	chēn	shēn

(9) q,	x	(10) zh,	j	(11) ch,	q	(12) sh,	x
qī	xī	zhī	jī	chī	qī	shī	xī
qīng	xīng	zhāng	jiāng	chōu	qiū	shā	xiā
quē	xuē	zhōu	jiū	chān	qiān	shēn	xīn
quān	xuān	zhūn	jūn	chuān	quān	shāo	xiāo

(13) z,	j	(14) c,	q	(15) s,	x	(16) z,	zh
zī	jī	cī	qī	sī	xī	zī	zhī
zēng	jīng	cā	qiā	sōu	xiū	zā	zhā
zāo	jiāo	cāng	qiāng	sān	xiān	zū	zhū
zuān	juān	cāo	qiāo	sūn	xūn	zōng	zhōng

(17) c,	ch	(18) s,	sh
cī	chī	sī	shī
cuō	chuō	sā	shā
cāi	chāi	sōu	shōu
cuī	chuī	suān	shuān

2) Listen to the recording and cross out the wrong one from each pair of initials:

Example: b/p̶ 八 (eight)

(1)	b/p	皮	(skin)	(2)	b/p	背	(to carry on the back)
(3)	d/t	太	(too)	(4)	d/t	对	(right)
(5)	zh/ch	吃	(to eat)	(6)	zh/ch	住	(to live)
(7)	j/q	去	(to go)	(8)	j/q	叫	(to call)
(9)	c/s	层	(floor)	(10)	c/s	扫	(to sweep)
(11)	ch/sh	上	(upper)	(12)	ch/sh	出	(to come out)
(13)	q/x	想	(to think)	(14)	q/x	晴	(fine weather)
(15)	zh/j	纸	(paper)	(16)	zh/j	几	(several)
(17)	ch/q	长	(long)	(18)	ch/q	墙	(wall)
(19)	g/k	关	(to close)	(20)	g/k	开	(to open)
(21)	z/c	次	(time)	(22)	z/c	坐	(to sit)
(23)	sh/x	深	(deep)	(24)	sh/x	新	(new)
(25)	z/j	见	(to see)	(26)	z/j	脏	(dirty)
(27)	c/q	层	(floor)	(28)	c/q	请	(please)
(29)	s/x	先	(first)	(30)	s/x	三	(three)
(31)	z/zh	租	(to hire)	(32)	z/zh	张	(sheet)
(33)	c/ch	村	(village)	(34)	c/ch	春	(spring)
(35)	s/sh	四	(four)	(36)	s/sh	市	(city, municipality)

Listen to the recording and mark a "+" on the words in which the two syllables have the same initials:

Example: + 批评 (to criticise)

支持 (to support)

(1) 积极 (active)   (2) 机器 (machine)

(3) 刻苦 (industrious)   (4) 赶快 (hurry up)

(5) 普遍 (universal)   (6) 宝贝 (treasure)

(7) 态度 (attitude)   (8) 探讨 (probe into)

(9) 紫菜 (laver)   (10) 自在 (at ease)

(11) 支出 (pay)   (12) 支柱 (pillar)

⏵⏵ 4) **Fill in the blanks with the initials according to the recording:**

Example: zài jiàn 再见 (good-bye)

(1) ___ ì ___ǐ 自己 (self)   (2) ___á ___ ì 杂志 (magazine)

(3) ___ ié ___àng 结帐 (to settle account)   (4) ___ ái ___ ǎn 财产 (property)

(5) ___ óng___ián 从前 (before)   (6) ___ īng ___ u 清楚 (clear)

(7) ___ iān ___eng 先生 (Mr.)   (8) ___ uí ___ í 随时 (any time)

(9) ___ òng___ íng 送行 (to see off)   (10) ___ iàn ___ ī 电梯 (lift)

(11) ___ ē ___àn 车站 (station)   (12)___ íng ___ ǐng 情景 (situation)

3. Discriminate the finals which are easily confused:

1) Read the following in pairs:

(1) a,	e	(2) an,	en	(3) ang,	eng	(4) ai,	ei
dá	dé	fān	fēn	páng	péng	bǎi	běi
hā	hē	gān	gēn	dǎng	děng	mǎi	měi
zá	zé	hǎn	hěn	shāng	shēng	lái	léi
chā	chē	zhān	zhēn	zāng	zēng	gǎi	gěi

(5) ao,	ou	(6) ou,	uo	(7) ia,	ie	(8) iao,	iu
hǎo	hǒu	gòu	guò	jiǎ	jiě	diāo	diū
táo	tóu	zǒu	zuǒ	xià	xiè	niǎo	niǔ
zǎo	zǒu	shōu	shuō	liǎ	liě	jiào	jiù
shǎo	shǒu	dōu	duō	qiā	qiē	xiǎo	xiǔ

(9) ua,	uo	(10) u,	ü	(11) ü,	iu	(12) uo,	üe
huá	huó	nǔ	nǚ	jù	jiù	luò	lüè
guà	guò	lǔ	lǚ	xū	xiū	chuō	quē
zhuā	zhuō	zhù	jù	qū	qiū	zhuó	jué
shuā	shuō	wǔ	yǔ	lǜ	liù	shuō	xuē

(13) an,   ang   **(14) en   eng**   **(15) in,   ing**   **(16) ian,   iang**

fān   fāng   fēn   fēng   xìn   xìng   nián   niáng

tán   táng   shēn   shēng   ín   líng   liǎn   liǎng

chǎn chǎng   zhēn zhēng   mín   míng   jiàn   jiàng

kàn   kàng   rén   réng   yín   yíng   xiān   xiāng

(17) uan,   uang   **(18) un,   ong**

guǎn guǎng   dūn   dōng

huān huāng   hún   hóng

chuán chuáng   chūn chōng

zhuàn zhuàng   sūn   sōng

2) Listen to the recording and cross out the wrong finals:

Example: a̶/e 和 (and)

(1)   a/e   茶 (tea)   (2)   a/e   这 (this)
(3)   an/en   人 (person)   (4)   an/en   山 (mountain)
(5)   ang/eng   称 (to weigh)   (6)   ang/eng   忙 (busy)
(7)   ai/ei   给 (to give)   (8)   ai/ei   开 (open)
(9)   ao/ou   手 (hand)   (10) ao/ou   早 (early)
(11) ou/uo   过 (past)   (12) ou/uo   够 (enough)
(13) ia/ie   家 (family)   (14) ia/ie   写 (to write)
(15) iao/iu   小 (small)   (16) iao/iu   球 (ball)
(17) ua/uo   花 (flower)   (18) ua/uo   桌 (table)
(19) u/ü   女 (female)   (20) u/ü   路 (road)
(21) ü/iu   酒 (wine)   (22) ü/iu   局 (office)
(23) uo/üe   略 (omit)   (24) uo/üe   落 (to fall)
(25) an/ang   帮 (help)   (26) an/ang   谈 (to talk)
(27) en/eng   很 (very)   (28) en/eng   风 (wind)
(29) in/ing   请 (please)   (30) in/ing   新 (new)
(31) ian/iang 千 (thousand)   (32) ian/iang 讲 (to speak)
(33) uan/uang 逛 (to stroll)   (34) uan/uang 短 (short)
(35) un/ong   东 (the east)   (36) un/ong   准 (accuracy)

3) Listen to the recording and mark a "+" on the expressions with same finals in both syllables:

Example: + 发达 (developed)

　　　　　　发射 (to launch)

(1)   卡车 (truck)   (2)   客车 (passenger train)
(3)   衬衫 (shirt)   (4)   谈判 (to negotiate)

(5)   长城 (the Great Wall)   (6)   帮忙 (to help)

(7)   配备 (to equip)   (8)   佩带 (to wear)

(9)   糟糕 (bad luck)   (10)   招手 (to beckon)

(11)   落后 (backward)   (12)   罗嗦 (verbose)

4) Give the finals and tone-graphs according to the recording:

Example: xuéshuō 学说 (academic knowledge)

(1) f ＿＿ n ＿＿ 妇女 (woman)   (2) l ＿＿ q ＿＿ 录取 (to enrol)

(3) q ＿＿ z ＿＿ 确凿 (established)   (4) y ＿＿ l ＿＿ 约略 (about)

(5) f ＿＿ m ＿＿ 繁忙 (busily)   (6) ch ＿＿ zh ＿＿ 城镇 (city and town)

(7) x ＿＿ q ＿＿ 心情 (state of mind)   (8) j ＿＿ y ＿＿ 讲演 (lecture)

(9) g ＿＿ g ＿＿ 观光 (to make a   (10) k ＿＿ ch ＿＿ 昆虫 (insect)
                   sightseeing trip)

(11) j ＿＿ q ＿＿ 接洽 (to contact)   (12) j ＿＿ l ＿＿ 交流 (to exchange)

4. Tones discrimination:

1) The 2nd and 3rd tones:

A. Read the following in pairs:

(1) bó bǒ   (2) pó pǒ   (3) mó mǒ   (4) duó duǒ   (5) tuó tuǒ

(6) luó luǒ   (7) zhǒu zhóu   (8) chǒu chóu   (9) shǒu shóu   (10) jiě jié

(11) qiě qié   (12) xiě xié

B. Listen to the recording and cross out the wrong one from each pair of syllables:

Example: ~~bá~~/bǎ 把 (a measure word)

(1) bái/bǎi   百 (hundred)   (2) cháng/chǎng 常 (often)

(3) qíng/qǐng 请 (please)   (4) jí/jǐ   极 (extreme)

(5) láo/lǎo   老 (old)   (6) méi/měi   没 (have not)

(7) liáng/liǎng 两 (two)   (8) guó/guǒ   国 (country)

C. Give the tone-graph to each syllable according to the recording:

Example: rén 人 (person)

(1) wan 完 (finish)   (2) wan 晚 (late)

(3) zuo 左 (left)   (4) zuo 昨 (yesterday)

(5) mai 买 (to buy)   (6) mai 埋 (to bury)

(7) lan 蓝 (blue)   (8) lan 懒 (lazy)

2) The 1st and the 4th tones

A. Read the following in pairs:

(1) gē gè   (2) kē kè   (3) hē hè   (4) zāi zài   (5) cāi cài

(6) sāi sài   (7) bèi bēi   (8) pèi pēi   (9) fèi fēi   (10) jiào jiāo

(11) qiào qiǎo   (12) xiào xiāo

B. Listen to the recording and cross out the wrong one from each pair of syllables:

Example: bā/~~bà~~ 八 (eight)

(1) bāo/bào   报 (newspaper)   (2) fāng/fàng   放 (to put)

(3) qiān/qiàn   千 (thousand)   (4) jīn/jìn   斤 (a measure word)

(5) shū/shù   书 (book)   (6) wēn/wèn   问 (to ask)

(7) mō/mò   墨 (ink)   (8) yē/yè   夜 (night)

C. Give the tone-graph to each syllable according to the recording:

Example: shì 是 (to be)

(1) dai   带 (to bring)   (2) dai   呆 (to stay)

(3) shou   收 (to receive)   (4) shou   售 (to sell)

(5) ji   鸡 (chicken)   (6) ji   寄 (to send)

(7) jiang   姜 (ginger)   (8) jiang   酱 (sauce)

5. Dictation

1) Give the tone-graphs to the following words:

Example: xióngwěi 雄伟 (magnificent)

(1) youlan   游览 (to tour)   (2) youju   邮局 (post office)

(3) gongchang   工厂 (factory)   (4) gongyuan   公园 (park)

(5) maoyi   毛衣 (woolen jacket)   (6) maoyi   贸易 (to trade)

(7) laojia   劳驾 (excuse me)   (8) laojia   老家 (native place)

2) Write down the disyllabic words in the recording:

Example: mótuō 摩托 (motor)

(1) _____ 收拾 (to put in order)   (2) _____ 休息 (to rest)

(3) _____ 香菜 (coriander)   (4) _____ 现在 (now)

(5) _____ 宽广 (wide)

(6) _____ 请进 (come in, please)

(7) _____ 球队 (team of ball games)

(8) _____ 女婿 (son-in-law)

6. Read the following:

xiān xué shísì,	先学十四，	First learn fourteen,
zài xué sìshí;	再学四十；	then learn forty;
xué sìshí bié shuō shísì,	学四十别说十四，	When you learn forty, don't say fourteen,
xué shísì bié shuō sìshí.	学十四别说四十。	When you learn fourteen, don't say forty.

答案 Key

2. **2)**
(1) ~~b~~/p	(2) b/~~p~~	(3) ~~d~~/t	(4) d/~~t~~	(5) ~~zh~~/ch	(6) zh/~~ch~~
(7) ~~j~~/q	(8) j/~~q~~	(9) c/~~s~~	(10) ~~c~~/s	(11) ~~ch~~/sh	(12) ch/~~sh~~
(13) ~~q~~/x	(14) q/~~x~~	(15) zh/~~j~~	(16) ~~zh~~/j	(17) ch/~~q~~	(18) ~~ch~~/q
(19) g/~~k~~	(20) ~~g~~/k	(21) z/c	(22) z/~~c~~	(23) sh/~~x~~	(24) ~~sh~~/x
(25) ~~z~~/j	(26) z/~~j~~	(27) c/~~q~~	(28) ~~c~~/q	(29) ~~s~~/x	(30) s/~~x~~
(31) z/~~zh~~	(32) ~~z~~/zh	(33) c/~~ch~~	(34) ~~c~~/ch	(35) s/~~sh~~	(36) ~~s~~/sh

3)
(1) +	(2)	(3) +	(4)	(5)	(6) +
(7)	(8) +	(9)	(10) +	(11)	(12) +

4)
(1) z, j	(2) z, zh	(3) j, zh	(4) c, ch	(5) c, q	(6) q, ch
(7) x, sh	(8) s, sh	(9) s, x	(10) d, t	(11) ch, zh	(12) q, j

3. **2)**
(1) a/~~e~~	(2) ~~a~~/e	(3) ~~an~~/en	(4) an/~~en~~	(5) ~~ang~~/eng	(6) ang/~~eng~~
(7) ~~ai~~/ei	(8) ai/~~ei~~	(9) ~~ao~~/ou	(10) ao/~~ou~~	(11) ~~ou~~/uo	(12) ou/~~uo~~
(13) ia/~~ie~~	(14) ~~ia~~/ie	(15) iao/~~iu~~	(16) ~~iao~~/iu	(17) ua/~~uo~~	(18) ~~ua~~/uo
(19) ~~u~~/ü	(20) ~~u~~/ü	(21) ü/iu	(22) ü/~~iu~~	(23) ~~uo~~/ue	(24) uo/~~üe~~
(25) ~~an~~/ang	(26) an/~~ang~~	(27) en/~~eng~~	(28) ~~en~~/eng	(29) ~~in~~/ing	(30) in/~~ing~~
(31) ian/~~iang~~	(32) ~~ian~~/iang	(33) ~~uan~~/uang	(34) uan/~~uang~~	(35) ~~un~~/ong	(36) un/~~ong~~

3)
(1)	(2) +	(3)	(4) +	(5)	(6) +
(7) +	(8)	(9) +	(10)	(11)	(12) +

4)
(1) ü, ǔ	(2) ù, ǔ	(3) uè, uò	(4) uē, üè	(5) án, áng	(6) éng, èn
(7) īn, íng	(8) iǎng, ǎn	(9) uān, uǎng	(10) ūn, óng	(11) iē, ià	(12) iāo, iú

4. **1)** B
(1) ~~bái~~/bǎi	(2) cháng/~~chǎng~~	(3) ~~qíng~~/qǐng	(4) jí/~~jǐ~~
(5) ~~lái~~/lǎo	(6) méi/~~měi~~	(7) ~~liáng~~/liǎng	(8) guó/~~guǒ~~

C
(1) wán	(2) wǎn	(3) zuǒ	(4) zuó
(5) mǎi	(6) mái	(7) lán	(8) lǎn

2) B
(1) ~~bāo~~/bào	(2) ~~fāng~~/fàng	(3) qiān/~~qiàn~~	(4) jīn/~~jìn~~
(5) shū/~~shù~~	(6) ~~wēn~~/wèn	(7) ~~mō~~/mò	(8) ~~yē~~/yè

C
(1) dài	(2) dāi	(3) shōu	(4) shòu
(5) jī	(6) jì	(7) jiāng	(8) jiàng

5. **1)**
(1) yóulǎn	(2) yóujú	(3) gōngchǎng	(4) gōngyuán
(5) máoyī	(6) màoyì	(7) láo jià	(8) lǎojiā

2)
(1) shōushi	(2) xiūxi	(3) xiāngcài	(4) xiànzài
(5) kuānguǎng	(6) qǐng jìn	(7) qiú duì	(8) nǚxu

词类简称表
Abbreviations of Parts of Speech

〔名〕	míng	名词	noun
〔专名〕	zhuānmíng	专名	proper noun
〔代〕	dài	代词	pronoun
〔动〕	dòng	动词	verb
〔助动〕	zhùdòng	助动词	auxiliary verb
〔形〕	xíng	形容词	adjective
〔数〕	shù	数词	numeral
〔量〕	liáng	量词	measure word
〔副〕	fù	副词	adverb
〔介〕	jiè	介词	preposition
〔连〕	lián	连词	conjunction
〔助〕	zhù	助词	particle
〔叹〕	tàn	叹词	interjection
〔象声〕	xiàngshēng	象声词	onomatopoeia
〔头〕	tóu	词头	prefix
〔尾〕	wěi	词尾	suffix

欢迎
Welcome

1

Wang Fang, a staff member of the Tourist Bureau, goes to the Beijing International Airport to meet Mr. Chen Mingshan, an overseas Chinese, and his family.

---- I ----

Wáng Fāng   Nín hǎo!
王　芳[1]：　您　好[2]！
　　　　　　 Hello!

Huá qiáo   Nǐ hǎo!
华　侨：　　你　好！
　　　　　　 Hello!

Wáng Qǐngwèn, nín shì Chén Míngshān xiānsheng ma?
王：　请　问，您　是　陈　明　山　先　生　吗[3]？
Excuse me, are you Mr. Chen Mingshan?

Huá Wǒ bú shì Chén Míngshān.
华：　我　不　是　陈　明　山[4]。
No, I'm not.

Wáng Duì bu qǐ.
王：　对　不　起。
I'm sorry.

Huá Méi guānxi.
华：　没　关　系。
It's all right.

Wáng Zàijiàn.
王：　再　见。
Good-bye.

Huá Zàijiàn.
华：　再　见。
Good-bye.

─────── II ───────

Wáng Nín hǎo!
王：　　您　好！
Hello!

Chén Míngshān Nǐ hǎo!
陈　明　山：　你　好！
Hello!

Wáng Qǐngwèn, nín shì Chén Míngshān xiānsheng ma?
王：　　请　问，您　是　陈　明　山　先　生　吗？
Excuse me, are you Mr. Chen Mingshan?

Chén Duì, wǒ shì Chén Míngshān.
陈：　　对，我　是　陈　明　山。
Yes, I am.

Wáng	Wǒ shì Lǚyóujú de,	wǒ jiào Wáng Fāng. Huānyíng nín, Chén Mingshan
王:	我 是 旅游局 的[5]，	我 叫 王 芳。 欢 迎 您，陈 明 山

xiānsheng.

先 生。

I'm from the Tourist Bureau. My name is Wang Fang. Welcome, Mr. Chen.

Chén　　Xièxie nǐ, Wáng xiǎojie.

陈:　　谢谢你，王 小姐。

Thank you, Miss Wang.

生 词 New words

欢迎	huānyíng	〔动〕	to welcome, to meet
您	nín	〔代〕	you (respectful form of address for the second person singular)
好	hǎo	〔形〕	good, all right
您好	nín hǎo		Hello, How are you?
华侨	huáqiáo	〔名〕	overseas Chinese
你	nǐ	〔代〕	you (sing.)
请问	qǐngwèn		Excuse me, but ...?, May I ask...?
是	shì	〔动〕	to be (is, are ...)
先生	xiānsheng	〔名〕	Mr., sir, gentleman (as in 'who is that gentleman?')
吗	ma	〔助〕	a particle used at the end of a sentence to turn it into a question
我	wǒ	〔代〕	I, me
不	bù	〔副〕	no, not
对不起	duì bu qǐ		I am sorry. Excuse me.
没关系	méi guānxi		That is all right. It does not matter.
再见	zàijiàn	〔动〕	good-bye, see you again.
对	duì	〔形〕	yes, right, correct
的	de	〔助〕	(See study point 5.)
叫	jiào	〔动〕	to call, to be called, one's name is ...

3

谢谢	xièxie	〔动〕	to thank
小姐	xiǎojie	〔名〕	Miss

Proper nouns :

王芳	Wáng Fāng	a woman's name
王	Wáng	a common Chinese family name
陈明山	Chén Míngshān	a name
陈	Chén	a common Chinese family name
旅游局	Lǚyóujú	the Tourist Bureau

注 释 Study points :

1. 王芳 (Wáng Fāng)
   With Chinese names, the family name comes before the given one. The given name can be one character or two characters:

family name	given name
陈 (Chén)	明山 (Míngshān)
王 (Wáng)	芳　(Fāng)

2. 您好！(Nín hǎo!)
   This is a common greeting that may be used any time of the day.

3. 您是陈明山先生吗？(Nín shì Chén Míngshān xiānsheng ma?)
   1) In modern Chinese a sentence is made up of two parts, the subject and the predicate, with the subject placed before the predicate:

subject	predicate
您	是陈明山。(Nín shì Chén Míngshān.)
我	叫王芳。　(Wǒ jiào Wáng Fāng.)

2) The pattern for the verb "是" (shì) used as the predicate is:

    a) subject + "是" (shì) + object

        我是陈明山。(Wǒ shì Chén Míngshān.)

In negative sentences the adverb "不" (bù) must precede the verb.

    b) subject + "不" (bù) + "是" (shì) + object

        我不是陈明山。(Wǒ bú shì Chén Míngshān.)

3) Chinese verbs are not conjugated. Thus:

    a) 我是华侨。(Wǒ shì huáqiáo.)
        (I am an overseas Chinese.)

    b) 您是华侨。(Nín shì huáqiáo.)
        (You are an overseas Chinese.)

    c) 他是华侨。(Tā shì huáqiáo.)
        (He is an overseas Chinese.)

    d) 我们是华侨。(Wǒmen shì huáqiáo.)
        (We are overseas Chinese.)

4) Questions are commonly formed by adding "吗" (ma) at the end of a statement:

    您是王芳小姐吗？(Nín shì Wáng Fāng xiǎojie ma?)

    (Are you Miss Wang Fang?)

5) In Chinese, forms of address and titles always follow the family name or the whole name:

    陈明山先生 (Chén Míngshān xiānsheng)

    王小姐 (Wáng xiǎojie)

4. 我不是陈明山。(Wǒ bú shì Chén Míngshān.)
When preceding a word of the fourth tone, "不" (bù) changes to the second tone marked by, "ˊ"
e.g. "不是" (bú shì); while in some phrases, such as "对不起" (duì bu qǐ), it is in the neutral tone,
and consequently unmarked.

5. 我是旅游局的。(Wǒ shì Lǚyóujú de.)
The sentence means "I am from the Tourist Bureau".
的 (de) approximates 'of' in meaning, but is used differently from its English equivalent.

Supplementary words:

那么	nàme	〔连〕	then
一定	yídìng	〔形、副〕	definite, definitely, must
张大中	Zhāng Dàzhōng		name of a man
张	Zhāng		a common Chinese family name
李	Lǐ		a common Chinese family name
赵	Zhào		a common Chinese family name
张文汉	Zhāng Wénhàn		name of a man

1. Phonetic Exercises:

1) Tones

(1) Changes of the 3rd tone

【3】	+	【4】
qǐng		wèn
nǐ		shì
Wǒ		jiào
Wǒ		jiào Wáng Fāng.
Wǒ		shì Míngshān.

(2) Changes of the tone of "不" (bù)

不 (bù)	+	【4】
bú		shì
bú		jiào
bú		duì
bú		xiè

(3) Neutral tone

xiānsheng xièxie duì bu qǐ méi guānxi Lǚyóujú de

2) Sound discrimination

sh shì shān shēng shǎo x xì xiān xīng xiǎo

2. What to say when you are not sure if you are speaking to the right person.

Model:

> Qǐngwèn, nín shì Chén Míngshān xiānsheng ma?
> 请 问，您 是 陈 明 山 先 生 吗？
>
> (Chén Míngshān xiānsheng)
> （陈 明 山 先 生）

1) _____ , nín shì _____ ma?   (Zhāng Dàzhōng xiānsheng)
   _____ ，您 是 _____ 吗？ （张 大 中 先 生）

2) _____ , nín shì _____ ma?   (Wáng xiānsheng)
   _____ ，您 是 _____ 吗？ （王 先 生）

3) Qǐngwèn, _____ ?   (Lǐ xiǎojie)
   请 问，_____ ? （李 小 姐）

4) Qǐngwèn, _____ ?   (Zhào xiānsheng)
   请 问，_____ ? （赵 先 生）

3. I'm not ..., I'm ...

Make a dialogue after the model.

Model:

> A: Nín shì Chén Míngshān xiānsheng ma?
>   您 是 陈 明 山 先 生 吗？
>
> B: Wǒ bú shì Chén Míngshān.
>   我 不 是 陈 明 山。
>
> A: Duì bu qǐ, nín shì _____ ?
>   对 不 起，您 是 _____ ?
>
> B: Wǒ shì Zhāng Wénhàn.
>   我 是 张 文 汉。

1) Nín shì Zhāng Dàzhōng xiānsheng ma?
   您 是 张 大 中 先 生 吗？

2) Nín shì Chén xiānsheng ma?
   您 是 陈 先 生 吗？

3) Nín shì Zhào xiǎojie ma?
您 是 赵 小 姐 吗 ？

4) Nín shì Wáng xiānsheng ma?
您 是 王 先 生 吗 ？

4. **What to say when welcoming someone.**

   Fill in the blanks with "您好" (nín hǎo) **and** "欢迎您" (huānyíng nín)

   Model:

   A. Nín hǎo, Chén Míngshān xiānsheng! Huānyíng nín!
   您 好 ， 陈 明 山 先 生 ！ 欢 迎 您 ！

   B. Chén Míngshān xiānsheng, nín hǎo! Huānyíng nín!
   陈 明 山 先 生 ， 您 好 ！ 欢 迎 您 ！

   C. Nín hǎo! Huānyíng nín, Chén Míngshān xiānsheng!
   您 好 ！ 欢 迎 您 ， 陈 明 山 先 生 ！

1) A. _____ , Chén xiǎojie! _____ !
   _____ ， 陈 小 姐 ！ _____ ！

   B. Chén xiǎojie, _____ ! _____ !
   陈 小 姐 _____ ！ _____ ！

   C. _____ ! _____ , Chén xiǎojie!
   _____ ！ _____ ， 陈 小 姐 ！

2) A. Zhào xiānsheng, _____ ! _____ !
   赵 先 生 ， _____ ！ _____ ！

   B. _____ ! _____ , Zhào xiānsheng!
   _____ ！ _____ ， 赵 先 生 ！

   C. _____ , Zhào xiānsheng! _____ !
   _____ ， 赵 先 生 ！ _____ ！

3) A. _____ ! _____ , Lǐ xiānsheng!
   _____ ！ _____ ， 李 先 生 ！

   B. _____ , Lǐ xiānsheng! _____ !
   _____ ， 李 先 生 ！ _____ ！

   C. Lǐ xiānsheng, _____ ! _____ !
   李 先 生 ， _____ ！ _____ ！

🎧 **5. Listen to the dialogues:**

1) Wáng fāng   Chén Míngshān xiānsheng!
 王 芳：   陈 明 山 先 生！

 Chén Míngshān Wáng Fāng xiǎojie.
 陈 明 山：   王 芳 小 姐。

 Wáng   Nín hǎo!
 王：   您 好！

 Chén   Nín hǎo!
 陈：   您 好！

      *   *   *

2) Chén   Zhāng xiānsheng!
 陈：   张 先 生！

 Zhāng Dàzhōng Nín hǎo!
 张 大 中：   您 好！

 Zhāng Wénhàn Nín hǎo!
 张 文 汉：   您 好！

 Chén   Nín shì Zhāng xiānsheng ma?
 陈：   您 是 张 先 生 吗？

 Zhāng   Duì.
 张：   对。

 Chén   Nín shì Zhāng Wénhàn xiānsheng?
 陈：   您 是 张 文 汉 先 生？

 Zhāng   Wǒ bú shì Zhāng Wénhàn, wǒ jiào Zhāng Dàzhōng.
 张：   我 不 是 张 文 汉，我 叫 张 大 中。

 Chén   Duì bu qǐ.
 陈：   对 不 起。

 Zhāng   Méi guānxi.
 张：   没 关 系。

 Chén   Nàme, nín yídìng shì ......
 陈：   那 么，您 一 定 是……

Zhāng　　Duì, wǒ shì Zhāng Wénhàn.
张：　　对，我是 张　 文汉。

Chén　　Huānyíng, huānyíng! Zhāng xiānsheng!
陈：　　欢 迎，欢 迎！张 先 生！

6. Translate the following sentences into Chinese:

1) How do you do!
2) Excuse me, but are you Miss Zhao?
3) Welcome, Mr. Zhang!
4) I am not Wang Fang.
5) My name is Zhang Dazhong.

答案 Key

2. 1) Qǐng wèn, nín shì Zhāng Dàzhōng xiānsheng ma?
　　 请 问，您是 张 大中 先生 吗？

2) Qǐng wèn, nín shì Wáng xiānsheng ma?
　 请 问，您是 王 先生 吗？

3) Qǐng wèn, nín shì Lǐ xiǎojie ma?
　 请 问，您是李 小 姐吗？

4) Qǐng wèn, nín shì Zhào xiānsheng ma?
　 请 问，您是 赵 先 生 吗？

6. 1) Nín hǎo!
　 您 好！

2) Qǐng wèn, nín shì Zhào xiǎojie ma?
　 请 问，您是 赵 小 姐吗？

3) Huānyíng nín, Zhāng xiānsheng!
　 欢 迎 您，张 先 生！

4) Wǒ bú shì Wáng Fāng.
　 我 不 是 王 芳。

5) Wǒ jiào Zhāng Dàzhōng.
　 我 叫 张 大 中。

介绍
Introduction

Li Wenhan, a friend of Chen Mingshan's, visits the Chens at the Beijing Hotel.

(A knock at the door)

Chén 陈：	Qǐng jìn! À, Lǎo Lǐ, nǐ hǎo! 请 进！啊，老 李[1]，你 好！ Come in, please. Ah, Lao Li. How are you?
Lǐ wénhàn 李 文 汉：	Nǐ hǎo, Lǎo Chén. 你 好，老 陈。 Fine, and you, Lao Chen?
Chén 陈：	Qǐng zuò. 请 坐。 Have a seat.

Lǐ 李：	Xièxie. 谢谢。 Thank you.
Chén 陈：	Qǐng chōu yān. 请 抽 烟。 Have a cigarette.
Lǐ 李：	Xièxie, wǒ bú huì. 谢谢，我 不 会[2]。 No, thanks. I don't smoke.
Chén 陈：	Wǒ lái jièshào yíxiàr, zhè shì Lǐ Wénhàn xiānsheng, zhè shì wǒ 我 来 介绍 一下儿[3]，这 是 李 文 汉 先 生，这 是 我 tàitai Àilín. 太太艾琳[4]。 Let me introduce everyone. This is Mr. Li Wenhan. This is my wife, Irene.
Lǐ 李：	Nín hǎo, Chén tàitai. 您 好，陈 太太[5]。 How do you do, Mrs. Chen ?
Àilín 艾琳：	Nín hǎo, Lǐ xiānsheng. 您 好，李 先 生。 How do you do, Mr. Li ?
Chén 陈：	Zhè shì Lǐ bóbo. Zhè shì wǒ nǚ'ér Lìli, nà shì wǒ érzi Dàwěi. 这 是 李伯伯。这 是 我 女儿 莉莉[6]，那 是 我 儿子 大伟。 This is Uncle Li. This is my daughter Lily, and that's my son David.
Lìli 莉莉 ： Dàwěi 大 伟	Lǐ bóbo hǎo! 李伯伯 好[7]！ How do you do, Uncle Li?
Lǐ 李：	Nǐmen hǎo! 你们 好！ How do you do?

12

Ài   Lǐ xiānsheng, qǐng hē chá.

艾： 李 先 生，请 喝 茶。

Please have some tea, Mr. Li.

Lǐ   Xièxie

李： 谢 谢。

Thank you.

生词 New words

介绍	jièshào	〔动、名〕	to introduce
请	qǐng	〔动〕	please, to invite
进	jìn	〔动〕	to come in, to enter
请进	qǐng jìn		Please come in.
啊	à	〔叹〕	an interjection like "ah"
老	lǎo	〔头、形〕	old, elderly (See study point 1.)
坐	zuò	〔动〕	to sit
抽烟	chōu yān		to smoke a cigarette (or a pipe or a cigar)
会	huì	〔助动、动〕	can, will, to know how to (See study point 2.)
来	lái	〔动〕	to come (here used to indicate intention)
一下儿	yíxiàr	〔量〕	a measure word for verbs, also used to indicate the action as being short or informal
这	zhè	〔代〕	this
太太	tàitai	〔名〕	wife, Mrs., madam
伯伯	bóbo	〔名〕	uncle (father's elder brother), also a respectful form of addressing men of about the age of one's father
女儿	nǚ'ér	〔名〕	daughter
那	nà	〔代〕	that

儿子	érzi	〔名〕	son
们	men	〔尾〕	a suffix added to nouns or pronouns (such as daughters, students etc.) to make them plural.
你们	nǐmen	〔代〕	you (pl.)
喝	hē	〔动〕	to drink
茶	chá	〔名〕	tea

Proper nouns :

李	Lǐ	a common family name
李文汉	Lǐ Wénhàn	name of Chen Mingshan's friend
艾琳	Àilín	name of Chen Mingshan's wife-Irene
莉莉	Lìli	name of Mr. Chen's daughter-Lily
大伟	Dàwěi	name of Mr. Chen's son-David

注 释 Study points :

1. 老李 (Lǎo Lǐ)

   老 (lǎo) + the family name is a form of address often used for friends or colleagues of similar age as the speaker. This usage is most common among middle-aged and elderly people. (See text of Lesson 25.)

2. 我不会。(Wǒ bú huì.)

   "不会" is a common way of refusing tobacco or liquor. It is equivalent to 'I don't smoke' in English.

   N. B. When used with an auxiliary verb, "不" (bù) must be put before the auxiliary verb to give the main verb a negative meaning.

3. 我来介绍一下儿。(Wǒ lái jièshào yíxiàr.)

   When followed by a verb, "来" (lái) indicates intention. However, it can be left out without changing the meaning of the sentence.

4. 这是<u>我太太</u>艾琳。(Zhè shì <u>wǒ tàitai</u> Àilín.)

    In Chinese, attributives always go before the words they describe. Personal pronouns can be placed directly before nouns that indicate family relations:

    我女儿 (wǒ nǚ'ér)   my daughter   我儿子 (wǒ érzi)   my son

    你太太 (nǐ tàitai)   your wife   你伯伯 (nǐ bóbo)   your uncle

5. 陈太太 (Chén tàitai)

    In modern China, women do not take their husbands' names after marriage. However, they are sometimes addressed by their husbands' family names + 太太 (tàitai).

6. 这是我<u>女儿</u>莉莉。(Zhè shì wǒ <u>nǚ'ér</u> Lìli.)

    In phonetic transcription the symbol " ' " is employed to separate a syllable beginning with a vowel (like a, o or e) from the preceding syllable: nǚ'ér (女儿).

7. 李伯伯好！(Lǐ bóbo hǎo!)

    When greeting someone with a form of address, we usually use the form of address (name) + 好 (hǎo).

练 习 Exercises :

Supplementary words:

爷爷	yéye	〔名〕	grandpa
奶奶	nǎinai	〔名〕	grandma
叔叔	shūshu	〔名〕	uncle
啤酒	píjiǔ	〔名〕	beer
咖啡	kāfēi	〔名〕	coffee
啊	a	〔助〕	ah, oh
啊	á	〔叹〕	exclamation of doubt
哈	hā	〔象声〕	ha (laughing sound)

1. **Phonetic exercises:**

   1) **Tones**

      (1) **Changes of the 3rd tone**

【3】 + 【1】	【3】 + 【2】	【3】 + 【3】	【3】 + 【4】
qǐng hē	Lǎo Chén	Lǎo Lǐ	Qǐng jìn!
qǐng chōu	nǚ'ér	Nǐ hǎo!	Qǐng zuò!
		Xiǎojie, nǐ hǎo!	
		Nǐ hǎo, Lǎo Lǐ!	

      (2) **The neutral tone**

      érzi   bóbo   nǐmen   tàitai   Lìli

   2) **Sound discrimination**

      in   nín   lín   jìn   mín
      ing   níng   líng   qǐng   míng

2. **Practice with the greeting "…好"** (...hǎo):

   Nǐ hǎo!   (nín, nǐmen)
   你好！（您，你们）

   Yéye hǎo!   (nǎinai, Lìli, Dàwěi, shūshu)
   爷爷好！（奶奶，莉莉，大伟，叔叔）

   Lǐ bóbo hǎo!   (Zhāng xiānsheng, Chén tàitai, Wáng shūshu, Lǎo Zhào)
   李伯伯好！（张　先　生，陈太太，王　叔叔，老　赵）

3. **Polite requests:**

   Say what you should in each of the following situations.

   (1) _____   (2) _____   (3) _____

(4) _____ (5) _____ (6) _____

4. How to introduce people:

Fill in the blanks with "是" (shì) **and** "介绍" (jièshào):

1) Wǒ lái _____ yíxiàr,　wǒ tàitai Àilín,　nǚ'ér Lìli,　érzi Dàwěi.
　　我 来 _____ 一下儿，我 太太 艾琳，女儿 莉莉，儿子 大 伟。

2) Wǒ lái _____ yíxiàr,　zhè _____ Lǎo Zhào, zhè _____ Zhāng xiānsheng.
　　我 来 _____ 一下儿，这 _____ 老 赵，这 _____ 张 先 生。

3) Tàitai men, xiānsheng men, wǒ _____ Chén Míngshān, Wǒ lái _____
　　太 太 们，先 生 们，我 _____ 陈 明 山，我 来 _____

yíxiàr,　zhè _____ Wáng xiānsheng, zhè _____ Wáng tàitai,　zhè _____ Àilín.
一下儿，这 _____ 王 先 生，这 _____ 王 太太，这 _____ 艾琳。

5. Listen to the dialogues:

1) A: Qǐng nín jièshào yíxiàr.
　　　请 您 介绍 一下儿。

B: À,　wǒ lái jièshào. Zhè shì Wáng xiānsheng, Wáng tàitai,　nàshì
　　啊，我 来 介绍。 这 是 王 先 生， 王 太太，那是

Zhāng xiānsheng,　Zhāng tàitai.
张 先 生， 张 太太。

A, C: Huānyíng, huānyíng nǐmen.
　　　 欢 迎，欢 迎 你们。

*　　　　*　　　　*

2) *(A knock at the door)*

A: Qǐng jìn!
　　请　进！

B: Lǎo Chén, nǐ hǎo!
　　老　陈，你好！

A: Lǎo Zhāng a,　qǐng zuò! Chōu yān ma?
　　老　张　啊，请　坐！抽　烟　吗？

B: Chōu yān.
　　抽　烟。

A: Qǐng.
　　请。

B: Xièxie.
　　谢谢。

(A knock at the door)

A: Qǐng jìn!
　　请　进！

C: Nín hǎo!
　　您　好！

A: Nín hǎo! Nín shì ......
　　您　好！您是……

B: Lǎo Chén, wǒ lái jièshào yíxiàr,　zhè shì wǒ tàitai.
　　老　陈，我来介绍　一下儿，这是我太太。

A: À,　Zhāng tàitai, huānyíng, huānyíng. Nín qǐng zuò! Nín qǐng hē chá!
　　啊，张　太太，欢迎，欢迎。您　请　坐！您　请　喝茶！

C: Xièxie.
　　谢谢。

A: Lǎo Zhāng, chōu yān a.
　　老　张，抽　烟啊。

C: Nǐ chōu yān?
　　你抽　烟？

B: Bù, wǒ, wǒ bù chōu yān, wǒ bù chōu yān, wǒ bù chōu yān.
不，我，我 不 抽 烟，我 不 抽 烟，我 不 抽 烟。

A: Lǎo Zhāng, nǐ bù chōu yān?
老 张，你 不 抽 烟？

C: Tā bù chōu yān.
他 不 抽 烟。

B: Duì, wǒ bù chōu yān, bú huì chōu yān.
对，我 不 抽 烟，不 会 抽 烟。

A: Á, À, duì, duì, nǐ bú huì chōu yān. Hāhāha ......
啊，啊，对，对，你 不 会 抽 烟，哈哈哈 ……

答案 Key

3. 1) Qǐng jìn.
请 进。

2) Qǐng zuò.
请 坐。

3) Qǐng hē chá.
请 喝 茶。

4) Qǐng chōu yān.
请 抽 烟。

5) Qǐng hē píjiǔ.
请 喝 啤酒。

6) Qǐng hē kāfēi.
请 喝 咖啡。

4. 1) jièshào
介绍

2) jièshào, shì, shì
介绍，是，是

3) shì, jièshào, shì, shì, shì
是，介绍，是，是，是

找人
Look for Someone

Mr. Chen Mingshan goes to the Hotel of Nationalities to look up his friend, Mr. John Smith, interpreter for a U. S. trade delegation.

Fúwùyuán   Nín hǎo.
服务员：   您 好。
           Can I help you?

Chén   Nǐ hǎo. wǒ zhǎo yí ge rén.
陈：   你 好，我 找 一个 人[1]。
           I'm looking for someone.

Fú	Nín zhǎo shuí?
服：	您 找 谁[2] ？
	Who is it you want to see?

Chén	Wǒ zhǎo Yuēhàn Shǐmìsī xiānsheng. Qǐngwèn, tā zhù nǎge fángjiān?
陈：	我 找 约翰·史密斯 先 生 。 请 问，他 住 哪个 房 间？
	John Smith. Can you tell me his room number?

Fú	Tā shì nǎ guó rén?
服：	他 是 哪 国 人？
	What country is he from?

Chén	Měiguó rén.
陈：	美 国 人 。
	He's an American.

Fú	Tā zhù sānyāoèrbā fángjiān.
服：	他 住 三 一 二 八[3] 房 间 。
	He's staying in Room 3128.

Chén	Sānyāoèrbā zài nǎr?
陈：	三 一 二 八 在 哪 儿[4] ？
	Where is Room 3128?

Fú	Zài sān céng.
服：	在 三 层[5] 。
	On the third floor.

Chén	Xièxie.
陈：	谢 谢 。
	Thank you.

Fú	Bú xiè.
服：	不 谢 。
	You're welcome.

找	zhǎo	〔动〕	to look for, to look up
人	rén	〔名〕	person, people
一	yī	〔数〕	one
个	gè	〔量〕	a measure word
服务员	fúwùyuán	〔代〕	receptionist, waiter, etc. (any service personnel)
谁	shuí, shéi	〔代〕	who, whom
他	tā	〔代〕	he, him
住	zhù	〔动〕	to live, to stay
哪	nǎ	〔代〕	which
房间	fángjiān	〔名〕	room
国	guó	〔代〕	country, nation
三	sān	〔数〕	three
二	èr	〔数〕	two
八	bā	〔数〕	eight
在	zài	〔动〕	to be (is, are ...), to be situated
哪儿	nǎr	〔代〕	where
层	céng	〔量〕	floor, storey, layer
不谢	bú xiè		You are welcome. Don't mention it.

Proper nouns :

约翰·史密斯	Yuēhàn Shǐmìsī	John Smith
美国	Měiguó	the United States

1. 我找<u>一个人</u>。(Wǒ zhǎo yí ge rén.)

    1. In modern Chinese, a numeral cannot be placed immediately before a noun. There must be a measure word in between. "个" (gè) is one of the most frequently used measure words: (Note that "个" is in the neutral tone.)

        一个儿子 (yí ge érzi)

        一个美国人 (yí ge Měiguó rén)

        一个房间 (yí ge fángjiān)

    2. "一" (yī), which is usually in the first tone, changes to the second tone when coming before a syllable in the fourth tone (even if that word is in the neutral form), and is marked by " ˊ " : "一下儿" (yíxiàr) "一个" (yíge)

2. 您找谁 ? (Nín zhǎo shuí?)

When using interrogative pronouns like "谁" (shuí), "哪" (nǎ), "哪儿" (nǎr), etc. to form questions, the word order is the same as that of statements:

statement	question
你找他。(Nǐ zhǎo tā.)	你找谁 ? (Nǐ zhǎo shuí?)
他是美国人。(Tā shì Měiguó rén.)	他是哪国人 ? (Tā shì nǎ guó rén?)
他住三一二八。(Tā zhù sānyāoèrbā.)	他住哪儿 ? (Tā zhù nǎr?)

3. 他住<u>三一二八</u>房间 。(Tā zhù sānyāoèrbā fángjiān.)

In spoken Chinese, "一" (yī) in a number containing more than three numerals can be pronounced "yāo".

4. 三一二八在<u>哪儿</u> ? (Sānyāoèrbā zài <u>nǎr</u>?)

In Beijing dialect, in addition to "er", there is a number of syllables ending with "r" . These syllables are written in two characters "× 儿", for example: nǎr - 哪儿(where).

5. 三层 (Sān céng)

The Chinese count the ground floor (of a building) as the first floor.

Supplementary words:

饭店	fàndiàn	〔名〕	restaurant, hotel
中国	Zhōngguó	〔专名〕	China
英国	Yīngguó	〔专名〕	England, Britain
日本	Rìběn	〔专名〕	Japan
加拿大	Jiānádà	〔专名〕	Canada
北京	Běijīng	〔专名〕	Beijing
北京饭店	Běijīng Fàndiàn	〔专名〕	Beijing Hotel

1. Phonetic exercises:

1) Tones

(1) Changes of the tone of " yī (一) "

yíxiàr

yí ge

sānyī (yāo) èrbā

èryī (yāo) bāsān

(2) The neutral tone

yí ge   one

nǎge   which

nàge   that

zhège   this

2) Sound discrimination

(1) The retroflex final	**(2) a**	**e**	**(3) zh**	**j**
nǎr	chá	zhè	zhè	jiè
zài nǎr	dà	de	zhù	jú
zhù nǎr	nǎ	ne	zhì	jì
qù nǎr	hā	hē	zhǎo	jiào

2. Practice questions and answers according to the table:

A: Tā shì nǎ guó rén?
他 是 哪 国 人？

B: Tā shì Měiguó rén.
他 是 美 国 人。

Qǐngwèn , tā zhù nǎge fángjiān?
请 问，他 住 哪 个 房 间？

A: Sān'èryāobā.
三 二 一 八。

中 国 人
Zhōngguó rén
3128

英 国 人
Yīngguó rén
1238

日 本 人
Rìběn rén
8123

加拿大人
Jiānádà rén
2183

3. Complete the dialogues with the right word showing family relations:

1) Dàwěi zhǎo shéi?
大 伟 找 谁？

Tā zhǎo tā _____ . (yéye)
他 找 他_____。（爷爷）

Dàwěi zhǎo shéi?
大 伟 找 谁？

Tā zhǎo tā _____ . (nǎinai)
他 找 他_____。（奶 奶）

Dàwěi zhǎo shéi?
大 伟 找 谁？

Tā zhǎo tā _____ . (shūshu)
他 找 他_____。（叔 叔）

2) Chén xiānsheng zhǎo shéi?
陈 先 生 找 谁？

Tā zhǎo _____ . (Àilín)
他 找 _____。（艾 琳）

Chén xiānsheng zhǎo shéi?
陈 先 生 找 谁？

Tā zhǎo _____ . (Lìli)
他 找 _____。（莉 莉）

Chén xiānsheng zhǎo shéi?
陈 先 生 找 谁？

Tā zhǎo _____ . (Dàwěi)
他 找 _____。（大 伟）

4. Ask questions on the underlined parts using the correct interrogative pronouns:

1) Zhè shì Zhāng Dàzhōng xiānsheng.
这 是 张 大 中 先 生。

2) Tā jiào Zhāng Dàzhōng.
他 叫 张 大 中。

3) Tāmen shì Zhōngguó rén.
   他们是 <u>中 国 人</u>。

4) Tāmen zhù Běijīng Fàndiàn.
   他们 住 <u>北 京 饭 店</u>。

5) <u>Zhāng Wénhàn</u> zhǎo Chén Míngshān xiānsheng.
   <u>张 文 汉</u> 找 陈 明 山 先 生。

6) Tā yéye zhù sānyāoèrbā fángjiān.
   他 爷 爷 住 <u>三 一 二 八</u> 房 间。

7) Lǎo Zhào zhǎo <u>tā érzi</u>.
   老 赵 找 <u>他 儿 子</u>。

8) Bāyāosān'èr fángjiān zài bā céng.
   八 一 三 二 房 间 在 <u>八 层</u>。

9) Tā yéye zhù Běijīng Fàndiàn.
   他 爷 爷 住 <u>北 京</u> 饭 店。

5. Ask three questions on each sentence with "谁"(shuí) :

1) Tā shì wǒ érzi.
   他 是 我 儿 子。

2) Lǐ shūshu zhǎo wǒ yéye.
   李 叔 叔 找 我 爷 爷。

6. Listen to the dialogues:

1) A: Tāmen zhǎo shéi?
      他 们 找 谁？

   B: Zhǎo Lìli.
      找 莉 莉。

   A: Lìli zhù nǎr?
      莉 莉 住 哪 儿？

   B: Bāsān'èryāo.
      八 三 二 一。

26

2) A: Wáng xiānsheng zhù nǎr?
    王　先　生　住　哪儿？

B: Tā zhù Běijīng Fàndiàn.
    他住北京　饭店。

A: Nǎge fàndiàn?
    哪个饭店？

B: Běijīng Fàndiàn. Wáng xiānsheng zhù Běijīng Fàndiàn sānbāyāoèr.
    北京　饭店。王　先　生　住北京饭店三八一二。

A: Nǎge fángjiān?
    哪个房　间？

B: Sānbāyāoèr.
    三八一二。

A: Xièxie nín.
    谢谢您。

B: Bú xiè.
    不谢。

7. Translate the following sentences into Chinese:

1) Who is he?
2) Where's he from?
3) Where does he live?
4) In which room is he staying?
5) Whom do you want to see?

答案 Key

3. 1) yéye,　nǎinai,　shūshu
爷爷，奶奶，叔叔

2) tàitai,　nǚ'ér,　érzi
太太，女儿，儿子

4. 1) Zhè shì shuí?
这是谁？

2) Shuí jiào Zhāng Dàzhōng?
谁叫张大中？

3) Tāmen shì nǎ guó rén?
他们是哪国人？

4) Tāmen zhù nǎr?
他们住哪儿？

5) Shuí zhǎo Chén Míngshān xiānsheng?
谁找陈明山先生？

6) Tā yéye zhù nǎge fángjiān?
他爷爷住哪个房间？

7) Lǎo Zhào zhǎo shuí?
老赵找谁？

8) Bāyāosān'èr fángjiān zài nǎr?
八一三二房间在哪儿？

9) Tā yéye zhù nǎge fàndiàn?
他爷爷住哪个饭店？

5. 1) Tā shì shuí?　Tā shì shuí érzi?　　Shuí shì nǐ érzi?
他是谁？他是谁儿子？　谁是你儿子？

2) Lǐ shūshu zhǎo shuí?　Shuí zhǎo nǐ yéye?　　Lǐ shūshu zhǎo shuí yéye?
李叔叔找谁？　谁找你爷爷？李叔叔找谁爷爷？

7. 1) Tā shì shuí?
他是谁？

2) Tā shì nǎ guó rén?
他是哪国人？

3) Tā zhù nǎr?
他住哪儿？

4) Tā zhù nǎge fángjiān?
他住哪个房间？

5) Nǐ zhǎo shuí?
你找谁？

你去哪儿
Where Are You Going

4

Mr. Chen Mingshan comes across Henry, a friend of his.

Chén　　Ó, Hēnglì, nǐ qù nǎr?
陈：　　　哦，亨利，你去哪儿[1]？
　　　　　Hello, Henry. Where are you going?

Hēnglì　Wǒ qù dàshǐguǎn kàn yí ge péngyou.　Nǐ ne?
亨利：　　我 去 大 使 馆 看 一 个 朋 友[2]。你 呢[3]？
　　　　　I'm going to the Embassy to see a friend of mine. And you?

Chén 陈：	Wǒ qù mǎi yìdiǎnr dōngxi. 我 去 买 一 点 儿 东 西[4]。 I'm going to do some shopping.

Chén
陈： Wǒ qù mǎi yìdiǎnr dōngxi.
我 去 买 一 点 儿 东 西[4]。
I'm going to do some shopping.

Hēng
亨： Wǎnshang nǐyǒu huódòng ma?
晚 上 你 有 活 动 吗[5]？
Are you doing anything tonight?

Chén
陈： Méiyǒu.
没 有。
No.

Hēng
亨： Yǒu zájì, nǐ kàn ma?
有 杂技，你 看 吗？
There's an acrobatics performance. Are you going to see it?

Chén
陈： Duì bu qǐ, wǒ bú kàn. Nǐ míngtiān gàn shénme?
对 不 起，我 不 看。你 明 天 干 什么[6]？
No, thanks. What are you doing tomorrow?

Hēng
亨： Wǒ míngtiān qù Chángchéng. Nǐ ne?
我 明 天 去 长 城。你 呢？
I'm going to the Great Wall tomorrow. What about you?

Chén
陈： Wǒ qù cānguān Gùgōng.
我 去 参 观 故宫。
I'm going to visit the Palace Museum.

Hēng
亨： Nǐ tàitai yě qù ma?
你 太 太 也 去 吗？
Is your wife going too?

Chén
陈： Bù, tā yǒu biéde shìr.
不，她 有 别 的 事 儿[7]。
No, she has something else to do.

去	qù	〔动〕	to go
哦	ó	〔叹〕	an interjection indicating surprise or doubt
大使馆	dàshǐguǎn	〔名〕	embassy
看	kàn	〔动〕	to see, to look at
朋友	péngyou	〔名〕	friend
呢	ne	〔助〕	a particle (See study point 3.)
买	mǎi	〔动〕	to buy, to purchase
一点儿	yìdiǎnr	〔量〕	a bit, a little
东西	dōngxi	〔名〕	thing, things
晚上	wǎnshàng	〔名〕	evening, night
有	yǒu	〔动〕	to have, there is (are)
活动	huódòng	〔名、动〕	activity, to move
没(有)	méi (yǒu)	〔副〕	(to have) not, [there is (are)] not, no
杂技	zájì	〔名〕	acrobatics
明天	míngtiān	〔名〕	tomorrow
干	gàn	〔动〕	to do, to be engaged in
什么	shénme	〔代〕	what
参观	cānguān	〔动〕	to visit (usually a place)
也	yě	〔副〕	too, also
她	tā	〔代〕	she, her
别的	biéde	〔代〕	other, else
事儿	shìr	〔名〕	business, work, engagement

Proper nouns :

亨利	Hēnglì	Henry
长城	Chángchéng	the Great Wall
故宫	Gùgōng	the Imperial Palace (the Forbidden City or the Palace Museum)

1. 你去哪儿？(Nǐ qù nǎr?)

   This is more a casual greeting than a real question. It is said by people who know each other fairly well. Depending on the circumstances, the answer could be general as well as concrete.

2. 我去大使馆看一个朋友。(Wǒ qù dàshǐguǎn <u>kàn</u> yí ge péngyou.)

   In Chinese, the predicate in a sentence may include two or more than two verbs or verbal structures:

   他去买东西。　　　(Tā qù mǎi dōngxi.)　　　　　go + to buy

   你去参观故宫吗？(Nǐ qù cānguān Gùgōng ma?)　go + to visit

3. 你呢？(Nǐ <u>ne</u>?)

   In certain situations, questions can be formed by placing "呢" (ne) after nouns, pronouns or phrases. What is being asked refers to what was being discussed immediately beforehand:

   明天你去长城。陈先生呢？(Míngtiān nǐ qù Chángchéng. Chén xiānsheng ne?)
   Tomorrow you're going to the Great Wall. How about Mr. Chen?

   他晚上看杂技。你呢？(Tā wǎnshang kàn zájì. Nǐ ne?)
   He's going to see the acrobatic show this evening. Are you going too?

4. 我去买一点儿东西。(Wǒ qù mǎi yìdiǎnr dōngxi.)

   1) "一点儿" (yìdiǎn) is used before nouns to indicate small quantity.

   2) If an "r" appears after an "n", the "n" becomes mute. If it appears after "ai" or "ei", "i" in them is dropped.

   diǎnr ⟶ d + iǎ + r　　　　　páir ⟶ p + á + r
   wánr ⟶ w + á + r　　　　　wèir ⟶ w + è + r

   The ' r ' ending most often appears in the Beijing dialect, on which standard Chinese is based.

5. 晚上你有活动吗？(Wǎnshang nǐ yǒu huódòng ma?)

   1) In Chinese, phrases indicating time can be placed at the beginning of a sentence or between the subject and predicate:

   明天我去长城。(Míngtiān wǒ qù Chángchéng.)

   他晚上有活动。(Tā wǎnshang yǒu huódòng.)

2) The verb "有" (yǒu) forms its negative by adding "没" (méi) in front:

晚上我没有活动。 (Wǎnshang wǒ méiyǒu huódòng.)

6. 你明天干什么 ？ (Nǐ míngtiān gàn shénme?)

Here "干什么" (gàn shénme) is a colloquial way of saying "做什么" (zuò shénme) which means "what are (you) doing?"

7. 不，她有别的事儿。 (Bù, tā yǒu biéde shìr.)

In Chinese, there are two ways of giving negative answers to questions, for example:

你明天去长城吗 ？ (Nǐ míngtiān qù Chángchéng ma?)

我明天不去长城。 (Wǒ míngtiān bú qù Chángchéng.)

or

不，我明天去故宫。 (Bù, wǒ míngtiān qù Gùgōng.)

练 习 Exercises :

Supplementary words:

那儿	nàr	〔代〕	there
文化宫	wénhuàgōng	〔名〕	cultural palace
画展	huàzhǎn	〔名〕	exhibition of paintings
下午	xiàwǔ	〔名〕	afternoon
安排	ānpái	〔动〕	to arrange
西单	Xīdān	〔专名〕	name of a commercial centre in the west of Beijing

1. Phonetic exercises:

1) Tones

(1) The neutral tone

【1】 + neutral	【2】 + neutral	【3】 + neutral	【4】 + neutral
dōng xi	péng you	wǎn shang	sì ge
sān ge	bié de	Nǐ ne?	qù ma

(2) Changes of " 一 (yī) "

"yī (一)" + 【3】

yì   diǎnr

yì   běn

yì   bǎi

(3) Changes of the 3rd tone

dàshǐguǎn ⟶ dàshíguǎn

zhǎnlǎnguǎn ⟶ zhánlánguǎn

Wángfǔjǐng ⟶ Wángfújǐng

2) Sound discrimination

(1) The retroflex final

nǎr

diǎnr

páir

huìr

shìr

(2) d   t

dà   tā

dōng   tóng

diǎn   tiān

duì   tuì

2. Complete the dialogues:

Model:

A : Nǐ qù nǎr?
你 去 哪儿？

B : Wǒ qù Běijīng Fàndiàn.
我 去 北京 饭店。

A : Qù nàr gàn shénme?
去 那儿 干 什 么？

B : Zhǎo yí ge rén.
找 一个 人。

1) A: _____ ?

_____ ?

B: Wǒ qù Yīngguó dàshǐguǎn.
我 去 英 国 大使 馆。

A: _____ ?

_____ ?

B: Kàn péngyou.
看 朋 友。

2) A: _____ ?

   _____ ?

B: Wǒ qù Xīdān.
　　我　去　西单。

A: _____ ?

   _____ ?

B: _____ . (dōngxi)
   _____ 。 （东西）

3) A: _____ ?

   _____ ?

B: _____ . (wénhuàgōng)
   _____ 。 （文化宫）

A: _____ ?

   _____ ?

B: Cānguān huàzhǎn.
　　参　观　画展。

3. Practice with negative answers:

1) Answer according to the pictures.

   Model:

   A: Míngtiān nǐ qù Gùgōng ma?
   　明　天　你　去　故宫　吗？

   B: Wǒ bú qù.　Wǒ qù wénhuàgōng.
   　我　不去。我　去　文　化　宫。

(1) Míngtiān nǐ qù Chángchéng ma?
　　明　天　你　去　长　城　吗？

(2) Wǎnshang nǐ qù kàn zájì ma?
　　晚　上　你　去　看　杂技　吗？

(3) Xiàwǔ nǐ qù dàshǐguǎn ma?
下午你去大使馆吗?

(4) Nǐmen míngtiān qù Gùgōng cānguān ma?
你们明天去故宫参观吗?

2) Model:

A: Nǐmen wǎnshang yǒu huódòng ma?
你们晚上有活动吗?

B: Méiyǒu, nǐ ne?
没有,你呢?

(1) xiàwǔ , huódòng
下午,活动

(2) wǎnshang, shìr
晚上,事儿

(3) míngtiān, ānpái
明天,安排

4. Select the correct form of each question from the three choices given:

1) A. Nǎr tā zhù?
哪儿他住?

B. Tā zhù nǎr?
他住哪儿?

C. Nǎr zhù tā?
哪儿住他?

2) A. Shénme kàn nǐ?
什么看你?

B. Shénme nǐ kàn?
什么你看?

C. Nǐ kàn shénme?
你看什么?

3) A. Shénme huódòng tā yǒu?
　　什 么 活 动 他 有 ？

　　B. Tā shénme huódòng yǒu?
　　他 什 么 活 动 有 ？

　　C. Tā yǒu shénme huódòng?
　　他 有 什 么 活 动 ？

4) A. Nǎ guó rén shì tā?
　　哪 国 人 是 他 ？

　　B. Tā shì nǎ guó rén?
　　他 是 哪 国 人 ？

　　C. Tā nǎ guó rén shì?
　　他 哪 国 人 是 ？

5) A. Shéi tā zhǎo?
　　谁 他 找 ？

　　B. Zhǎo tā shéi?
　　找 他 谁 ？

　　C. Tā zhǎo shéi?
　　他 找 谁 ？

6) A. Shénme shìr nǐmen yǒu?
　　什 么 事 儿 你 们 有 ？

　　B. Nǐmen yǒu shénme shìr?
　　你 们 有 什 么 事 儿 ？

　　C. Nǐmen shénme shìr yǒu?
　　你 们 什 么 事 儿 有 ？

5. Listen to the dialogues:

1) A: Zhào xiānsheng, míngtiān nǐ qù Chángchéng ma?
　　赵 先 生 ，明 天 你 去 长 城 吗 ？

　　B: Wǒ yǒu diǎnr shìr, wǒ bú qù.
　　我 有 点 儿 事 儿 ，我 不 去 。

　　A: Nǐ tàitai tāmen ne?
　　你 太 太 他 们 呢 ？

　　B: Tāmen yě bú qù.
　　他 们 也 不 去 。

　　A: Nàme, nǐmen gàn shénme ne?
　　那 么 ，你 们 干 什 么 呢 ？

　　B: Wǒ qù Běijīng Fàndiàn kàn Lǐ xiānsheng, wǒ tàitai, wǒ nǚ'ér qù mǎi
　　我 去 北 京 饭 店 看 李 先 生 ，我 太 太 、我 女 儿 去 买

　　dōngxi.
　　东 西 。

　　A: Nǐ érzi ne?
　　你 儿 子 呢 ？

B: À,　tā qù kàn huàzhǎn.
　　啊，他 去 看 画 展。

＊　　　　＊　　　　＊

2) A: Wǎnshang nín bú kàn zájì?
　　晚　上　您 不 看 杂技？

B: Wǒ bú qù, wǒ yǒu diǎnr shìr.
　　我 不 去，我 有 点儿 事儿。

A: Míngtiān wǎnshang ne?
　　明 天　晚 上　呢？

B: Míngtiān wǎnshang yě yǒu zájì?
　　明 天 晚　上　也 有 杂技？

A: Yǒu a.
　　有 啊。

B: Míngtiān wǒ yídìng qù kàn.
　　明　天 我 一定 去 看。

答案 Key

3. 1) (1) Wǒ bú qù. Wǒ qù Gùgōng.
　　　　　我 不 去。我 去 故宫。

　　(3) Wǒ bú qù. Wǒ qù Chángchéng.
　　　　我 不 去。我 去 长　城。

　　(2) Wǒ bú qù. Wǒ qù kàn péngyou.
　　　　我 不 去。我 去 看 朋友。

　　(4) Wǒ bú qù. Wǒ qù mǎi dōngxi.
　　　　我 不 去。我 去 买 东西。

2) (1) A: Nǐmen xiàwǔ yǒu huódòng ma?
　　　　　你们 下午 有 活动　吗？

　　　B: Méiyǒu. Nǐ ne?
　　　　没有。你 呢？

　　(3) A: Nǐmen míngtiān yǒu ānpái ma?
　　　　　你们　明 天 有 安排 吗？

　　　B: Méiyǒu. Nǐ ne?
　　　　没有。你 呢？

　　(2) A: Nǐmen wǎnshang yǒu shìr ma?
　　　　　你们　晚 上　有 事儿 吗？

　　　B: Méiyǒu. Nǐ ne?
　　　　没有。你 呢？

4. 1) b　　2) c　　3) c　　4) b　　5) c　　6) b

去邮局
To the Post Office

5

Before going to the post office, David asks his parents and his sister if they want him to get anything for them.

Wěi   Bàba, wǒ qù yóujú jì yì fēng xìn.   Nín mǎi shénme ma?

伟：   爸爸，我去 邮局寄一封 信[1]。您 买 什 么 吗？

Dad, I'm going to the post office to mail a letter. Do you need anything?

Chén   Gěi wǒ mǎi jǐ zhāng bā fēn yóupiào.

陈：   给 我 买 几 张 八 分 邮 票[2]。

Please get me some eight-cent stamps.

Wěi   Mǎi jǐ zhāng?
伟：   买 几 张[3]？
      How many do you want?

Chén   Wǔ zhāng.
陈：   五 张 。
      Five.

Lì   Dàwěi, nǐ gěi wǒ mǎi jǐ ge xìnfēng.
莉：   大伟，你 给 我 买 几 个 信 封 。
      David, will you get me some envelopes?

Wěi   Mǎi duōshao?
伟：   买 多 少 ？
      How many?

Lì   Shí ge.
莉：   十 个 。
      Ten.

Wěi   Māma, nín mǎi diǎnr shénme ma?
伟：   妈 妈 ，您 买 点 儿 什 么 吗[4]？
      Mom, is there anything you want?

Ài   Bù mǎi.
艾：   不 买 。
      No, thank you.

Lì   Dàwěi, zài gěi wǒ mǎi yì běn "Zhōngguó Huàbào" ba.
莉：   大 伟，再 给 我 买 一 本 《 中 国 画 报 》 吧[5]。
      David, get me a copy of *China Pictorial* as well, will you?

Wěi   Hǎo.
伟：   好 。
      Sure.

邮局	yóujú	〔名〕	post office
爸爸	bàba	〔名〕	father, dad
寄	jì	〔动〕	to post, to mail
封	fēng	〔量〕	a measure word for letters
信	xìn	〔名〕	letter
给	gěi	〔介〕	for, to
几	jǐ	〔代〕	some, several
张	zhāng	〔量〕	a measure word (piece, sheet)
分	fēn	〔量〕	the lowest denomination of Chinese currency
邮票	yóupiào	〔名〕	stamp
五	wǔ	〔数〕	five
信封	xìnfēng	〔名〕	envelope
多少	duōshǎo	〔数〕	how many, how much
十	shí	〔数〕	ten
妈妈	māma	〔名〕	mother, mom
再	zài	〔副〕	too, also, in addition to
本	běn	〔量〕	a measure word (copy)
吧	ba	〔助〕	a modal particle

Proper nouns :

《中国画报》 "Zhōngguó Huàbào" *China Pictorial*

1. 我去邮局寄一封信。 (Wǒ qù yóujú jì yì fēng xìn.)

   In Chinese, many nouns have special measure words:

   一封信　　(yì fēng xìn)

   五张邮票 (wǔ zhāng yóupiào)

   N. B. 张 is often used for things that are flat, such as tables, paper and postage stamps.

   八个信封 (bā ge xìnfēng)

   四个朋友 (sì ge péngyou)

   十本 《中国画报》 (shí běn "Zhōngguó Huàbào")

   N. B. 本 is usually used as the measure word for things in the form of book such as magazines, books, catalogues, etc.

2. 给我买几张八分邮票。 (<u>Gěi wǒ</u> mǎi jǐ zhāng bā fēn yóupiào.)

   "给我" (gěi wǒ) means "for me". In Chinese, adverbials go before the verb they modify. It would be wrong to say "买几张邮票给我" (Mǎi jǐ zhāng yóupiào gěi wǒ).

3. 买<u>几</u>张？ (Mǎi <u>jǐ</u> zhāng?)

   Although both "几" (jǐ) and "多少" (duōshǎo) mean "how many", "几" (jǐ) is only used to ask for figures under ten. "多少" (duōshǎo) can be used for any amount. Another difference is that a measure word is necessary between "几" and the noun, while for "多少" the measure word can be omitted:

   几封信　　(jǐ fēng xìn)　　　　多少封信 (duōshǎo fēng xìn)

   几张邮票 (jǐ zhāng yóupiào)　　多少张邮票 (duōshǎo zhāng yóupiào)

   几个朋友 (jǐ ge péngyou)　　　多少个朋友 (duōshǎo <u>ge</u> péngyou)

4. 您买点儿<u>什么</u>吗？ (Nín mǎi diǎnr <u>shénme</u> ma?)

   "什么" (shénme) here does not mean "what" as in a question. It is used as an indefinite pronoun, corresponding to "something" in English.

5. 再给我买一本《中国画报》吧。 (Zài gěi wǒ mǎi yì běn "Zhōngguó Huàbào" ba.)

1) In China, the post office is the main agent for newspapers and magazines. People can buy and subscribe to newspapers and magazines there.

2) "吧" (ba) can be used at the end of sentences to indicate that the statement is a suggestion, a request, an order, etc. Here it is used as a request.

练习 Exercises :

Supplementary words:

报	bào	〔名〕	newspaper
杯	bēi	〔量〕	cup, glass
瓶	píng	〔量〕	bottle
学校	xuéxiào	〔名〕	school
椅子	yǐzi	〔名〕	chair
把	bǎ	〔量〕	a measure word
桌子	zhuōzi	〔名〕	table
床	chuáng	〔名〕	bed

1. Phonetic exercises:

1) Tones

(1) Changes of the tone of " 一 (yī) "

" 一 (yī) " + 【1】

   yì   fēn

   yì   fēng

   yì   zhāng

(2) Neutral tone

duōshao

māma

bàba

(3) 2nd tone

【2】 + 【1】	【2】 + 【2】	【2】 + 【3】	【2】 + 【4】
fáng jiān	huá qiáo	méi yǒu	huó dòng
míng tiān	yóu jú	Nín hǎo!	yóu piào

2) Sound discrimination

(1)	an	en	(2)	en	eng	(3)	j	q
	wǎn	wèn		chén	chéng		jǐ	qǐ
	cān	chén		fēn	fēng		jú	qù
	shān	shén		shén	shēng		jiào	qiáo
				běn	péng		jiàn	qián

2. Questions and answers:

1) Use "干什么" (gàn shénme) and "买几张" (mǎi jǐ zhāng) to make questions and answers as in the model.

> A: Nǐ qù yóujú gàn shénme?　　　B: Mǎi jǐ zhāng bā fēn yóupiào.
> 　　你去邮局干什么?　　　　　　买几张八分邮票。
>
> A: Mǎi jǐ zhāng?　　　　　　　　B: Mǎi sān zhāng.
> 　　买几张?　　　　　　　　　　买三张。

(1) "Zhōngguó Huàbào", bā běn
　《中国画报》,八本

(2) xìn, sān fēng
　信,三封

(3) bào, wǔ zhāng
　报,五张

(4) xìnfēng, shí ge
　信封,十个

(5) jì, "Zhōngguó Huàbào", wǔ běn
　寄,《中国画报》,五本

2) Ask questions using "买什么" (mǎi shénme) and "买多少" (mǎi duōshao) and answer them following the models.

> A: Nǐ mǎi shénme?　　　　　B: Mǎi xìnfēng.
> 　　你买什么?　　　　　　　买信封。
>
> A: Mǎi duōshao?　　　　　　B: Mǎi wǔ ge.
> 　　买多少?　　　　　　　　买五个。

(1) mǎi, bào, sān zhāng
　买,报,三张

(2) hē, chá, yì bēi
　喝,茶,一杯

(3) mǎi, píjiǔ, wǔ píng
买，啤酒，五瓶

(6) mǎi, zhuōzi, yì zhāng
买，桌子，一张

(4) hē, kāfēi, yì bēi
喝，咖啡，一杯

(7) mǎi, chuáng, yì zhāng
买，床，一张

(5) mǎi, yǐzi, sān bǎ
买，椅子，三把

3. **Fill in the blanks with "几" (jǐ) or "多少 "** (duōshao):

1) Nǐmen zhù _____ ge fángjiān?
   你们 住 _____ 个 房 间？

2) Nǐ mǎi _____ ge xìnfēng?
   你买 _____ 个 信 封？

3) Nǐmen xuéxiào yǒu _____ ge rén?
   你们 学 校 有 _____ 个 人？

4) Zhège fángjiān zhù _____ ge rén?
   这个 房 间 住 _____ 个 人？

5) Chén xiānsheng yǒu _____ ge nǚ'ér?
   陈 先 生 有 _____ 个 女儿？

4. **Listen to the dialogues:**

1) A: Xiǎojie, wǒ mǎi bā fēn de yóupiào.
   小 姐，我 买 八 分 的 邮 票。

   B: Nín mǎi jǐ zhāng?
   您 买 几 张 ？

   A: Sān zhāng. Xiǎojie , nà shì "Zhōngguó Huàbào" ba?
   三 张 。 小 姐，那 是《中 国 画 报》吧？

   B: Shì.
   是。

45

A: Qǐng gěi wǒ kàn yíxiàr.
请 给 我 看 一下儿。

B: Qǐng kàn ba.
请 看 吧。

A: Hǎo. Wǒ mǎi yì běn.
好。 我 买 一本。

*   *   *

2) A: Yéye, nín hē diǎnr shénme?
爷爷，您 喝 点儿 什 么？

B: Wǒ hē píjiǔ.
我 喝 啤酒。

A: Hǎo, gěi nín yì bēi píjiǔ. Nǎinai, nín ne?
好，给 您 一杯 啤酒。奶 奶，您 呢？

C: Wǒ bù hē píjiǔ, Gěi wǒ yì bēi chá ba.
我 不 喝 啤酒。给 我 一杯 茶 吧。

A: Hǎo. Dàwěi, nǐ hē shénme?
好。 大 伟，你 喝 什 么？

D: Wǒ hē kāfēi.
我 喝 咖啡。

A: Hǎo.
好。

D: Zài gěi wǒ yì bēi píjiǔ.
再 给 我 一杯 啤酒。

A: Á?
啊？

46

5. **Translate the following into Chinese:**

1) a friend

2) a letter

3) several stamps

4) a *China Pictorial*

5) five envelopes

6) eight chairs

7) ten tables

8) three beds

答案 Key

3.
1) jǐ
几

2) duōshao
多少

3) duōshao
多少

4) jǐ
几

5) jǐ
几

5.
1) yí ge péngyou
一个朋友

2) yì fēng xìn
一封信

3) jǐ zhāng yóupiào
几张邮票

4) yì běn "Zhōngguó Huàbào"
一本《中国画报》

5) wǔ ge xìnfēng
五个信封

6) bā bǎ yǐzi
八把椅子

7) shí zhāng zhuōzi
十张桌子

8) sān zhāng chuáng
三张床

1. Read aloud:

wǒmen, nǐmen, tāmen
我们，你们，他们

péngyoumen, fúwùyuánmen
朋友们，服务员们

xiānshengmen, xiǎojiemen, tàitaimen, bóbomen, shūshumen
先生们，小姐们，太太们，伯伯们，叔叔们

fàndiàn fúwùyuánmen, Měiguó péngyoumen
饭店服务员们，美国朋友们

2. Fill in the blanks using "不" (bù) or "没" (méi):

1) Tā shì Zhōngguó rén , _____ shì Rìběn rén.
   他是中国人，_____ 是日本人。

2) Wǒ zhù bāyāoèrwǔ fángjiān, _____ zhù bāyāoèrsān fángjiān.
   我住八一二五房间，_____ 住八一二三房间。

3) Míngtiān tā _____ yǒu shénme shìr.
   明天她 _____ 有什么事儿。

4) Māma mǎi xìnfēng, jiějie _____ mǎi xìnfēng.
   妈妈买信封，姐姐 _____ 买信封。

5) Tāmen _____ qù Chángchéng, wǒ qù Chángchéng.
   他们 _____ 去长城，我去长城。

6) Tā _____ jiào Wáng Xiǎomíng, tā jiào Wáng Xiǎoshān.
   他 _____ 叫王小明，他叫王小山。

7) Tāmen yǒu yí ge nǚ'ér , _____ yǒu érzi.
   他们有一个女儿，_____ 有儿子。

8) Wǒ hē píjiǔ, _____ hē kāfēi.
   我喝啤酒，_____ 喝咖啡。

9) Wǒmen jǐ ge rén _____ huì chōu yān.
   我 们 几 个 人 _____ 会 抽 烟 。

10) Wǒ yǒu xìnfēng, _____ yǒu yóupiào.
   我 有 信 封 ， _____ 有 邮 票 。

3. Ask three questions for each sentence using "吗" (ma) and interrogative pronouns "谁" (shuí), "哪" (nǎ), "哪儿" (nǎr), "什么" (shénme):

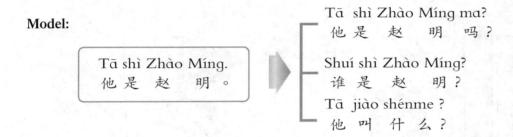

Model:

Tā shì Zhào Míng.
他 是 赵 明 。

Tā shì Zhào Míng ma?
他 是 赵 明 吗 ?

Shuí shì Zhào Míng?
谁 是 赵 明 ?

Tā jiào shénme ?
他 叫 什 么 ?

1) Tā mǎi "Zhōngguó Huàbào".
   他 买 《 中 国 画 报 》。

2) Zhào Míng zhù yīwǔ'èrsān fángjiān.
   赵 明 住 一 五 二 三 房 间 。

3) Zhāng xiānsheng qù Gùgōng.
   张 先 生 去 故 宫 。

4) Tāmen zhù Běijīng Fàndiàn.
   他 们 住 北 京 饭 店 。

5) Tā shì Yīngguó rén.
   她 是 英 国 人 。

6) Tāmen zhǎo Zhào xiānsheng.
   他 们 找 赵 先 生 。

答案 Key

2.

1) bù 不	4) bù 不	7) méi 没	10) méi 没
2) bù 不	5) bù 不	8) bù 不	
3) méi 没	6) bù 不	9) bù 不	

寄信
Mailing A Letter

6

David is in a post office posting a letter and buying stamps.

 Yíngyèyuán 营 业 员：	Nín hǎo. 您 好。 Can I help you?	

Wěi 伟：	Nǐ hǎo. Wǒ jì xìn. 你 好。我 寄 信。 I'd like to send a letter.

Yíng 营：	Jì nǎr? 寄 哪 儿? Where to?

Wěi   Měiguó.
伟：   美 国。
The United States.

Yíng   Guà hào ma?
营：   挂 号 吗？
Registered?

Wěi   Guà hào. Duōshao qián?
伟：   挂 号。多 少 钱？
Registered. How much is it?

Yíng   Sì kuài èr (máo).
营：   四 块 二（毛）[1]。
Four yuan and twenty fen.

Wěi   Nǐ kàn, zhè fēng xìn chāo zhòng ma?
伟：   你看，这 封 信 超 重 吗？
Would you see if it is overweight?

Yíng   Wǒ chēng yíxiàr.   Bù chāo zhòng.
营：   我 称 一下儿。不 超 重。
Let me weigh it. No, it isn't.

Wěi   Wǒ hái yào wǔ zhāng bā fēn yóupiào hé wǔ zhāng míngxìnpiàn.
伟：   我 还 要 五 张 八 分 邮 票 和 五 张 明 信 片。
Thanks. I also want five eight-fen stamps and five post-cards.

Yíng   Yígòng qī kuài bā máo wǔ (fēn).
营：   一 共 七 块 八 毛 五（分）。
The total is seven yuan and eighty-five fen.

Wěi   Gěi nǐ qián.
伟：   给 你 钱[2]。
Here's your money.

Yíng   Nǐ zhè shì shí kuài. Zhè shì yóupiào, zhè shì míngxìnpiàn. Zhǎo nǐ liǎng
营：   你 这 是 十 块[3]。这 是 邮 票，这 是 明 信 片。找 你 两
      kuài yì máo wǔ (fēn).
      块 一 毛 五（分）[4]。
This is ten yuan you are giving me. Here are your stamps and postcards. Your change is two
yuan and fifteen fen.

营业员	yíngyèyuán	〔名〕	clerk
挂号	guà hào		register, registered
钱	qián	〔名〕	money
块（元）	kuài (yuán)	〔量〕	colloquial form for "yuan"
毛（角）	máo (jiǎo)	〔量〕	colloquial form for "jiao"
超重	chāo zhòng		overweight
称	chēng	〔动〕	to weigh
还	hái	〔副〕	also, as well, in addition, still
要	yào	〔动〕	to want, to need, to ask
和	hé	〔连、介〕	and, with
明信片	míngxìnpiàn	〔名〕	post-card
一共	yígòng	〔副〕	altogether, in all
给	gěi	〔动〕	to give
找	zhǎo	〔动〕	to give change
两	liǎng	〔数〕	two

注 释 Study points :

1. 四块二（毛）(sì kuài èr <u>máo</u>)

The three denominations of Chinese currency (Rénmínbì) are "元" (yuán), "角" (jiǎo) and "分" (fēn). In colloquial Chinese, they are called "块" (kuài), "毛" (máo) and "分" (fēn).

1 fēn × 10 = 1 jiǎo (or máo)   1 jiǎo × 10 = 1 yuán (or kuài)
1 分 × 10 = 1 角（毛）   1 角 × 10 = 1 元 （块）

In ordinary conversation, the last denomination "分" (fēn) can be left out:

	In conversation	In writing
0.58 元	五毛八 （分）	五角八分
18.34 元	十八块三毛四 （分）	十八元三角四分

2. 给你钱。(Gěi <u>nǐ</u> qián.)

The Chinese verb "给" (gěi), functioning like the English verb "give", can take two objects. In the above sentence, the two objects are "你" (nǐ) and "钱" (qián). In English we can either say "Give you money" or "Give money to you", but in Chinese the object indicating a person always comes first, therefore we put "你" (nǐ) in front of "钱" (qián).

3. 你这是十块。(Nǐ zhè shì shí kuài.)

This is the kind of expression a Chinese shopkeeper usually uses when he takes the customer's money. It is an acknowledgement of the amount of money received.

4. 找你两块一毛五分。(Zhǎo nǐ liǎng kuài yì máo wǔ fēn.)

Both "二" (èr) and "两" (liǎng) mean "two", but usually they are not interchangeable. "两" (liǎng) is used with a measure word:

两本书　　(liǎng běn shū)
两个朋友 (liǎng ge péngyou)
两封信　　(liǎng fēng xìn)

When the figure exceeds ten, such as 12, 20, 32, etc., the word "二" (èr) must be used instead of "两" (liǎng):

十二本书　　(shí'èr běn shū)
二十个朋友　(èrshí gè péngyou)
三十二封信 (sānshí'èr fēng xìn)

Notice the change of tone of the word "一" (yī). It changes from the first tone to the fourth tone (yì) and is marked by " ˋ ". This always happens when the word appears before a syllable of the first, second or third tone: "一分" (yì fēn), "一元" (yì yuán) and "一点儿" (yìdiǎnr).

However the tone of the word "一"remains unchanged before the following numerals:"一" (yī), "三" (sān), "五" (wǔ), "七" (qī), "八" (bā) and "九" (jiǔ).

练习 Exercises :

🔊 **Supplementary words:**

怎么	zěnme	〔代〕	how
卖	mài	〔动〕	to sell
顾客	gùkè	〔名〕	customer
大概	dàgài	〔副〕	about *, approximately*
包裹单	bāoguǒdān	〔名〕	parcel invoice

1. Phonetic exercises:

1) Tones

(1) **Changes of the tone of "一 (yī)"**

"一 (yī)"+【1】	"一 (yī)"+【2】	"一 (yī)"+【3】	"一 (yī)"+【4】
yì fēn	yì máo	yì diǎnr	yí kuài
yì zhāng	yì yuán	yì běn	yí gòng

yí gè (个)

(2) **Changes of the tone of "不 (bù)"**

bú huì   bú kàn   bù mǎi   bù chāo zhòng

(3) **The 4th tone**

【4】+【1】	【4】+【2】	【4】+【3】	【4】+【4】
xìn fēng	sì máo	yì diǎnr	jiè shào
Gù gōng	Ài lín	Jì nǎr	guà hào

2) Sound discrimination

(1) ch   sh   (2) ua   uo   (3) ang   eng

chēng	shēng	huá	huó	cháng	chéng
chāo	shào	guà	guó	fāng	fēng
cháng	shàng	shuā	shuō	shāng	shēng

54

2. Practice after the model:

Model:

1.32 yuán	yíkuài sānmáo èr (fēn)
1.32 元	一块 三 毛 二（分）

2.30 (yuán)   10.00 (yuán)   3.58 (yuán)   2.22 (yuán)   0.13 (yuán)

0.80 (yuán)   0.53 (yuán)   0.22 (yuán)   0.08 (yuán)   0.02 (yuán)

3. Answer the questions:

1) Míngxìnpiàn jǐ máo yì zhāng?   (0.65 yuán/zhāng)
   明 信 片 几 毛 一 张 ？（0.65 元 / 张）

2) Xìnfēng jǐ máo yí ge?   (0.20 yuán/gè)
   信 封 几 毛 一 个 ？（0.20 元 / 个）

3) "Zhōngguó Huàbào" duōshao qián yì běn?   (8.50 yuán/běn)
   《中 国 画 报》多 少 钱 一 本 ？（8.50 元 / 本）

4) Zhuōzi duōshao qián yì zhāng? (98.00 yuán/zhāng)
   桌 子 多 少 钱 一 张 ？（98.00 元 / 张）

5) Xìnfēng zěnme mài?   (2 yuán/ 10 ge)
   信 封 怎 么 卖 ？（2 元 / 10 个）

6) Yǐzi zěnme mài?   (48.50 yuán/bǎ)
   椅 子 怎 么 卖 ？（48.50 元 / 把）

4. Complete the dialogues using the words given in the brackets:

1) Yíngyèyuán   Xiǎojie , nín mǎi shénme?
   营 业 员：小 姐，您 买 什 么？

   Gù kè   _____ . (bā fēn yóupiào, yì zhāng)
   顾 客：   _____ 。（八 分 邮 票，一 张）

   Yíng   Hái yào shénme?
   营：   还 要 什 么？

   Gù   _____ . (míngxìnpiàn sān zhāng)
   顾：   _____ 。（明 信 片 三 张）

Yíng　　Yígòng _____ .
营：　　一 共 _____ 。

Gù　　Gěi nín qián.
顾：　　给 您 钱。

*　　　　*　　　　*

2)　Gù　　Xiǎojie, yǒu xìnfēng ma?
　　顾：　　小 姐，有 信 封 吗？

Yíng　　Yǒu. Nín yào _____ ?
营：　　有。您 要 _____ ?

Gù　　Wǒ yào èrshí ge. _____ ?
顾：　　我 要 二 十 个。_____ ?

Yíng　　Liǎng máo yí gè, èrshí ge, _____ .
营：　　两 毛 一 个，二 十 个，_____ 。

Gù　　"Zhōngguó Huàbào" _____ ?
顾：　　《中 国 画 报》_____ ?

Yíng　　Bā kuài wǔ.
营：　　八 块 五。

Gù　　Wǒ yào liǎng běn.
顾：　　我 要 两 本。

Yíng　　Yígòng _____ .
营：　　一 共 _____ 。

Gù　　Gěi nín qián.
顾：　　给 您 钱。

Yíng　　Nín zhè shì sānshí kuài, zhǎo nín _____ .
营：　　您 这 是 三 十 块，找 您 _____ 。

5. Listen to the dialogues:

1)　Gù　　Xiǎojie, wǒ jì guàhàoxìn.
　　顾：　　小 姐，我 寄 挂 号 信。

Yíng   Nín zhè liǎng fēng xìn dàgài chāo zhòng.
营：您 这 两 封 信 大概 超 重。

Gù   Shì ma?
顾：是 吗？

Yíng   Wǒ chēng yíxiàr.   Nín kàn, chāo zhòng.
营：我 称 一下儿。您 看，超 重。

Gù   Shì a.
顾：是 啊。

*　　　*　　　*

2) Gù   Xiǎojie, qǐng gěi wǒ yì zhāng bāoguǒdān.
    顾：小 姐，请 给 我 一 张 包 裹 单。

Yíng   Hǎo. Jì nǎr?
营：好。寄 哪儿？

Gù   Yīngguó. Duōshao qián?
顾：英 国。多 少 钱？

Yíng   Wǒ chēng yíxiàr.   À, sānshíwǔ kuài sì.
营：我 称 一下儿。啊，三 十 五 块 四。

答案 Key

3. 1) Míngxìnpiàn liù máo wǔ yì zhāng.
　　　明 信 片 六 毛 五 一 张。

2) Xìnfēng liǎng máo yí ge.
　　信 封 两 毛 一 个。

3) "Zhōngguó Huàbào" bā kuài wǔ yì běn.
　　《中 国 画 报》八 块 五 一 本。

4) Zhuōzi jiǔshíbā kuài yì zhāng.
　　桌子 九 十 八 块 一 张。

5) Xìnfēng liǎng kuài qián shí ge.
　　信 封 两 块 钱 十 个。

6) Yǐzi sìshíbā kuài wǔ yì bǎ.
　　椅子 四 十 八 块 五 一 把。

4. 1) Yì zhāng bāfēn yóupiào.   Sān zhāng míngxìnpiàn.   Liǎngmáo sān.
　　　一 张 八 分 邮 票。 三 张 明 信 片。 两 毛 三。

2) Duōshao?   Duōshao qián?   sì kuài   Duōshao qián yìběn?   Èrshíyī kuài   jiǔkuài
　多 少？ 多 少 钱？ 四 块。 多 少 钱 一 本？ 二 十 一 块。 九 块。

兑换外币
Exchanging Foreign Money For Renminbi

7

Mr. Chen Mingshan is exchanging foreign money for renminbi in a bank.

Gōngzuò rényuán 工 作 人 员：	Nín háo. 您 好。 **Can I help you?**
Chén 陈：	Nǐ hǎo, wǒ duìhuàn wàibì. 你 好，我 兑 换 外 币。 **I'd like to have some foreign currencies exchanged.**
Gōng 工：	Shénme wàibì? 什 么 外 币？ **What currencies?**

Chén   Měiyuán hé yīngbàng. Jīntiān páijià shì duōshao?
陈：   美 元 和 英 镑。今 天 牌 价 是 多 少？
American dollars and English pounds. What are today's exchange rates?

Gōng   Yìbǎi měiyuán duìhuàn bābǎi liùshíbā kuài qī máo sì (fēn) rénmínbì.
工：   一 百 美 元 兑 换 八 百 六 十 八 块 七 毛 四（分）人 民 币。
        Yìbǎi yīngbàng duìhuàn yìqiān sānbǎi sìshíbā kuài liù máo èr (fēn)
        一 百 英 镑 兑 换 一 千 三 百 四 十 八 块 六 毛 二（分）
        rénmínbì.
        人 民 币。
One hundred American dollars is equal to eight hundred and sixty-eight yuan and seventy-four fen of renminbi. One hundred pounds is equal to one thousand three hundred and forty-eight yuan, sixty-two fen.

Chén   Wǒ duìhuàn liùbǎi měiyuán, yìbǎi sānshí yīngbàng.
陈：   我 兑 换 六 百 美 元，一 百 三 十 英 镑。
I would like to change six hundred dollars and one hundred and thirty pounds.

Gōng   Qǐng nín tián yì zhāng dānzi.
工：   请 您 填 一 张 单 子。
Fill in this form, please.

Chén   Hǎo.
陈：   好。
O.K .

Gōng   Liù bǎi měiyuán duìhuàn wǔqiān èrbǎi yīshíèr kuài sì máo sì (fēn), yì bǎi
工：   六 百 美 元 兑 换 五 千 二 百 一 十 二 块 四 毛 四（分），一 百
        sānshí yīngbàng duìhuàn yìqiān qībǎi wǔshísān kuài èr (máo), yígòng
        三 十 英 镑 兑 换 一 千 七 百 五 十 三 块 二（毛），一 共
        liùqiān jiǔbǎi liùshíwǔ kuài liù máo sì (fēn).   Qǐng diǎn yíxiàr.
        六 千 九 百 六 十 五 块 六 毛 四（分）。请 点 一 下 儿。
Five thousand two hundred and twelve yuan and forty-four fen for six hundred dollars. One thousand seven hundred and fifty-three yuan and twenty fen for one hundred and thirty pounds. The total is six thousand nine hundred and sixty-five yuan, sixty-four fen. Please count it.

Chén　Hǎo.　Xièxie.
陈：　好。 谢谢。
　　　Good.　Thank you.

Gōng　Búyòng xiè.
工：　不 用 谢[2]。
　　　You are welcome.

生词　New words

兑换	duìhuàn	〔动〕	to exchange (currencies)
外币	wàibì	〔名〕	foreign currency
工作	gōngzuò	〔动、名〕	to work; work, job
人员	rényuán	〔名〕	personnel, staff
美元	měiyuán	〔名〕	American dollar　*or měi jīn*
英镑	yīngbàng	〔名〕	English pound
今天	jīntiān	〔名〕	today
牌价	páijià	〔名〕	exchange rate
百	bǎi	〔数〕	hundred
人民币	rénmínbì	〔名〕	*renminbi* (Chinese currency)
四	sì	〔数〕	four
千	qiān	〔数〕	thousand
填	tián	〔动〕	to fill (in)
单子	dānzi	〔名〕	form, list
六	liù	〔数〕	six
九	jiǔ	〔数〕	nine
零	líng	〔数〕	zero, nil
七	qī	〔数〕	seven
点	diǎn	〔动〕	to count
不用	búyòng		not necessary
不用谢	búyòng xiè		don't mention it, you're welcome, not at all

注 释 Study points :

1. 一百美元兑换<u>八百六十八</u>块七毛四(分)人民币。

[Yìbǎi měiyuán duìhuàn <u>bābǎi liùshíbā</u> kuài qīmáo sì (fēn) rénmínbì].

The decimal system is being used in China:

1	2	3	4	5	6	7	8	9	10
一	二	三	四	五	六	七	八	九	十
11	12			......				19	20
十一	十二							十九	二十
21	22			......				29	30
二十一	二十二							二十九	三十
91	92			......				99	100
九十一	九十二							九十九	一百
101	102			......				109	110
一百零一	一百零二							一百零九	一百一十
111	112			......				119	120
一百一十一	一百一十二							一百一十九	一百二十
191	192			......				199	200
一百九十一	一百九十二							一百九十九	二百
991	992			......				999	1000
九百九十一	九百九十二							九百九十九	一千
1101	1102			......				1109	1110
一千一百零一	一千一百零二							一千一百零九	一千一百一十
9991	9992			......				9999	10000
九千九百九十一	九千九百九十二							九千九百九十九	一万

2. 不用谢 (búyòng xiè)

As a reply to "谢谢" (xièxie), "不谢" (bú xiè) and "不用谢" (búyòng xiè) are interchangeable.

🔊 Supplementary words:

没错儿	méi cuòr		exactly
法郎	fǎláng	〔名〕	franc
日元	rìyuán	〔名〕	(Japanese) yen
万	wàn	〔数〕	ten thousand
马克	mǎkè	〔名〕	mark (German Deutschmark)
存	cún	〔动〕	to deposit
款	kuǎn	〔名〕	deposit
C.D. 定期	dìngqī	〔名〕	time (deposit), fixed (deposit)
Money Market 活期	huóqī	〔名〕	demand (deposit), current (deposit)
正好	zhènghǎo	〔形、副〕	precise; precisely; no more, no less, just
取	qǔ	〔动〕	to draw (money), withdraw, take
凭	píng	〔动〕	to use (as evidence) ie, receipt, coupon, ticket, certificate
存折	cúnzhé	〔名〕	bank-book
没什么	méi shénme		you're welcome, don't mention it, nothing
中国银行	Zhōngguó Yínháng	〔专名〕	Bank of China

1. Phonetic exercises:

1) Tones

(1) Changes of the tone of "一 (yī)"

yìqiān
yìshí
yìbǎi
yíbàng

(2) Changes of the 3rd tone

liǎngqiān
měiyuán
jiǔbǎi
wǔkuài

(3) The 1st tone

【1】 + 【1】	【1】 + 【2】	【1】 + 【3】	【1】 + 【4】
jīn tiān	huān yíng	tā yǒu	yīng bàng
cān guān	Zhōng guó	qī bǎi	gōng zuò

2) Sound discrimination

(1) ia   ie   (2) iao   iu   (3) c   q

jià   jiè   jiào   jiǔ   cān   qiān

xià   xiè   qiáo   qiú   céng   qǐng

qià   qiè   xiǎo   xiū   cù   qù

liǎo   liù

2. Fill in the blanks with Chinese numerals:

1) A: Xiǎojie, qǐngwèn Zhāng xiānsheng zhù nǎr?
   小 姐，请 问 张 先 生 住 哪儿？

   B: Tā zhù _____ . (3087 fángjiān)
   他 住 _____ 。 （3087 房 间）

2) A: Lǎo Zhào zài ma?
   老 赵 在 吗？

   B: Tā bú zhù zhège fángjiān, tā zhù _____ . (4069)
   他 不 住 这 个 房 间，他 住 _____ 。 (4069)

3) A: Tāmen xuéxiào yǒu _____ ? (6000 rén)
   他 们 学 校 有 _____ ？ （6000 人）

   B: Méi cuòr.
   没 错 儿。

4) A: Zhǎo nǐ _____ ? (4.67 yuán)
   找 你 _____ ？ （4.67 元 ）

   B: Shì a, méi cuòr.
   是 啊，没 错 儿。

5) A: _____ yīngbàng duìhuàn _____ ? (100 yīngbàng, 1348.62 yuán)
   _____ 英 镑 兑 换 _____ ？ （100 英 镑，1348.62 元 ）

   B: Méi cuòr.
   没 错 儿。

6) A: Tāmen gěi nǐ duōshao qián?
   他 们 给 你 多 少 钱？

   B: _____ . (764 yuán)
   _____ 。 （764 元 ）

3. Practice conversation about exchanging foreign currencies:

1) A: Nǐ qù nǎr?
　　你 去 哪儿？

　B: Qù Zhōngguó Yínháng duìhuàn wàibì.
　　去 中 国 银 行 兑 换 外 币。

　A: _____ ?
　　_____ ?

　B: fǎláng.
　　法郎。

　　　　　　*　　　　　　*　　　　　　*

2) Gùkè　　　　Xiǎojie, zhèr _____ ?
　顾客：　　　小 姐，这儿 _____ ?

　Yíngyèyuán　Duìhuàn.
　营业员：　　兑 换。

　Gù　　　　Qǐngwèn, jīntiān rìyuán páijià _____ ?
　顾：　　　请 问，今 天 日 元 牌价 _____ ?

　Yíng　　　Shíwàn rìyuán _____ .
　营：　　　十 万 日 元 _____ 。

　　　　　　*　　　　　　*　　　　　　*

3) Gù　　　　Xiǎojie, wǒ duìhuàn yīngbàng.
　顾：　　　小 姐，我 兑 换 英 镑。

　Yíng　　　Duìhuàn _____ ?
　营：　　　兑 换 _____ ?

　Gù　　　　_____ . (500 yīngbàng)
　顾：　　　_____ 。（500 英 镑）

　Yīng　　　_____ duìhuàn rénmínbì _____ .
　营：　　　_____ 兑 换 人 民 币 _____ 。

　　　　　　*　　　　　　*　　　　　　*

64

4) Gù   Qǐngwèn, _____ mǎkè duìhuàn duōshao rénmínbì?   (1200 mǎkè)

顾： 请 问，_____ 马 克 兑 换 多 少 人 民 币？(1200 马克)

Yíng _____ duìhuàn _____ .

营： _____ 兑 换 _____ 。

人民币对外币汇价表

Exchange Rates between Renminbi and Foreign Currencies:

外币名称 Foreign currency	外币单位 Counting unit	买价 (元) Buy	卖价 (元) Sell
美元	100	868.74	869.92
英镑	100	1348.62	1349.87
马克	100	564.56	565.72
法郎	100	172.34	173.49
日元	100,000	8621.30	8623.15

4. Listen to the dialogue:

Gù   Xiǎojie wǒ cún kuǎn.
顾： 小 姐 我 存 款。

Yíng Cún duōshao?
营： 存 多 少？

Gù   Sānbǎi.
顾： 三 百。

Yíng Cún dìngqī ma?
营： 存 定 期 吗？

Gù   Bù , cún huóqī.
顾： 不，存 活 期。

Yíng Qǐng tián yíxiàr cúnkuǎndān.
营： 请 填 一 下 儿 存 款 单。

65

(The customer hands his money and the form to the clerk, and the clerk counts the money.)

Yíng　　Zhènghǎo sānbǎi.
营：　　正　好 三百。

Gù　　　Qǐngwèn zěnme qǔ kuǎn?
顾：　　请 问 怎么 取 款？

Yíng　　Píng cúnzhé qǔ kuǎn.
营：　　凭 存 折 取 款。

Gù　　　Xièxie.
顾：　　谢谢。

Yíng　　Méi shénme.
营：　　没 什么。

答案 Key

3. 1) Shénme wàibì?
　　什么 外币？

2) Duìhuàn wàibì ma?　　Shì duōshao?　　Duìhuàn rénmínbì bāqiān liùbǎi èrshíyī kuài
　　兑换 外币 吗？　　是 多少？　　兑换 人民币 八千 六百 二十一 块
　　sānmáo.
　　三毛。

3) Duōshao?　　Wǒbǎi yīngbàng.　　Wǔbǎi yīngbàng duìhuàn rénmínbì liùqiān qībǎi
　　多少？　　五百 英镑。　　五百 英镑 兑换 人民币 六千 七百
　　sìshísān kuài yìmáo.
　　四十三 块 一毛。

4) Yìqiān èrbǎi.　　Yìqiān èrbǎi mǎkè duìhuàn rénmínbì liǎng qiān líng liùshísì kuài.
　　一千 二百。　　一千 二百 马克 兑换 人民币 两 千 零 六十四 块。

今天几号
What's the Date Today

8

David and Lily ask their parents when they are leaving for Xian and when they are going to the Great Wall.

— I —

Lì
莉：　妈妈，今天 几 号[1]？
Māma , jīntiān jǐ hào?
Mother, what date is today?

Ài
艾：　二十八号[2]。
Èrshíbā hào.
The twenty-eighth.

Lì
莉：　我们 什么 时候 去西安？
Wǒmen shénme shíhòu qù Xī'ān?
When are we going to Xian?

67

Ài　　Shí yuè liù hào.　　Lìli,　míngtiān shì nǐ dìdi de shēngrì,　jīntiān xiàwǔ
艾：　十 月 六 号[3]。莉莉，明 天 是 你弟弟的 生 日[4]，今 天 下 午
　　　wǒmen qù mǎi lǐwù hé shēngrì dàngāo.
　　　我 们 去 买 礼物和 生 日 蛋 糕。
　　　On the sixth of October. Lily, tomorrow's your brother's birthday, we'll buy him a present
　　　and a birthday cake this afternoon.

Lì　　Bàba qù ma?
莉：　爸爸 去 吗？
　　　Is dad going?

Ài　　Bú qù ,　tā yào gěi Xī'ān de Zhāng bóbo xiě xìn.
艾：　不 去，他 要 给 西 安的 张 伯 伯 写 信[4]。
　　　No, he has to write a letter to Uncle Zhang of Xian.

II

Wěi　　Bàba,　jīntiān xīngqījǐ?
伟：　爸爸，今 天 星 期几？
　　　Dad, what day is today?

Chén　　Xīngqīsān.
陈：　星 期三[6]。
　　　Wednesday.

Wěi　　Xīngqītiān zánmen qù Chángchéng ma?
伟：　星 期天 咱 们 去 长 城 吗[7]？
　　　Are we going to the Great Wall this Sunday?

Chén　　Bú qù.
陈：　不 去。
　　　No, we're not.

Wěi　　Nǎtiān qù?
伟：　哪 天 去？
　　　Which day are we going then?

Chén　　Xià xīngqī'èr.
陈：　下 星 期二。
　　　Next Tuesday.

号(日)	hào (rì)	〔名〕	colloquial form for date
时候	shíhòu	〔名〕	time
月	yuè	〔名〕	month
弟弟	dìdi	〔名〕	younger brother
生日	shēngrì	〔名〕	birthday
下午	xiàwǔ	〔名〕	afternoon
我们	wǒmen	〔代〕	we, us
礼物	lǐwù	〔名〕	present, gift
蛋糕	dàngāo	〔名〕	cake
要	yào	〔助动〕	will, would
写	xiě	〔动〕	to write
星期	xīngqī	〔名〕	week
星期一	xīngqīyī	〔名〕	Monday
星期二	xīngqī'èr	〔名〕	Tuesday
星期三	xīngqīsān	〔名〕	Wednesday
星期四	xīngqīsì	〔名〕	Thursday
星期五	xīngqīwǔ	〔名〕	Friday
星期六	xīngqīliù	〔名〕	Saturday
星期几	xīngqījǐ		what day (of the week)
星期天 (星期日)	xīngqītiān (xīngqīrì)	〔名〕	Sunday
咱们	zánmen	〔代〕	we, us (inclusive first person)
天	tiān	〔名〕	day, sky
下	xià	〔名〕	next, lower, below, under

Proper nouns :

西安　Xī'ān　Xian, capital of Shaanxi Province in the north-west of China.

1. 今天几号 ？ (Jīntiān jǐ hào?)

   This is the usual way of asking today's date.

   A positive reply is:

   今天十七号。 (Jīntiān shíqī hào.)

   If you want to ask the day of the week, you can say:

   明天星期几 ？ (Míngtiān xīngqījǐ?)

   The answer is:

   明天星期三。 (Míngtiān xīngqīsān.)

2. The days of the month are expressed in the following way:

一号(日)	二号(日)	三号(日)	…十号(日)
十一号	二十一号	三十一号	

   "日" (rì) is usually used in writing while "号" (hào) is common in spoken Chinese.

3. The months of the year 月 (yuè)

一月 (yī yuè)	五月 (wǔ yuè)	九月 (jiǔ yuè)
二月 (èr yuè)	六月 (liù yuè)	十月 (shí yuè)
三月 (sān yuè)	七月 (qī yuè)	十一月 (shíyī yuè)
四月 (sì yuè)	八月 (bā yuè)	十二月 (shí'èr yuè)

   e.g. 十月六号 (shí yuè liù hào) October 6th.

4. 明天是你弟弟的生日。 (Míngtiān shì nǐ dìdi de shēngrì.)

   When the particle "的" (de) comes after a noun, it indicates what follows belongs to the noun. In the above example, "生日" (shēngrì), belongs to "弟弟" (dìdi).

   弟弟的生日 (dìdi de shēngrì) brother's birthday

   爸爸的信 (bàba de xìn) father's letter

   老李的礼物 (Lǎo Lǐ de lǐwù) Lao Li's gift

5. 他要给西安的张伯伯写信。(Tā yào gěi Xī'ān de Zhāng bóbo xiě xìn.)

In the above sentence, the word "给" (gěi) functions as an auxiliary verb. The direct object is "信" (xìn) and it comes after the main verb "写" (xiě). The indirect object, "西安的张伯伯" (Xī'àn de Zhāng bóbo), is placed between the auxiliary verb "给" (gěi) and the main verb "写" (xiě).

6. Wednesday 星期三 (Xīngqīsān)

The seven days of the week are:

Sunday	星期日 (天)	xīngqīrì (tiān)
Monday	星期一	xīngqīyī
Tuesday	星期二	xīngqī'èr
Wednesday	星期三	xīngqīsān
Thursday	星期四	xīngqīsì
Friday	星期五	xīngqīwǔ
Saturday	星期六	xīngqīliù

7. 星期天咱们去长城吗？(Xīngqītiān zánmen qù Chángchéng ma?)

"咱们" (zánmen), is different from "我们" (wǒmen), although both are translated into English as "we". The phrase "咱们" (zánmen) refers to both the addresser and the addressee. But "我们" (wǒmen) may or may not include the addressee.

练 习　Exercises :

Supplementary words:

昨天	zuótiān	〔名〕	yesterday
后天	hòutiān	〔名〕	the day after tomorrow
前天	qiántiān	〔名〕	the day before yesterday
回	huí	〔动〕	to come back, to return
颐和园	Yíhéyuán	〔专名〕	the Summer Palace

71

1. **Phonetic exercises:**

   1) **Tones**

      (1) **The neutral tone**   (2) **【3】 + 【4】**

      tāmen   lǐ   wù

      zánmen   xiě   xìn

      nǐmen   Jīntiān jǐ   hào?

      wǒmen   Xīngqījǐ   qù?

   2) **Sound discrimination**

      (1) **z   j**   (2) **q   x**

      zán   jiàn   qiáo   xiǎo

      zá   jià   qián   xiān

      zào   jiào   qǐng   xīng

2. **Answer the following questions:**

   1) Jīntiān jǐ hào?   6) Jīntiān xīngqījǐ?
      今 天 几 号 ?   今 天 星 期 几 ?

   2) Zuótiān jǐ hào?   7) Hòutiān jǐ hào?
      昨 天 几 号 ?   后 天 几 号 ?

   3) Míngtiān duōshao hào?   8) Qiántiān xīngqījǐ?
      明 天 多 少 号 ?   前 天 星 期 几 ?

   4) Xīngqītiān jǐ hào?   9) Èrshíbā hào xīngqījǐ?
      星 期 天 几 号 ?   二 十 八 号 星 期 几 ?

   5) Xià xīngqīsān duōshao hào?
      下 星 期 三 多 少 号 ?

3. **Fill in the blanks with the right time expressions:**

   > shénme shíhòu, jǐ hào, xīngqījǐ
   > 什 么 时 候，几 号，星 期 几

   1) Wǒmen _____ qù Gùgōng?   2) Tāmen _____ qù Yíhéyuán?
      我 们 _____ 去 故 宫 ?   他 们 _____ 去 颐 和 园 ?

      Liù hào.   Xīngqīsì.
      六 号 。   星 期 四 。

72

3) Zánmen _____ qù Xī'ān?
   咱 们 _____ 去 西安？

   Shí yuè wǔ hào.
   十 月 五 号。

5) Tā dàgài _____ huí guó?
   他 大概 _____ 回 国？

   Shíyī yuè shí'èr hào.
   十 一 月 十 二 号。

4) Nǐmen _____ qù Chángchéng?
   你 们 _____ 去 长 城？

   Xià xīngqī'èr.
   下 星 期二。

4. How to say your birthday and their birthdays:

1) Nǐ de shēngrì
   你 的 生 日

4) Nǐ yéye de shēngrì
   你 爷爷 的 生 日

2) Nǐ bàba de shēngrì
   你 爸爸 的 生 日

5) Nǐ dìdi de shēngrì
   你 弟弟 的 生 日

3) Nǐ māma de shēngrì
   你 妈妈 的 生 日

5. Listen to the dialogues:

1) Àilín   Dàwěi, jīntiān jǐ hào?
   艾琳：   大 伟，今 天 几 号？

   Dàwěi   Èrshíqī hào. Yǒu shénme shìr ma?
   大 伟：   二十七号。有 什么 事儿吗？

   Ài   Míngtiān yào qù kàn Lǐ bóbo, zánmen qù mǎi diǎnr lǐwù ba.
   艾：   明 天 要 去 看 李 伯伯，咱 们 去 买 点儿 礼物 吧。

   Wěi   Hǎo.
   伟：   好。

                    *   *   *

73

2) Nǚ'ér   Mā, zánmen shénme shíhòu qù Yíhéyuán?
女儿：   妈，咱们 什么 时候 去 颐和园？

Māma   Xīngqītiān.
妈妈：   星 期 天。

Nǚ   Xīngqīliù ba. Xīngqītiān wǒ hé dìdi yào qù kàn zájì.
女：   星 期 六 吧。星 期 天 我 和 弟弟 要 去 看 杂技。

Mā   Xīngqīliù Zhāng xiānsheng hé Zhāng tàitai yào lái.
妈：   星 期 六 张 先 生 和 张 太太 要 来。

Nǚ   Xià xīngqīyī ne?
女：   下 星 期 一 呢？

Mā   Xià xīngqīyī,   èr,   sì nǐ bàba yǒu shìr,   xià xīngqīsān ba.
妈：   下 星 期 一、二、四 你 爸爸 有 事儿，下 星 期 三 吧。

Nǚ   Hǎo ba.
女：   好 吧。

答案 Key

3. 1) jǐ hào
        几 号

      2) xīngqījǐ
          星 期 几

      3) shénme shíhòu
          什 么 时 候

      4) xià xīngqījǐ
          下 星 期 几

      5) shénme shíhòu
          什 么 时 候

现在几点
What Time Is It

9

David suggests to Lily that they go and see a film together.

Wěi   Jiějie,   nǐ jīntiān gàn shénme?
伟： 姐姐，你今天 干 什 么 ？
Lily, what are your plans for today?

Lì   Shàngwǔ jiǔ diǎn wǒ yào qù kàn (yí) ge péngyou.
莉： 上 午 九点 我 要 去 看 (一) 个 朋 友[1]。
I'm going to see a friend at nine in the morning.

Wěi   Jǐ diǎn huílai?
伟： 几点 回来？
When will you be back?

75

Lì   Xiàwǔ liǎng diǎn.
莉：   下午 两   点[2]。
        Two o'clock in the afternoon.

Wěi   Xiàwǔ zánmen qù kàn diànyǐng, hǎo ma?
伟：   下午 咱们 去 看 电影，好 吗[3]？
        How about going to a movie with me in the afternoon?

Lì   Shénme diànyǐng?
莉：   什么 电影？
        What movie?

Wěi   Zhōngguó diànyǐng "Lǐ Shízhēn".
伟：   中 国   电影 《李时 珍》。
        A Chinese movie called "Li Shizhen".

Lì   Jǐ diǎn de?
莉：   几点 的？
        When is it ?

Wěi   Xiàwǔ yǒu sān chǎng: liǎng diǎnlíng wǔ (fēn) de, sì diǎn sān kè de, liù
伟：   下午 有 三 场： 两   点零 五 (分) 的，四点 三 刻 的，六
        diǎn bàn de.
        点 半 的。
        There are three showings in the afternoon: 2:05, 4:45 and 6:30.

Lì   Kàn sì diǎn sān kè de ba.
莉：   看 四点 三 刻 的 吧[5]。
        Let's go to the 4:45 show then.

Wěi   Wǒ qù mǎi piào.
伟：   我 去 买 票。
        I'm going to get the tickets.

Lì   Xiànzài chà shí fēn jiǔ diǎn le, wǒ gāi zǒu le.
莉：   现 在 差 十 分 九 点 了，我 该 走 了[6]。
        It's ten to nine now. I must be going.

Wěi   Nǐ de biǎo tíng le ba?
伟：   你的 表 停 了 吧[7]？
        Your watch must have gone wrong.

76

Lì	Āiyā! Tíng le!	Xiànzài jǐ diǎn?

Lì　莉：　哎呀! 停了[8]! 现在几点?

Oh dear! It sure has. What's the time now?

Wěi　Jiǔ diǎn wǔ fēn le.

伟：　九点五分了。

Five after nine.

Lì　Zāogāo! Wǎn le.

莉：　糟糕[9]! 晚了。

My goodness! I'm late.

生词 New words

现在	xiànzài	〔名〕	present, now
点	diǎn	〔量〕	o' clock
姐姐	jiějie	〔名〕	elder sister
上午	shàngwǔ	〔名〕	morning
回来	huílai		to come back, to return
电影	diànyǐng	〔名〕	motion pictures, movie, film
场	chǎng	〔量〕	show
分	fēn	〔量〕	minute
刻	kè	〔量〕	quarter (of an hour)
半	bàn	〔数〕	half
票	piào	〔名〕	ticket, coupon
差	chà	〔动〕	to be short of, to differ from; not up to the standard
了	le	〔助〕	a particle
该	gāi	〔助动〕	should, ought to
走	zǒu	〔动〕	to go, to leave, to walk
我该走了	Wǒ gāi zǒu le		I must be leaving

表	biǎo	〔名〕	watch
停	tíng	〔动〕	to stop
哎呀	āiyā	〔叹〕	Oh dear! (surprise or annoyance)
糟糕	zāogāo	〔形〕	awful, too bad
晚	wǎn	〔形〕	late

Proper nouns:

中国	Zhōngguó	China
《李时珍》	《Lǐ Shízhēn》	title of a film after the name of an Chinese pharmacist

注 释 Study points :

1. 上午九点我要去看(一)个朋友。
   (Shàngwǔ jiǔdiǎn wǒ yào qù kàn (yí) ge péngyou.)
   The word "一" (yī), when used with a measure word and a noun to form the object of a sentence, can often be omitted.

2. 下午两点 (xiàwǔ liǎng diǎn)
   The Chinese way of telling time is as follows:

1:00 —— 一点	(yì diǎn)
1:05 —— 一点零五分	(yì diǎn líng wǔ fēn)
1:15 —— 一点十五分 / 一点一刻	(yì diǎn shíwǔ fēn / yì diǎn yí kè)
1:30 —— 一点三十分 / 一点半	(yì diǎn sānshí fēn / yì diǎn bàn)
1:45 —— 一点四十五分 / 一点三刻	(yì diǎn sìshíwǔ fēn / yì diǎn sān kè)
1:55 —— 一点五十五分 / 差五分两点	(yì diǎn wǔshíwǔ fēn / chà wǔ fēn liǎng diǎn)

78

The usual sentence patterns of asking and telling time are:

现在几点？ (Xiànzài jǐ diǎn?)

现在 ＿＿＿ 点 ＿＿＿ 分。 (Xiànzài ＿＿＿ diǎn ＿＿＿ fēn.)

The verb "是" (shì) which is functionally similar to the English verb 'to be' is not necessary in these sentences.

3. 下午咱们去看电影，好吗？ (Xiàwǔ zánmen qù kàn diànyǐng, hǎo ma?)

This is a common form of question to ask for opinion in conversation. The first part of the question reveals the content on which opinion is being sought. The second part "好吗？" (hǎo ma?) is similar to 'O.K.?' in English.

4. 几点的？ (Jǐ diǎn de?)

This is a short, colloquial form of asking what time is the show. The full sentence should be "几点的电影？" (Jǐ diǎn de diànyǐng) 'The show of what time?' (See study point 1 of Lesson 11.)

5. 看四点三刻的吧。 (Kàn sì diǎn sān kè de ba.)

Without the particle "吧" (ba) at the end, the sentence sounds like a command. "吧" here indicates a suggestion.

6. 我该走了。 (Wǒ gāi zǒu le.)

In this sentence, the particle "了" (le) indicates a certain sense of degree, meaning the time has come for me to go. (See study point 3 of Lesson 17.)

7. 你的表停了吧？ (Nǐ de biǎo tíng le ba?)

"吧" (ba) here expresses uncertainty as well as conjecture.

8. 停了 (tíng le)

"了" (le) in this sentence is used in the same way as that in "晚了" (wǎn le). (See study point 1 of Lesson 16.)

9. 糟糕 (zāogāo)

This is a colloquial exclamation showing dismay over something undesirable or unfortunate.

Supplementary words:

起床	qǐ chuáng		to get up, to get out of bed
吃	chī	〔动〕	to eat
早饭	zǎofàn	〔名〕	breakfast
午饭	wǔfàn	〔名〕	lunch
晚饭	wǎnfàn	〔名〕	supper, dinner
睡觉	shuì jiào		to sleep
打球	dǎ qiú		to play ball games
散步	sàn bù		to go for a walk

1. Phonetic exercises:

1) Tones

(1) The neutral tone

māma
bóbo
jiějie
dìdi

(2) 【3】 + 【3】

jǐ diǎn
Xiànzài jǐ diǎn
Shàngwǔ jiǔ diǎn
Xiàwǔ liǎng diǎn

2) Sound discrimination

(1) zh   zhǎng   zhēn   zhǎo
     ch   chǎng   chén   chāo

(2) ai   gāi   bǎi   wài   mǎi
     ei   gěi   běi   wěi   měi

2. Look at the pictures and then answer the questions accordingly:

 1) Xiànzài jǐ diǎn?
       现 在 几 点 ?

 3) Jǐ diǎn le?
       几 点 了 ?

 2) Xiànzài jǐ diǎn le?
       现 在 几 点 了 ?

 4) Nǐ de biǎo jǐ diǎn le?
       你 的 表 几 点 了 ?

3. **Answer the questions according to the text:**

   1) Lìli hé Dàwěi yào kàn jǐ diǎn de diànyǐng?
      莉 莉 和 大 伟 要 看 几 点 的 电 影 ？

   2) Lìli jǐ diǎn qù kàn péngyou?
      莉 莉 几 点 去 看 朋 友 ？

   3) Lìli jǐ diǎn huílái?
      莉 莉 几 点 回 来 ？

   4) Dàwěi de biǎo jǐ diǎn le?
      大 伟 的 表 几 点 了 ？

   5) Lìli de biǎo jǐ diǎn le?
      莉 莉 的 表 几 点 了 ？

4. **Practice asking questions and giving answers after the model:**

   Model:

   > A: Tā jǐ diǎn qù yóujú?
   >   他 几 点 去 邮 局 ？
   >
   > B: Shàngwǔ shí diǎn. (shàngwǔ 10:00)
   >   上 午 十 点 。 （ 上 午 10:00）

   1) qǐ chuáng, 6:00
      起 床 ， 6:00

   2) chī, zǎofàn, 7:15
      吃 ， 早 饭 ， 7:15

   3) chī, wǔfàn, 12:00
      吃 ， 午 饭 ， 12:00

   4) chī, wǎnfàn, 5:30
      吃 ， 晚 饭 ， 5:30

   5) shuì jiào, 9:55
      睡 觉 ， 9:55

5. Practice after the model:

Model:

Xiànzài wǒmen qù yóujú.
现 在 我们 去 邮局。
→
A: Xiànzài wǒmen qù yóujú, hǎo ma?
现 在 我们 去 邮局，好 吗？

B: Hǎo ba.
好 吧。

1) Wǎnshang zánmen qù kàn diànyǐng.
   晚 上 咱们 去 看 电 影。

2) Sì diǎn zánmen qù dǎ qiú.
   四点 咱们 去 打 球。

3) Míngtiān shàngwǔ wǒmen qù kàn Wáng xiānsheng.
   明 天 上 午 我 们 去 看 王 先 生。

4) Xīngqītiān xiàwǔ zánmen qù kàn zájì.
   星 期天 下午 咱们 去 看 杂技。

5) Xiànzài qù sànbù.
   现 在 去 散步。

6. Listen to the dialogue:

A: Wǒ mǎi diànyǐngpiào.
   我 买 电 影 票。

B: Yào nǎ chǎng de?
   要 哪 场 的？

A: Xiàwǔ yǒu jǐ chǎng?
   下 午 有 几 场？

B: Yǒu sì chǎng. Yì diǎn de, liǎng diǎn wǔshí de, sì diǎn bàn de, liù diǎn yí
   有 四 场。一 点 的，两 点 五 十 的，四 点 半 的，六 点 一

   kè de.
   刻 的。

A: Sì diǎn bàn de hái yǒu ma?
四点 半 的 还 有 吗?

B: Yǒu. Yào jǐ zhāng?
有。 要 几 张?

A: Liǎng zhāng. Duōshǎo qián yì zhāng?
两 张。 多 少 钱 一 张?

B: Shí kuài.
十 块。

A: Gěi nín qián.
给 您 钱。

B: Zhè shì piào hé zhǎo nín de qián, nín kàn, duì ma?
这 是 票 和 找 您 的 钱, 您 看, 对 吗?

A: Méi cuòr.
没 错儿。

答案 Key

2. 1) Xiànzài liǎng diǎn líng wǔ.
现 在 两 点 零 五。

2) Xiànzài sān diǎn yíkè le.
现 在 三 点 一 刻 了。

3) Sì diǎn bàn le.
四点 半 了。

4) Wǒ de biǎo shíyī diǎn wǔshí le.
我 的 表 十一 点 五十 了。

打电话
Making a Telephone Call

10

Wang Fang telephones Mr. Chen Mingshan.

Wáng
王：

Wèi, Běijīng Fàndiàn ma?
喂，北京 饭 店 吗[1]？
Hello, is this Beijing Hotel?

Huàwùyuán
话 务 员：

Duì.
对。
Yes.

Wáng
王：

Wǒ yào wǔyāoèrsì ...... Wèi, wǔyāoèrsì fángjiān ma?
我 要 五一二四…… 喂，五一二四 房 间 吗？
I want Room 5124. Hello, is this Room 5124 ?

Ài　　Qǐng nín shuō màn diǎnr.
艾：　请 您 说 慢 点儿[2]。
　　　Speak a little slower, please.

Wáng　Wǔyāoèrsì fángjiān ma?
王：　五 一 二 四 房 间 吗？
　　　Is this Room 5124?

Ài　　Shì. Nín zhǎo shuí?
艾：　是。您 找 谁？
　　　Yes, whom do you want?

Wáng　Wǒ zhǎo Chén xiānsheng.
王：　我 找 陈 先 生。
　　　I want Mr. Chen

Ài　　Qǐng děng yíxiàr.　　　　　Nǐ de diànhuà.
艾：　请 等 一下儿。（对陈）你 的 电 话。
　　　Hold on a minute, please. *(To Chen)* Your call.

Chén　Wèi, shuí a?
陈：　喂，谁 啊[3]？
　　　Hello, who's speaking?

Wáng　Wǒ shì Wáng Fāng. Chén xiānsheng ma?
王：　我 是 王 芳。陈 先 生 吗？
　　　I'm Wang Fang. Is this Mr. Chen?

Chén　O, Wáng xiǎojie.　Wǒ shì Chén Míngshān. Yǒu shénme shìr ma?
陈：　哦，王 小 姐。我 是 陈 明 山。有 什么 事儿 吗？
　　　Oh, Miss Wang. I'm Chen Mingshan. What can I do for you?

Wáng　Hòutiān wǎnshang yǒu "Dà Nào Tiāngōng",　nǐmen kàn bu kàn?
王：　后 天 晚 上 有《大 闹 天 宫》，你们 看 不 看[4]？
　　　There'll be "The Monkey King Creates Havoc in Heaven" tomorrow evening. Would you like to go and see it?

Chén　Shì bu shì jīngjù?
陈：　是 不 是 京 剧？
　　　Is it a Beijing opera?

Wáng   Shì.

王: 是。

     Yes.

Chén   Zài nǎr yǎn?

陈: 在哪儿演？

     Where will it be performing?

Wáng   Rénmín Jùchǎng.

王: 人民剧场。

     At the People's Theater.

Chén   Wǒmen quán jiā dōu qù.

陈: 我们 全家都去。

     We would all go.

Wáng   Míngtiān wǎnshang wǒ gěi nǐmen sòng piào qu.

王: 明天晚上我给你们送票去[5]。

     I'll give you the tickets tomorrow evening.

Chén   Hǎo, máfan nǐ le.

陈: 好，麻烦你了[6]。

     Good. That's very kind of you.

生词 New words

打	dǎ	〔动〕	to make (a telephone call), to beat, to strike
电话	diànhuà	〔名〕	telephone
打电话	dǎ diànhuà		to telephone
喂	wèi	〔叹〕	hello
话务员	huàwùyuán	〔名〕	telephone operator
说	shuō	〔动〕	to speak, to talk
慢	màn	〔形〕	slow
说慢点儿	shuō màn diǎnr		to speak slower

等	děng	〔动〕	to wait
啊	a	〔助〕	ah, oh
哦	ò	〔叹〕	an interjection like "oh"
后天	hòutiān	〔名〕	the day after tomorrow
京剧	jīngjù	〔名〕	Beijing opera
在	zài	〔介〕	at, in
演	yǎn	〔动〕	to perform, to put on a show
全	quán	〔形〕	all, whole
家	jiā	〔名〕	family, home
都	dōu	〔副〕	all, already
送	sòng	〔动〕	to send, to take, to present, to see (somebody) ... off
麻烦	máfan	〔动、名、形〕	to trouble; trouble; troublesome

Proper nouns :

北京饭店	Běijīng Fàndiàn	Beijing Hotel
《大闹天宫》	"Dà Nào Tiāngōng"	"The Monkey King Creates Havoc in Heaven"
人民剧场	Rénmín Jùchǎng	People's Theater

注 释 Study points :

1. 喂，北京饭店吗？ (Wèi, Běijīng Fàndiàn ma?)

   This is a common sentence pattern for making a phone call. Here are more examples:

   五一二四房间吗？ (Wǔyāoèrsì fángjiān ma?)

   陈先生吗？　　　(Chén xiānsheng ma?)

   In these sentences the subject and the verb 是 (shì) are left out.

2. 请您说慢点儿。(Qǐng nín shuō màn diǎnr.)

Placed after an adjective, "一点儿" (yìdiǎnr) shows a slight change of degree. "一" (yī) can be omitted.

3. 喂，谁啊？(Wèi, shuí a?)

"啊" (a) indicates doubt. When it appears in the middle or at the end of a sentence, its pronunciation often changes with the sound preceding it.

preceding sound	pronunciation of "啊"
a e i o ü	a → ia
u ao ou	a → ua
-n	a → na
-ng	a → nga

4. 你们看不看？(Nǐmen kàn bu kàn?)

Putting together the positive and negative forms of a verb is one way of forming questions:

你们去不去？(Nǐmen qù bu qù?)

Are you going or not?

他是不是你弟弟？(Tā shì bu shì nǐ dìdi?)

Is he your brother or not?

那个电影好不好？(Nàge diànyǐng hǎo bu hǎo?)

Is that movie good or not?

5. 明天晚上我给你们送票去。(Míngtiān wǎnshang wǒ gěi nǐmen sòng piàoqu.)

(See study point 1 of Lesson 22.)

6. 麻烦你了。(Máfan nǐ le.)

This is an idiomatic expression to show appreciation for the help one gets.

练习 Exercises :

Supplementary words:

位	wèi	〔量〕	a measure word for people
话剧	huàjù	〔名〕	play
歌剧	gējù	〔名〕	opera
占线	zhàn xiàn		the line is busy
电报	diànbào	〔名〕	telegram, cable
电报纸	diànbàozhǐ	〔名〕	telegram form
字	zì	〔名〕	character
华侨大厦	Huáqiáo Dàshà	〔专名〕	Overseas Chinese Hotel
《茶馆》	"Cháguǎn"	〔专名〕	"Tea House", a modern play
首都剧场	Shǒudū Jùchǎng	〔专名〕	Capital Theater
上海	Shànghǎi	〔专名〕	Shanghai

1. Phonetic exercises:

1) Tones

(1) 【3】 + Neutral tone

wǒde   Wǎnshang sòng piào.
nǐde   Wǒmen qù kàn.
Nǐde diànhuà.   Nǎge fàndiàn?

(2) The neutral tone: ··· 不 (bu)···

shì bu shì   kàn bu kàn
qù bu qù   duì bu duì

2) Sound discrimination

(1) an	ang	(2) ao	ou	(3) s	x
fàn	fāng	zāo	zǒu	sī	xī
shān	shàng	yào	yǒu	sān	xiān
bàn	bàng	hào	hòu	sòng	xióng
		chāo	chōu		└bear

2. Practice making telephone calls:

1) Model:

Dǎ diànhuà rén	Wèi, Běijīng Fàndiàn ma?
打 电 话 人：	喂，北京 饭店 吗？
Fúwùyuán	Duì, nín yào nǎge fángjiān?
服 务 员：	对，您 要 哪个 房 间？
Dǎ	Wǒ yào wǔlíngyāosān.
打：	我 要 五〇一三。

(1) Mínzú Fàndiàn, sìlíngyāoqī
    民 族 饭店，四〇一七

(2) Qiánmén Fàndiàn, sānyāoèrwǔ
    前 门 饭店，三 一 二五

(3) Huáqiáo Dàshà, yāolíngsānliù
    华 侨 大厦，一〇 三六

2) Model:

Chén Míngshān	Wèi, nǎwèi?
陈 明 山：	喂，哪位？
Wáng Fāng	Wǒ shì Wáng Fāng. Chén Míngshān xiānsheng ma?
王 芳：	我 是 王 芳。陈 明 山 先 生 吗？
Chén	Duì. Wǒ shì Chén Míngshān, yǒu shénme shìr ma?
陈：	对。我 是 陈 明 山，有 什么 事儿吗？

(1) Wǒ shì Hēnglì, Zhào xiānsheng ma?
    我 是 亨利，赵 先 生 吗？

(2) Wǒ shì Àilín, Lǐ tàitai ma?
    我 是 艾琳，李太太 吗？

(3) Wǒ shì Chén Míngshān, Zhāng Wénhàn xiānsheng ma?
    我 是 陈 明 山，张 文 汉 先 生 吗？

3. Practice asking questions:

1) Using "是不是" (shì bu shì)

Model:

> "Dà Nào Tiāngōng" shì bu shì jīngjù?
> 《大 闹 天 宫》是 不 是 京 剧 ?

(1) "Cháguǎn" _____ ? (huàjù)
　　《茶 馆》_____ ? (话剧)

(2) Tā _____ ? (Zhāng Dàzhōng xiānsheng)
　　他 _____ ? (张 大 中 先 生)

(3) Zhèwèi tàitai _____ ? (Àilín)
　　这 位 太太 _____ ? (艾琳)

2) Using "看不看" (kàn bu kàn)

Model:

> Jīntiān wǎnshang Rénmín Jùchǎng yǎn "Dà Nào Tiāngōng",
> 今天 晚 上 人民 剧场 演《大 闹 天 宫》,
>
> nín kàn bu kàn?
> 您 看 不 看 ?

(1) Míngtiān wǎnshang Shǒudū Jùchǎng _____ ? ("Cháguǎn")
　　明 天 晚 上 首 都 剧 场 _____ ? (《茶 馆》)

(2) Xiàwǔ wénhuàgōng _____ ? ("Lǐ Shízhēn")
　　下 午 文 化 宫 _____ ? (《李 时 珍》)

(3) Hòutiān Rénmín Jùchǎng _____ ? (gējù)
　　后 天 人 民 剧 场 _____ ? (歌剧)

91

3) **Using** "有没有" (yǒu méi yǒu)

Model:
> Nǐ yǒu méiyǒu bā fēn de yóupiào?
> 你 有 没 有 八 分 的 邮 票？

(1) Nǐ _____ ? (zuótiān de bào)
    你 _____ ? (昨 天 的 报)

(2) Tā _____ ? (hòutiān de diànyǐngpiào)
    他 _____ ? (后 天 的 电 影 票)

(3) Dàwěi _____ ? ("Zhōngguó Huàbào")
    大 伟 _____ ? (《 中 国 画 报 》)

4) **Using** "去不去" (qù bu qù)

Model:
> Nǐmen qù bu qù Shànghǎi?
> 你 们 去 不 去 上 海？

(1) Tā _____ ? (Xī'ān)
    他 _____ ? (西 安)

(2) Nín xiàwǔ _____ ? (Gùgōng)
    您 下 午 _____ ? (故 宫)

(3) Míngtiān xiàwǔ Zhào xiānsheng _____ ? (Huáqiáo Dàshà)
    明 天 下 午 赵 先 生 _____ ? (华 侨 大 厦)

4. **Fill in the blanks using the positive-negative form of the following verbs:**

> 抽 (chōu)， 喝 (hē)， 买 (mǎi)， 送 (sòng)， 演 (yǎn)

1) Nín _____ yān?   2) Tā _____ chá?
   您 _____ 烟？   他 _____ 茶？

3) Tāmen _____ diànyǐngpiào?
   他们 _____ 电影票？

5) Rénmín Jùchǎng _____ "Cháguǎn"?
   人民剧场 _____《茶馆》？

4) Zánmen _____ lǐwù?
   咱们 _____ 礼物？

5. Listen to the dialogues:

1) Dǎ diànhuà rén   Wèi, Běijīng Fàndiàn ma?
   打电话人：   喂，北京饭店吗？

   Fúwùyuán   Shì a, nín yào nǎr?
   服务员：   是啊，您要哪儿？

   Dǎ   Sānlíngliùsì.
   打：   三〇六四。

   Fú   Duì bu qǐ, zhàn xiàn.
   服：   对不起，占线。

   → it is busy

          *   *   *

2) Gùkè   Wǒ dǎ diànbào.
   顾客：   我打电报。

   Yíngyèyuán   Hǎo. Zhè shì diànbàozhǐ.
   营业员：   好。这是电报纸。

   Gù   Duōshao qián yí ge zì?
   顾：   多少钱一个字？

   Yíng   Liǎng máo qián yí ge zì. Nín zhè shì shíjiǔ ge zì, yígòng
   营：   两毛钱一个字。您这是十九个字，一共

         sān kuàibā.
         三块八。

   Gù   Gěi nín qián.
   顾：   给您钱。

   Yíng   Nín gěi wǒ wǔ kuài, zhǎo nín yí kuài èr.
   营：   您给我五块，找您一块二。

93

3. **1)** (1) shì bu shì huàjù?
是 不 是 话剧 ？

(3) shì bu shì Àilín?
是 不 是 艾琳 ？

(2) shì bu shì Zhāng Dàzhōng xiānsheng
是 不 是 张 大 中 先 生

2) (1) yǎn "Cháguǎn", nín kàn bu kàn?
演 《茶馆》，您 看 不 看 ？

(3) yǎn gējù, nín kàn bu kàn?
演 歌剧，您 看 不 看 ？

(2) yǎn "Lǐ Shízhēn", nín kàn bu kàn?
演 《李时珍》，您 看 不 看 ？

3) (1) yǒu méiyǒu zuótiān de bào?
有 没 有 昨天 的 报 ？

(3) yǒu méiyǒu "Zhōngguó Huàbào"?
有 没 有 《中 国 画 报 》？

(2) yǒu méiyǒu hòutiān de diànyǐngpiào?
有 没 有 后 天 的 电 影 票 ？

4) (1) qù bu qù Xī'ān?
去 不 去 西安 ？

(3) qù bu qù Huáqiáo Dàshà?
去 不 去 华 侨 大厦 ？

(2) qù bu qù Gùgōng?
去 不 去 故 宫 ？

4. **1)** chōu bu chōu
抽 不 抽

3) mǎi bu mǎi
买 不 买

5) yǎn bu yǎn
演 不 演

2) hē bu hē
喝 不 喝

4) sòng bu sòng
送 不 送

1. Read aloud:

1) wǒ bàba,　　tā māma,　　tā dìdi,　　nǐ jiějie,　　tā péngyou,
   我 爸爸，　　他 妈妈，　　他 弟弟，　　你 姐姐，　　他 朋 友，

   Zhōngguó rén,　　Yīngguó diànyǐng,　　Měiguó péngyou,
   中 国 人，　　英 国 电 影，　　美 国 朋 友，

   Jiā'nádà huàjù,　　wǒ jiā,　　wǒ guó,　　tāmen xuéxiào
   加 拿 大 话 剧，　　我 家，　　我 国，　　他 们 学 校

2) tā de biǎo,　　nǐ de xìn,　　tā de diànbào,　　tāmen de zhuōzi,
   他 的 表，　　你 的 信，　　他 的 电 报，　　他 们 的 桌 子，

   dìdi de shēngrì,　　xuéxiào de "Zhōngguó Huàbào",
   弟弟 的 生 日，　　学 校 的 《中 国 画 报》，

   tā jiějie de míngxìnpiàn,　　wǒ guó de dàshǐguǎn
   他 姐姐 的 明 信 片，　　我 国 的 大 使 馆

3) yī　(yī)　　　èr　(èr)　　　sān (sān)　　　sì　(sì)　　　wǔ (wǔ)
   一 （壹），　二 （贰），　三 （叁），　四 （肆），　五 （伍），

   liù (liù)　　　qī　(qī)　　　bā (bā)　　　jiǔ (jiǔ),　　　shí (shí)
   六 （陆），　七 （柒），　八 （捌），　九 （玖），　十 （拾）。

95

2. Turn the following statements into questions:

Model:

Tā qù Xī'ān
他去西安。

Tā qù Xī'ān ma?
他去西安吗？

Tā qù nǎr?
他去哪儿？

Tā qù bu qù Xī'ān?
他去不去西安？

1) Tāmen kàn diànyǐng.
他们看电影。

2) Tā bù mǎi zájì piào.
她不买杂技票。

3) Tāmen duìhuàn měiyuán.
他们兑换美元。

4) Wǒ bù chī dàngāo.
我不吃蛋糕。

5) Tā děng Xiǎo Wáng.
他等小王。

6) Xiǎo Zhāng tián cúnkuǎn dānzi.
小张填存款单子。

7) Dàwěi xiě xìn.
大伟写信。

8) "Dà Nào Tiāngōng" shì jīngjù.
《大闹天宫》是京剧。

3. Fill in the blanks:

1) Yí ge xīngqī yǒu qī tiān, zhè qī tiān shì
一个星期有七天，这七天是：

_____, _____, _____, _____, _____, _____, _____.
_____, _____, _____, _____, _____, _____, _____。

2) Shuōshuo yí ge yuè yǒu duōshao tiān:
说说一个月有多少天：

_____, _____, _____, _____, _____, _____, _____ yǒu sānshíyī tiān
_____, _____, _____, _____, _____, _____, _____ 有三十一天

_____; _____, _____, _____, _____ yǒu sānshí tiān _____;
_____; _____, _____, _____, _____ 有三十天 _____；

_____ yǒu èrshíbā tiān, huòzhě _____ èrshíjiǔ tiān.
_____ 有二十八天，或者 (or) 二十九天。

3. 1) xīngqīyī,　　xīngqī'èr,　　xīngqīsān,　　xīngqīsì,
　　　星 期 一 ，　星 期 二 ，　星 期 三 ，　星 期四 ，

　　　xīngqīwǔ,　　xīngqīliù,　　xīngqīrì
　　　星 期 五 ，　星 期 六 ，　星 期日

2) Yī yuè,　　sān yuè,　　wǔ yuè,　　qī yuè,　　bā yuè,
　　一 月 ，　三 月 ，　五 月 ，　七 月 ，　八 月 ，

　　shí yuè,　　shí'èr yuè yǒu sānshíyī tiān.
　　十 月 ，　十 二 月 有 三 十 一 天 。

　　Sì yuè,　　liù yuè,　　jiǔ yuè,　　shíyī yuè yǒu sānshí tiān.
　　四 月 ，　六 月 ，　九 月 ，　十 一 月 有 三 十 天 。

　　Èr yuè yǒu èrshíbā tiān huòzhě èrshíjiǔ tiān.
　　二 月 有 二 十 八 天 或 者 二 十 九 天 。

谁的钢笔
Whose Pen Is It

11

Xiao Liu, a hotel clerk, asks the Chens if any of them has lost a pen. She also tells them that coffee is on sale again at the hotel shop.

---- I ----

Xiǎo Liú
小 刘[1]:

Zǎochén wǒmen zài zhè zhāng zhuōzishang jiǎn dào yì zhī gāng bǐ, shì nǐmen nǎ yí wèi de?

早 晨 我们 在 这 张 桌子上 捡 到 一 支 钢 笔[2],是 你们 哪 一 位 的？

We found a pen left on the table this morning. Does it belong to anyone of you?

Wěi　　Wǒ kànkan, "Yīngxióng" de.　Hái shì xīn de.　Jiějie, shì nǐ de ma?
伟：　我 看 看[3]，"英 雄" 的[4]。还 是 新 的。姐姐，是 你 的 吗？

Let me have a look. It's a "Hero", and a new one, too. Lily, is it yours?

Lì　　Bú shì wǒ de.　Wǒ de zài zhèr.
莉：　不 是 我 的。我 的 在 这儿。

No. I've got mine here.

Liú　　Chén xiānsheng, shì nín tàitai de ma?
刘：　陈 先 生，是 您 太太 的 吗？

Mr. Chen, is it Mrs.Chen's?

Chén　Bú shì,　tā de shì jiù de.
陈：　不 是，她 的 是 旧 的。

No. Her's is an old one.

Liú　　Nà (me) shì shuí de ne?
刘：　那 （么） 是 谁 的 呢[5]？

I wonder whose is it then?

Chén　Zǎochen Bǐlì Wēi'ěrxùn xiānsheng yě zài zhèr chī fàn, huì bu huì shì tā
陈：　早 晨 比利·威尔逊 先 生 也在 这儿吃饭，会 不会 是 他
　　　de?
　　　的[6]？

Mr. Bailey Wilson also had his breakfast here this morning. Can it be his?

Liú　　Yíhuìr wǒ wènwen tā.　Duì le,　Chén xiānsheng, zuótiān nín bú shì yào
刘：　一 会儿 我 问 问 他。对 了[7]，陈 先 生，昨天 您 不 是 要
　　　mǎi kāfēi ma?　Jīntiān xiǎomàibù yǒu le.
　　　买 咖啡 吗[8]？今天 小 卖 部 有 了。　　　.

I'll ask him later. Oh, yes, Mr. Chen, you wanted to buy some coffee yesterday, didn't you?
They have it at the hotel shop today.

Chén　Shì ma?　Wǒ mǎshàng qù mǎi.
陈：　是 吗[9]？我 马 上 去 买。

Really? I'll go and get some right now.

Chén
陈：
Wǒ mǎi kāfēi.
我 买 咖啡。
I'd like to buy some coffee.

Shòuhuòyuán
售 货 员：
Zhōngguó de, wàiguó de dōu yǒu, nín yào nǎ yì zhǒng?
中 国 的，外 国 的 都 有，您 要 哪一 种？
We have both Chinese and foreign coffee. Which kind do you want?

Chén
陈：
Dōu gěi wǒ kànkan, hǎo ma?
都 给 我 看 看，好 吗？
Will you show me both?

Shòu
售：
Hǎo.
好。
Sure.

Chén
陈：
Yào liǎng tǒng Zhōngguó de.
要 两 筒 中 国 的。
I'll have two cans of Chinese coffee.

Shòu
售：
Hái yào bié de ma?
还 要 别 的 吗？
Anything else?

Chén
陈：
Zài gěi wǒ yí ge běnzi.
再 给 我 一个 本子。
Also give me a notebook.

Shòu
售：
Zhèyàng de xíng ma?
这 样 的 行 吗？
Will this do?

Chén
陈：
Yǒu dà de ma?
有 大 的 吗？
Do you have bigger ones?

Shòu
售：
Yǒu.
有。
Yes. We do.

Chén   Yào yí ge dà de.
陈：   要 一个 大 的。
        I'll have a big one.

钢笔	gāngbǐ	〔名〕	pen, fountain-pen
小	xiǎo	〔头、形〕	little, small, young (used before family names of young people one knows well)
早晨	zǎochén	〔名〕	morning
桌子	zhuōzi	〔名〕	table
…上	…shàng	〔名〕	(used after nouns corresponding to "on" or "above")
捡到	jiǎn dào		to find, to pick up by chance
支	zhī	〔量〕	a measure word for cylindrical objects or songs or army units
位	wèi	〔量〕	a measure word used respectfully for people
新	xīn	〔形〕	new, recent
这儿	zhèr	〔代〕	here
旧	jiù	〔形〕	old, out-dated
那(么)	nà (me)	〔连〕	then
吃	chī	〔动〕	to eat
饭	fàn	〔名〕	meal
一会儿	yíhuìr	〔名〕	a moment, a little bit later
问	wèn	〔动〕	to ask, to inquire
对了	duì le		by the way
昨天	zuótiān	〔名〕	yesterday
咖啡	kāfēi	〔名〕	coffee
小卖部	xiǎomàibù	〔名〕	small shops at railway stations or hotels, as different from regular shops
马上	mǎshàng	〔副〕	immediately, right away
售货员	shòuhuòyuán	〔名〕	shop assistant

外国	wàiguó	〔名〕	foreign country (ies)
种	zhǒng	〔量〕	kind, sort
筒	tǒng	〔量〕	can, tin
本子	běnzi	〔名〕	notebook
这样	zhèyàng	〔代〕	this, such
行	xíng	〔形〕	all right, O.K., capable
大	dà	〔形〕	big, large, loud, old

Proper nouns :

刘	Liú	a common Chinese family name
英雄	Yīngxióng	Hero (here, a brand name of Chinese pens)
比利·威尔逊	Bǐlì Wēi'ěrxùn	Bailey Wilson—name of Chen Mingshan's American friend

注 释 Study points :

1. 小刘 (Xiǎo Liú)

   "小 (xiǎo) + a family name" may be used to address young people whom the speaker knows well and who are younger than the speaker.

2. 早晨我们<u>在这张桌子上</u>捡到一支钢笔。

   (Zǎochen wǒmen zài zhè zhāng zhuōzishang jiǎn dào yì zhī gāngbǐ.)

   The phrase "在这张桌子上" (zài zhè zhāng zhuōzishang) is an adverbial phrase of place modifying the verb "捡到" (jiǎn dào). As a rule, the adverbial phrase of place always precedes the verb it modifies.

3. 我<u>看看</u>。(Wǒ <u>kànkan</u>.)

   Some Chinese verbs can be repeated twice for two reasons:

1) to mean that the duration of the action is short or the action is carried out in a casual manner:

我给你们介绍介绍。(Wǒ gěi nǐmen jièshàojièshào.)

Let me introduce you to each other.

一会儿我问问他。(Yíhuìr wǒ wènwen tā.)

I'll ask him later.

2) "to sample" or "to try something out":

那个电影很好，你去看看。(Nàge diànyǐng hěn hǎo, nǐ qù kànkan.)

That film is good, you can try it out.

With one-syllable verbs, the second character is in the neutral tone; with two-syllable verbs, which is repeated in the form of "ABAB", the second and the fourth syllables are usually in the neutral tone. When one-syllable verbs are repeated, "一" (yí) may be added, for example: "看一看" (kàn yi kàn), "问一问" (wèn yi wèn); however, this is not true of the two-syllable verbs.

4. 英雄的 (Yīngxióng de)

The particle "的"(de) is often added to nouns, adjectives, pronouns and measure words to form "qualifiers"which can stand on their own. The nouns they qualify are understood:

这种咖啡是中国的。(Zhèzhǒng kāfēi shì Zhōngguó de.)

This coffee is China's. (noun + 的 → 中国的 = 中国的咖啡)

他的钢笔是新的。(Tā de gāngbǐ shì xīn de.)

His pen is new. (adjective + 的 → 新的 = 新的钢笔)

那封信是你的。(Nàfēng xìn shì nǐ de.)

That letter is yours. (pronoun + 的 → 你的 = 你的信)

这张邮票是八分的。(Zhèzhāng yóupiào shì bā fēn de.)

This stamp is an eight-fen (stamp). (numeral and measure word + 的 → 八分的 = 八分的邮票)

5. 那 (么) 是谁的呢？[Nà (me) shì shuí de ne?]

The word "那么" (nàme), as a conjunction meaning "then" or "so", serves to introduce a logical deduction:

钢笔不是你的，不是他的，那 (么) 是谁的呢？

[Gāngbǐ bú shì nǐ de, bú shì tā de, nà (me) shì shuí de ne?]

The pen is not yours, not his, then whose is it?

6. 会不会是他的？(Huì bu huì shì tā de?)

The auxiliary verb "会"(huì) indicates possibility in this sentence. Putting together the positive and negative forms of the auxiliary verbs is one way of forming questions:

他会不会去看电影？(Tā huì bu huì qù kàn diànyǐng?)

103

Is he going to watch the movie or not?

你要不要买什么东西？(Nǐ yào bu yào mǎi shénme dōngxi?)

Do you need to buy anything or not?

7. 对了 (Duì le)

This phrase is often used in conversation to indicate that the speaker remembers something else and wants to change the subject.

8. 昨天您不是要买咖啡吗？(Zuótiān nín bú shì yào mǎi kāfēi ma?)

"不是…吗？"(bú shì...ma?) is a rhetorical question having an affirmative meaning:

他不是要看电影吗？(Tā bú shì yào kàn diànyǐng ma?)

Doesn't he want to see a movie?

这不是你的信吗？(Zhè bú shì nǐ de xìn ma?)

Isn't this your letter?

9. 是吗？(Shì ma?)

This expression, which means "Is that so?"or "Really?", is often used as a reply to something unexpected.

练 习 Exercises :

Supplementary words:

块	kuài	〔量〕	a measure word (lump, piece, etc.)
手绢	shǒujuàn	〔名〕	handkerchief
钥匙	yàoshi	〔名〕	key
手套	shǒutào	〔名〕	gloves
副	fù	〔量〕	a measure word (pair)
只	zhǐ	〔量〕	a measure word
样	yàng	〔名、量〕	appearance, kind; a measure word
牌儿	páir	〔名〕	brand
红	hóng	〔形〕	red
处理	chǔlǐ	〔动〕	to handle, to deal with
金笔	jīnbǐ	〔名〕	gold-tipped pen
铱金	yījīn	〔名〕	iridium

只有 = only

1. Phonetic exercises:

1) Tones

(1) The neutral tone... 的 (de):

【1】+ 的 (de)		【2】+ 的 (de)		【3】+ 的 (de)		【4】+ 的 (de)	
tā	de	shuí	de	nǐ	de	jiù	de
xīn	de	Yīngxióng	de	wǒ	de	nǎwèi	de

(2) Neutral tone: The reduplication of verbs

kànkan　　　　　wènwen　　　　　xièxie　　　　　shìshi
try (try)

2) Sound discrimination

(1) z	zh	(2) ch	q	(3) ou	uo
zǎo	zhǎo	chī	qī	dōu	duō
zuò	zhuō	chāo	qiáo	zǒu	zuò
zì	zhì	chéng	qǐng	shòu	shuō

2. Practice asking questions on ownership:

1) Model:

> Zhè zhī gāngbǐ shì shéi de?　(zhè zhī gāngbǐ)
> 这 支 钢笔是 谁 的？（这支 钢笔）

(1) _____ shì shéi de?　(zhè kuài shǒujuàn)
　　_____ 是 谁 的？（这块 手绢）

(2) _____ shì nǎwèi de?　(zhè bǎ yàoshi)
　　_____ 是 哪位 的？（这把 钥匙）

(3) _____ shì nǎge xiānsheng de?　(zhè fù shǒutàor)
　　_____ 是 哪个 先 生 的？（这副 手套儿）

2) Model:

> Lìli xiǎojie, zhè zhī gāngbǐ shì nǐ de ma?　(gāngbǐ)
> 莉莉 小 姐，这 支 钢笔是你的 吗？（钢笔）

(1) Chén xiānsheng, _____ ?　(shǒutào)
　　陈 先 生，_____ ?（手套）

105

(2) Shǐmìsī tàitai, _____ ? (yàoshi)
　　史密斯太太，_____ ？（钥匙）

(3) Dàwěi, _____ ? (shǒujuàn)
　　大伟，_____ ？（手绢）

3) Model:

> Zhè zhī gāngbǐ shì bu shì Lìli de?　（Lìli）
> 这　支　钢笔是不是莉莉的？（莉莉）

(1) Zhè kuài shǒujuàn _____ ? (Chén xiānsheng)
　　这　块　手绢 _____ ？（陈　先　生）

(2) Zhè zhī shǒutào _____ ? (Dàwěi)
　　这　只　手套 _____ ？（大伟）

(3) Zhè bǎ yàoshi _____ ? (Shǐmìsī tàitai)
　　这　把钥匙 _____ ？（史密斯太太）

3. Answer the following questions:

> Zhè zhī gāngbǐ shì nǐ de ma?
> 这　支　钢笔是你的吗？
>
> Bú shì wǒ de,　shì wǒ érzi de.　(wǒ érzi)
> 不是我的，是我儿子的。（我儿子）

1) Zhè kuài shǒujuàn shì nǐ de ma?　(wǒ dìdi)
　　这　块　手绢是你的吗？（我弟弟）

2) Zhè běn huàbào shì nǐ jiějie de ma?　(tā péngyou)
　　这　本　画　报是你姐姐的吗？（她朋友）

3) Zhè zhāng zhuōzi shì bu shì nǐmen jiā de?　(wǒmen xuéxiào)
　　这　张　桌子是不是你们家的？（我们　学校）

4) Zhège běnzi shì Xiǎo Liú de ma?　(Lǎo Zhāng)
　　这个　本子是　小　刘的吗？（老　张）

1) A: Nǐ yào gěi Xiǎo Zhào shénme lǐwù?
   你 要 给 小 赵 什 么 礼物？

   B: Wǒ yào gěi tā yì zhī gāngbǐ.
   我 要 给 他 一 支 钢笔。

   A: Shénme yàng de?
   什 么 样 的？

   B: Yídìng shì xīn de le.
   一 定 是 新 的 了。

   A: Shì a, yídìng bú shì jiù de le. Wǒ shì wèn nǐ, shénme páir de?
   是 啊，一 定 不 是 旧 的 了。我 是 问 你，什 么 牌儿 的？

   B: Yīngxióng de, hóng de.
   "英 雄" 的，红 的。

   A: Hǎo. Duōshao qián yì zhī?
   好。多 少 钱 一 支？

   B: Jiǔ kuài bā.
   九 块 八。

   A: Shénme? Jiǔ kuài bā? Bú shì jǐshí kuài ma? Huì bu huì shì chǔlǐ de?
   什 么？九 块 八？不 是 几 十 块 吗？会 不 会 是 处理的？

   B: Nǎr a, jǐshí kuài de shì jīnbǐ, zhè shì yījīn de.
   哪儿 啊，几 十 块 的 是 金笔，这 是 铱金 的。

                    *   *   *

2) Liú   Chén tàitai, nǐmen de xìn.
   刘： 陈 太 太，你 们 的 信。

   Ài   Xièxie nǐ, Xiǎo Liú. Ó, sān fēng ne!
   艾： 谢 谢 你，小 刘。哦，三 封 呢！

   Wěi   Dōu shì shéi de? —— Ā, zhèfēng shì bàba de, zhèfēng shī māma
   伟： 都 是 谁 的？——啊，这 封 是 爸 爸 的，这 封 是 妈 妈

           de......
           的……

107

Lì   Yǒu méi yǒu wǒ de?
莉：   有 没 有 我 的 ？

Wěi   Méi yǒu nǐ de.
伟：   没 有 你 的 。

Lì   Nà, nà yì fēng shì shéi de?
莉：   那 ，那 一 封 是 谁 的 ？

Wěi   Shì wǒ ......
伟：   是 我 ……

Lì   Shì nǐ de? Wǒ kànkan, zhè bú shì wǒ de ma! Zěnme shì nǐ de?
莉：   是 你 的 ？我 看 看 ，这 不 是 我 的 吗 ！怎 么 是 你 的 ？

Wěi   Wǒ shì shuō, shì wǒ jiějie de.
伟：   我 是 说 ，是 我 姐 姐 的 。

Lì   Zhège Dàwěi!
莉：   这 个 大 伟 ！

2. **1)** (1) Zhè kuài shǒujuàn shì shuí de?
　　　　　　 这 块 手 绢 是 谁 的 ？

　　　　(2) Zhè bǎ yàoshi shì nǎwèi de?
　　　　　　 这 把 钥 匙 是 哪 位 的 ？

　　　　(3) Zhè fù shǒutào shì nǎge xiānsheng de?
　　　　　　 这 副 手 套 是 哪 个 先 生 的 ？

2) (1) Zhè fù shǒutào shì nǐ de ma?
　　　　 这 副 手 套 是 你 的 吗 ？

　　(2) Zhè bǎ yàoshi shì nǐ de ma?
　　　　 这 把 钥 匙 是 你 的 吗 ？

　　(3) Zhè kuài shǒujuàn shì nǐ de ma?
　　　　 这 块 手 绢 是 你 的 吗 ？

3) (1) shì bu shì Chén xiānsheng de?
　　　　 是 不 是 陈 先 生 的 ？

　　(2) shì bu shì Dàwěi de?
　　　　 是 不 是 大 伟 的 ？

　　(3) shì bu shì Shǐmìsī tàitai de?
　　　　 是 不 是 史 密 斯 太 太 的 ？

3. **1)** Bú shì wǒ de, shì wǒ dìdi de.
　　　　不 是 我 的 ，是 我 弟 弟 的 。

2) Bú shì wǒ jiějie de, shì tā
　　　不 是 我 姐 姐 的 ，是 她

péngyou de.
朋 友 的 。

3) Bú shì wǒmen jiā de, shì wǒmen xuéxiào de.
　　　不 是 我 们 家 的 ，是 我 们 学 校 的 。

4) Bú shì Xiǎo Liú de, shì Lǎo Zhāng de
　　　不 是 小 刘 的 ，是 老 张 的 。

买东西
Shopping

12

Mr. and Mrs. Chen are in a department store buying an overcoat.

Shòuhuòyuán　Nín mǎi shénme?
售货员：　您买什么？
You want to buy something?

Chén　Wǒ mǎi yí jiàn dàyī.
陈：　我买一件大衣。
We're looking for an overcoat.

Shòu　Nín chuān de ma?
售：　您穿的吗[1]？
For yourself?

Chén   Duì.
陈： 对。
      Yes.

Shòu   Qǐng zhèbiānr lái.
售： 请　这边儿　来。
      This way, please.

Chén   Àilín,　nǐ kàn, zhèjiàn zěnmeyàng?
陈： 艾琳，你看，这件　怎么　样[2]？
      What do you think of this one, Irene?

Ài   Yánsè bù hǎo.
艾： 颜色不　好。
      I don't like the color.

Chén   Nà yí jiàn ne?
陈： 那一件　呢？
      How about that one?

Ài   Nàjiàn yánsè búcuò,　nǐ shìshi.
艾： 那件　颜色不　错，你试试。
      The color is all right. Try it on.

Chén   Zěnmeyàng?　Héshì ma?
陈： 怎么　样[3]？合适　吗？
      How does it look?　Does it fit?

Ài   Tài cháng.
艾： 太　长。
      A bit too long.

Chén   Láo jià,　qǐng huàn jiàn duǎn diǎnr de.
陈： 劳 驾[4]，请　换　件　短　点儿　的。
      Would you mind getting me a shorter one, please?

Ài   Ng, zhèjiàn hěn héshì,　yàngzi yě bǐjiào hǎo.
艾： 嗯，这件　很　合适，样子也比较　好。
      Hm, this fits you and the style's better too.

Chén　　Duōshao qián?

陈：　　多 少 钱？

　　　　How much is it?

Shòu　　Bābǎi jiǔshíwǔ (kuài).

售：　　八百 九十五（块）。

　　　　Eight hundred and ninety-five yuan.

Chén　　Àilín,　nǐ shuō guì ma?

陈：　　艾琳，你 说 贵 吗？

　　　　Irene, do you think it's expensive?

Ài　　　Bú guì, yào zhèjiàn ba.

艾：　　不 贵，要 这 件 吧。

　　　　No. I think we should take it.

Chén　　Gěi nǐ qián.

陈：　　给 你 钱。

　　　　Here's the money.

Shòu　　Nín zhè shì jiǔbǎi (kuài),　zhǎo nín wǔ kuài.

售：　　您 这 是 九百（块），找 您 五 块。

　　　　Nine hundred yuan. Here's your change, five yuan.

生词 New words

件	jiàn	〔量〕	a measure word for overcoats, coats, as well as for things or matters, etc.
大衣	dàyī	〔名〕	overcoat
穿	chuān	〔动〕	to put on, to wear
…边儿	…biānr	〔名〕	(used after words of location to show direction, location, etc.)
这边儿	zhèbiānr		here, this way, this side
怎么样	zěnmeyàng	〔代〕	how
颜色	yánsè	〔名〕	color
不错	búcuò	〔形〕	good, fair, not bad

试	shì	〔动〕	to try on, to try
合适	héshì	〔形〕	fit, proper, suitable
太	tài	〔副〕	too, too much
长	cháng	〔形〕	long
劳驾	láo jià		a polite way to ask someone to do something or to make way
换	huàn	〔动〕	to change
短	duǎn	〔形〕	short
嗯	ng	〔叹〕	an interjection to express appreciation or consent
很	hěn	〔副〕	very, very much (usually not stressed; stressed only when emphasis is needed)
样子	yàngzi	〔名〕	style, look, model
比较	bǐjiào	〔副、动〕	comparatively, relatively, to compare, to contrast
贵	guì	〔形〕	dear, expensive

注 释 Study points :

1. 您穿的吗？(Nín chuān de ma?)

In this case, the verb "穿"(chuān) is used with the particle "的"(de) to mean "for one to wear." The meaning of the whole sentence in the conversation is "an overcoat for yourself to wear?" The "verb + 的 (de)" pattern has been explained in study point 4 of Lesson 11.

2. 这件怎么样？(Zhè jiàn zěnmeyàng?)

The subject in this sentence is the noun phrase "这件" (zhèjiàn) and the predicate is "怎么样" (zěnmeyàng). Notice the absence of the verb"是"(shì). The following are the common interrogative, negative and affirmative forms:

这件大衣怎么样？(Zhè jiàn dàyī zěnmeyàng?)

How (is) this overcoat?

这件大衣不好。(Zhè jiàn dàyī bù hǎo.)

This overcoat (is) not good.

这件大衣很好。(Zhè jiàn dàyī hěn hǎo.)

This overcoat (is) good.

In the last example, the adverb "很"(hěn) is often used in the affirmative and is often unstressed. In some context, "hěn" may be compared with the English adverb "very", but in this case, it does not indicate degree as "very" does, it helps to indicate the statement in the affirmative.

3. 怎么样？ (zěnmeyàng?)

This is a colloquial expression often used to ask for somebody's opinion.

4. 劳驾 (láo jià)

This is a polite form of asking somebody to do something or to make way for you. People also say "劳你驾" (láo nǐ jià) to mean the same thing.

练 习 Exercises :

Supplementary words:

长短儿	chángduǎnr	〔名〕	length
肥瘦儿	féishòur	〔名〕	width
大小儿	dàxiǎor	〔名〕	size
中式	Zhōngshì	〔名〕	Chinese style
罩衫	zhàoshān	〔名〕	a kind of jacket
条	tiáo	〔量〕	a measure word
裤子	kùzi	〔名〕	trousers
双	shuāng	〔量〕	a measure word (pair)
皮鞋	píxié	〔名〕	leather shoes
瘦	shòu	〔形〕	tight, thin
肥	féi	〔形〕	loose
做	zuò	〔动〕	to make
尺	chǐ	〔量〕	a measure word
布	bù	〔名〕	cloth
够	gòu	〔形〕	enough
得	dé	〔动〕	to be ready
早	zǎo	〔形〕	early

1. **Phonetic exercises:**

   1) **Tones**

      (1) **Changes of the tone of** "不 (bù)"

"不 (bù)" + 【1】		"不 (bù)" + 【2】	
bù	xīn	bù	cháng
bù	hē	bù	xíng

"不 (bù)" + 【3】		"不 (bù)" + 【4】	
bù	hǎo	bú	cuò
bù	duǎn	bú	guì

      (2) **The neutral tone... 子 (zi):**

      zhuōzi　　　érzi　　　　　běnzi　　　　yàngzi

      (3) **Changes of the 3rd tone**

      hěn xīn　　　hěn cháng　　　hěn duǎn　　　hěn guì

   2) **Sound discrimination**

      (1) **The retroflex final**　　　　　　　　　　　(2) **b　　p**

zhèr		diǎnr		biānr		bǎi	pái
nàr	duǎn	diǎnr		zhèbiānr		běn	péng
shìr	cháng	diǎnr		nàbiānr		biān	piàn
yíhuìr	dà	diǎnr		shàngbiānr		biǎo	piào
	xiǎo	diǎnr		xiàbiānr			

2. **Turn the following into antonyms and negative sentences:**

大 (dà)	
新 (xīn)	
长 (cháng)	
颜色 (yánsè)　　很 (hěn)　　好 (hǎo)	
样子 (yàngzi)　　很 (hěn)　　好 (hǎo)	
长短儿 (chángduǎnr)　合适 (héshì)	
肥瘦儿 (féishòur)　　　合适 (héshì)	
大小儿 (dàxiǎor)　　合适 (héshì)	

3. Make dialogues after the model:

Model:

Gùkè	Wǒ mǎi dàyī.
顾客：	我 买 大衣。
Shòuhuòyuán	Zhè jiàn zěnmeyàng?
售 货 员：	这件 怎么样？
Gù	Tài dà. Yǒu xiǎo diǎnr de ma?　(dà, xiǎo)
顾：	太大。有 小 点儿 的 吗？（大，小）
Shòu	Nín zài shìshi zhè jiàn.
售：	您 再 试试 这 件。
Gù	Zhè jiàn dàxiǎor héshì.　(dàxiǎor)
顾：	这 件 大小儿 合适。（大小儿）

1)
Gù	Wǒ mǎi jiàn zhōngshì zhàoyī.
顾：	我 买 件 中 式 罩衣。
Shòu	Zhè jiàn xíng bu xíng?
售：	这 件 行 不 行？
Gù	＿＿＿＿＿ , ＿＿＿＿＿＿＿＿ ?　(dà, xiǎo)
顾：	＿＿＿＿＿ , ＿＿＿＿＿＿＿＿ ?　（大，小）
Shòu	Nǐ zài shìshi zhè jiàn.
售：	你再 试试 这 件。
Gù	＿＿＿＿＿＿＿＿＿＿＿ .　(dàxiǎor)
顾：	＿＿＿＿＿＿＿＿＿＿＿ 。　（大 小儿）

*　　　*　　　*

2)
Gù	Wǒ mǎi tiáo kùzi.
顾：	我 买 条 裤子。
Shòu	Zhè tiáo zěnmeyàng?
售：	这 条 怎么 样？

Gù   _____ , _____ ? (cháng, duǎn)
顾: _____ , _____ ？（ 长 ， 短 ）

Shòu Nín zài kànkan zhè tiáo.
售: 您 再 看 看 这 条 。

Gù   _____ . (chángduǎnr)
顾: _____ 。 （ 长 短 儿 ）

＊   ＊   ＊

3) Gù   Wǒ mǎi shuāng píxié.
    顾: 我 买 双 皮鞋 。

Shòu Duōshao hàor de?
售: 多 少 号 儿 的 ？

Gù   Sìshí hàor de?
顾: 四 十 号 儿 的 ？

Shòu Zhè shuāng héshì bu héshì?
售: 这 双 合 适 不 合 适 ？

Gù   _____ , _____ ? (shòu, féi)
顾: _____ , _____ ？（ 瘦 ， 肥 ）

Shòu Nín zài shìshi zhè shuāng.
售: 您 再 试 试 这 双 。

Gù   _____ . (féishòur, dàxiǎor)
顾: _____ 。 （ 肥 瘦 儿 ， 大 小 儿 ）

▭ 4. Listen to the dialogue:

Gù   Xiǎjie, wǒ yào zuò yí jiàn Zhōngshì zhàoshān, qǐngwèn, qī chǐ bù
顾: 小 姐 ，我 要 做 一 件 中 式 罩 衫 ，请 问 ，七 尺 布

            gòu bú gòu?
            够 不 够

Yíngyèyuán Gòu.
营 业 员: 够 。

Gù   Wǒ yào féi yìdiǎnr de, gòu ma?
顾：   我 要 肥一点儿的，够 吗？

Yíng   Féi yìdiǎnr de,   qī chǐ yě gòu.
营：   肥 一点儿的，七 尺 也 够。

Gù   Nà, shénme shíhòu dé ne?
顾：   那，什 么 时 候 得 呢？

Yíng   Yí ge xīngqī dé.
营：   一 个 星 期 得。

Gù   Zài zǎo yìdiǎnr xíng bu xíng?
顾：   再 早 一点儿 行 不 行？

Yíng   Nín yǒu shìr,   yào zǎo chuān?
营：   您 有 事儿，要 早 穿？

Gù   Shì a.
顾：   是 啊。

Yíng   Zhèyàng ba, nín xià xīngqīsān lái qǔ.
营：   这 样 吧，您 下 星 期三 来 取。

Gù   Hǎo, zhèyàng hǎo. Máfán nín le.
顾：   好，这 样 好。麻 烦 您 了。

Yíng   Méi shénme. Wèi, xiānsheng nín de bù ne?
营：   没 什 么。喂，先 生，您 的 布 呢？

Gù   À,   wǒ mǎshàng qù mǎi. Yíhuìr jiàn!
顾：   啊，我 马 上 去 买。一 会 儿见！

Yíng   Yíhuìr jiàn!
营：   一 会儿 见 ！

5. **Translate the following into Chinese:**

1) This is a big theater.

2) This fish is not expensive.

3) The coat is well cut.

4) The color is not quite good.

5) This overcoat is a tight fit.

2. xiǎo, jiù, duǎn, yánsè bù hǎo, yàngzi bù hǎo, chángduǎnr bù héshì,
小， 旧， 短， 颜色不好， 样子不好， 长短儿不合适，

féishòur bù héshì, dàxiǎor bù héshì
肥瘦儿不合适，大小儿不合适

3. 1) Gùkè   Tài xiǎo. Yǒu dà diǎnr de ma?
      顾客： 太小。有大点儿的吗？

   Gùkè   Zhèjiàn dàxiǎor héshì.
   顾客： 这件大小儿合适。

   2) Gùkè   Tài cháng. Yǒu duǎn diǎnr de ma?
      顾客： 太长。有短点儿的吗？

   Gùkè   Zhèjiàn chángduǎn héshì.
   顾客： 这件长短合适。

   3) Gùkè   Tài shòu. Yǒu féi diǎnr de ma?
      顾客： 太瘦。有肥点儿的吗？

   Gùkè   Zhèshuāng féishòur, dàxiǎor dōu héshì.
   顾客： 这双肥瘦儿、大小儿都合适。

5. 1) Zhège jùchǎng hěn dà.
      这个剧场很大。

   2) Zhètiáo yú bú guì.
      这条鱼不贵。

   3) Nàjiàn shàngyī yàngzi hěn hǎo.
      那件上衣样子很好。

   4) Yánsè bú tài hǎo.
      颜色不太好。

   5) Zhèjiàn dàyī hěn héshì.
      这件大衣很合适。

去机场
Going to the Airport

13

Irene asks Xiao Liu to get her a taxi to take her to the Beijing International Airport.

——— I ———

Liú   Kěyǐ jìnlai ma?
刘：   可以 进来 吗[1]？
     May I come in?

Ài   Qǐng jìn!
艾： 请 进！
     Please do.

Liú
刘：

Chén tàitai, Chén xiānsheng de xìn.

陈 太太，陈 先 生 的 信。

Mrs. Chen, here's a letter for Mr. Chen.

Ài
艾：

Xièxie. Xiǎo Liú, nǐ néng bu néng bāng wǒ jiào yíliàng chūzū qìchē?

谢谢。小 刘，你 能 不 能 帮 我 叫 一辆 出租汽车[2]？

Thank you, Xiao Liu. Can you help me to get a taxi?

Liú
刘：

Shénme shíhòu yào?

什 么 时 候 要？

When do you want it?

Ài
艾：

Bànge xiǎoshí yǐhòu, wǒ yào qù Běijīng Guójì Jīchǎng.

半个 小 时 以后，我 要 去 北京 国际机 场[3]。

In half an hour. I want to go to the Beijing International Airport.

Liú
刘：

Hǎo.

好。

O.K.

II

Ài
艾：

Dào Běijīng Guójì Jīchǎng.

到 北京 国际机 场。

To the Beijing International Airport.

Sījī
司机：

Hǎo. ...... Nín huì shuō Zhōngguó huà?

好。…… 您 会 说 中 国 话[4]？

O.K. You speak Chinese?

Ài
艾：

Shì a, hái néng tīng dǒng ba?

是啊，还 能 听 懂 吧[5]？

Yes. Can you understand me?

Sī
司：

Néng tīng dǒng. Nín de Zhōngguó huà búcuò a!

能 听 懂。您 的 中 国 话 不错 啊[6]！

Yes, I can. Your Chinese is not bad!

120

Ài | Xièxie. Wǒ xiānsheng shì huáqiáo; wǒ shì Měiguó rén. Qǐngwèn, yí ge
艾： | 谢谢。我 先 生 是 华 侨 我 是 美 国 人。请 问，一 个
xiǎoshí néng dào jīchǎng ma?

小 时 能 到 机场 吗？

Thank you. My husband is an overseas Chinese. I am an American. By the way, can we get to the airport in an hour?

Sī | Néng, méi wèntí.
司： | 能， 没 问题。

No problem at all.

生 词 New words

可以	kěyǐ	〔助动、形〕	can, may, will do, good enough
进来	jìnlái		to come in
能	néng	〔助动〕	can, to be able to
帮	bāng	〔动〕	to help, to aid
叫	jiào	〔动〕	to call, to order
辆	liàng	〔量〕	a measure word for vehicles
出租	chūzū	〔动〕	to rent out
汽车	qìchē	〔名〕	car, automobile
小时	xiǎoshí	〔名〕	hour
以后	yǐhòu	〔名〕	after
到	dào	〔动〕	to reach, to get to
司机	sījī	〔名〕	driver
中国话	Zhōngguó huà	〔名〕	oral Chinese
听	tīng	〔动〕	to listen, to hear
懂	dǒng	〔动〕	to understand
听懂	tīng dǒng		to understand (by listening)
机场	jīchǎng	〔名〕	airport

没	méi	〔动、副〕	to have not, there is (are) not, no, not
问题	wèntí	〔名〕	problem, question
没问题	méi wèntí		no problem

Proper nouns:

北京国际机场　　Běijīng Guójì Jīchǎng　　Beijing International Airport

注 释 **Study points :**

1. 可以进来吗？(Kěyǐ jìnlai ma?)

The auxiliary verb "可以" (kěyǐ) indicates "request" or "permission":

你可以帮我买点儿东西吗？(Nǐ kěyǐ bāng wǒ mǎi diǎnr dōngxi ma?)

Can you help me to buy something? (request)

晚上我们可以看电影吗？(Wǎnshang wǒmen kěyǐ kàn diànyǐng ma?)

May we go to the cinema in the evening? (permission)

2. 你能不能帮我叫一辆出租汽车？(Nǐ néng bu néng bāng wǒ jiào yí liàng chūzū qìchē?)

The auxiliary verb "能 (néng) " indicates "ability", "request" and "possibility":

他能说中国话。(Tā néng shuō Zhōngguó huà.)

He can speak Chinese. (ability)

明天你能给我打个电话吗？(Míngtiān nǐ néng gěi wǒ dǎ ge diànhuà ma?)

Tomorrow, can you give me a telephone call? (request)

汽车一个小时能到机场吗？(Qìchē yí ge xiǎoshí néng dào jīchǎng ma?)

Can the car get to the airport in an hour? (possibility)

When used in the sense of "request" or "permission", "能"(néng) and "可以"(kěyǐ) are interchangeable:

你能（可以）等等我吗？ [Nǐ néng (kěyǐ) děngdeng wǒ ma?]

明天我们可以（能）去。 [Míngtiān wǒmen kěyǐ (néng) qù.]

3. 我要去北京国际机场。 (Wǒ yào qù Běijīng Guójì Jīchǎng.)
The auxiliary verb "要"(yào) indicates "will" or "desire":

下午我要给姐姐写信。 (Xiàwǔ wǒ yào gěi jiějie xiě xìn.)
In the afternoon I want to write my sister a letter.

星期六我要去兑换外币。 (Xīngqīliù wǒ yào qù duìhuàn wàibì.)
On Saturday, I'll go to get some foreign change.

The negative form of "要"(yào) is "不想"(bùxiǎng):

我不想看杂技。 (Wǒ bù xiǎng kàn zájì.)
I don't want to see the acrobatic show.

4. 您会说中国话？ (Nín huì shuō Zhōngguó huà?)
The auxiliary verb "会"(huì) has two meanings: 1. "possibility"(See study point 6 of Lesson 11.);
2. "acquired skill (or habit)":

他会说中国话。 (Tā huì shuō Zhōngguó huà.)
He can speak Chinese.

你会抽烟吗？ (Nǐ huì chōu yān ma?)
Do you smoke?

5. 还能听懂吧？ (Hái néng tīng dǒng ba?)
In this case, the adverb "还"(hái) indicates degree, meaning "barely", "by a narrow margin".

6. 您的中国话不错啊！ (Nín de Zhōngguó huà búcuò a!)
"啊"(a), serving as an interjection expressing surprise or joy, suggests praise in this sentence.

7. 我先生是华侨。 (Wǒ xiānsheng shì huáqiáo.)
"我先生"(Wǒ xiānsheng) means "my husband" in this sentence. When used in this sense, the term is often replaced by "爱人"(àirén), literally meaning "beloved person".

Supplementary words:

当然	dāngrán	〔形、副〕	certain, certainly
这么	zhème	〔代〕	so
跟	gēn	〔介〕	with
酒	jiǔ	〔名〕	alcoholic drink
一起	yìqǐ	〔名、副〕	together
民族饭店	Mínzú Fàndiàn	〔专名〕	Nationalities Hotel

1. Phonetic exercises:

1) Tones

(1) Changes of the 3rd tone

nǎtiān   xiǎoshí   kěyǐ   yǐhòu

(2) The 4th tone

shēngrì dàngāo   tā yào qìchē

xīn jiù dàyī   tā qù Gùgōng

2) Sound discrimination

(1) g	**k**	**(2) u**	**ü**
gè	kè	chū	qù
gàn	kàn	zhù	jù
gāi	kāi	shù	xù
guài	kuài	lù	lǚ
		nǔ	nǚ

2. Fill in the blanks with "能" (néng) or "会" (huì) in accordance with the contents of the pictures:

1) A: Zhège xiǎo dìdi _____ zǒu ma?

这 个 小 弟弟_____ 走 吗 ?

B: Bú _____ .

不_____ 。

124

2) A: Zhè wèi xiānsheng _____ zǒu ma?
　　 这 位 先 生 _____ 走 吗 ？

　 B: Bù _____ .
　　 不 _____ 。

3) A: Zhè wèi Yīngguó rén _____ shuō Zhōngguó huà ma?
　　 这 位 英 国 人 _____ 说 中 国 话 吗 ？

　 B: Bù _____ .
　　 不 _____ 。

4) A: Tā jīntiān _____ chī diǎnr dōngxi ma?
　　 他 今 天 _____ 吃 点 儿 东 西 吗 ？

　 B: Bù _____ .
　　 不 _____ 。

3. Practice asking questions:

1) Using "可以…吗 ？" (kěyǐ...ma?)

Model :

A: Kěyǐ jìnlai ma?	B: Qǐng jìn.
可以 进来 吗 ？	请 进 。

(1) A: _____ ? (zǒu)　　　 B: _____ zǒu le.
　　 _____ ？ (走)　　　　　 _____ 走 了 。

(2) A: _____ ? (zuò)　　　 B: Qǐng zuò ba.
　　 _____ ？ (坐)　　　　　 请 坐 吧 。

(3) A: _____ ? (cānguān)　 B: _____ cānguān.
　　 _____ ？ (参 观)　　　　 _____ 参 观 。

(4) A: _____ ? (kànkan)　　 B: Dāngrán le.
　　 _____ ？ (看 看)　　　　 当 然 了 。

125

2) Asking for help

Model:
A: Nín néng bāng wǒ jiào liàng chūzū qìchē ma?
您 能 帮 我 叫 辆 出租汽车 吗？

B: Hǎo.
好。

(1) jì xìn   (2) zhǎo yí ge rén   (3) mǎi diànyǐng piào   (4) xiě jǐ ge zì
寄信   找 一 个 人   买 电 影 票   写几个字

3) Practice after the model

Model:
A: Qìchē yí ge xiǎoshí néng dào Běijīng Guójì Jīchǎng ma?
汽车 一 个 小 时 能 到 北京 国际机场 吗？

B: Méi wèntí.
没 问题。

(1) A: Bàn ge xiǎoshí ＿＿ ?   (Mínzú Fàndiàn)
半 个 小 时 ＿＿ ？（民族饭店）

B: Néng.
能。

(2) A: Yí ge xiǎoshí ＿＿?   (Chángchéng)
一 个 小 时 ＿＿ ？（长 城）

B: Bù néng.
不 能。

(3) A: Yí ge bàn xiǎoshí yǐhòu ＿＿ ?   (zǒu)
一 个 半 小 时 以后 ＿＿ ？（走）

B: Méi wèntí.
没 问题。

(4) A: Bàn ge xiǎoshí yǐhòu qìchē ＿＿ ?   (lái)
半 个 小 时 以后 汽车 ＿＿ ？（来）

B: Dāngrán.
当 然。

126

4. Listen to the dialogues:

1) Wáng Dàhuá   Xiǎojie, nín néng bāng wǒ zhǎo yí ge rén ma?
     王 大华：   小姐，您 能 帮 我 找 一个人 吗？

     Xiǎo Liú   Nín zhǎo shuí ya, zhème wǎn le?
     小 刘：   您 找 谁 呀，这么 晚 了？

     Wáng   Měiguó lái de Chén Míngshān.
     王：   美国 来 的 陈 明 山。

     Xiǎo   Tā zhù wǔyāoèrbā fángjiān.
     小：   他 住 五 一二八 房 间。

     Wáng   Wǔyāoèrbā zài nǎr?
     王：   五 一二八 在 哪儿？

     Xiǎo   Qǐng gēn wǒ lái.
     小：   请 跟 我 来。

        *   *   *

2) Wáng   Kěyǐ jìnlai ma?
     王：   可以 进来 吗？

     Chén Míngshān   Nǎwèi ya?
     陈 明 山：   哪位 呀？

     Wáng   Wǒ shì Wáng Dàhuá.
     王：   我 是 王 大华。

     Chén   Ò, Dàhuá, shì nǐ, nǐ hǎo a!
     陈：   哦，大华，是你，你 好 啊！

     Wáng   Nǐ hǎo a!
     王：   你 好 啊！

     Chén   Qǐng zuò, qǐng zuò. Wǒ gēn Àilín shuō, zhème wǎn lè,
     陈：   请 坐，请 坐。我 跟 艾琳 说，这么 晚 了，

        nǐ jīntiān dàgài bú huì lái le.
        你 今 天 大概 不会 来 了。

     Wáng   Zěnme néng bù lái!
     王：   怎么 能 不来！

Chén	Lǎo péngyou, huì hē jiǔ ma?
陈：	老朋友，会喝酒吗？

Wáng	Bú huì hē ya!
王：	不会喝呀！

Chén	Wǒ yě bú huì hē. Jīntiān zánmen yídìng yào hē liǎng bēi, shì bu
陈：	我也不会喝。今天咱们一定要喝两杯，是不
	shì?
	是？

Wáng	Duì, jīntiān liǎng ge lǎo péngyou zài yìqǐ le, bù néng bù hē jiǔ
王：	对，今天两个老朋友在一起了，不能不喝酒
	a
	啊！

Chén	Shì a, bú huì hē yě yào hē.
陈：	是啊，不会喝也要喝。

答案 Key

2.
1) huì, huì
会，会

2) néng, néng
能，能

3) huì, huì
会，会

4) néng, néng
能，能

128

在饭馆
In a Restaurant

14

The Chens are having dinner in a restaurant.

 Fúwùyuán　　Nǐmen jǐ wèi lǐbiānr qǐng.　Zhè shì càidān,　nǐmen chī shénme?
服务员：　你们 几 位 里边儿 请[1]。这是 菜单，你们 吃 什么？
　　　　　This way, please.　Here's the menu.　What would you have?

Wěi　　　　Bàba,　wǒ yào chī yú.
伟：　　　 爸爸，我 要 吃 鱼。
　　　　　I want some fish, Dad.

Chén　　　 Hǎo, yào ge yú.
陈：　　　 好，要 个 鱼。
　　　　　O.K.　A fish, please.

Fú   Tángcùyú háishì hóngshāoyú?
服： 糖 醋鱼 还是 红 烧 鱼[2] ？
Sweet and sour fish or fish stewed in red sauce?

Chén Tīng shuō zhèr de tángcùyú búcuò, lái ge tángcùyú ba.　Àilín, Lìli,
陈： 听 说 这儿的 糖 醋鱼不错，来 个 糖 醋 鱼 吧[3]。艾琳，莉莉，
nǐmen xiǎng chī shénme?
你们 想 吃 什么？
I've heard that your sweet and sour fish is very good. Let's have an order of sweet and sour fish. Irene and Lily, what would you like?

Ài   Yào ge hóngshāoròu, yào ge zhádàxiā.
艾： 要 个 红烧 肉，要 个炸大虾。
Let's have a stewed pork and a fried prawns.

Chén Hǎo,　Lìli ne?
陈： 好。莉莉 呢？
O.K. What about you, Lily?

Lì   Yào ge làzijī.
莉： 要 个 辣子鸡。
I want chicken cuts fried with hot pepper.

Chén Zài lái ge dòufu ba.
陈： 再 来 个 豆腐 吧。
A bean-curd too.

Fú   Yào tāng ma?
服： 要 汤 吗？
How about soup?

Chén Yǒu jīdàntāng méiyǒu?
陈： 有 鸡蛋 汤 没 有[4] ？
Do you have egg-soup?

Fú   Yǒu.
服： 有。
Yes.

Chén Lái　yí ge
陈： 来 一个。
We'll have an order of that.

130

Fú 服：	Nǐmen chī mántou háishi chī mǐfàn? 你们 吃 馒头 还是 吃 米饭？

Would you have steamed bread or rice?

Ài 艾：	Sì wǎn mǐfàn, liǎng ge mántou. 四 碗 米饭，两 个 馒头。

Four bowls of rice and two pieces of steamed bread.

Fú 服：	Yào bu yào jiǔ? 要 不 要 酒？

How about drinks?

Lì 莉：	Yào liǎng píng píjiǔ. 要 两 瓶 啤酒。

Yes, two bottles of beer.

Fú 服：	Hái yào bié de ma? 还 要 别 的 吗？

Anything else?

Chén 陈：	Jiù zhèxiē ba. 就 这些 吧。

I think that'll do.

Fú 服：	Hǎo, nǐmen děng yì děng, mǎshàng jiù lái. 好，你们 等 一 等，马 上 就 来。

Yes, sir. Your orders will be ready in a minute.

生词 New words

饭馆	fànguǎn	〔名〕	restaurant
里	lǐ	〔名〕	a particle used to indicate "within certain time, space or scope"
里边儿	lǐbiānr	〔名〕	inside
菜	cài	〔名〕	dish, vegetable

菜单	càidān		menu
鱼	yú	〔名〕	fish
糖	táng	〔名〕	sugar, sweets, candies
醋	cù	〔名〕	vinegar
糖醋鱼	tángcùyú		fish in sweet and sour sauce
还是	háishì	〔连、副〕	or (not used in declarative sentences), still
红烧	hóngshāo		to stew with red sauce (soyabean sauce)
红烧鱼	hóngshāoyú		fish stewed in red sauce
听说	tīng shuō		to hear, to be told
想	xiǎng	〔助动、动〕	to want, to intend, to think
肉	ròu	〔名〕	meat
红烧肉	hóngshāoròu		meat stewed in red sauce
炸	zhá	〔动〕	to fry
虾	xiā	〔名〕	prawn, shrimp
炸大虾	zhádàxiā		fried prawns
辣子	làzi	〔名〕	hot pepper
鸡	jī	〔名〕	chicken
辣子鸡	làzijī		chicken cuts fried with hot pepper
豆腐	dòufu	〔名〕	bean-curd
汤	tāng	〔名〕	soup
鸡蛋	jīdàn	〔名〕	egg
馒头	mántou	〔名〕	steamed bread in the shape of a half ball
米饭	mǐfàn	〔名〕	cooked rice
碗	wǎn	〔名、量〕	bowl
酒	jiǔ	〔名〕	alcoholic drinks
瓶	píng	〔量〕	bottle
啤酒	píjiǔ	〔名〕	beer
就	jiù	〔副〕	just, only, (as soon as), etc., also used in clauses of result
些	xiē	〔量〕	some, a little (indicating a certain quantity or degree)
这些	zhèxiē	〔代〕	these

1. 你们几位里边请。 (Nǐmen jǐ wèi lǐbiān qǐng.)
   This is a common statement used by waiters in restaurants to greet customers. It corresponds to "This way, please" in English.

2. 糖醋鱼还是红烧鱼？ (Tángcùyú <u>háishi</u> hóngshāoyú?)
   "还是" in this question indicates that there are two alternatives. Study the following examples:

   你们吃米饭还是吃馒头？ (Nǐmen chī mǐfàn háishi chī mántou?)
   Do you want rice or steamed bread?

   我们今天去长城还是明天去长城？ (Wǒmen jīntiān qù Chángchéng háishi
   míngtiān qù Chángchéng?)
   Are we going to the Great Wall today or tomorrow?

   那支钢笔是新的还是旧的？ (Nà zhī gāngbǐ shì xīn de háishi jiù de?)
   Is that pen new or is it old?

3. 来个糖醋鱼吧。 (<u>Lái</u> ge tángcùyú ba.)
   "来" here means "要"(yào).

4. 有鸡蛋汤没有？ (<u>Yǒu</u> jīdàntāng <u>méiyǒu</u>?)
   The two forms of asking "有没有"questions are:

   1) "有没有…？" (Yǒu méiyǒu …?)
   2) "有…没有？" (Yǒu … méiyǒu?)

練 習 Exercises :

Supplementary words:

饺子	jiǎozi	〔名〕	dumplings
面包	miànbāo	〔名〕	bread
牛奶	niúnǎi	〔名〕	milk
白酒	báijiǔ	〔名〕	spirits (alcohol)
拼盘	pīnpán	〔名〕	mixed cold dish, hors d'oeuvre
黄瓜	huángguā	〔名〕	cucumber
面条儿	miàntiáor	〔名〕	noodles
喜欢	xǐhuan	〔动〕	to like
猪肉	zhūròu	〔名〕	pork
牛肉	niúròu	〔名〕	beef
羊肉	yángròu	〔名〕	mutton
盘儿	pánr	〔量〕	a measure word (dish, plate)
花生米	huāshēngmǐ	〔名〕	peanuts
酱肉	jiàngròu	〔名〕	cooked meat seasoned in soy sauce.
青岛	Qīngdǎo	〔专名〕	a major coastal city, in Shandong Province

1. Phonetic exercises:

1) Tones

(1) **The neutral tone**

mántou　　líbiānr　　làzi　　dòufu

(2) 【3】 + 【1】

Xiǎng chī shénme?
Wǒ chī mántou.
Mǎi xiē bié de.
Nǎ tiān huílai?

(3) 【3】 + 【4】

Jǐ wèi péngyou?
yǒu cài yǒu jiǔ
mǐ fàn liǎngwǎn
mǎ shàng gěi nǐ

134

2) Sound discrimination

(1) z	c	(2) c	ch	(3) ian	iang
zài	cài	céng	chéng	xiān	xiǎng
zán	cān	cù	chū	jiǎn	jiǎng
zuò	cuò	cì	chī	qián	qiáng
zū	cù			liǎn	liǎng

2. Ask questions:

1) Using "有没有" (yǒu méiyǒu)

Model:

> Xiǎojie, yǒu méiyǒu jiǎozi?
> 小 姐，有 没 有 饺子？

(1) Xiānsheng, _____ ?
    先 生，_____ ?

(2) Qǐngwèn, _____ ?
    请 问，_____ ?

(3) Jīntiān wǎnshang _____ ?
    今 天 晚 上 _____ ?

2) Using "…还是…" (...háishì...)

Model:

> "Dà Nào Tiāngōng" shì jīngjù háishì diànyǐng?　(jīngjù, diànyǐng)
> 《大　闹　天　宫　》是　京剧还是　电　影　？（京　剧，电　影）

(1) Nín yào shénme jiǔ?　_____ ?　(píjiǔ,　báijiǔ)
　　您　要　什么　酒？_____ ?　（啤酒，白酒）

(2) Nín qù _____ ?　(Běijīng Fàndiàn, Mínzú Fàndiàn)
　　您　去 _____ ?　（北京　饭店，民族饭店）

(3) Nǐmen _____ qù Yíhéyuán?　(xīngqīliù, xīngqītiān)
　　你们 _____ 去颐和园？（星期六，星期天）

(4) _____ ?　(tā,　nǐ)
　　_____ ?　（他，你）

3. Complete the following dialogues:

Model:

> Fúwùyuán　　Xiānsheng, nín chī shénme?
> 服务员：　　先　生，您吃　什么？
>
> Gùkè　　　　Lái　ge yú.
> 顾客：　　　来　个鱼。
>
> Fú　　　　　Tángcùyú háishì hóngshāoyú?
> 服：　　　　糖醋鱼还是　红　烧　鱼？
>
> Gù　　　　　Hóngshāoyú.
> 顾：　　　　红　烧　鱼。

1) Fú　　Nín yào shénme?
　　服：　您要　什么？

　　Gù　　_____ .　(pīnpán)
　　顾：　_____ 。（拼盘）

　　Fú　　Nín yào nǎ zhǒng?
　　服：　您要　哪　种？

Gù   _____ . (dà pīnpán)
顾： _____ 。（大拼盘）

2) Fú   Nín hái yào shénme?
   服： 您 还 要 什 么？

Gù   _____ . (tāng)
顾： _____ 。（汤）

Fú   Nín yào shénme tāng, jīdàntāng háishì huángguātāng?
   服： 您 要 什 么 汤，鸡蛋 汤 还 是 黄 瓜 汤？

Gù   _____ . (huángguātāng)
顾： _____ 。（ 黄 瓜 汤 ）

3) Fu   Nín chī shénme?
   服： 您 吃 什 么？

Gù   _____ . (miàntiáor, wǎn)
顾： _____ 。（ 面 条儿，碗 ）

Fú   Dà wǎn de háishì xiǎo wǎn de?
   服： 大 碗 的 还 是 小 碗 的？

Gù   _____ . (xiǎo wǎn)
顾： _____ 。（ 小 碗 ）

4. Listen to the dialogues:

1) A: Zánmen chī diǎnr shénme ne?
     咱 们 吃 点儿 什 么 呢？

B: Nǐ xǐhuan chī ròu ba?
     你 喜 欢 吃 肉 吧？

A: Shì a, nǐ ne?
     是 啊，你 呢？

B: Shénme dōu xíng.
     什 么 都 行。

A: Zhūròu nǐ néng chī, niú yáng ròu nǐ yě néng chī?
     猪 肉 你 能 吃，牛 羊 肉 你 也 能 吃？

B: Néng chī.

能　吃。

A: Nà, zánmen duō lái diǎnr ròucài, hǎo ma?

那，咱们　多　来　点儿肉菜，好　吗？

B: Hǎo a.

好　啊。

*　　　　*　　　　*

2) Gùkè　　　　　Xiǎojie, yǒu píjiǔ méiyǒu?

顾客：　　　小　姐，有　啤酒没有？

Fúwùyuán　　Yǒu, yào Qīngdǎo de háishi Běijīng de?

服务员：　　有，要　青岛　的还是北京的？

Gù　　　　　Qīngdǎo de.

顾：　　　　青岛　的。

Fú　　　　　Yào jǐ píng?

服：　　　　要　几　瓶？

Gù　　　　　Liǎng píng.

顾：　　　　两　瓶。

Fú　　　　　Yào shénme cài?

服：　　　　要　什么菜？

Gù　　　　　Lái pánr zhá huāshēngmǐ, zài lái pánr jiàngròu.

顾：　　　　来盘儿炸花　生　米，再来盘儿　酱　肉。

Fú　　　　　Jiàngzhūròu háishì jiàngniúròu?

服：　　　　酱　猪肉　还是酱牛肉？

Gù　　　　　Jiàngniúròu.

顾：　　　　酱　牛肉。

138

2. **1)** (1) Xiānsheng, yǒu méiyǒu miànbāo?
先　生，有 没 有　面 包？

(2) Qǐng wèn, yǒu méiyǒu niúnǎi?
请　问，有 没 有 牛奶？

(3) Jīntiān wǎnshang yǒu méiyǒu diànyǐng?
今 天　晚 上 有 没 有　电 影？

2) (1) Nǐ yào shénme jiǔ, píjiǔ háishi báijiǔ?
你 要　什么 酒，啤酒 还是 白酒？

(2) Nǐ qù Běijīng Fàndiàn háishi Mínzú Fàndiàn?
你去北京　饭店 还 是 民 族饭店？

(3) Nǐmen xīngqīliù háishi xīngqītiān qù Yíhéyuán?
你们 星期六 还是 星期天 去 颐和园？

(4) Tā háishì nǐ?
他还是你？

3. **1)** Lái ge pīnpán. Dà pīnpán.
来 个 拼盘。大 拼盘。

2) Lái ge tāng. Huángguatāng.
来个汤。黄　瓜汤。

3) Lái wǎn miàntiáor. Xiǎo wǎn de.
来 碗　面条儿。小　碗 的。

139

看病
Consulting a Doctor

15

David is consulting a doctor in a hospital.

	Yīshēng	Qǐng zùo. Nǐ nǎr bù shūfu?
	医生：	请 坐。你 哪儿 不 舒服[1] ？
		Please sit down. What has gone wrong?

	Dàwěi	Wě tóu téng, fā shāo, bù xiǎng chī fàn.
	大伟：	我 头 疼，发 烧，不 想 吃 饭。
		I've a headache and a fever. I've hardly any appetite.

	Yī	Liáng yíxiàr tǐwēn ba.
	医：	量 一下儿 体温 吧。
		Let's take your temperature.

140

Wěi　　Duōshao dù?

伟：　多少 度？

What is it, doctor?

Yī　　Sānshíbā dù jiǔ.　Qǐng zhāngkāi zuǐ, wǒ kànkan. Késou ma?

医：　三十八 度 九[2]。请 张 开 嘴，我 看看。咳嗽 吗？

Thirty-eight point nine degrees. Please open your mouth. Do you cough?

Wěi　　Yǒudiǎnr.

伟：　有 点儿[3]。

A little.

Yī　　Wǒ tīngting.　Shēn hūxī,　zài shēn hūxī,　hǎo le.

医：　我 听听。深 呼吸，再 深 呼吸[4]，好 了。

Take a deep breath in and out. Again in and out. All right.

Wěi　　Dàifu, shénme bìng?

伟：　大夫，什 么 病？

Doctor, what's wrong?

Yī　　Gǎnmào.　Dǎ yi zhēn, chīdiǎnr yào.

医：　感 冒[5]。打 一 针，吃点儿 药。

You get a cold. I'll prescribe an injection and some medicine to take.

Wěi　　Hǎo.

伟：　好。

Good.

Yī　　Nǐ jiào shénme míngzi?

医：　你 叫 什么 名字。

(Prescribing) What's your name?

Wěi　　Chén Dàwěi.

伟：　陈 大伟。

David Chen.

Yī　　Zhè shì yàofāng. Nǐ xiān dào yàofáng qǔ yào, zài dào Zhùshèshì dǎzhēn.

医：　这 是 药方。你 先 到 药房 取药，再 到 注射室 打针。

Here's the prescription. First of all, go to the dispensary to get your medicine and then get your injection in the Injection Room.

Wěi　Hǎo
伟：　好。
All right.

Yī　Huíqu yǐhòu, qǐng ànshí chīyào, duō hē kāishuǐ,　zhùyì xiūxi.
医：　回去以后，请 按时　吃药，多 喝 开水[6]，注意 休息。
Take the medicine as prescribed. Drink plenty of boiled water and take a good rest.

Wěi　Xièxie,　zàijiàn.
伟：　谢谢，再 见。
Thank you. Good-bye.

Yī　Zàijiàn.
医：　再 见。
Good-bye.

生词 New words

看病	kàn bìng		to a doctor, doctor examining patient
医生	yīshēng	〔名〕	doctor
舒服	shūfu	〔形〕	well, comfortable
不舒服	bù shūfu		unwell, uncomfortable
头	tóu	〔名〕	head
疼	téng	〔动〕	to ache, to have pain
发烧	fā shāo		to have a fever
量	liáng	〔动〕	to measure, to take measurement
体温	tǐwēn	〔名〕	body temperature
度	dù	〔量〕	degree
张开	zhāng kāi		to open
嘴	zuǐ	〔名〕	mouth
咳嗽	késou	〔动〕	to cough

有点儿	yǒudiǎnr		somewhat, a little bit
深	shēn	〔形〕	deep, profound
呼吸	hūxī	〔动〕	to breathe
大夫	dàifu	〔名〕	doctor
病	bìng	〔动、名〕	to be sick; illness, disease
感冒	gǎnmào	〔动、名〕	to have a cold; cold, influenza
打	dǎ	〔动〕	to have (injection)
针	zhēn	〔名〕	syringe, needle
打针	dǎ zhēn		to have an injection
药	yào	〔名〕	medicine
名字	míngzi	〔名〕	name
药方	yàofāng	〔名〕	prescription
先	xiān	〔副〕	firstly, beforehand
药房	yàofáng	〔名〕	dispensary, pharmacy, drug store
取	qǔ	〔动〕	to fetch, to get
注射	zhùshè	〔动〕	to inject
…室	...shì	〔名〕	room, section
注射室	Zhùshèshì		Injection Room
回去	huíqu		to go back, to return
按时	ànshí	〔副〕	on time
多	duō	〔副、形〕	many, much
开水	kāishuǐ	〔名〕	boiled water
注意	zhùyì	〔动〕	to note, to be sure of, to heed
休息	xiūxi	〔动〕	to rest

注 释 Study points :

1. 你哪儿不舒服？ (Nǐ nǎr bù shūfu?)

   The subject of the sentence is "你" and the predicate is "哪儿不舒服". Within the predicate itself, " 哪儿" tends to function as another subject for the rest of the predicate so that the second subject " 哪儿" is related to the first subject "你". Such a sentence pattern is by no means uncommon in Chinese:

   > 我头疼。 (Wǒ tóu téng.)
   >
   > I have a headache.
   >
   > 他工作很好。 (Tā gōngzuò hěn hǎo.)
   >
   > He works very well.

2. 三十八度九 (sānshíbā dù jiǔ)

   The Centigrade scale is adopted in China for measuring both the air and body temperature.

3. 有点儿 (yǒudiǎnr)

   When " 有点儿" functions as an adverb modifying adjectives or verbs, it means "to a slight degree". In most cases, it tends to suggest dissatisfaction:

   > 这件大衣有点儿短。 (Zhè jiàn dàyī yǒudiǎnr duǎn.)
   >
   > This overcoat is a little bit too short.
   >
   > 他今天有点儿咳嗽。 (Tā jīntiān yǒudiǎnr késou.)
   >
   > Today he has a little cough.

4. 深呼吸，再深呼吸。(Shēn hūxī, zài shēn hūxī.)

   The main uses of "再"(zài) as an adverb are as follows:

   1) to introduce an action which is to be repeated:

      > 深呼吸，再深呼吸。 (Shēn hūxī, zài shēn hūxī.)
      >
      > 今天我给他打电话了，明天我再给他打电话。 (Jīntiān wǒ gěi tā dǎ diànhuà le, míngtiān wǒ zài gěi tā dǎ diànhuà.)

   2) to introduce an action which is in addition to another:

      > 要个辣子鸡，再要个豆腐。 (Yào ge làzijī, zài yào ge dòufu.)

   3) to indicate that a future action will take place after the one that precedes it. The first action is sometimes introduced by the adverb "先"(xiān):

      > 你先到药房取药，再到注射室打针。 (Nǐ xiān dào yàofáng qǔ yào, zài dào Zhùshèshì dǎ zhēn.)

5. 感冒 (gǎnmào)

   "感冒" (gǎnmào) is a kind of cold with the standard symptoms of coughing, sneezing, headache and high temperature, etc.

6. 多喝开水。(Duō hē kāishuǐ.)

   Most Chinese are not used to drinking tap water. A Chinese doctor would ask his patient who has a cold to drink a lot of "开水".

练习 Exercises :

Supplementary words:

嗓子	sǎngzi	〔名〕	throat
牙	yá	〔名〕	tooth
肚子	dùzi	〔名〕	stomach
身体	shēntǐ	〔名〕	body
脾气	píqi	〔名〕	temper
血压	xuèyā	〔名〕	blood pressure
高	gāo	〔形〕	high
重	zhòng	〔形〕	heavy
白血球	báixuèqiú	〔名〕	white blood cell
开始	kāishǐ	〔动〕	to begin
医院	yīyuàn	〔名〕	hospital
中药	Zhōngyào	〔名〕	Chinese medicine
西药	Xīyào	〔名〕	Western medicine

1. Phonetic exercises:

1) Tone

   (1) **Neutral tone**

   shūfu   míngzi   hǎo le   dàifu

   (2) **Four tones**

   huānyíng qǐng jìn   tā méi gǎn mào
   sānshíjiǔ dù   xiān lái qǔ yào

145

2) Sound discrimination

(1)	s	sh		(2)	i	i	i
	sè	shè			jì	zì	zhì
	sòu	shòu			qī	cí	chī
	sān	shān			xī	sī	shí
	sì	shì			yì		rì

2. Tell the doctor what is wrong with you:

Model:

> Yīshēng   Nǐ nǎr bù shūfu?
> 医　生：你哪儿不 舒服？
>
> Bìngrén   Wǒ sǎngzi téng. (sǎngzi)
> 病　人：我 嗓子 疼。（嗓子）

1) Yīshēng   Nín nǎr bù shūfu?
    医　生：您 哪儿不 舒服？

    Bìngrén ＿＿＿＿＿. (tóu)
    病　人：＿＿＿＿。（头）

2) Yīshēng   Nín zěnme bù shūfu?
    医　生：您 怎么 不 舒服？

    Bìngrén ＿＿＿＿＿. (yá)
    病　人：＿＿＿＿。（牙）

3) Yīshēng   Nǐ zěnme le?
    医　生：你 怎么 了？

    Bìngrén ＿＿＿＿＿. (dùzi)
    病　人：＿＿＿＿。（肚子）

3. Complete the following sentences after the models:

(1) Model:

> Zhège rén gōngzuò hěn hǎo.
> 这个人 工 作 很 好。

(1) ＿＿＿＿ shēntǐ ＿＿＿＿ .
    ＿＿＿＿ 身体 ＿＿＿＿ 。

(2) ＿＿＿＿ píqi ＿＿＿＿ .
    ＿＿＿＿ 脾气 ＿＿＿＿ 。

(3) ＿＿＿＿ Zhōngguó huà ＿＿＿＿ .
    ＿＿＿＿ 中 国 话 ＿＿＿＿ 。

(2) Model:

> Nǐ xuèyā hěn gāo.
> 你 血 压 很 高。

(1) Nǐ _____ . (tǐwēn, gāo)
   你 _____ 。 (体温，高)

(4) Tā māma _____ . (bìng, zhòng)
   他 妈 妈 _____ 。 (病，重)

(2) Tā _____ . (sǎngzi, hóng)
   他 _____ 。 (嗓子，红)

(5) Tā dìdi _____ . (báixuèqiú, gāo)
   他 弟弟 _____ 。 (白血球，高)

(3) Wǒ _____ . (tóu, téng)
   我 _____ 。 (头，疼)

4. **Fill in the blanks with the right phrase or word:**

(1) Phrase:

> yǒudiǎnr / yī diǎnr
> 有 点 儿 / 一 点 儿

(1) Wǒ jīntiān _____ bù shūfu.
   我 今 天 _____ 不 舒服。

(2) Dàwěi, zánmen zǒu màn _____!
   大伟，咱 们 走 慢 _____!

(3) Tā _____ késou.
   他 _____ 咳嗽。

(4) Zánmen hē _____ píjiǔ ba.
   咱 们 喝 _____ 啤酒 吧。

(5) Dìdi de nà jiàn dàyī _____ jiùle, mǎi jiàn xīn de ba.
   弟弟的 那 件 大衣 _____ 旧了，买 件 新 的 吧。

(6) Tā de tǐwēn _____ gāo, xiūxi liǎng tiān ba.
   他的 体温 _____ 高，休息 两 天 吧。

(2) Word:

> hái, zài
>
> 还，再

(1) Nín ＿＿＿ yào shénme?
您 ＿＿＿ 要 什 么？

(4) Wǒ xiǎng ＿＿＿ shìshi zhè shuāng píxié.
我 想 ＿＿＿ 试试 这 双 皮鞋。

(2) Sān ge cài bú gòu,
三 个 菜 不 够，

＿＿＿ yào yí ge ba.
＿＿＿ 要 一 个 吧。

(5) Wǒ ＿＿＿ yǒu yí ge wèntí.
我 ＿＿＿ 有 一 个 问题。

(6) Nín xiān chī diǎnr cài, ＿＿＿ hē jiǔ.
您 先 吃 点儿 菜，＿＿＿ 喝 酒。

(3) Wǒ ＿＿＿ xiǎng mǎi jǐ ge xìnfēng.
我 ＿＿＿ 想 买 几 个 信封。

(7) Nǐ ＿＿＿ gěi wǒ yì běn huàbào ba.
你 ＿＿＿ 给 我 一 本 画 报 吧。

5. Listen to the dialogues:

1) Yīshēng　　Nǐ zěnme le?
　医生：　你 怎么 了？

　　Bìngrén　　Wǒ tóu téng, hěn téng.
　病人：　我 头 疼，很 疼。

　　Yī　　　　Shénme shíhòu kāishǐ de?
　医：　　什 么 时 候 开始 的？

　　Bìng　　　Qiántiān.
　病：　　前 天。

　　Yī　　　　Hái yǒu nǎr bù shūfu? Sǎngzi?
　医：　　还 有 哪儿 不 舒服？ 嗓 子？

　　Bìng　　　Sǎngzi bù téng.
　病：　　嗓 子 不 疼。

　　Yī　　　　Fā shāo bù?
　医：　　发 烧 不？

　　Bìng　　　Tǐwēn bù gāo.
　病：　　体 温 不 高。

Yī　　Liángliang xuèyā ba.　　Ā,　nǐ xuèyā gāo le.
医：　量　　量　血压 吧。啊，你 血压 高 了。

　　　　Chī diǎnr yào, xiūxi liǎng tiān ba.
　　　　吃 点儿 药，休息 两　天 吧。

　　　　　　　　*　　　　　*　　　　　*

2)　A:　Nǐ qù nǎr le?
　　　　你 去 哪儿 了？

　　B:　Qù yīyuàn le.
　　　　去 医 院 了。

　　A:　Zěnme, nǐ bìng le?
　　　　怎 么，你 病 了？

　　B:　Shì a, gǎnmào.
　　　　是 啊，感 冒。

　　A:　Fā shāo ba?
　　　　发 烧 吧？

　　B:　Yǒudiǎnr fā shāo.
　　　　有 点儿 发 烧。

　　A:　Duōshǎo dù?
　　　　多 少 度？

　　B:　Sānshíjiǔ dù sì.
　　　　三 十 九 度 四。

　　A:　Á? Hái yǒu diǎnr fā shāo ne! Bú shì "yǒudiǎnr", shì bǐjiào gāo. Nǐ
　　　　啊？还 有 点儿 发 烧 呢！不 是 “有 点儿”，是 比较 高。你

　　　　yào zài jiā xiūxi jǐ tiān, yào àn shí chī yào, duō hē kāishuǐ.
　　　　要 在 家 休息 几 天，要 按 时 吃 药，多 喝 开 水。

　　B:　Yīshēng zhème shuō, nǐ yě zhème shuō, dōu zhème shuō.
　　　　医 生 这 么 说，你 也 这 么 说，都 这 么 说。

　　A:　Bú duì ma?
　　　　不 对 吗？

　　B:　Duì, duì.
　　　　对，对。

149

A: Yīshēng gěi nǐ shénme yào? Zhōngyào háishì Xīyào?
医 生 给 你 什么 药? 中 药 还是 西药?

B: Zhōngyào, Xīyào dōu yǒu.
中 药、西药 都 有。

A: Nǐ néng chī Zhōngyào?
你 能 吃 中 药?

B: Bìng le, shénme yào dōu néng chī le.
病 了,什么 药 都 能 吃 了。

A: Shì a, Méi yǒu bìng, shénme yào yě bú yòng chī.
是 啊,没 有 病,什么 药 也 不 用 吃。

答案 Key

2. 1) Wǒ tóu téng
我 头 疼
2) Wǒ yá téng
我 牙 疼
3) Wǒ dùzi téng
我 肚子 疼

3. 1) (1) Zhège rén shēntǐ hěn hǎo
这 个 人 身体 很 好
(3) Zhège rén Zhōngguó huà hěn hǎo
这 个 人 中 国 话 很 好

(2) Zhège rén píqi hěn hǎo
这 个 人 脾气 很 好

2) (1) Nǐ tǐwēn hěn gāo
你 体温 很 高
(4) Tā māma bìng hěn zhòng
他 妈妈 病 很 重

(2) Tā sǎngzi hěn hóng
他 嗓子 很 红
(5) Tā dìdi báixuèqiú hěn gāo
他 弟弟 白血球 很 高

(3) Wǒ tóu hěn téng
我 头 很 疼

4. 1) (1) yǒudiǎnr
有 点 儿
(3) yǒudiǎnr
有 点 儿
(5) yǒudiǎnr
有 点 儿

(2) diǎnr
点 儿
(4) yìdiǎnr
一 点 儿
(6) yǒudiǎnr
有 点 儿

2) (1) hái
还
(3) hái
还
(5) hái
还
(7) zài
再

(2) zài
再
(4) zài
再
(6) zài
再

1. Turn the following statements into questions:

Model:

> Nàjiàn yīfu hěn xīn.
> 那 件 衣 服 很 新。

Nàjiàn yīfu xīn ma?
那 件 衣 服 新 吗？

Nàjiàn yīfu xīn bu xīn?
那 件 衣 服 新 不 新？

Nàjiàn yīfu zěnmeyàng?
那 件 衣 服 怎 么 样？

1) Zhège běnzi hěn hǎo.
   这 个 本 子 很 好。

2) Zhèzhǒng kāfēi bǐjiào guì.
   这 种 咖 啡 比 较 贵。

3) Wáng xiānsheng de dàyī tài cháng.
   王 先 生 的 大 衣 太 长。

4) Tāmen de fángjiān hěn dà.
   他 们 的 房 间 很 大。

5) Tā de bìng bú zhòng.
   她 的 病 不 重。

2. Make sentences:

Model:

> zhè, gāngbǐ, xīn
> 这，钢笔，新

Zhè zhī gāngbǐ hěn xīn.
这 支 钢 笔 很 新。

Zhè zhī gāngbǐ shì xīn de.
这 支 钢 笔 是 新 的。

1) nà, miànbāo, dà
   那，面 包，大

2) Xiǎo Wáng, kùzi, cháng
   小 王，裤 子，长

3) zhèzhǒng, dàngāo, guì
   这 种，蛋 糕，贵

4) nà, zhuōzi, gāo
   那，桌 子，高

5) tā, yīfu, hóng
   她，衣 服，红

3. Correct the following sentences:

1) Nǐ néng gěi bu gěi wǒ yí ge xìnfēng?
   你 能 给 不 给 我 一 个 信 封？

2) Tā xiǎng chī bu chī tángcùyú?
   他 想 吃 不 吃 糖 醋 鱼？

3) Nǐ huì chōu bu chōu yān?
   你 会 抽 不 抽 烟？

4) Tāmen yǒu shìr bu kěyǐ lái le.
   他 们 有 事 儿 不 可 以 来 了。

5) Yí ge xiǎoshí yǐhòu, tā huì bu huì qù wénhuàgōng ma?
   一 个 小 时 以 后，他 会 不 会 去 文 化 宫 吗？

6) Qǐngwèn, bàn ge xiǎoshí néng bu néng dào xuéxiào ma?
   请 问，半 个 小 时 能 不 能 到 学 校 吗？

答案 Key

2. 1) Nàge miànbāo hěn dà.
   那 个 面 包 很 大。

   Nàge miànbāo shì dà de.
   那 个 面 包 是 大 的。

2) Xiǎo Wáng de kùzi hěn cháng.
   小 王 的 裤 子 很 长。

   Xiǎo Wáng de kùzi shì cháng de.
   小 王 的 裤 子 是 长 的。

3) Zhèzhǒng dàngāo hěn guì.
   这 种 蛋 糕 很 贵。

   Zhèzhǒng dàngāo shì guì de.
   这 种 蛋 糕 是 贵 的。

4) Nàzhāng zhuōzi hěn gāo.
   那 张 桌 子 很 高。

   Nàzhāng zhuōzi shì gāo de.
   那 张 桌 子 是 高 的。

5) Tā yīfu hěn hóng.
   她 衣 服 很 红。

   Tā yīfu shì hóng de.
   她 衣 服 是 红 的。

3. 1) Nǐ néng bu néng gěi wǒ yí ge xìnfēng?
你 能 不 能 给 我 一 个 信 封 ？

2) Tā xiǎng bu xiǎng chī tángcùyú?
他 想 不 想 吃 糖 醋 鱼 ？

3) Nǐ huì bu huì chōu yān?
你 会 不 会 抽 烟 ？

4) Tāmen yǒu shìr bu néng lái le.
他 们 有 事 儿 不 能 来 了 。

5) Yí ge xiǎoshí yǐhòu, tā huì bu huì qù wénhuàgōng?
一 个 小 时 以 后 ，他 会 不 会 去 文 化 宫 ？

Yí ge xiǎoshí yǐhòu, tā huì qù wénhuàgōng ma?
一 个 小 时 以 后 ，他 会 去 文 化 宫 吗 ？

6) Qǐng wèn, bàn ge xiǎoshí néng bu néng dào xuéxiào?
请 问 ，半 个 小 时 能 不 能 到 学 校 ？

Qǐng wèn, bàn ge xiǎoshí néng dào xuéxiào ma?
请 问 ，半 个 小 时 能 到 学 校 吗 ？

153

北京的天气
The Weather in Beijing

16

The Chens and Ding Shuqin, Li Wenhan's wife, are on their way to the Park of the Fragrant Hills.

 Dàwěi   Jiějie,   nǐ kàn, tàiyang chūlai le.
大伟: 姐姐，你 看，太阳 出来了[1]。
               Look, Sister, the sun has come out.

Lìli   Zuótiān wǎnshang tiānqì yùbào shuō yīn zhuǎn qíng ma.
莉莉: 昨天 晚 上 天气 预报 说 阴 转 晴 嘛[2]。
               The weather forecast last night said it would clear up today.

Àilín   Lǎo Dīng, Běijīng qiūtiān de tiānqì zhēn hǎo, bù lěng yě bú rè.
艾琳: 老 丁，北京 秋 天 的 天气 真 好，不 冷 也 不 热。
               Lao Ding, Beijing's autumn is really nice. It's neither too cold nor too hot.

Dīng Shūqín Qiūtiān shì Běijīng yìniánlǐ zuìhǎo de jìjié, nǐmen qiūtiān lái
丁　淑琴： 秋天 是 北京 一年里 最好 的 季节，你们 秋天 来
　　　　　　Běijīng hěn héshì.
　　　　　　北京 很 合适。
　　　　　　Autumn is the best season of the year. You've chosen the best time to come to Beijing.

Lì　　　　 Tīng bàba shuō, Běijīng xiàtiān bǐjiào rè.
莉：　　　 听 爸爸 说[3]，北京 夏天 比较 热。
　　　　　　Dad said that Beijing's summer is rather hot.

Dīng　　　 Duì. Qī-bā yuè hái chángcháng xià yǔ.
丁：　　　 对。七、八 月 还 常 常 下 雨。
　　　　　　Yes, and it rains quite often in July and August.

Wěi　　　 Bómǔ, tīng shuō Běijīng dōngtiān hěn lěng, shì ma?
伟：　　　 伯母，听 说 北京 冬天 很 冷，是 吗[4]？
　　　　　　I've heard that Beijing's winter is very cold. Is that true?

Dīng　　　 Shì, qìwēn yǒushíhòu zài língxià shíjǐ dù.
丁：　　　 是，气温 有时候 在 零下 十几 度。
　　　　　　Yes, sometimes it's over ten degrees below zero.

Lì　　　　 Běijīng dōngtiān chángcháng xià xuě ma?
莉：　　　 北京 冬天 常 常 下雪 吗？
　　　　　　Does it often snow in winter in Beijing?

Dīng　　　 Chángcháng xià, yǒushíhòu xuě hěn dà.
丁：　　　 常 常 下，有时候 雪 很 大。
　　　　　　Yes, sometimes it's very heavy too.

Ài　　　　 Běijīng de chūntiān zěnmeyàng?
艾：　　　 北京 的 春天 怎么样？
　　　　　　How's spring in Beijing?

Dīng　　　 Chūntiān bǐjiào nuǎnhuo, dàn chángcháng guā fēng.
丁：　　　 春 天 比较 暖和，但 常 常 刮风。
　　　　　　Spring is warmer, but often windy.

155

Lì   Xiànzài qiūtiān le, Xiāngshān yídìng hěn měi.
莉: 现 在 秋 天 了，香 山 一 定 很 美。
              Now that it's autumn, the Fragrant Hills must be very beautiful.

Dīng   Xiāngshān de shù yèr dōu hóng le, měi tiān yóulǎn de rén yě duō le.
丁: 香   山 的 树 叶儿 都[5] 红 了，每 天 游览 的 人 也 多 了。
              The leaves of the Fragrant Hills have turned red, the number of visitors going there is also
              getting bigger every day.

生 词 New words

天气	tiānqì	〔名〕	weather
太阳	tàiyang	〔名〕	sun
出来	chūlai		to come out
晴	qíng	〔形〕	fine (weather)
预报	yùbào	〔名、动〕	forecast
阴	yīn	〔形〕	cloudy, overcast
转	zhuǎn	〔动〕	to turn, to change
嘛	ma	〔助〕	an interjection to give emphasis
秋天	qiūtiān	〔名〕	autumn, fall
真	zhēn	〔形〕	true, real
冷	lěng	〔形〕	cold, chilly
热	rè	〔形〕	hot
年	nián	〔名〕	year
…里	…lǐ	〔名〕	(used after nouns meaning "within a certain limit of time or space")
最	zuì	〔副〕	most
季节	jìjié	〔名〕	season
夏天	xiàtiān	〔名〕	summer

常常	chángcháng	〔副〕	often, frequently
下(雨、雪)	xià (yǔ, xuě)	〔动〕	to fall (rain, snow)
雨	yǔ	〔名〕	rain
伯母	bómǔ	〔名〕	aunt
冬天	dōngtiān	〔名〕	winter
气温	qìwēn	〔名〕	temperature (weather)
有时候	yǒushíhòu		sometimes, occasionally
零下	líng xià		below zero
零下十几度	líng xià shíjǐ dù		about ten degrees below zero
雪	xuě	〔名〕	snow
春天	chūntiān	〔名〕	spring
暖和	nuǎnhuo	〔形〕	warm
但	dàn	〔连〕	but, however
刮(风)	guā (fēng)	〔动〕	to blow (wind)
风	fēng	〔名〕	wind
一定	yídìng	〔副、形〕	surely, definitely; sure, definite
美	měi	〔形〕	pretty, beautiful
树	shù	〔名〕	tree
叶儿	yèr	〔名〕	leaf
树叶儿	shù yèr		tree leaves
红	hóng	〔形〕	red
每	měi	〔代〕	every, each
每天	měitiān		every day
游览	yóulǎn	〔动〕	to tour, to go sightseeing

Proper nouns:

北京	Běijīng	Beijing (Peking)
丁淑琴	Dīng Shūqín	name of Li Wenhan's wife, a friend of the Chen family
香山	Xiāngshān	Fragrant Hills (a scenic spot in Beijing, known for its crimson maple leaves in autumn)

1. 太阳出来了。(Tàiyang chūlai le.)

   The particle "了"(le) can be used in many ways. Here it is used to show that a change or a new situation has taken place:

   天晴了。(Tiān qíng le.) It has cleared up.

   现在是秋天了。(Xiànzài shì qiūtiān le.) Autumn is here now.

   我的表停了。(Wǒ de biǎo tíng le.) My watch has stopped.

2. 阴转晴嘛。(Yīn zhuǎn qíng ma.)

   "嘛"(ma) in this context means that what has been said is evident.

3. 听爸爸说。(Tīng bàba shuō.)

   The person or persons responsible for giving the information to his or their listeners can be placed in between the two characters of the phrase "听说"(tīng shuō):

   听老陈说。(Tīng Lǎo Chén shuō.) Hear Lao Chen say.

   听一个人说。(Tīng yí ge rén shuō.) Hear someone say.

4. 北京冬天很冷，是吗？(Běijīng dōngtiān hěn lěng, shì ma?)

   This sentence pattern corresponds to the disjunctive question in English.

5. 香山的树叶儿都红了。(Xiāngshān de shù yèr dōu hóng le.)

   "都"(dōu), meaning "already", is unstressed.

6. 每天游览的人也多了。(Měitiān yóulǎn de rén yě duō le.)

   1) In Chinese, verbs can be used as attributives, but the particle "的" must be added in between the verb and the noun it modifies:

   参观的人 (cānguān de rén) the people who are visiting

   他写的信 (tā xiě de xīn) the letter he wrote

   昨天买的礼物 (zuótiān mǎi de lǐwù) the gift bought yesterday

   2) "也"(yě) may be used in two parallel clauses or only the second clause to show a similarity between the two clauses.

练 习 Exercises :

🔲 **Supplementary words:**

雾	wù	〔名〕	fog
国家	guójiā	〔名〕	country, nation
首都	shǒudū	〔名〕	capital
家乡	jiāxiāng	〔名〕	native place
变	biàn	〔动〕	to change
可不是	kěbushì		exactly, indeed
掉	diào	〔动〕	to fall
气象台	qìxiàngtái	〔名〕	weather station
白天	báitiān	〔名〕	day (time)
云	yún	〔名〕	cloud
阵雨	zhènyǔ	〔名〕	shower
广州	Guǎngzhōu	〔专名〕	Guangzhou (Canton), capital of Guangdong Province, in south China

1. Ask questions after the model:

1) Model:

> Běijīng qiūtiān de tiānqì zěnmeyàng?　(Běijīng,　qiūtiān)
> 北京 秋天 的 天气 怎么样？（北京，秋天）

(1) Běijīng , xiàtiān
　　北京，夏天

(2) Xī'ān, dōngtiān
　　西安，冬天

3) Guǎngzhōu, chūntiān
　　广 州，春天

159

2) Model:

> Běijīng dōngtiān chángcháng <u>xià xuě</u> ma?　(dōngtiān, xià xuě)
> 北京 <u>冬天</u> 常 常 <u>下雪</u> 吗？（冬天，下雪）

(1) qiūtiān, guā fēng　　(2) qī-bā yuè, xià yǔ　　(3) chūntiān xià wù
　　秋天，刮风　　　　　七八月，下雨　　　　春天，下雾

3) Model:

> Tīng shuō, Běijīng dōngtiān hěn lěng, shì ma?　(dōngtiān hěn lěng)
> 听 说 北京 <u>冬天很冷</u>，是吗？（冬天很冷）

(1) xiàtiān,　bǐjiào rè
　　夏天，比较热

(2) qiūtiān,　yìniánlǐ,　zuìhǎo,　jìjié
　　秋天，一年里，最好，季节

(3) Chūntiān, fēng, hěn dà
　　春天，风，很大

2. Answer the following questions in your own words:

1) Chūn, xià, qiū, dōng sì ge jìjié de tiānqì zěnmeyàng?
　春、 夏、秋、冬 四个季节的 天气怎么 样？

2) nǎge jìjié zuì hǎo?
　哪个季节最 好？

3) nǐ xǐhuan nǎge jìjié?
　你喜 欢 哪个季节？

3. Listen to the dialogues:

Dìdi　　Jiějie,　jiějie,　bù hǎo le!
弟弟：　姐姐，姐姐，不 好 了！

Jiějie　　Zěnme le?
姐姐：　怎么 了？

160

Dì　　Zánmen bù néng qù Yíhéyuán le.
弟：　咱 们 不 能 去 颐 和 园 了。

Jiě　　Zěnme bù néng qù?
姐：　怎 么 不 能 去？

Dì　　Biàntiān le.
弟：　变 天 了。

Jiě　　Shì ma? Xià yǔ le ma?
姐：　是 吗，下 雨 了 吗？

Dì　　Hái méi xià.
弟：　还 没 下。

Jiě　　Wǒ kànkan. Kě bu shì yīntiān le.　Àiya! Kāishǐ diào yǔdiǎnr le.
姐：　我 看 看。可 不 是 阴 天 了。哎 呀！开 始 掉 雨 点 儿 了。

Dì　　Zhēn zāogāo! Xià dà le.
弟：　真 糟 糕！下 大 了。

Jiě　　Dàgài yíhuìr néng tíng. Nǐ kàn, nàbianr háishì qíngtiān ne.
姐：　大 概 一 会 儿 能 停。你 看，那 边 儿 还 是 晴 天 呢。

Dì　　Dǎ diànhuà tīngting tiānqì yùbào ba.
弟：　打 电 话 听 听 天 气 预 报 吧。

Jiě　　Qìxiàngtái yě bú huì shuō zánmen zhèr xià bu xià yǔ.
姐：　气 象 台 也 不 会 说 咱 们 这 儿 下 不 下 雨。

　　　　Tīng wǒ de, yíhuìr yǔ yídìng huì tíng.
　　　　听 我 的，一 会 儿 雨 一 定 会 停。

Dì　　Tīng nǐ de? Bù, wǒ dǎ diànhuà tīngting tiānqì yùbào.
弟：　听 你 的？不，我 打 电 话 听 听 天 气 预 报。

Tiānqìyùbào
天 气 预 报：

　　　　　Jīntiān báitiān, qíng zhuǎn duō yún, yǒu xiǎo zhènyǔ.
　　　　　今 天 白 天，晴 转 多 云，有 小 阵 雨。

Dì　　Xiǎo zhènyǔ, yíhuìr yǔ néng tíng.
弟：　小 阵 雨，一 会 儿 雨 能 停。

Jiě   Zěnmeyàng? Wǒ de yùbào méi cuòr.

姐： 怎 么 样 ？ 我 的 预 报 没 错 儿 。

4. **Translate the following sentences into Chinese using "了":**

1) The sun has come out.

2) Spring's here.

3) Where has he gone?

4) My watch has stopped.

5) I am old.

答案 Key

4. 1) Tàiyang chūlai le.
      太 阳 出 来 了 。

3) Tā shàng nǎr le?
    他 上 哪儿 了 ？

5) Wǒ lǎo le.
    我 老 了 。

2) Chūntiān dào le.
    春 天 到 了 。

4) Wǒ de biǎo tíng le.
    我 的 表 停 了 。

问年龄
Asking People's Age

17

Mr. Chen Mingshan and his wife are chatting with an elderly man in the Park of the Fragrant Hills.

Chén   Lǎoxiānsheng,   nín hǎo a!
陈: 老先生[1]，您好啊！
       Hello, sir.

Lǎorén   Nǐmen hǎo!
老人: 你们好！
       Hello.

Àilín   Lǎoxiānsheng, nín shēntǐ búcuò a!
艾琳: 老先生，您身体不错啊！
       Sir, you do look very fit if I may say so.

Lǎo   Bùxíng a ,   lǎo le.
老：   不 行 啊[2]，老 了[3]。

Not really. I'm old.

Chén   Nín duō dà niánjì le?
陈：   您 多 大 年 纪 了[4] ？

May I ask how old you are?

Lǎo   Qīshí le.
老：   七 十 了 。

Seventy.

Chén   Bú xiàng, xiàng liùshí lái suì de.
陈：   不 像， 像 六 十 来 岁 的[5] 。

You certainly don't look it. You look a bit over sixty.

Lǎo   Nǎli.
老：   哪 里[6] 。

Not at all.

Chén   Nín Běijīng rén ba?
陈：   您 北 京 人 吧 ？

You're from Beijing?

Lǎo   Shì a.   Nín shì huáqiáo ba?
老：   是 啊 。您 是 华 侨 吧 ？

Yes. You are an overseas Chinese, aren't you?

Chén   Duì, wǔwǔ nián dào Měiguó qùde.   Wǒ tàitai shì Měiguó rén.
陈：   对，五 五 年 到 美 国 去 的[7]。我 太 太 是 美 国 人 。

Yes, I went to the United States in 1955. My wife is an American.

Lǎo   Nín de pǔtōnghuà hěn hǎo.   Lǎojiā zài nǎr?
老：   您 的 普 通 话 很 好[8] 。老 家 在 哪 儿 ？

You speak very good Putonghua.Where are you from?

Chén   Yě shì Běijīng.
陈：   也 是 北 京 。

I'm from Beijing too.

Lǎo   Guàibude.
老 ：   怪 不 得。

No wonder!

Chén   Wǒ wǔyī nián líkāi Běijīng, dàole Xiānggǎng.
陈 ：   我 五一 年 离开 北京，到了 香 港。

I left Beijing for Hong Kong in 1951.

Lǎo   Ò.
老 ：   哦 ！

Oh!

Ài   Zhè shì nín de xiǎo sūnzi ba?
艾 ：   这 是 您 的 小 孙子吧？

This must be your grandson.

Lǎo   Duì. Xiǎojiāng, jiào yéye , nǎinai.
老 ：   对。 小 江，叫 爷爷，奶 奶。

That's right. Xiaojiang, say hello to grandpa and grandma.

Jiāng   Yéye, nǎinai.
江 ：   爷爷，奶 奶。

Grandpa, Grandma.

Ài   Xiǎopéngyou , nǐ jǐ suì le?
艾 ：   小 朋 友，你几岁 了？

How old are you, little friend?

Jiāng   Jiǔ suì le.
江 ：   九 岁 了。

Nine.

Ài   Shàng jǐ niánjí le?
艾 ：   上 几 年级了？

Which grade are you in?

Jiāng   Xiǎoxué sān niánjí le.
江 ：   小 学 三 年级了。

Grade 3 in elementary school.

Chén   Lǎoxiānsheng, chángcháng lái gōngyuán ba?

陈：　老 先 生，常 常 来 公 园 吧？

Sir, do you come to the park of Fragrant Hills often?

Lǎo   Shì a.　Xīngqītiān háizi bú shàng xué, dài tā lái wánrwanr.

老：　是 啊。星 期 天 孩子 不 上 学，带 他 来 玩儿玩儿。

Yes, this child does not go to school on Sundays, so I bring him here to play.

生词　New words

年龄	niánlíng	〔名〕	age
老先生	lǎoxiānsheng	〔名〕	elderly gentleman
老人	lǎorén	〔名〕	old man (woman), old people
身体	shēntǐ	〔名〕	physical health, body
不行	bùxíng	〔形〕	not so good, not so well
年纪	niánjì	〔名〕	age
像	xiàng	〔动〕	to look like, to resemble
来	lái	〔助〕	approximately
岁	suì	〔名〕	year (of age)
哪里	nǎlǐ	〔代〕	not at all, where
普通话	pǔtōnghuà	〔名〕	common speech (standard modern spoken Chinese)
老家	lǎojiā	〔名〕	home town, birthplace
怪不得	guàibude		no wonder
孙子	sūnzi	〔名〕	grandson
爷爷	yéye	〔名〕	grandpa
奶奶	nǎinai	〔名〕	grandma
小朋友	xiǎopéngyou	〔名〕	little friend (children), (a polite way to address a child or children one does not know)
上	shàng	〔动〕	to be in (with grade or year in school and university)
年级	niánjí	〔名〕	grade, year

小学	xiǎoxué	〔名〕	elementary school
公园	gōngyuán	〔名〕	park
孩子	háizi	〔名〕	child, children, son(s) and daughter(s)
上学	shàng xué		to go to school
带	dài	〔动〕	to take, to bring
玩儿	wánr	〔动〕	to play, to enjoy oneself

Proper nouns :

香港	Xiānggǎng	Hong Kong
小江	Xiǎojiāng	Xiaojiang, name of the grandson of the old man

注 释 Study points :

1. 老先生 (lǎoxiānsheng)

   This is a polite form used by urban people to address elderly men on meeting them for the first time.

2. 不行啊 (bùxíng a)

   "不行" is a polite response to a compliment while "啊" gives emphasis to the sentence.

3. 老了 (lǎo le)

   Another use of "了" (le) is to indicate a certain degree that something or somebody has reached:

   七十了。 (Qīshí le.) Seventy already.

   九岁了。(Jiǔ suì le.) Nine already.

   他上小学三年级了。 (Tā shàng xiǎoxué sān niánjí le.)
   He is already in Grade 3.

4. 您多大年纪了？ (Nín duō dà niánjì le?)

It is very common for the Chinese to ask each other's age in conversation. There are, however, different ways to ask the age of people of different ages:

您多大年纪了？ (Nín duō dà niánjì le?) How old are you?

(used to ask the age of an elderly person)

他多大？ (Tā duō dà?) How old is he?

(used to ask the age of a child or a person about the same age as the speaker)

她几岁了？ (Tā jǐ suì le?) How old is she?

(used to ask a child's age)

In spoken Chinese, the verb "是" (shì) is often omitted in sentences indicating a person's age or birthplace:

王先生五十八岁。 (Wáng xiānsheng wǔshíbā suì.)

Mr. Wang is 58 years old.

他太太北京人。 (Tā tàitai Běijīng rén.)

His wife is from Beijing.

Questions can be formed by adding "吗" (ma) to these statements:

王先生五十八岁吗？ (Wáng xiānsheng wǔshíbā suì ma?)

Is Mr.Wang 58 years old?

他太太北京人吗？ (Tā tàitai Běijīng rén ma?)

Is his wife from Beijing?

5. 像六十来岁的。 (Xiàng liùshí lái suì de.)

"来" (lái) is often placed between numerals like "十" (shí), "百" (bǎi), "千" (qiān), etc. and measure words to turn them into approximate numbers.

6. 哪里 (nǎlǐ)

Literally meaning "where", this is another polite response to a compliment.

7. 五五年到美国去的。 (Wǔwǔ nián dào Měiguó qu de.)

1) In spoken Chinese, the first two figures of a certain year are often left out when the year mentioned belongs to the present century. So, "五五年" means 1955.

2) The particle "的" (de) is used here to give emphasis to "五五年". (See study point 3 of Lesson 27.)

8. 您的<u>普通话</u>很好。 (Nín de <u>pǔtōnghuà</u> hěn hǎo.)

普通话 (pǔtōnghuà) refers to standard modern spoken Chinese.

练习 Exercises :

Supplementary words:

今年	jīnnián	〔名〕	this year
口音	kǒuyīn	〔名〕	accent
英语	Yīngyǔ	〔名〕	English
句	jù	〔名、量〕	sentence; a measure word
记性	jìxing	〔名〕	memory
阿姨	āyí	〔名〕	auntie
老大爷	lǎodàye	〔名〕	grandpa (a polite way to address elderly men)
空气	kōngqì	〔名〕	air
乖	guāi	〔形〕	well-behaved
孙女	sūnnǚ	〔名〕	granddaughter
聪明	cōngming	〔形〕	intelligent, clever
李小兰	Lǐ Xiǎolán	〔专名〕	name of a girl

1. Fill in the blanks with these phrases:

> duō dà niánjì, duō dà , jǐ suì
> 多 大 年 纪 , 多 大 , 几 岁

1) Xiǎojiāng jīnnián _____ ?
   小 江 今 年 _____ ?

2) Xiǎojiāng de yéye _____ ?
   小 江 的 爷爷 _____ ?

3) Dàwěi jīnnián _____ ?
   大 伟 今 年 _____ ?

2. Ask questions using "几…了" (jǐ...le) and then answer them:

Model:

Xiǎo Wáng , jīntiān jǐ hào le?	Sān hào le. (sān hào)
小　王，今天 几号了？	三 号了。（三 号）

1) Àilín , jīntiān _____ ? 　　　　 _____ . (shíqī hào)
　 艾琳，今天 _____ ? 　　　　 。（十七号）

2) Jiějie,　xiànzài _____ ? 　　　　 _____ . (shíyī diǎn bàn)
　 姐姐，现 在 _____ ? 　　　　 。（十一 点 半）

3) Lìli,　　nǐ jīnnián _____ ? 　　　　 _____ . (sì nián jí)
　 莉莉，你 今 年 _____ ? 　　　　 。（四 年级）

3. Practice after the model:

Model:

A: Lǎoxiānsheng , nín de shēntǐ zhēn búcuò a!　(shēntǐ) 　　老 先 生，您 的 身体 真 不 错 啊！（身体） B: Bùxíng a , lǎo le! 　　不 行 啊，老 了！

1) A: Zhào xiānsheng , _____ ! (pǔtōnghuà)
　　 赵　先 生， _____ ! （普 通 话）

　 B: _____ , kǒuyīn hěn zhòng a.
　　 _____ ，口 音 很 重 啊。

2) A: Lǎo Wáng , _____ ! (Yīngyǔ)
　　 老　王， _____ ! （英语）

　 B: _____ , jiù huì shuō jǐ jù.
　　 _____ ，就 会 说 几句。

3) A: Liú tàitai, _____ ! (jìxing)
　　 刘 太太， _____ ! （记 性）

　 B: _____ , niánjì dà le.
　　 _____ ，年 纪 大 了。

4. Answer the following questions using the names of the places shown on the map:

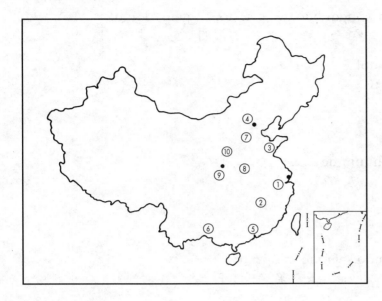

① Shànghǎi 上海
② Jiāngxī 江西
③ Shāndōng 山东
④ Běijīng 北京
⑤ Guǎngdōng 广东
⑥ Guǎngxī 广西
⑦ Héběi 河北
⑧ Hénán 河南
⑨ Xī'ān 西安
⑩ Shānxī 山西

1) Lǐ xiānsheng nǎr rén?
   李 先 生 哪儿人？

2) Zhāng Dàzhōng xiānsheng nǎr rén?
   张 大 中 先 生 哪儿人？

3) Chén xiǎojie nǎr rén?
   陈 小 姐 哪儿人？

4) Nàwèi tàitai nǎr rén?
   那 位 太 太 哪儿人？

5) Tā xiānsheng nǎr rén?
   她 先 生 哪儿人？

6) Zhào āyí nǎr rén?
   赵 阿姨 哪儿人？

7) Lǎo Wáng lǎojiā zài nǎr?
   老 王 老家 在 哪儿？

8) Nàwèi lǎo yéye lǎojiā zài nǎr?
   那 位 老爷爷老家 在 哪儿？

5. Listen to the dialogue:

Wàiguó péngyou nán、nǚ   Lǎodàye, zǎo a!
外国 朋 友 男、女：   老大爷，早啊！

Lǎo   Nǐmen zǎo! Nǎ guó péngyou a?
老：   你们 早！哪 国 朋 友 啊？

Nán、nǚ: Yīngguó.
男、女：   英 国。

Lǎo Huānyíng, huānyíng! Zǎochén chūlai sànsan bù a?
老： 欢 迎，欢 迎！早 晨 出来 散散步啊？

Nǚ Shì a, zǎochén kōngqì hǎo. Wèi, xiǎopéngyou, lái a!
女： 是啊，早 晨 空 气 好。喂，小 朋 友，来 啊！

Xiǎo Shūshu, āyí hǎo!
小： 叔 叔、阿 姨 好！

Nán Zhēn guāi.
男： 真 乖。

Nǚ Lǎo dàye, tā shì nín de ......?
女： 老 大 爷，她 是 您 的……？

Lǎo Sūnnǚ.
老： 孙 女。

Nǚ Xiǎopéngyou, jiào shénme míngzi a?
女： 小 朋 友，叫 什 么 名字啊？

Xiǎo Lǐ Xiǎolán.
小： 李 小 兰。

Nǚ Duō dà niánjì le?
女： 多 大 年纪了？

Lǎo Shéi? Wèn wǒ ma?
老： 谁？ 问 我 吗？

Nǚ Bù, wèn Xiǎolán. Ò, duì le, wèn xiǎopéngyou yào shuō "jǐ suì".
女： 不，问 小 兰。哦，对 了，问 小 朋 友 要 说 "几岁"。

    Xiǎolán, jǐ suì le?
    小 兰，几岁了？

Xiǎo Liù suì bàn.
小： 六 岁 半。

Nán Shàng xué le ma?
男： 上 学 了吗？

Xiǎo Shàng xiǎoxué le.
小： 上 小 学 了。

Nán Huì xiě duōshǎo ge zì le?
男： 会 写 多 少 个 字 了？

Xiǎo Yì bǎi duō le.
小： 一 百 多 了。

Nán Zhēn cōngming.
男： 真 聪 明。

6. **Translate the following questions into Chinese without using "是" (shì):**

1) What's the time now?

2) What's the date today?

3) What day is it?

4) How old is David?

5) Which grade are you in?

6) How old is Xiao Jiang?

7) Uncle, may I know your age?

8) Where are you from?

答案 Key

1. 1) Jǐsuì le?
     几岁了？

2) Duō dà niánjì le?
   多 大 年 纪 了？

3) Duō dà le?
   多 大 了？

2. 1) Jǐhào le?
     几号 了？

2) Jǐdiǎn le?
   几点 了？

3) Jǐ niánjí le?
   几 年 级 了？

3. 1) A: Nín de pǔtōnghuà zhēn búcuò a!   B: Bùxíng a
       您 的 普 通 话 真 不 错 啊！   不 行 啊。

2) A: Nín de Yīngyǔ zhēn búcuò a!   B: Bùxíng a.
   您 的 英 语 真 不 错 啊！   不 行 啊。

3) A: Nín de jìxing zhēn búcuò a!   B: Bùxíng a.
   您 的 记 性 真 不 错 啊！   不 行 啊。

6. 1) Xiànzài jǐdiǎn le?   4) Dàwěi duō dà le?   7) Lǎodàye, nín duō dà
     现 在 几 点 了？   大 伟 多 大 了？   老大爷，您 多 大

2) Jīntiān jǐhào?   5) Nǐ shàng jǐ niánjí le?   niánjí le?
   今 天 几 号？   你 上 几 年级 了？   年 纪 了？

3) Jīntiān xīngqījǐ?   6) Xiǎo Jiāng jǐ suì le?   8) Nǐ shì nǎr rén?
   今 天 星 期 几？   小   江 几 岁 了？   你 是 哪 儿 人？

在北京观光
Sightseeing in Beijing

18

The Chens and Ding Shuqin, are on their way back after a trip to the Fragrant Hills.

Ài　　Xiāngshān de fēngjǐng tài měi le!
艾：　香 山 的 风 景 太 美 了！
　　　The scenery of the Fragrant Hills is so beautiful.

Dīng　Nǐmen láide zhèng shì shíhòu. Chén tàitai, lèi le ba?
丁：　你 们 来 得 正 是 时 候[1]。陈 太 太，累 了 吧？
　　　You came at the right time. Mrs. Chen, are you tired?

Ài　　Hái hǎo.
艾：　还 好[2]。
　　　I'm all right.

Dīng　Nǐmen cānguān Gùgōng le ma?
丁：　你们 参观　故宫 了吗[3]？
Have you visited the Forbidden City yet?

Ài　　Shàng xīngqī cānguān le.
艾：　上　　星期 参观 了。
Yes, we went there last week.

Dīng　Jǐ ge dà gōngyuán dōu qù le ma?
丁：　几个大公园　都去了吗？
Have you been to all the major parks in Beijing?

Chén　Běihǎi, Tiāntán, Yíhéyuán dōu qù le.
陈：　北海，天坛，颐和园　都去了。
We've been to the Beihai Park, the Temple of Heaven and the Summer Palace.

Dīng　Zhōngshān Gōngyuán ne?
丁：　中　山　公 园 呢？
And the Zhongshan Park?

Chén　Méi qù, zhècì shíjiān bú gòu, bú qù le.
陈：　没去，这次时间 不 够，不去了。
No, there wouldn't be time for it this time.

Dīng　Chángchéng qùle méiyǒu?
丁：　长　城　去了没有？
Have you been to the Great Wall?

Chén　Hái méiyǒu ne.
陈：　还 没有呢。
Not yet.

Dīng　Shénme shíhòu qù?
丁：　什么时候去？
When are you going?

Chén　Hòutiān huòzhě dàhòutiān ba. Míngtiān xiǎng dài tāmen dào Yānshān
陈：　后天 或者大后天吧。明天　想　带他们到　燕山
Zhōngxué kànkan. Cóng sìbā nián dào wǔyī nián wǒ yìzhí zài nàr niàn
中　学 看看。从 四八年 到 五一 年我一直在那儿念

175

shū. Bú guò, nà shí bú jiào YānshānZhōngxué.

书。不 过，那 时 不 叫 燕 山 中 学。

Probably the day after tomorrow or the day after. I want to take Lily and David to Yanshan High School for a visit tomorrow. I was there from forty-eight to fifty-one though it wasn't called Yanshan High School at the time.

Dīng
丁：

Jǐshí nián le, jiù dì chóng yóu, yídìng huì hěn yǒu yìsi. Hǎo le, wǒ zài

几十 年 了，旧 地 重 游，一定 会 很 有 意思。好 了[4]，我 在

zhèr xià chē le. Nǐmen kěnéng lèi le, huíqu hǎohāor xiūxixiūxi. Mingtian

这儿 下 车 了。你们 可 能 累了，回去 好 好儿 休息休息。明 天

jiàn.

见[5]。

It should be very meaningful to revisit a place one used to know well after so many years. I'll get off here. You must all be tired. Take a good rest after getting home. See you tomorrow.

Chén
陈
：

Míngtiān jiàn.

明 天 见。

Ài
艾

See you tomorrow.

🎧 生 词 New words

风景	fēngjǐng	〔名〕	scenery
得	de	〔助〕	(used before compliment to indicate degree or possibility)
正	zhèng	〔副〕	just, exactly, (indicating an action in progress)
累	lèi	〔形〕	tired, weary
上	shàng	〔名〕	last, previous, above, on top of, on the surface of
次	cì	〔量〕	time, (a measure word)
时间	shíjiān	〔名〕	time
够	gòu	〔形〕	enough, adequate
或者	huòzhě	〔连〕	or

大后天	dàhòutiān	〔名〕	two days from today
他们	tāmen	〔代〕	they, them
从	cóng	〔介〕	since, from
从…到…	cóng...dào...		from...to...
一直	yìzhí	〔副〕	ever, all along
念书	niàn shū		to study, to read a book, to go to school
不过	búguò	〔连〕	yet, however
…时	...shí	〔名〕	time
旧地重游	jiù dì chóng yóu		to revisit a place that one used to know well
有意思	yǒu yìsi		interesting, meaningful
好了	hǎo le		enough (used to wind up a remark and introduce the next one)
下	xià	〔动〕	to get off, to disembark
车	chē	〔名〕	vehicle
可能	kěnéng	〔助动、形〕	possible, may
好好儿	hǎohāor	〔副〕	well, sufficiently
见	jiàn	〔动〕	to see, to meet
明天见。	Míngtiān jiàn.		See you tomorrow.

Proper nouns :

北海	Běihǎi	Beihai Park, an imperial garden built and expanded during the Liao, Jin, Yuan, Ming and Qing dynasties, is one of the best-known parks in Beijing. Its White Pagoda has drawn worldwide acclaim.
天坛	Tiāntán	Temple of Heaven, used to be the place where the Ming and Qing emperors worshipped gods and prayed for good harvests, is now known for its architectural beauty.
颐和园	Yíhéyuán	Summer Palace, an imperial garden during the Jin, Yuan, Ming and Qing dynasties, is the biggest and perhaps the most beautiful park in Beijing.

中山公园	Zhōngshān Gōngyuán	Zhongshan Park, to the west of the Palace Museum, is named after Dr. Sun Yatsen, a great revolutionary in the Chinese democratic revolution.
燕山中学	Yānshān Zhōngxué	name of the middle school where Mr. Chen studied.

注 释 Study points :

1. 你们来得<u>正是时候</u>。 (Nǐmen láide zhèng shì shíhòu.)

"正是时候" (zhèng shì shíhou) means " just in time" and it tends to function as an adverbial phrase modifying the action "来" (lái), "come". This kind of adverbial phrase will be further explained in study point 1 of Lesson 28.

2. 还好 (hái hǎo)

The literal meaning of this expression is "still well". In this context, it means "I am tired, but not too tired."

3. 你们参观故宫<u>了</u>吗 ? (Nǐmen cānguān Gùgōng <u>le</u> ma?)

One of the uses of the particle "了" (<u>le</u>), as in this case, is to indicate that something has already taken place:

上星期我们去香山公园了。 (Shàng xīngqī wǒmen qù Xiāngshān Gōngyuán le.)

Last week we (already) went to Fragrant Hills Park.

昨天他病了。 (Zuótiān tā bìng le.)

Yesterday, he felt ill.

To form the negative of this kind of "<u>le</u>" sentences, we can replace "了" (<u>le</u>) with either "没有" (méiyǒu) or simply "没" (méi), e.g.

昨天我们没 （有） 去颐和园。 [Zuótiān wǒmen méi (yǒu) qù Yíhéyuán.]

Yesterday, we did not go to the Summer Palace.

We can form a question with this kind of sentence in two ways:

昨天晚上你吃没（有）吃药？(Zuótiān wǎnshang nǐ chī méi (yǒu) chī yào?)

Did you or did you not take the medicine last night?

昨天晚上你吃药了没有？(Zuótiān wǎnshang nǐ chī yào le méiyǒu?)

Did you take the medicine last night or not?

4. 好了 (hǎo le)

In the context, this expression shows that the speaker is winding up a topic and is starting a new one.

5. 明天见。(Míngtiān jiàn.)

"再见" (zàijiàn), "good-bye", is the general expression we use when we are taking leave. But if the time of our next meeting is definite, we may use this pattern: "time of the next meeting + 见 (jiàn), 'see' " :

明天见。(Míngtiān jiàn.) See you tomorrow.

晚上见。(Wǎnshang jiàn.) See you tonight.

下星期见。(Xià xīngqī jiàn.) See you next week.

练习 Exercises :

Supplementary words:

马戏	mǎxì	〔名〕	circus
节目	jiémù	〔名〕	program
好玩儿	hǎowánr	〔形〕	enjoyable
狗	gǒu	〔名〕	dog
作	zuò	〔动〕	to do
算术	suànshù	〔名〕	arithmetic
看够	kàn gòu		to see enough of

1. Questions and answers:

1) Model:

> A: Xīngqītiān nǐmen qù nǎr le?
> 星期天 你们 去 哪儿了？
>
> B: Wǒmen qù Xiāngshān le.　(Xiāngshān)
> 我们 去 香 山 了。（香 山）

(1) Zuótiān _____ ?　(Tiāntán Gōngyuán)
昨 天 _____ ?　（天 坛 公 园）

(2) Shàngwǔ _____ ?　(Qiánmén Fàndiàn)
上 午 _____ ?　（前 门 饭 店）

(3) Qiántiān wǎnshang _____ ?
前 天 晚 上 _____ ?
(Rénmín Jùchǎng, kàn jīngjù)
（人 民 剧 场，看 京剧）

2) Model:

> A: Xīngqītiān nǐmen qù Xiāngshān le méiyǒu?
> 星 期天 你们 去 香 山 了没有？
>
> B: Méiyǒu, wǒmen qù Běihǎi le.　(Xiāngshān, Běihǎi)
> 没 有，我们 去 北 海 了。（香 山，北海）

(1) Shàng xīngqīsān _____ ?　(Zhōngshān Gōngyuán, Tiāntán)
上 星 期三 _____ ?　（中 山 公 园，天坛）

(2) Zuótiān wǎnshang _____ ?　(Mínzú Fàndiàn, Běijīng GuójìJīchǎng)
昨 天 晚 上 _____ ?　（民 族 饭 店，北京 国际机场）

(3) Qiántiān _____ ?　(Gùgōng, Chángchéng)
前 天 _____ ?　（故宫，长 城 ）

2. Practice making sentences with "都" "dōu" and "没都" "méi dōu" :

Model:

> A: Jǐ ge dà gōngyuán dōu qù le ma? (gōngyuán)
> 几 个 大 公 园 都 去 了 吗 ？（公 园 ）
>
> B: Shíjiān bú gòu, méi dōu qù.
> 时 间 不 够，没 都 去。

1) A: Jǐ ge _____ qùle ma? (xuéxiào)
 几 个 _____ 去 了 吗 ？（学 校 ）

 B: Tài lèi le, _____ .
 太 累 了，_____ 。

2) A: Jǐ ge _____ qù le ma ? (lǎo péngyou jiā)
 几 个 _____ 去 了 吗 ？（老 朋 友 家 ）

 B: Shíjiān bú gòu, _____ .
 时 间 不 够，_____ 。

3) A: Jǐ ge _____ kàn le ? (diànyǐng)
 几 个 _____ 看 了 ？（电 影 ）

 B: Yǒu diǎnr bié de shìr, _____ .
 有 点 儿 别 的 事 儿，_____ 。

3. Listen to the dialogue:

A: Zuótiān nǐmen méi qù Tiāntán Gōngyuán ba?
 昨 天 你 们 没 去 天 坛 公 园 吧 ？

B: Méi qù . Wǒmen qù kàn mǎxì le.
 没 去。我 们 去 看 马 戏 了。

A: Mǎxì? Nà yídìng hěn yǒu yìsi. Dōu yǎn shénme jiémù le?
 马 戏 ？那 一 定 很 有 意 思。都 演 什 么 节 目 了 ？

B: Jiémù zhēn duō, yǒu shíqī-bā ge. Zuì hǎowánr de shì xiǎogǒu zuò
 节 目 真 多，有 十 七 八 个。最 好 玩 儿 的 是 小 狗 作

 suànshù, háizimen méi kàn gòu.
 算 术，孩 子 们 没 看 够。

181

A: Shì ma?　Xià xīngqī wǒ yě dài háizi qu kànkan.
是 吗？下 星 期 我 也 带 孩子去 看 看。

B: Tiāntán zěnmeyàng?
天 坛 怎 么 样？

A: À,　hěn hǎo. Nàr　hái yǒu yí ge huàzhǎn, háizimen hěn xǐhuan. Wǒ hé
啊，很 好。那儿 还 有 一 个 画 展，孩子们 很 喜欢。我 和

Lǎo Zhào dōu lèi le,　méi hǎohāor kàn.
老 赵 都 累了，没 好 好儿 看。

4. Translate the following sentences into Chinese:

1) Where did you go tonight?
2) They went to the Summer Palace yesterday.
3) What did you do the night before last?
4) Did you go to the Palace Museum last Tuesday?
5) He didn't come the day before yesterday.

答案 Key

2. 1) A: xuéxiào dōu　　　B: méi dōu qù　　　3) A: diànyǐng dōu　　B: méi dōu kàn
　　　　学 校 都　　　　　没 都 去　　　　　电 影 都　　　　没 都 看

　　2) A: lǎo péngyou jiā dōu　　B: méi dōu qù
　　　　老 朋 友 家 都　　　　没 都 去

4. 1) Nǐ jīntiān wǎnshang qù nǎr　le?　　　　4) Zuótiān nǐ qù Gùgōng le ma?
　　　　你 今天 晚 上去 哪儿 了？　　　　昨 天 你 去 故 宫 了 吗？

　　2) Tāmen zuótiān qù Yíhéyuán le.　　　　5) Tā qiántiān méi lái.
　　　　他 们 昨天 去 颐和园 了。　　　　他 前 天 没 来。

　　3) Qiántiān wǎnshang nǐ zuò shénme le?
　　　　前 天 晚 上你 做 什 么 了？

182

我们正说你呢
We Are Just Talking about You

19

The Chens are getting ready to go to the Friendship Store.

I

Ài   Wáng xiǎojie yíhuìr lái ma?

艾: 王 小姐一会儿来 吗？

       Is Miss Wang coming in a while?

Chén   Lái, zhèbu, wǒ zhèng děng tā ne.

陈: 来，这不[1]，我 正 等 她呢[2]。

       Yes, I'm waiting for her now.

Ài	Nà jīntiān wǒmen hái qù bu qù Yǒuyì Shāngdiàn?
艾:	那 今天 我们 还去不去 友谊 商 店?
	Are we still going to the Friendship Store?

Chén	Qù ba. Guò jǐ tiān wǒmen jiù yào líkāi Běijīng le. Jīntiān bú qù, yǐhòu
陈:	去吧。过 几天 我们 就要 离开北京 了[3]。今天 不去，以后
	méi shíjiān le.
	没 时 间 了。
	I think so. We're leaving Beijing in just a few days and if we don't go today, we won't have time later.

Ài	Jǐ diǎn qù?
艾:	几 点 去?
	When are we going then?

Chén	Gēn Wáng xiǎojie tán wán jiùqù. Tā shuō bā diǎn bàn dào.
陈:	跟 王 小姐 谈 完 就去。她说 八点 半 到。
	As soon as I've had a talk with Miss Wang. She said she'd be here at eight-thirty.

Ài	Xiànzài yǐjīng bā diǎn bàn le.
艾:	现 在 已经 八 点 半了。
	It's eight-thirty now. (Wang Fang arrives.)

Wáng	Nǐmen hǎo!
王:	你们 好!
	Hello!

Ài	Nǐ hǎo!
艾:	你 好!
	Hello!

Chén	Xiǎo Wáng tóngzhì, wǒmen zhèng shuō nǐ ne.
陈:	小 王 同志[4]，我们 正 说 你呢。
	We were just talking about you, comrade Wang.

Wáng	Shì ma? Shuō Cáo cāo, Cáo cāo jiù dào.
王:	是 吗? 说 曹操，曹操就到。
	Were you? Talk of the devil, huh?

Ài
艾
Wáng
王

: 　Hā hā...
　　哈 哈…
　　Ha ha...

────── **II** ──────

Ài　　Dàwěi,　nǐ zài gàn shénme?
艾：　大伟，你 在 干 什么？
　　　David, what are you doing?

Wěi　Wǒ zài tīng shōuyīnjī ne.　Bàba hái zài gēn Wáng xiǎojie tán huà ne ma?
伟：　我 在 听 收音机呢。爸爸 还 在 跟 王 小姐 谈 话 呢 吗 [5]？
　　　Listening to the radio. Is Dad still talking with Miss Wang?

Ài　　Méiyǒu, Wáng xiǎojie yǐjīng zǒu le.
艾：　没 有，王 小姐 已经 走 了。
　　　No, she has left.

Wěi　Zánmen zǒu ba,　kuài shí diǎn le.
伟：　咱 们 走 吧，快 十 点 了。
　　　Let's go then. It's almost ten.

Ài　　Nǐ jiějie ne?
艾：　你 姐姐 呢？
　　　Where's your sister?

Wěi　Tā méi zài kàn shū ma?
伟：　她 没 在 看 书 吗？
　　　Isn't she reading?

Ài　　Méiyǒu.
艾：　没 有。
　　　No.

Wěi　Gāngcái wǒ zhǎo tā de shíhòu,　tā zhèngzài kàn yīxué zázhì ne.
伟：　刚 才 我 找 她的时候，她 正 在 看 医学 杂志 呢。
　　　When I saw her just now, she was reading a medical journal.

185

Ài   Nà shàng nǎr le ne?
艾：   那　上　哪儿了呢[6]？
          I wonder where she has gone.

Wěi   Děng tā yíhuìr ba.
伟：   等　她一会儿吧。
          Let's wait for her for a while.

Ài   Dàwěi, jīntiān wàibiānr yǒu yìdiǎnr fēng, nǐ qù duō chuān yí jiàn yīfu.
艾：   大伟，今天　外边儿　有　一点儿风，你去多　穿　一件　衣服。
          It's a bit windy today, David. Go and put on something more.

🎧 生词 New words

正在	zhèngzài	〔副〕	in the process of, in the middle of
正在…呢	zhèngzài...ne		(an emphatic way of saying that an action is in progress)
这不	zhèbu		(used to call attention to something that is obvious)
过	guò	〔动〕	to pass; to spend
要…了	yào...le		to be going to (an adverb used to indicate something about to happen)
离开	líkāi	〔动〕	to leave
谈	tán	〔动〕	to talk
完	wán	〔动〕	to finish, to end
谈完	tán wán		to finish talking
同志	tóngzhì	〔名〕	comrade
说曹操，曹操就到	shuō Cáo cāo, Cáo cāo jiù dào		Talking of the devil and the devil comes
哈	hā	〔象声〕	ha
在	zài	〔副〕	an adverb to indicate something is in progress

186

在…呢	zài...ne		(See study points.)
收音机	shōuyīnjī	〔名〕	radio
跟	gēn	〔介、连〕	with, and
谈话	tán huà	〔动〕	to talk, to speak
跟…谈话	gēn...tán huà		to talk with (to), to speak with (to)
已经	yǐjīng	〔副〕	already
快	kuài	〔副、形〕	soon, quick, fast
书	shū	〔名〕	book
看书	kàn shū		to read a book
刚才	gāngcái	〔名〕	just now, a moment ago
医学	yīxué	〔名〕	medical science
杂志	zázhì	〔名〕	magazine, journal
上	shàng	〔动〕	to go, to get on, to board
上哪儿	shàng nǎr		where to go
外	wài	〔名〕	outside
外边儿	wàibiānr		open air, outside, outdoors
衣服	yīfu	〔名〕	clothes, clothing

Proper nouns :

友谊商店	Yǒuyì Shāngdiàn	Friendship Store

注 释 Study points :

1. 这不 (zhèbu)

   This is a phrase used in conversation to show that what is going to be said is evident.

2. 我正等她呢。 (Wǒ zhèng děng tā ne.)

   To indicate that an action is in progress, we can add "正在" (zhèngzài) or "正" (zhèng) or "在" (zài) before the verb or add "呢" (ne) at the end of the sentence. "正在" or "正" or "在" can be used with "呢" at the same time:

187

他正在写信。　　(Tā zhèngzài xiě xìn.)

他正写信。　　　(Tā zhèng xiě xìn.)

他在写信。　　　(Tā zài xiě xìn.)

他写信呢。　　　(Tā xiě xìn ne.)

他正在写信呢。　(Tā zhèngzài xiě xìn ne.)

他正写信呢。　　(Tā zhèng xiě xìn ne.)

他在写信呢。　　(Tā zài xiě xìn ne.)

The negative form is:

他没（有）在写信。

[Tā méi (yǒu) zài xiě xìn.]

The action in progress can be either in the present or in the past:

刚才我去找他的时候，他正在看杂志呢。(Gāngcái wǒ qù zhǎo tā de shí hòu, tā zhèngzài kàn zázhì ne.)

3. 过几天我们就要离开北京了。(Guò jǐtiān wǒmen jiù yào líkāi Běijīng le.)

1) "要…了" (yào...le) or "快…了" (kuài...le) can be used to indicate that something is going to happen soon:

他们要去西安了。(Tāmen yào qù Xī'ān le.)
They will be going to Xian.

老李快来了。(Lǎo Lǐ kuài lái le.)
Lao Li is going to come soon.

2) The adverb "就"(jiù) means "in a short while":

你等一会儿，我就来。(Nǐ děng yíhuìr, wǒ jiù lái.)
Wait a moment. I'll come soon.

3) The pattern "就要…了" (jiù yào...le) means that there is little time left before something is going to happen:

冬天就要到了。(Dōngtiān jiù yào dào le.)
Winter is going to come soon.

4. 小王同志 (Xiǎo Wáng tóngzhì)
"同志" is a common form of address in the PRC.

5. 爸爸还在跟王小姐谈话呢吗？(Bàba <u>hái</u> zài gēn Wáng xiǎojiě tán huà ne ma?)

"还" (hái) here indicates that the action is still in progress.

6. <u>那</u>上哪儿了呢？(<u>Nà</u> shàng nǎr le ne?)

那 (nà) here is a simplified form of the conjunction "那么" (nàme). (See study point 5 of Lesson 11.)

练习 Exercises :

Supplementary words:

报告	bàogào	〔动、名〕	to report; report
比赛	bǐsài	〔动、名〕	to compete; match
刚	gāng	〔副〕	just
开球	kāiqiú		to serve the ball
客人	kèrén	〔名〕	guest
告别	gàobié	〔动〕	to say good-bye
上楼	shàng lóu		to go upstairs
开(车)	kāi (chē)	〔动〕	(a vehicle) to start
水果	shuǐguǒ	〔名〕	fruit
广播	guǎngbō	〔动、名〕	to broadcast; broadcast
旅客	lǚkè	〔名〕	passenger
列车	lièchē	〔名〕	train
分钟	fēnzhōng	〔名〕	minute
小同	Xiǎotóng	〔专名〕	name of a boy

1. **Fill in the blanks using:** 就要 (jiù yào) **or** 正 (在) [zhèng (zài)]

1) A: Tāmen tán wán le ma?
   　 他们 谈 完了吗？

   B: Méiyǒu, _____ tán ne.
   　 没 有， _____ 谈 呢。

2) A: Bàogào kāishǐ le ma?
   　 报 告 开始 了吗？

   B: Méiyǒu, _____ kāishǐ le.
   　 没 有， _____ 开始 了。

3) A: Bǐsài kāishǐ le ma?
   　 比赛 开始 了吗？

   B: Gāng kāishǐ, nǐ kàn, _____ kāi qiú ne.
   　 刚 开始，你看， _____ 开 球 呢。

4) A: Kèrén zǒu le ma?
   　 客人 走 了吗？

   B: _____ zǒu le, _____ gàobié ne.
   　 _____ 走 了， _____ 告 别 呢。

5) A: Nǐ bàba huílai le ma?
   　 你爸爸 回来 了吗？

   B: Huílai le, nàbu, _____ shàng
   　 回来 了，那不， _____ 上
   lóu ne.
   楼 呢。

2. **Answer the questions in accordance with the contents of the pictures:**

Model:

> A: Tā gàn shénme ne?
> 　 他 干 什么 呢？
>
> B: Tīng shōuyīnjī ne.
> 　 听 收 音机呢。

1) A: Tā gàn shénme ne?
   　 他 干 什么 呢？

   B: _____ .
   　 _____ 。

190

2) A: Tā zài gàn shénme?
　　她　在　干　什么？

　　B: ＿＿＿＿＿＿＿＿ .

　　　　＿＿＿＿＿＿＿＿ 。

3) A: Tā zài gàn shénme ne?
　　她　在　干　什么　呢？

　　B: ＿＿＿＿＿＿＿＿ .

　　　　＿＿＿＿＿＿＿＿ 。

3. Listen to the dialogue:

A: Zěnme dìdi hái bù huílai ya!
　　怎么弟弟还　不　回来呀！

B: Zǎo bù mǎi, wǎn bù mǎi, chē kuài kāi le,　hái qù mǎi shénme shuǐguǒ.
　　早　不　买，晚　不　买，车　快　开了，还去买　什么　水果。

A: Hái yǒu duōshǎo shíjiān?
　　还　有　多少　时间？

B: Shíjiān jiù yào dào le.　Zhèbu, zhèngzài guǎngbō ne.
　　时间　就　要　到　了。这不，正　在　广　播呢。

(Voice from the loudspeaker)

"Lǚkè tóngzhìmen qǐng zhùyì,　jiǔ cì lièchē hái yǒu shí fēn zhōng jiù
"旅客　同志们　请　注意，九次列车　还　有　十分　钟　就

yào kāi chē le,　qù Guǎngzhōu de lǚkè,　qǐng kuài shàng chē."
要　开车了，去　广　州　的旅客，请　快　上　车。"

A: Zhège Xiǎotóng a,　jiù tā shìr duō.
　　这个　小　同　啊，就他事儿多。

B: Tā gàn shénme dōu zhème màn.　Jiějie, Xiǎotóng huílai le.
　　他　干　什么　都　这么　慢。姐姐，小　同　回来了。

191

A: Nǎr ne?
哪儿呢？

B: Nàbu, zhèng shàng lóu ne. Xiǎotóng! Xiǎotóng! Kuài diǎnr ba! Yào
那不，正　上　楼呢。小　同！小　同！快　点儿吧！要

kāi chē le!
开车了！

C: Nǎr a! Hái yǒu qī fēn zhōng ne!
哪儿啊！还有七分　钟　呢！

4. Translate the following sentences into Chinese:

1) I'm nearly fifty.
2) They're leaving Beijing soon.
3) Mr. Wang arrived as we were talking about him.
4) What are you doing?
5) They are not talking.
6) He was writing a letter when I came in.

答案 Key

1. 1) zhèng
正

3) zhèng
正

5) zhèng
正

2) jiù yào
就要

4) jiù yào, zhèng
就要，正

2. 1) zài kàn bào ne
在看报呢

2) zài xiě xìn ne
在写信呢

3) zài dǎ diànhuà ne
在打电话呢

4. 1) Wǒ kuài wǔshí le.
我快五十了。

5) Tāmen méi zài tán huà.
他们没有谈话。

2) Tāmen kuài yào líkāi Běijīng le.
他们快要离开北京了。

6) Wǒ jìn qu de shíhòu, tā zhèng zài xiě xìn.
我进去的时候，他正在写信。

3) Wǒmen zhèng shuō Wáng xiānsheng, tā jiù lái le.
我们正说王先生，他就来了。

4) Nǐ yào gàn shénme?
你要干什么？

辞行
Saying Goodbye

20

Mr. Smith, interpreter for a U.S. trade delegation, comes to Mr. Chen's room to say good-bye and they talk about what they see in Beijing.

Shǐ   Chén xiānsheng, wǒ xiàng nǐ cí xíng lái le.
史：   陈 先 生，我 向 你辞 行 来 了。
        Mr. Chen, I'm here to say good-bye.

Chén   Zěnme, nǐ yào huí guó le?
陈：   怎 么，你 要 回 国 了？
        Why, you're going home?

Shǐ
史：
Shì de, guó nèi lái diànbào, yǒu zhòngyào shìqing, yào wǒmen gǎnkuài
是的[1]，国内来电报，有重要事情，要我们赶快
huíqu.
回去。
Yes. We got a cable from home telling us to get back quickly because of some urgent matters.

Chén
陈：
Nǐmen de màoyì tánpàn jiéshù le?
你们的贸易谈判结束了？
Have you finished your business talks?

Shǐ
史：
Jiéshù le. Zuótiān xiàwǔ qiāndìngle yí ge hétong, shuāng fāng dōu bǐjiào
结束了。昨天下午签订了一个合同[2]，双方都比较
mǎnyì.
满意。
Yes, we have. We signed a contract yesterday afternoon to the satisfaction of both sides.

Chén
陈：
Shénme shíhòu zǒu?
什么时候走？
When will you be leaving?

Shǐ
史：
Jīntiān xiàwǔ zhǔnbèizhǔnbèi, wǎnshang jiù shàng fēijī le.
今天下午准备准备，晚上就上飞机了。
We'll be getting everything ready this afternoon and will be boarding the plane in the evening.

Chén
陈：
Zhème jí? Āiyō, jīntiān wǎnshang yǒu yí ge péngyou qǐng chī fàn, méi
这么急？哎哟，今天晚上有一个朋友请吃饭，没
yǒu shíjiān qù sòng nǐ le, shízài duì bu qǐ.
有时间去送你了，实在对不起。
So soon? I've been asked to dinner tonight by a friend of mine. I'm really sorry I won't be able to see you off.

Shǐ
史：
Méi guānxi, búyòng sòng le. Zuótiān gěi nǐmen dǎle jǐ cì diànhuà,
没关系，不用送了。昨天给你们打了几次电话，
nǐmen dōu bú zài, shàng nǎr qù le?
你们都不在，上哪儿去了？
Forget it. There's really no need. I tried to phone you several times yesterday. None of you was in. Where were you?

Chén
陈:

Zuótiān wǒmen chīle zǎofàn jiù chūqù le. Shàngwǔ kànle "Tángdài
昨 天 我 们 吃了早饭 就 出 去 了。上 午 看 了《唐代
Huìhuà Zhǎnlǎn", xiàwǔ dào Liúlíchǎng mǎile diǎnr gǔwán.
绘画 展 览》，下 午 到 琉璃 厂 买 了 点儿 古 玩。

We went out right after breakfast yesterday. We visited an exhibition of Tang paintings in the morning and in the afternoon we went to Liulichang where we bought a few pieces of antiques.

Shǐ
史:

Nǐ zhècì lái Běijīng, shōuhuò bù shǎo ba?
你 这 次 来 北 京，收 获 不 少 吧？

You must have gained quite a bit from your present visit to Beijing.

Chén
陈:

Shì a, kànwàngle lǎo péngyou, mǎile bù shǎo shū, yě yóulǎnle xǔduō
是 啊，看 望 了 老 朋 友，买 了 不 少 书，也 游 览 了 许 多
dìfang. Běijīng de biànhuà zhēn bù xiǎo a!
地 方。北 京 的 变 化 真 不 小 啊！

Yes. I've seen my old friends, bought a few books and toured many places. Beijing has changed a lot.

Shǐ
史:

Běijīng méiyǒu qīnqi le?
北 京 没 有 亲 戚 了？

Don't you have any relatives in Beijing now?

Chén
陈:

Méiyǒu le.
没 有 了。

No.

Shǐ
史:

Nǐmen shénme shíhòu qù Xī'ān?
你 们 什 么 时 候 去 西 安？

When will you be leaving for Xian?

Chén
陈:

Xīngqīwǔ.
星 期 五。

This Friday.

Shǐ
史:

Piào mǎile méiyǒu?
票 买 了 没 有？

Have you got the tickets yet?

Chén Hái méiyǒu ne. Wáng xiǎojie shuō tā gěi mǎi.

陈： 还 没 有 呢。 王 小 姐 说 她 给 买[4]。

Not yet. Miss Wang said she'd take care of that.

Shǐ Shíjiān bù zǎo le, wǒ gāi zǒu le. Yí ge yuè yǐhòu Měiguó jiàn!

史： 时 间 不 早 了，我 该 走 了。一 个 月 以后 美 国 见！

Well, it's getting late and I should be going. See you in the U. S. a month later.

Chén Huí Měiguó yǐhòu, yídìng qù kàn nǐ. Zhù nǐmen yílù píng'ān!

陈： 回 美 国 以后，一 定 去 看 你。祝 你们 一 路 平 安[5]！

I'll go and see you when we get back. Bon voyage.

生 词 New words

辞行	cí xíng		to say good-bye, to take leave
向	xiàng	〔介〕	to, towards
回	huí	〔动〕	to come back, to return
的	de	〔助〕	a particle indicating affirmation
内	nèi	〔名〕	inside, (usually used in written language)
国内	guó nèi		inside the country
电报	diànbào	〔名〕	telegram, cable
来电报	lái diànbào		telegram sent by (from)
重要	zhòngyào	〔形〕	important
事情	shìqing	〔名〕	matter, business
要	yào	〔动〕	to ask somebody to do something
赶快	gǎnkuài	〔副〕	as quickly as possible, quickly
贸易	màoyì	〔动、名〕	to trade; trade
谈判	tánpàn	〔动〕	to negotiate
结束	jiéshù	〔动〕	to finish, to be over
签订	qiāndìng	〔动〕	to sign
合同	hétong	〔名〕	contract

双方	shuāngfāng	〔名〕	both sides
满意	mǎnyì	〔动、形〕	to be satisfied; satisfactory
准备	zhǔnbèi	〔动、名〕	to prepare, to get ready; preparation
飞机	fēijī	〔名〕	airplane, aircraft
上飞机	shàng fēijī		to board a plane
这么	zhème	〔代〕	so, such
急	jí	〔形〕	urgent, hurried, impatient
哎哟	āiyō	〔叹〕	an interjection expressing surprise, pain, etc.
实在	shízài	〔副、形〕	really, so real; honest, substantial
早饭	zǎofàn	〔名〕	breakfast
出去	chūqu		to go out
古玩	gǔwán	〔名〕	antique
收获	shōuhuò	〔名、动〕	results, yield; to harvest
看望	kànwàng	〔动〕	to visit, to see
许多	xǔduō	〔形〕	many, a lot of
地方	dìfang	〔名〕	place
变化	biànhuà	〔名〕	change
亲戚	qīnqi	〔名〕	relative, kin
祝	zhù	〔动〕	to wish, to congratulate
一路	yílù	〔名〕	the whole journey, all the way
平安	píng'ān	〔形〕	safe, free from dangers
一路平安	yílùpíng'ān		bon voyage, a pleasant trip

Proper nouns :

| 唐代绘画展览 | Tángdài Huìhuà Zhǎnlǎn | Exhibition of the Paintings of the Tang Dynasty |
| 琉璃厂 | Liúlíchǎng | a famous street in Beijing for selling Chinese paintings, calligraphy, stationeries and antiques |

1. 是的 (shì de)

   The particle "的" (de) is for emphasis here.

2. 昨天下午签订了一个合同。 (Zuótiān xiàwǔ qiāndìngle yí ge hétong.)

   "了" (le) can serve as an aspect particle or as a modal particle. When functioned as an aspect particle, "了" (le) is placed after the verb to indicate the completion of an action:

   昨天我们看了一个展览。(Zuótiān wǒmen kànle yí ge zhǎnlǎn.)
   Yesterday we saw (visited) an exhibition.

   昨天他们签订了一个合同。(Zuótiān tāmen qiāndìngle yí ge hétong.)
   Yesterday they signed a contract.

   When a past action is a habitual one or there is no need to emphasize its completion, "了" (le) is not used.

   去年她常常来。(Qùnián tā chángcháng lái.)
   Last year, she came frequently.

   When functioned as a modal particle, "了" is used to assert that something has already taken place. Compare the following two sentences:

   1) 我买水果。　　(Wǒ mǎi shuǐguǒ.)
   2) 我买水果了。(Wǒ mǎi shuǐguǒ le.)

   In sentence 1) "了" is not used because the action "买水果" has not yet been completed. In sentence 2) "了" is used to show that the action has already taken place. Study the following sentence and notice the difference in function between the first and second "了".

   昨天他看了展览了。(Zuótiān tā kànle zhǎnlǎn le.)
   Yesterday he saw the exhibition.
   The first "了" is an aspect particle which is placed after the verb "看" (kàn) to indicate the completion of the action. Placed at the end of the sentence, the second "了" is a modal particle used to show the state of affairs.

   The negative is formed by adding "没(有)" [méi (yǒu)] before the verb and leaving out "了":
   (Positive) 昨天他去看了一个朋友。　　(Zuótiān tā qù kànle yí ge péngyou.)
   (Negative) 昨天他没（有）去看朋友。 [Zuótiān tā méi(yǒu) qù kàn péngyou.]

3. 票买了没有？(Piào mǎile méiyǒu?)

   Here, "了" functions as an aspect particle to show the perfect aspect of the action "买". (See study point 1 of Lesson 34.)

4. 她给买. (Tā gěi mǎi.)

   In this sentence, the object "我们" has been left out because it is understood. The whole sentence should be "她给我们买" (Tā gěi wǒmen mǎi.) "She buys for us".

5. 祝你们一路平安！(Zhù nǐmen yílùpíng'ān!)

   This is a common Chinese expression people use when seeing their friends or relatives off for a long trip.

练习 Exercises :

Supplementary words:

借	jiè	〔动〕	to borrow, to lend
点 (菜)	diǎn (cài)	〔动〕	order (dishes)
胶卷	jiāojuǎn	〔名〕	film
忙	máng	〔形〕	busy
外地	wàidì	〔名〕	other places
陪	péi	〔动〕	to accompany
火车	huǒchē	〔名〕	train
地下宫殿	dìxià gōngdiàn		underground palace

1. Fill in the blanks using the following verbs:

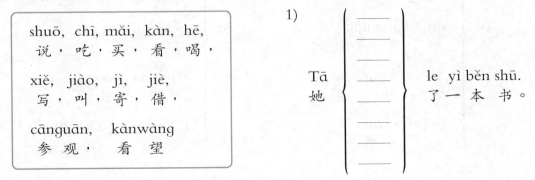

shuō, chī, mǎi, kàn, hē,
说 ， 吃 ，买 ， 看 ，喝 ，

xiě, jiào, jì, jiè,
写 ， 叫 ，寄 ， 借 ，

cānguān, kànwàng
参 观 ， 看 望

1)

Tā ⎰ —— ⎱ le yì běn shū.
她 ⎰ —— ⎱ 了 一 本 书。

199

2)

          ____ le yí ge xuéxiào.
          ____ 了一个 学 校。

          ____ le yì chǎng xīn diànyǐng.
          ____ 了一 场 新 电 影。

          ____ le liǎng jù Zhōngguó huà.
          ____ 了 两 句 中 国 话。

          ____ le jǐ wèi péngyou.
Tā   ____ 了 几 位 朋 友。

他   ____ le jǐ jiàn yīfu.
          ____ 了 几 件 衣服。

          ____ le yì bēi chá.
          ____ 了一 杯 茶。

          ____ le bàn ge mántou.
          ____ 了 半 个 馒 头。

          ____ le yí liàng chū zū qìchē.
          ____ 了一 辆 出 租汽车。

2. Fill in the blanks with relevant phrases:

1)

    măile yì tǒng ____ .
    买了一 筒 ____。

    diănle sì ge ____ .
    点 了四个 ____。

Tā shìle liǎng jiàn ____ .
他 试了 两 件 ____。

    hēle yì píng ____ .
    喝了一 瓶 ____。

    chīle yì wǎn ____ .
    吃了一 碗 ____。

    yàole yì bēi ____ .
    要了一 杯 ____。

    jìle liǎng fēng ____ .
    寄了 两 封 ____。

Tā jièle sān běn ____ .
他 借了 三 本 ____。

    tiánle yì zhāng ____ .
    填了一 张 ____。

    duìhuànle yìxiē ____ .
    兑 换 了一些 ____。

200

2)

Tā kànle
她 看了

$$\left\{ \begin{array}{l} \underline{\hspace{4cm}} \; . \\ \underline{\hspace{4cm}} \; 。 \\ \underline{\hspace{4cm}} \; . \\ \underline{\hspace{4cm}} \; 。 \\ \underline{\hspace{4cm}} \; . \\ \underline{\hspace{4cm}} \; 。 \\ \underline{\hspace{4cm}} \; . \\ \underline{\hspace{4cm}} \; 。 \end{array} \right.$$

3. Rearrange the following words and phrases into proper sentences:

1) wǒ, chūqu, le, kàn, yí ge, qīnqi, zuótiān
   我 ， 出 去 ， 了 ， 看 ， 一 个 ， 亲 戚 ， 昨 天

2) tā, qù, le, jīchǎng, xiàwǔ
   他 ， 去 ， 了 ， 机 场 ， 下 午

3) tā, wǎnfàn, chī, méi, shuì, le, jiù
   她 ， 晚 饭 ， 吃 ， 没 ， 睡 ， 了 ， 就

4) tāmen, chī, le, fàn
   他们 ， 吃 ， 了 ， 饭

4 Answer the questions using "了" (le):

1) A: Nǐ mǎi shénme le?   B: _____ .   (yí ge jiāojuǎn)
   你 买 什 么 了 ？   _____ 。   (一 个 胶 卷)

2) A: Nǐ mǎi de shénme?   B: _____ .   (liǎng jīn dà xiā)
   你 买 的 什 么 ？   _____ 。   (两 斤 大 虾)

3) A: Nǐ mǎile shénme le?   B: _____ .   (liǎng běn zázhì)
   你 买 了 什 么 了 ？   _____ 。   (两 本 杂 志)

201

5. Fill in the blanks using "了" and also in accordance with the contents of the pictures:

1) Tā _____ jiù chūqu le.
   她 _____ 就 出 去 了。

2) Wǒmen _____ jiù huí jiā.
   我 们 _____ 就 回 家。

3) Tāmen yìjiā _____ jiù qù Dìxià Gōngdiàn.
   他 们 一 家 _____ 就 去 地 下 宫 殿。

4) Xiǎo Wáng _____ jiù qù Yǒuyì Shāngdiàn.
   小 王 _____ 就 去 友 谊 商 店。

6. Listen to the dialogue:

A: Qiántiān, zuótiān, wǒ zhǎole nǐ jǐ cì, nǐ dōu bú zài.
   前 天，昨 天，我 找 了 你 几 次，你 都 不 在。

B: Zhēn duì bu qǐ, qiántiān zǎochén, wǒ chīle fàn jiù chūqù le, zhè liǎng tiān
真 对不起，前天 早晨，我吃了饭就出去了，这 两 天

yìzhí zài wàibiānr máng. Zuótiān wǎnshang huí dào jiā, dōu kuài shíyī
一直 在 外边儿 忙。 昨天 晚上 回到家，都快十一

diǎn le, nǐ nǎ néng zhǎo dào wǒ.
点了，你哪能 找 到我。

A: Yǒu shénme shìr, zhème máng?
有 什么事儿，这么 忙？

B: Wǒmen jiā qīnqi duō, shìr jiù duō. Zhè jǐ tiān, yǒu liǎng ge wàidì qīnqi lái
我们家亲戚多，事儿就多。 这几天，有 两 个外地亲戚来

zhèr, wǒ péi tāmen yóulǎn, kàn huàzhǎn, mǎi dōngxi, gěi tāmen mǎi
这儿，我陪他们 游览，看 画 展，买 东西，给他们 买

chēpiào, sòng tāmen shàng huǒchē. Shízài shì máng.
车票，送 他们 上 火车。实在是 忙。

A: Guàibude jiàn bu dào nǐ.
怪不得 见不到你。

B: Tāmen zǒu le, wǒ kěyǐ hǎohāor xiūxixiūxi le. À, nǐ zhǎo wǒ, yídìng yǒu
他们 走了，我可以好好儿休息休息了。啊，你找 我，一定 有

zhòngyào shìr.
重 要事儿。

A: Yě bu shì shénme zhòngyào shìr. Hòutiān, wǒ yào qù Shànghǎi, nǐ nàr
也不是什么 重 要事儿。后天，我要去 上 海，你那儿

yě yǒu bù shǎo qīnqi, shì bu shì?
也有 不少 亲戚，是不是？

B: Shì a.
是啊。

A: Nǐ yǒu shénme shìr méi yǒu? Dài bu dài dōngxi gěi tāmen?
你有 什么事儿没有？带不带 东西给他们？

B: Dāngrán yào dài le. Nǐ kàn, jīntiān hé míngtiān wǒ hái yào máng a.
当 然要 带了。你看，今天和明 天我还要 忙 啊。

7. Translate the following sentences into Chinese:

1) Lily bought a magazine.

2) We visited a school yesterday.

3) He went out after supper.

4) We'll go to the Summer Palace after he's come.

5) He went to see films every day last week.

答案 Key

1. 1) mǎi,　kàn,　xiě,　jì,　jiè
　　买 ，看 ，写 ，寄 ，借

　　2) cānguān,　kàn,　shuō,　kànwàng,　mǎi,　hē,　chī,　jiào
　　参 观 ，看 ，说 ，看 望 ，买 ，喝 ，吃 ，叫

2. 1) kāfēi,　cài,　dàyī,　píjiǔ,　fàn,　chá,　xìn,　shū,　dānzi,　wàibì
　　咖啡，菜，大衣，啤酒，饭 ，茶 ，信 ，书 ，单子，外币

　　2) yìchǎng diànyǐng,　yìběn shū,　jǐ ge péngyou,　liǎngzhāng bào
　　一 场 电 影 ，一本 书，几个 朋友，两 张 报

3. 1) Zuótiān wǒ chū qu kànle yí ge qīnqì.
　　昨 天 我 出 去 看 了 一个 亲戚。

　　2) Tā xiàwǔ qù jīchǎng le.
　　他 下午 去 机场 了。

　　3) Tā méi chī wǎnfàn jiù shuì le.
　　她 没 吃 晚饭 就 睡 了。

　　4) Tāmen chī fàn le.
　　他们 吃 饭了。

4. 1) Wǒ mǎile yí ge jiāojuǎn.
　　我 买了 一 个 胶 卷。

　　2) Wǒ mǎile liǎngjīn dà xiā.
　　我 买了 两 斤 大虾。

　　3) Wǒ mǎile liǎngběn zázhì.
　　我 买了 两 本 杂志。

5. 1) chīle fàn
　　吃了饭

　　2) kànle diànyǐng
　　看了 电 影

　　3) yóulǎnle Chángchéng
　　游览了 长 城

　　4) mǎile gǔwán
　　买了古玩

7. 1) Lìli mǎile yìběn zázhì.
　　莉莉 买了一本 杂志。

　　2) Wǒmen zuótiān cānguānle yí ge xuéxiào.
　　我 们 昨天 参观了一个 学 校。

　　3) Tā chīle wǎnfàn jiù chū qù le.
　　他 吃了 晚 饭 就 出去了。

　　4) Tā lái le, wǒmen jiù qù Yíhéyuán.
　　他 来 了，我 们 就 去 颐和园。

　　5) Shàngxīngqī tā měitiān qù kàn diànyǐng.
　　上 星 期他 每 天 去 看 电 影。

204

1. Turn the following statements into five forms of questions:

Model:

> Tāmen de màoyì tánpàn míngtiān jiéshù.
> 他 们 的 贸 易 谈 判　明 天 结 束。
>
> Tāmen de màoyì tánpàn míngtiān jiéshù?
> 他 们 的 贸 易 谈 判　明 天 结 束?
>
> Tāmen de màoyì tánpàn míngtiān jiéshù ma?
> 他 们 的 贸 易 谈 判　明 天 结 束 吗?
>
> Tāmen de màoyì tánpàn shénme shíhòu jiéshù?
> 他 们 的 贸 易 谈 判　什 么 时 候 结 束?
>
> Tāmen de màoyì tánpàn míngtiān jiéshù bu jiéshù?
> 他 们 的 贸 易 谈 判　明 天 结 束 不 结 束?
>
> Tāmen de màoyì tánpàn míngtiān jiéshù háishi hòutiān jiéshù?
> 他 们 的 贸 易 谈 判　明 天 结 束 还 是 后 天 结 束?

1) Zhèxiē gǔwán shì Zhào xiānsheng de.
   这 些 古 玩 是 赵　先 生 的。

2) Tāmen yǒu yí liàng xīn qìchē.
   他 们 有 一 辆　新 汽 车。

3) Tā de xiū xi shíjiān hěn duō.
   她的 休 息 时 间　很 多。

4) Tā mǎi liǎng píng píjiǔ.
   他 买 两　瓶 啤 酒。

5) Tāmen zuótiān qù kàn huàzhǎn le.
   他 们 昨 天 去 看 画 展 了。

2. **Fill in the blanks with "不" (bù) or "没 (有)" [méi (yǒu)] :**

1) Zuótiān tā qù Chángchéng le, _____ qù Gùgōng.

   昨天他去长城了，_____去故宫。

2) Dào xiànzài tā hái _____ lái, wǒ _____ děng tā le.

   到现在他还_____来，我_____等他了。

3) Jīntiān tā bìng le, _____ néng qù xuéxiào le.

   今天她病了，_____能去学校了。

4) Tīng shuō nàge diànyǐng bù zěnmeyàng, wǒ _____ xiǎng kàn le.

   听说那个电影不怎么样，我_____想看了。

5) Shàngwǔ yǒu diǎnr biéde shìr, wǒ _____ qù kàn bìng.

   上午有点儿别的事儿，我_____去看病。

6) Tā de jìxìng bú tài hǎo, piào _____ dàilai.

   他的记性不太好，票_____带来。

7) Wǒ de qīnqi zuótiān hái _____ zǒu, jīntiān wǒ háiděi péi tā, _____

   我的亲戚昨天还_____走，今天我还得陪他，_____

   qù kàn zájì le.

   去看杂技了。

8) Nàwèi shòuhuòyuán hěn máng, zuótiān shì xīngqītiān, tā yě _____

   那位售货员很忙，昨天是星期天，他也_____

   xiūxi.

   休息。

3. **Correct the mistakes in the following sentences:**

1) Zuótiān xiàwǔ méi qiāndìng hétong le.

   昨天下午没签订合同了。

2) Tā shàngwǔ xiě xìn le jiù chūqu le.

   他上午写信了就出去了。

3) Míngtiān wǒ kànwàng lǎo péngyou le, jiù qùle Liúlíchǎng.

   明天我看望老朋友了，就去了琉璃厂。

4) Zuótiān de diànshì wǒ kàn, zhēn hǎo!

   昨天的电视我看，真好！

5) Shàngxīngqī nǐmen cānguānle méiyǒu Gùgōng?
上　星　期　你们　参　观　了　没　有　故宫？

6) Wáng xiānsheng shuō míngtiān tā gěi mǎile fēi jīpiào.
王　　先　生　　说　明　天　他　给　买　了　飞　机票。

答案 Key

1. 1) Zhèxiē gǔwán shì Zhào xiānsheng de?　　　Zhèxiē gǔwán shì Zhào xiānsheng de ma?
这些古玩是　赵　先　生　的？　　这些古玩是　赵　先　生　的吗？

Zhèxiē gǔwán shì shuí de?　　Zhèxiē gǔwán shì bu shì Zhào xiānsheng de?
这些古玩是　谁　的？　　这些古玩是　不是　赵　先　生　的？

Zhèxiē gǔwán shì Zhào xiānsheng de háishi Zhāng xiānsheng de?
这些古玩是　赵　先　生　的还是　张　先　生　的？

2) Tāmen yǒu yíliàng xīn qìchē?　　Tāmen yǒu yíliàng xīn qìchē ma?
他们　有　一辆　新汽车？　他们　有　一辆　新　汽车吗？

Tāmen yǒu jǐliàng xīn qìchē?　　Tāmen yǒu yíliàng xīn qìchē háishi jiù qìchē?
他们　有　几辆　新汽车？　他们　有　一辆　新汽车还是　旧汽车？

3) Tā de xiūxi shíjiān duō?　　Tā de xiūxi shíjiān duō ma?
她的休息时间　多？　她的休息时间　多吗？

Shuí de xiūxi shíjiān duō?　　Tā de xiūxi shíjiān duō bu duō?
谁　的休息时间　多？　她的休息时间　多不多？

Tā de xiūxi shíjiān duō háishi shǎo?
她的休息时间　多还是　少？

4) Tā mǎile liǎngpíng píjiǔ?　　Tā mǎile liǎngpíng píjiǔ ma?
他买了　两　瓶啤酒？　他买了　两瓶　啤酒吗？

Tā mǎile shénme?　　Tā mǎi méi mǎi píjiǔ?　　Tā mǎile liǎngpíng háishi sānpíng píjiǔ?
他买了　什么？　他买　没买啤酒？　他买了　两　瓶还是　三瓶啤酒？

5) Tāmen zuótiān qù kàn huàzhǎn le?　　Tāmen zuótiān qù kàn huàzhǎn le ma?
他们　昨天去看　画展了？　他们　昨天去看　画展了吗？

Tāmen zuótiān gàn shénme le?　　Tāmen zuótiān qù méi qù kàn huàzhǎn?
他们　昨天干　什么了？　他们　昨天去没去看　画展？

Tāmen zuótiān qù kàn huàzhǎn le háishi qù kàn diànyǐng le?
他们　昨天去看画　展了还是去看　电影了？

2. 1) méi   3) bù   5) méi   7) méi, bù
    没   不   没   没，不

   2) méi, bù   4) bù   6) méi   8) méi
    没，不   不   没   没

3. 1) Zuótiān xiàwǔ méi qiāndìng hétong.
      昨 天 下 午 没 签 订 合 同。

   2) Tā shàngwǔ xiěle xìn jiù chūqu le.
      他 上 午 写 了 信 就 出 去 了。

   3) Míngtiān wǒ kànwàngle lǎo péngyou, jiù qù Liúlíchǎng.
      明 天 我 看 望 了 老 朋 友，就 去 琉 璃 厂。

   4) Zuótiān de diànshì wǒ kàn le, zhēn hǎo!
      昨 天 的 电 视 我 看 了，真 好！

   5) Shàng xīngqī nǐmen cānguān Gùgōng méiyou?
      上 星 期 你 们 参 观 故 宫 没 有？

   6) Wáng xiānsheng shuō tā gěi mǎi fēijī piào.
      王 先 生 说 他 给 买 飞 机 票。

相遇
A Chance Meeting

21

Mr. Chen runs into Wang Fang in a bookstore.

Chén   Xiǎo Wáng, Xiǎo Wáng!
陈：   小　王，小　王[1]！
Xiao Wang, Xiao Wang!

Wáng   Ò,   shì nǐ a.   Chén tàitai tāmen ne?
王：   哦，是你啊[2]。陈　太太 他们　呢[3]？
Oh, it's you, Mr. Chen. Where are Mrs. Chen and the children?

Chén   Tāmen méilái. Àilín zài jiā gěi tā mèimei xiě xìn;   Lìli、Dàwěi gēn péngyou
陈：   他们　没来。艾琳在家给她妹妹写信[4]；莉莉、大伟跟　朋　友
yìqǐ   kàn diàn yǐng qù le.   Nǐ jīntiān zěnme yǒu kòngr lái guàng shūdiàn?
一起看　电　影　去了。你今天　怎么　有　空儿来　逛　书店？
They have not come. Irene's at the hotel writing to her sister. Lily and David went to the cinema with some friends. Well, how come you've time today to browse in a book store?

Wáng
王：
Wǒ qù kàn wǒ gēge,   tā bìng le. Wǒ gāng cóng tā nàr lái, lùguò
我 去 看 我 哥哥，他 病 了。我 刚 从 他那儿来，路过
zhèr,   gěi zhízi mǎi jǐ běn shū.   Wǒ zhèng dǎsuàn wǎnshang dào nǐ nàr
这儿，给 侄子 买 几 本 书[5]。我 正 打算 晚 上 到 你 那儿
qu,   gēn nǐ shuō yíxiàr mǎi huǒchēpiào de shìr.   Méi xiǎng dào zài zhèr
去，跟 你 说 一下儿买 火 车 票 的 事儿[6]。没 想 到 在 这儿
yù jiàn nǐ. Xiànzài gēn nǐ shuō yíxiàr ba.
遇 见 你。现 在 跟 你 说 一下儿吧。

I went to see my brother, he's ill. I just left his place and dropped by here to pick up a few books for my nephew. I was thinking of going to your hotel and talking to you about the train tickets tonight. Now that you're here, I might as well talk to you now.

Chén
陈：
Hǎo.
好。

Sure.

Wáng
王：
Qī hào de kuàichēpiào méiyǒu le,   liù hào de, bā hào de hái yǒu. Nǐ
七 号 的 快车票 没 有 了，六 号 的、八 号 的 还 有。你
kàn zěnmebàn?
看 怎么办？

The express train tickets for the seventh are all sold out. There are tickets for the sixth and the eighth though. What do you think we should do?

Chén
陈：
Qī hào yǒu tèkuài de ma?
七 号 有 特快 的 吗？

Any special express tickets for the seventh?

Wáng
王：
Yě meiyǒu le.
也 没 有 了[7]。

They are sold out too.

Chén
陈：
Nà jiù mǎi bā hào de ba.
那就买 八 号 的 吧[8]。

In that case we'll get the tickets for the eighth.

Wáng
王：
Míngtiān mǎile piào, wǒ gěi nǐ dǎ diànhuà.
明 天 买了票，我 给 你 打 电 话。

I'll give you a call tomorrow after I get the tickets.

Chén 陈:	Wǒ míngtiān shàngwǔ bú zài jiā, nǐ xiàwǔ gěi wǒ dǎ ba. 我 明天 上午不在家，你下午给我打吧。
	I won't be home tomorrow morning. Will you give me a call in the afternoon?

Wáng 王：	Hǎo. Nǐ mǎi shénme shū le? 好。你买 什么书了？
	Sure. What books have you got?

Chén 陈：	Wǒ gāng dào, hái méi mǎi ne. Lìli xiǎng mǎi yì běn "Hàn Yīng 我 刚 到，还 没 买 呢[9]。莉莉 想 买一本《汉 英 Cídiǎn", wǒ xiǎng mǎi yìxiē gǔdài lìshǐ fāngmiàn de shū, wèi jīnhòu de 词典》，我 想 买一些古代历史 方 面 的书，为今后的 yánjiū gōngzuò zuò diǎnr zhǔnbèi. 研究 工 作 作点儿 准备。
	Nothing yet. I just got here. Lily wants a copy of *The Chinese-English Dictionary* and I am looking for books on ancient history that would help me to prepare well for my future research work.

Wáng 王：	Cídiǎn hé lìshǐ shū dōu zài nàbiānr. Nǐ dào nàbiānr qù kànkan. Wǒ xiān 词典 和历史书 都 在那边儿。你到 那边儿去看看。我 先 zǒu le. 走 了。
	Dictionaries and history books are over there. Why don't you walk over and have a look. I have to go now.

Chén 陈：	Míngtiān xiàwǔ wǒ děng nǐ de diànhuà. 明 天 下午 我 等 你的 电话。
	I'll be waiting for your call tomorrow afternoon.

生词 New words

相遇	xiāngyù	〔动〕	to meet
他们	tāmen	〔代〕	they, them
妹妹	mèimei	〔名〕	younger sister
一起	yìqǐ	〔副、名〕	together; being together

跟…一起	gēn...yìqǐ		together with
怎么	zěnme	〔代〕	why, how, what
空儿	kòngr	〔名〕	free time, spare time
有空儿	yǒu kòngr		to be free, to have spare time
逛	guàng	〔动〕	to saunter, to go (shopping)
书店	shūdiàn	〔名〕	book store
哥哥	gēge	〔名〕	elder brother
刚	gāng	〔副〕	just, barely
那儿	nàr	〔代〕	there
路过	lùguò	〔动〕	to pass
侄子	zhízi	〔名〕	nephew
打算	dǎsuàn	〔动〕	to intend, to plan
火车	huǒchē	〔名〕	train
没想到	méi xiǎng dào		unexpected, out of expectation
遇见	yù jiàn		to meet, to come upon
快车	kuàichē	〔名〕	express train
办	bàn	〔动〕	to do, to handle, to carry out
怎么办	zěnmebàn		how to do, what to do
特快	tèkuài	〔名〕	special express train
一些	yìxiē	〔量〕	some, several
古代	gǔdài	〔名〕	ancient times
历史	lìshǐ	〔名〕	history
方面	fāngmiàn	〔名〕	aspect, side
为	wèi	〔介〕	for
今后	jīnhòu	〔名〕	future
研究	yánjiū	〔动、名〕	to study; research
作	zuò	〔动〕	to do; to work
词典	cídiǎn	〔名〕	dictionary

Proper nouns :

《汉英词典》	Hàn Yīng Cídiǎn	*The Chinese-English Dictionary*

1. 小王，小王！(Xiǎo Wáng, Xiǎo Wáng!)
   The name is often repeated in public places. (to make sure it is heard)

2. 是你啊。(Shì nǐ a.)
   1) "是" (shì) here emphasizes a sudden realization. "你" (nǐ) must be stressed.

   2) "啊" (a) indicates affirmation.

3. 陈太太她们呢？(Chén tàitai tāmen ne?)
   "她们" (tāmen), when placed after a name, or a title, indicates the person or persons associated with that name or title. Here it refers to Mrs. Chen and her son and daughter.

4. 艾琳在家给她妹妹写信。(Àilín zài jiā gěi tā mèimei xiě xìn.)
   When followed by their objects prepositions like "从" (cóng), "跟" (gēn), "在" (zài), "给" (gěi), "为" (wèi), etc., form prepositional structures. They must precede the verbs they modify when used as adverbials:

   他们从美国来。(Tāmen cóng Měiguó lái.)
   They came from the U.S.A.

   老王跟他朋友一起去看杂技了。(Lǎo Wáng gēn tā péngyou yìqǐ qù kàn zájì le.)
   Lao Wang has gone to see the acrobatics with his friends.

   他在邮局寄信。(Tā zài yóujú jì xìn.)
   He is in the post-office mailing a letter.

   我给我侄子买书。(Wǒ gěi wǒ zhízi mǎi shū.)
   I am buying books for my nephew.

   他要为今后的研究工作作点儿准备。

   (Tā yào wèi jīnhòu de yánjiū gōngzuò zuò diǎnr zhǔnbèi.)
   He has to make preparations for his future research.

   The objects of the prepositions "在" and "从" must be nouns or phrases of place or nominals like 这儿 (zhèr) or 那儿 (nàr):

   他刚从我这儿去。(Tā gāng cóng wǒ zhèr qù.)
   He left my place a moment ago.

   昨天晚上老李在他哥哥那儿看电影了。

   (Zuótiān wǎnshang Lǎo Lǐ zài tā gēge nàr kàn diànyǐng le.)
   Lao Li was at his brother's place last night watching a movie.

5. 给侄子买几本书。(Gěi <u>zhízi</u> mǎi jǐ běn shū.)

In Chinese sons and daughters of your brother are your 侄子 (zhízi) and 侄女 (zhínǚ) respectively, while sons and daughters of your sister are your 外甥 (wàishèng) and 外甥女 (wàishèngnǚ).

6. 跟你说一下儿<u>买火车票</u>的事儿。(Gēn nǐ shuō yíxiàr <u>mǎi huǒchēpiào</u> de shìr.)

In Chinese, the structure "verb + object" can be used attributively and the word it modifies is a noun of procedure. Here "买火车票" is attributive to "事儿". The structural particle "的" has to be placed between the structure and the noun. (See study points 6 of Lesson 16 and 4 of Lesson 23.)

7. <u>也</u>没有了。(<u>Yě</u> méiyǒu le.)

The Chinese adverb "也" (yě) can be used together with the negative adverb "没" (méi), "不" (bù).

8. 那<u>就</u>买八号的吧。(Nà <u>jiù</u> mǎi bā hào de ba.)

"就" (jiù) here indicates that "under the circumstances or in that case, we have no other choice". In this sentence it is used to express the idea that since there are no tickets for the 6th or the 7th, then we must get tickets for the 8th.

9. 还没 (有) …呢。[Hái méi (yǒu)...ne.]

"还没 (有) …呢" [Hái méi (yǒu)...ne] indicates something that has not happened yet.

练 习　Exercises :

Supplementary words:

同学	tóngxué	〔名〕	school-mate
翻译	fānyì	〔动、名〕	to translate; translation
洋娃娃	yángwáwa	〔名〕	doll
开玩笑	kāi wánxiào		to make jokes
接	jiē	〔动〕	to take, to receive
出发	chūfā	〔动〕	to start off
照	zhào	〔动〕	to take (photos)
照片	zhàopiān	〔名〕	photo
照相馆	zhàoxiàngguǎn	〔名〕	photo studio
洗 (照片)	xǐ (zhàopiān)	〔动〕	to develop (photos)

1. **Answer the following questions:**

1) **Model:**

> Nǐ cóng nǎr lái?
> 你 从 哪儿 来 ？
>
> Wǒ cóng wǒ gēge nàr lái. (wǒ gēge)
> 我 从 我 哥哥 那儿 来。(我 哥哥)

(1) Lǐ xiānsheng cóng nǎr lái?
李 先 生 从 哪儿 来 ？

_____ . (tā mèimei)
_____ 。 (他 妹 妹)

(2) Nǐmen liǎngwèi cóng nǎr lái? (Zhāng Dàzhōng tóngzhì)
你们 两 位 从 哪儿 来 ？ (张 大 中 同 志)

_____ .
_____ 。

2) **Model:**

> Nǐ dào nǎr qù?
> 你 到 哪儿 去 ？
>
> Wǒ dào wǒ dìdi nàr qù. (wǒ dìdi)
> 我 到 我 弟弟那儿去。(我 弟弟)

(1) Nǐmen dào nǎr qù?
你们 到 哪儿 去 ？

_____ . (Chén bóbo)
_____ 。 (陈 伯伯)

(2) Chén xiǎojie dào nǎr qù le
陈 小 姐 到 哪儿 去了 ？

_____ . (tā péngyou)
_____ 。 (她 朋 友)

215

2. **Complete the dialogues between A and B by using the prepositions:**

在 (zài)，给 (gěi)，跟 (gēn) **and their objects:**

1) A: Nǐ dìdi ne?　　　　　　　　　　B: _____ .
　　你 弟弟 呢 ?　　　　　　　　　　　　_____ 。

　　A: Zài jiā zuò shénme ne?　　　　　B: _____ xiě xìn ne.
　　在 家 做 什 么 呢 ?　　　　　　　　_____ 写 信 呢。

　　A: _____ xiě xìn ne?　　B: Gěi yí ge tóngxué.
　　　_____ 写 信 呢 ?　　　给 一 个 同 学。

2) Mèimei　Jiějie, _____ qù kàn huàjù "Cháguǎn" ba.
　　妹 妹 : 姐姐， _____ 去 看 话剧《茶 馆 》吧。

　　Jiějie　　Wǒ bù _____ qù, wǒ hái yǒu shìr ne.
　　姐姐 :　我 不 _____ 去，我 还 有 事儿呢。

　　Mèi　　Hǎo jiějie,   qù ba, wǒ bù dǒng de dìfang, nǐ _____ fānyì
　　妹 :　　好 姐姐，去 吧，我 不 懂 的 地方，你 _____ 翻译

　　　　　yíxiàr.
　　　　　一 下 儿。

　　Jiě　　Nà nǐ zěnme xiè wǒ ne?
　　姐 :　那 你 怎 么 谢 我 呢 ?

　　Mèi　　Wǒ _____ mǎi ge dà yángwáwa.
　　妹 :　　我 _____ 买 个 大 洋 娃 娃。

　　Jiě　　Shuí _____ kāi wánxiào.
　　姐 :　谁 _____ 开 玩 笑。

　　Mèi　　Hǎo, hǎo, wǒ qǐng liǎng kuài hǎo táng.
　　妹 :　　好，好，我 请 两 块 好 糖。

3. **Rearrange the following words and phrases into proper sentences:**

Model:

> Zhāng xiānsheng, lái, cóng, Yīngguó
> 张　 先 生，来，从，英 国
>
> Zhāng xiānsheng cóng Yīngguó lái.
> 张　 先 生 从 英 国 来。

216

1) tāmen, lái, cóng, Rìběn
   他们，来，从，日本

2) nǎr,　　nǐ,　dào, qù
   哪儿，你，到，去

3) tā,　　dǎ qiú,　qù,　yì qǐ,　gēn, tóngxué
   他，打球，去，一起，跟，同学

4) Lǎo Liú,　yào, shuō, yí jiàn,　shìr,　　gēn, Xiǎo Chén
   老刘，要，说，一件，事儿，跟，小　陈

5) wǒ, jièshào, yíxiàr,　　nǐmen, gěi
   我，介绍，一下儿，你们，给

4. Complete the following sentences:

1) Model:

> Wǒ zhèng dǎsuàn qù zhǎo nǐ, méi xiǎng dào zài zhèr
> 我　正　打算　去找　你，没想　到在这儿
>
> yù jiànle nǐ.　（yù jiàn）
> 遇　见了你。（遇见）

(1) Wǒ zhèng dǎsuàn xiàwǔ qù kàn nǐ, _____ .　(kàn wǒ)
    我　正　打算　下午去看你，_____。（看我）

(2) _____ , méi xiǎng dào nǐ gěi wǒ sònglái le.　(qǔ piào)
    _____，没想　到你给我　送来了。（取票）

(3) Wǒ zhèng dǎsuàn gěi nǐ jiè nà běn zázhì kànkan, _____
    我　正　打算　给你借那本　杂志看看，_____

    _____ .　(mǎilái)
    _____。（买来）

2) Model:

> A: Qī hào, bā hào de fēijīpiào dōu méiyǒu le,　nǐ kàn zěnmebàn?
> 七号、八号的飞机票　都　没　有了，你看　怎么办？
>
> B: Nà jiù mǎi jiǔ hào de ba.　(jiǔ hào)
> 那　就　买九号的吧。（九号）

(1) A: Liǎng diǎn bàn, sì diǎn yí kè de diànyǐngpiào dōu méiyǒu le, nǐ
　　　 两　 点　 半、四点 一刻 的 电影 票　 都　 没 有 了,你

　　　 kàn zěnmebàn?
　　　 看 怎么办?

　　 B: Nà jiù _____ . (liù diǎn wǔshí)
　　　 那 就 _____ 。(六 点 五 十)

(2) A: Lǚyóujú de diànhuà zhànxiàn, méi rén jiē, nǐ shuō zěnmebàn?
　　　 旅游局的 电话　 占 线,没人接, 你 说 怎么办?

　　 B: Nà jiù _____ . (děng)
　　　 那 就 _____ 。(等)

(3) A: Tiānqì yùbào shuō yǒu yǔ, míngtiān bù néng qù Chángchéng le, nǐ
　　　 天 气预报 说 有 雨,明 天 不 能 去 长　 城 了,你

　　　 kàn zěnmebàn?
　　　 看 怎么办?

　　 B: Nà jiù _____ . (yǐhòu)
　　　 那 就 _____ 。（以后）

5. Listen to the dialogue:

Wáng Fāng　 Wèi, Chén xiānsheng ma? Wǒ shì Wáng Fāng. Huǒchē piào wǒ
王　 芳：　 喂, 陈　 先 生 吗? 我 是 王　 芳。火 车 票 我

　　　　　 gěi nín mǎile, bā hào de kuàichē, sānlíng'èr cì. Dào Xī'ān qù
　　　　　 给 您 买 了,八 号 的 快 车,三 零 二次。到 西安 去

　　　　　 de kuàichē měitiān yǒu sān cì, zhè yí cì shíjiān zuì hǎo, zǎochén
　　　　　 的 快 车 每 天 有 三 次,这 一 次 时 间 最 好,早 晨

　　　　　 jiǔ diǎn cóng Běijīng chūfā, dì-èr tiān wǔ diǎn duō dào Xī'ān.
　　　　　 九 点 从 北 京 出 发,第 二 天 五 点 多 到 西安。

　　　　　 Nín kàn zěnmeyàng?
　　　　　 您 看 怎么 样?

Chén　　　 Hěn hǎo a, jiù zhèyàng ba.
陈：　　　 很 好 啊,就 这 样 吧。

Wang   Nà wǒ wǎnshang jiù gěi nín sòngqu.
王：   那 我 晚 上 就 给 您 送 去。

Chén   Tài máfan nǐ le.
陈：   太 麻烦 你 了。

Wáng   Nín bú yào gēn wǒ zhème kèqi. Hái yǒu biéde shìr ma?
王：   您 不 要 跟 我 这么 客气。还 有 别的 事儿 吗？

Chén   Hái yǒu diǎnr xiǎo shìr.
陈：   还 有 点儿 小 事儿。

Wáng   Nín shuō ba, shénme shìr?
王：   您 说 吧，什么 事儿？

Chén   Nǐ gēn wǒmen yìqǐ zài Chángchéng zhào de zhàopiàn bú shì sòng
陈：   你 跟 我 们 一起 在 长 城 照 的 照 片 不 是 送

        zhàoxiàngguǎn qù xǐle ma? Děng zhàopiān dé le, máfan nǐ gěi wǒ
        照 相 馆 去 洗了吗？ 等 照 片 得了，麻烦 你 给 我

        jìqu.   Dào Xī'ān yǐhòu, wǒ mǎshàng jiù gěi nǐ xiě xìn.
        寄去。到 西安 以后，我 马 上 就 给 你 写信。

Wáng   Hǎo, nín de xìn dào le, wǒ jiù gěi nín jìqu.
王：   好，您 的 信 到 了，我 就 给 您 寄去。

6. Translate the following sentences into Chinese:

1) Where are you from?

2) I am going to Britain.

3) Mr. Wang has bought some books for the children.

4) Will you give me a ring this afternoon?

5) What did he tell you about?

6) Mr. Zhao asked Lao Liu to go to the Fragrant Hills with them.

1. **1)** (1) Tā cóng tā mèimei nàr lái.
他 从 他 妹 妹 那 儿 来。

(2) Wǒmen cóng Zhāng Dàzhōng tóngzhì nàr lái.
我 们 从 张 大 中 同 志 那 儿 来。

2) (1) Wǒmen dào Chén bóbo nàr qù.
我 们 到 陈 伯 伯 那 儿 去。

(2) Chén xiǎojie dào tā péngyou nàr qù le.
陈 小 姐 到 她 朋 友 那 儿 去 了。

2. **1)** zài jiā ne, zài jiā, gěi shuí
在 家 呢，在 家，给 谁

2) gēn wǒ, gēn nǐ, gěi wǒ, gěi nǐ, gēn nǐ.
跟 我，跟 你，给 我，给 你，跟 你。

3. **1)** Tāmen cóng Rìběn lái.
他 们 从 日 本 来。

4) Lǎo Liú yào gēn Xiǎo Chén shuō yíjiàn shìr.
老 刘 要 跟 小 陈 说 一 件 事 儿。

2) Nǐ dào nǎr qù?
你 到 哪 儿 去？

5) Wǒ gěi nǐmen jièshào yíxiàr.
我 给 你 们 介 绍 一 下 儿。

3) Tā gēn tóngxué yìqǐ qù dǎ qiú.
他 跟 同 学 一 起 去 打 球。

4. **1)** (1) méi xiǎng dào nǐ lái kàn wǒ le.
没 想 到 你 来 看 我 了。

(3) méi xiǎng dào nǐ yǐjīng mǎilai le.
没 想 到 你 已 经 买 来 了。

(2) Wǒ zhèng dǎsuàn dào nǐ nàr qù qǔ piào.
我 正 打 算 到 你 那 儿 去 取 票。

2) (1) Mǎi liùdiǎn wǔshí de ba.
买 六 点 五 十 的 吧。

(3) Yǐhòu zài qù ba.
以 后 再 去 吧。

(2) Děng yíhuìr ba.
等 一 会 儿 吧。

6. **1)** Nǐ cóng nǎr lái?
你 从 哪 儿 来？

4) Nǐ xiàwǔ gěi wǒ dǎ diànhuà ba.
你 下 午 给 我 打 电 话 吧。

2) Wǒ dào Yīngguó qù.
我 到 英 国 去。

5) Tā gēn nǐ tán shénme le?
他 跟 你 谈 什 么 了？

3) Wáng xiānsheng gěi háizi
王 先 生 给 孩 子
mǎile jǐ běn shū.
买 了 几 本 书。

6) Zhào xiānsheng qǐng Lǎo Liú gēn tāmen
赵 先 生 请 老 刘 跟 他 们
yìqǐ qù Xiāngshān.
一 起 去 香 山。

220

我们游览长城去了
We Went to the Great Wall

22

Lily has a conversation with Liu, an attendant at the hotel while waiting for the elevator.

Liú	Lìli xiǎojie, nǐ xiàqu a?	
刘:	莉莉 小 姐，你 下 去 啊[1]?	
	Miss Chen, are you going down?	

Lì	Duì
莉:	对。
	Yes.

Liú　Xiànzài diàntī wǎngshàng, qǐng děng yíhuìr.　wǒ zhèngyào zhǎo nǐ qu.
刘:　现 在 电 梯 往 上，请 等 一 会儿，我 正 要 找 你 去。
　　Nǐ shàng nǎr?
　　你 上 哪儿?

The elevator is going up. Please wait a moment. I've been looking for you. Are you going somewhere?

Lì   Wǒ shàng yóujú jì bāoguǒ qu.   Yǒu shénme shìr?
莉: 我 上 邮局寄包裹去。有 什么事儿？

I'm going to the post office to send this parcel.   What is it?

Liú   Shàngwǔ shí diǎn bàn, yǒu yí ge rén lái zhǎo nǐ.   Tā gěi nǐ sòng laile zhè
刘: 上 午十点 半，有 一个人 来 找 你。她给你 送 来了这
      liǎng běn zázhì,   nǐ bú zài.
      两 本 杂志，你不在。

A lady came and asked for you at 10:30 this morning. You were out. She left these two magazines for you.

Lì   Xièxie nǐ,   Xiǎo Liú.   Tā shuō shénme le méiyou?
莉: 谢谢你，小 刘。她说 什么了没有？

Thank you, Xiao Liu.   Did she say anything?

Liú   Méiyou. Tā gěi nǐ liúle ge diànhuà hàomǎr.
刘: 没 有。她给你留了个 电话 号码儿。

No, but she left you her phone number.

Lì   Hǎo, yíhuìr wǒ gěi tā dǎ ge diànhuà. Shàngwǔ wǒmen yóulǎn
莉: 好，一会儿我 给她打个 电话。 上 午我们 游览
      Chángchéng qu le.
      长 城 去了。

All right. I'll give her a call later. We went to the Great Wall this morning.

Liú   Zěnmeyàng?
刘: 怎么 样？

How did you find it?

Lì   Hǎo jí le!   Tài xióngwěi le!   Zhēn shì bǎi wén bùrú yí jiàn a!   Liǎngqiān
莉: 好 极了[2]！太 雄 伟了！真 是 百 闻 不如一见 啊[3]！两 千
      duō nián yǐqián, Zhōngguó rénmín jiù yǒu zhèyàng wěidà de chuàngzào,
      多 年 以 前，中 国 人 民 就 有 这 样 伟大的 创 造[4]，
      shízài liǎo bu qǐ!
      实在了 不起！

Simply wonderful! Just magnificent. Seeing is believing. Imagine it was built by the Chinese people more than two thousand years ago. Amazing!

222

Liú　Nǐmen dōu páshàngqu le ma?

刘：　你们 都 爬 上 去 了 吗[5]？

Did you all make it to the top?

Lì　Dōu páshàngqu le.　Bàba shuō bú dào Chángchéng fēi hǎohàn.　Liú

莉：　都 爬 上 去 了。爸爸 说 不 到 长 城 非 好 汉[6]。 刘

xiǎojie, míngtiān xiàwǔ wǒmen jiù yào zǒu le.　Gǎnxiè nǐ bàn ge yuè lái duì

小 姐，明 天 下 午 我 们 就 要 走 了。感 谢 你 半 个 月 来 对

wǒmen de bāngzhù.

我 们 的 帮 助[7]。

Yes, we did. Dad said you could not call yourself a true man if you had not visited the Great
Wall. Miss Liu, we are leaving tomorrow afternoon. Thank you for all your help during the
past two weeks.

Liú　Bié kè qi.　Zhè shì wǒ yīng gāi zuò de.　Huānyíng nǐmen yǐ hòu zài lái.

刘：　别 客 气[8]。这 是 我 应 该 做 的。欢 迎 你 们 以 后 再 来。

Don't mention it. I only did my job. Hope you'll come back again sometime.

Lì　Shí tiān yǐhòu wǒmen hái huì lái zhèr.

莉：　十 天 以 后 我 们 还 会 来 这 儿。

We'll be back in ten days.

Liú　Nǐmen bú shì huí Měiguó qù ma?

刘：　你们 不 是 回 美 国 去 吗？

Aren't you going back to the States?

Lì　Bù, wǒmen dào Xī'ān qu, hái yào huílai de.

莉：　不，我 们 到 西安 去，还要 回来 的。

Not yet. We'll come back after visiting Xian.

Liú　Huānyíng nǐmen, zhù nǐmen lǚtú yúkuài!

刘：　欢 迎 你 们，祝 你 们 旅 途 愉 快[9]！

You're always welcome here. Wish you a pleasant trip.

Lì　Xièxie.

莉：　谢 谢。

Thank you.

Liú　Diàntī xiàlai le.　Jìnqu ba.

刘：　电 梯 下 来 了。进 去 吧。

The elevator's here, please.

223

Lì   Zàijiàn!
莉：   再 见！
　　 Good-bye.

Liú   Zàijiàn
刘：   再 见！
　　 Good-bye.

下去	xiàqu		to go down
电梯	diàntī	〔名〕	lift, elevator
往	wǎng	〔动〕	to go
下来	xiàlai		to come down
包裹	bāoguǒ	〔名〕	parcel
留	liú	〔动〕	to leave behind
号码儿	hàomǎr	〔名〕	number
…极了	…jíle		utmost, extremely
雄伟	xióngwěi	〔形〕	magnificent
百闻不如一见	bǎiwén bùrú yíjiàn		Seeing is believing. (Hearing a hundred times is not as good as seeing once.)
人民	rénmín	〔名〕	people
伟大	wěidà	〔形〕	great
创造	chuàngzào	〔名、动〕	creation; to create
上去	shàngqu		to go up
了不起	liǎo bu qǐ	〔形〕	great (in praise of…)
爬	pá	〔动〕	to climb, to crawl
不到长城非好汉	bú dào Chángchéng fēi hǎohàn		We are no true heroes if we do not reach the Great Wall.
感谢	gǎnxiè	〔动〕	to thank
…来	…lái	〔动〕	since
对	duì	〔介〕	for

帮助	bāngzhù	〔动、名〕	to help; help
别	bié	〔副〕	do not
客气	kèqi	〔形〕	polite, courteous
别客气	bié kèqi		Please feel at home.
			Do not stand on ceremony.
应该	yīnggāi	〔助动〕	should, ought to
做	zuò	〔动〕	to do, to make
旅途	lǚtú	〔名〕	journey, trip
愉快	yúkuài	〔形〕	happy, enjoyable
进去	jìnqu		to go in, to enter

注释 Study points :

1. 下去啊 (xiàqu a)

"来" (lái) and "去" (qù), besides being full verbs, also function as direction indicators in which case they are placed after the verb. The general pattern is:

For intransitive verbs:

他们上来了。(Tāmen shànglai le.)

They have come up.

你下去吗？(Nǐ xiàqu ma?)

Are you going down?

For transitive verbs:

十天以后我们还会来这儿。 (Shí tiān yǐhòu wǒmen hái huì lái zhèr.)

We will be back in ten days.

他带了一本词典去。 (Tā dàile yì běn cídiǎn qu.)

He took one dictionary with him.

A variation of the general pattern is also possible by placing the object at the end of the sentence. It is, therefore, common to use the following pattern to express past time: subject + verb + 来 (or 去) + 了 + object.

225

你朋友给你送来了两本杂志。(Nǐ péngyou gěi nǐ sònglaile liǎng běn zázhì.)

Your friend left two magazines for you.

我已经寄去了三封信。(Wǒ yǐjīng jìqule sān fēng xìn.)

I have sent three letters.

他们已送来了你的行李。(Tāmen yǐ sònglaile nǐ de xíngli.)

They have sent your luggage here.

2. …极了 (…jíle)

An adjective + 极了 (jíle) indicates a very high degree, such as "冷极了" (lěng jíle), "累极了" (lèi jíle).

3. 真是<u>百闻不如一见</u>。(Zhēn shì bǎiwén bùrú yíjiàn.)

This is a Chinese idiom equivalent to "Seeing is believing".

4. 两千多年以前，中国人民<u>就</u>有这样伟大的创造。(Liǎngqiān duō nián yǐqián, Zhōngguó rénmín jiù yǒu zhèyàng wěidà de chuàngzào.)

"就" here emphasizes that something happened such a long time ago.

5. 你们都爬<u>上去</u>了吗？(Nǐmen dōu pá shàngqu le ma?)

"上来"　(shànglai)，　　"上去"　(shàngqu)，

"下来"　(xiàlai)，　　　"下去"　(xiàqu)，

"进来"　(jìnlai)，　　　"进去"　(jìnqu)，

"出来"　(chūlai)，　　　"出去"　(chūqu)，

"回来"　(huílai)，　　　"回去"　(huíqu)，

"过来"　(guòlai)，　　　"过去"　(guòqu)，

"起来"　(qǐlai)

All these 13 expressions can be placed after other verbs to show the direction of an action:

他们都爬上来了。(Tāmen dōu páshànglai le.)

They have all climbed up.

我们走回去吧。(Wǒmen zǒuhuíqu ba.)

Let us go back on foot.

Here the function of "来"and "去"is the same as study point 1 of this lesson.

6. 不到长城非好汉。(Bú dào Chángchéng fēi hǎohàn.)

See Mao Zedong's （毛泽东） poem *Mount Liupan*.

7. 感谢你半个月来对我们的帮助。(Gǎnxiè nǐ bàn ge yuè _lái_ duì wǒmen de bāngzhù.)

"来" (lái) or "以来" (yǐlái) indicates a period of time from the past till the present.

一个星期来 (yí ge xīngqī lái)　　　四十年来 (sìshí nián lái)
for the last week　　　　　　　　for the last forty years

8. 别客气 (bié kèqi)

You can either say "别客气" (bié kèqi) or "不客气" (bú kèqi) in response to the gratitude expressed by somebody.

9. 祝你们旅途愉快。(Zhù nǐmen lǚtú yúkuài.)

This expression is equivalent to "Wish you a pleasant journey" in English.

练习 Exercises :

Supplementary words:

长途	chángtú	〔名〕	long distance
拿	ná	〔动〕	to bring
台	tái	〔名〕	station
口	kǒu	〔量〕	a measure word
儿媳妇	érxífu	〔名〕	daughter-in-law (son's wife)
托儿所	tuō'érsuǒ	〔名〕	nursery
工资	gōngzī	〔名〕	wage, pay
退休金	tuìxiūjīn	〔名〕	retire pension
够用	gòu yòng		enough (for a purpose)
房租	fángzū	〔名〕	rent
水电费	shuǐdiànfèi	〔名〕	payment for water and electricity
托儿费	tuō'érfèi	〔名〕	payment for child care
统筹医疗费	tǒngchóu yīliáofèi		payment for co-operative medical care
大人	dàren	〔名〕	grown-up
公费医疗	gōngfèi yīliáo		free medical care
王大娘	Wáng dàniáng	〔专名〕	Auntie Wang

227

1. **Practice the following questions after the model:**

Model:

> Nǐ shàng nǎr?
> 你 上 哪儿 ?
>
> Wǒ shàng yóujú qǔ bāoguǒ qu.　(qǔ bāoguǒ)
> 我 上 邮局取 包 裹 去。(取包裹)

1) Nǐ shàng nǎr?
   你 上 哪儿 ?

   _____ .　(dǎ chángtú diànhuà)
   _____ 。（打 长 途 电 话 ）

2) Nǐ shàng nǎr qu?
   你 上 哪儿去 ?

   _____ .　(duìhuàn wàibì)
   _____ 。（兑 换 外 币 ）

3) Nǐ gàn shénme qu?
   你 干 什 么 去 ?

   _____ .　(zhǎo Xiǎo Chén)
   _____ 。（找 小 陈 ）

4) Nǐmen gàn shénme qu le?
   你们 干 什么 去了 ?

   _____ .　(dào Gùgōng)
   _____ 。（到 故 宫 ）

5) Tā dào zhèr gàn shénme lái le?
   他 到 这儿 干 什么 来了 ?

   _____ .　(gěi Zhào xiānsheng sòng shū)
   _____ 。（给 赵 先 生 送 书 ）

6) Xiǎo Wáng dǎsuàn wǎnshang dào Lǎo Liú nàr gàn shénme qu?
   小 王 打算 晚 上 到 老 刘 那儿干 什么 去?

   _____ .　(sòng huǒchēpiào)
   _____ 。（送 火 车 票 ）

2. Complete the sentences in accordance with the contents of the pictures:

1) Tā _____ le.
   她 _____ 了。

2) Tāmen pá _____ le.
   他们 爬 _____ 了。

3) Dàwěi _____ le.
   大 伟 _____ 了。

4) Qǐng _____ ba.
   请 _____ 吧。

3. Rearrange the following words and phrases into proper sentences:

1) tāmen, huí, qù, bù, Yīngguó, xiànzài
   他 们 , 回 , 去 , 不 , 英 国 , 现 在

2) Lǎo Liú, yào, shàng, qù, lóu
   老 刘 , 要 , 上 , 去 , 楼

3) qǐng, jìn, lái, wū, ba
   请 , 进 , 来 , 屋 , 吧

4) Lìli, ná, lái, chá, ya
   莉莉 , 拿 , 来 , 茶 , 呀

5) Zhāng xiānsheng, sòng, yì běn, "Hàn Yīng Cídiǎn", lái, le, shàngwǔ
   张 先 生 , 送 , 一本 , 《汉 英 词 典》 , 来 , 了 , 上 午

4. Complete the dialogues:

1) **Model:**

   A: Diàntī xiàqu ma?
      电 梯 下 去 吗 ?

   B: Duì bu qǐ, qǐng děng yíhuìr.
      对 不 起 , 请 等 一会儿 。

(1) A: Kě yǐ jìnlai ma?
　　可以 进来 吗？

　　B: _____ , qǐng děng yíhuìr.
　　_____ ，请 等 一会儿。

(2) A: Wèi, chángtútái ma? Wǒ yào Měiguó.
　　喂， 长 途台 吗？我 要 美 国。

　　B: Duì bu qǐ, _____.
　　对 不 起，_____。

(3) A: Xiànzài néng gěi wǒ kàn bìng ma?
　　现 在 能 给 我 看 病 吗？

　　B: Rén duō, _____ , _____.
　　人 多，_____ ，_____。

2) **Model:**

> A: Zěnmeyàng? Chángchéng hǎowánr ma?
> 怎么 样？ 长 城 好玩儿 吗？
>
> B: Hǎowánr jí le.
> 好 玩儿 极了。

(1) A: _____ ? Nàr de fēngjǐng měi ma?
　　_____ ?那儿的 风 景 美 吗？

　　B: _____ jí le.
　　_____ 极了。

(2) A: _____ ? Nà dìfang de tiānqì rè ma?
　　_____ ? 那 地方 的 天气热 吗？

　　B: _____ jí le.
　　_____ 极了。

(3) A: _____ ? Yíhéyuán rén duō ma?
　　_____ ? 颐和园 人 多 吗？

　　B: _____ jí le.
　　_____ 极了。

5. Practice the following sentences after the model:

Model:

> A: Gǎnxiè nǐ duì wǒmen de bāngzhù.
> 感谢你对我们的帮助。
>
> B: Bié kèqi. Zhè shì wǒ yīnggāi zuò de.
> 别客气。这是我应该做的。

1) A: Tài gǎnxiè nǐmen le.
   太感谢你们了。

   B: _____ . Zhè shì wǒ yīnggāi zuò de.
   _____。这是我应该做的。

2) A: Nín duì wǒmen tài hǎo le.
   您对我们太好了。

   B: Kèqi shénme. _____ .
   客气什么。_____。

3) A: Nín duì wǒ de bāngzhù zhème dà, zěnme gǎnxiè nín hǎo ne?
   您对我的帮助这么大，怎么感谢您好呢？

   B: Shuō zhège gàn shénme. _____ .
   说这个干什么。_____。

6. Listen to the dialogue:

Wáng dàniáng   Qǐng jìnlai ba.
王 大 娘：   请进来吧。

Àilín   Xièxie nín. Nín jiā jǐ kǒu rén?
艾琳：   谢谢您。您家几口人？

Wáng   Wǔ kǒu. Zhèbu, dōu zài zhè shàngbian ne!
王：   五口。这不，都在这上边呢！

Ài   À, zhè shì nín quán jiā de zhàopiān, wǒ kànkan.
艾：   啊，这是您全家的照片，我看看。

Wáng   Zhè shì érzi, érxífu, zhè shì wǒ nǚ'ér.
王：   这是儿子、儿媳妇，这是我女儿。

231

Ài 艾:	Nǔ'ér yě gēn nǐmen yì qǐ zhù? 女儿也跟 你们一起住?
Wáng 王:	Shì a. 是啊。
Ài 艾:	Nín zhè xiǎo sūnzi nǎr qùle? 您这 小 孙子哪儿去了?
Wáng 王:	Sòng tuō'érsuǒ le. Zǎochen sòngqu, wǎnshang jiē huílai. 送 托儿所了。早晨 送去,晚 上 接回来。
Ài 艾:	Nín yì jiā měi ge yuè shōurù duōshao? Yǒu liǎngqiān duō ba? 您一家每 个月 收入多少? 有 两 千 多 吧?
Wáng 王:	Shì a, tāmen sān ge rén de gōngzī hé wǒ de tuì xiūjīn yígòng 是啊,他们 三 个人的 工资和我 的退 休金一共 liǎngqiān sānbǎi duō. 两 千 三 百 多。
Ài 艾:	Wǔ kǒu rén, liǎngqiān duō kuài qián gòu yòng ma? 五 口 人,两 千 多 块 钱 够 用 吗?
Wáng 王:	Gòu a. Nǐ kàn, fángzū, shuǐdiànfèi èrbǎi duō kuài, chī fàn měi rén 够 啊。你看,房 租、水 电 费二百 多 块,吃饭 每人 èrbǎi wǔshí, tuō'érfèi yìbǎi, xiǎo sūnzi tǒng chóu yīliáofèi wǔshí, sì 二百 五十,托儿费一百, 小 孙子统 筹 医疗费五十,四 ge dàren kàn bìng yǒu gōngfèi yīliáo. 个大人 看 病 有 公费医疗。
Ài 艾:	Shì a, gòu yòng a. 是啊,够 用 啊。

7. Translate the following phrases into English:

1) shànglai 上 来	3) xiàlai 下 来	5) jìnlai 进来	7) chūlai 出来	9) huílai 回来
2) shàngqu 上 去	4) xiàqu 下 去	6) jìnqu 进去	8) chūqu 出 去	10) huíqu 回去

1. 1) Wǒ shàng yóujú dǎ chángtú diànhuà qu.
我 上 邮局 打 长 途 电 话 去。

2) Wǒ shàng yínháng duìhuàn wàibì qu.
我 上 银 行 兑 换 外 币 去。

3) Wǒ zhǎo Xiǎo Chén qu.
我 找 小 陈 去。

4) Wǒmen dào Gùgōng qu le.
我 们 到 故 宫 去 了。

5) Tā dào zhèr gěi Zhào xiānsheng sòng
他 到 这儿 给 赵 先 生 送
shū lai le.
书 来 了。

6) Tā dǎsuàn wǎnshang dào Lǎo Liú nàr
他 打 算 晚 上 到 老 刘 那儿
sòng huǒchēpiào qu.
送 火 车 票 去。

2. 1) xiàlai   2) shàngqu   3) huílai   4) jìnqu
下 来   上 去   回 来   进 去

3. 1) Tāmen xiànzài bù huí Yīngguó qu.
他 们 现 在 不 回 英 国 去。

2) Lǎo Liú yào shàng lóu qu.
老 刘 要 上 楼 去。

3) Qǐng jìn wū lái ba.
请 进 屋 来 吧。

4) Lìli,   ná chá lai ya!
莉莉，拿 茶 来 呀！

5) Shàngwǔ Zhāng xiānsheng sònglai le
上 午 张 先 生 送 来 了
yìběn "Hàn Yīng Cídiǎn".
一 本 《汉 英 词 典》。

4. 1) (1) Duì bu qǐ   (2) Qǐng děng yíhuìr   (3) Duì bu qǐ, qǐng děng yíhuìr.
对 不 起   请 等 一 会儿   对 不 起，请 等 一 会儿。

2) (1) zěnmeyàng? měi   (2) zěnmeyàng? rè   (3) zěnmeyàng? duō
怎 么 样？美   怎 么 样？热   怎 么 样？多

5. 1) Bié kèqi.   2) Zhè shì wǒ yīnggāi zuò de.   3) Zhè shì wǒ yīnggāi zuò de.
别 客 气。   这 是 我 应 该 做 的。   这 是 我 应 该 做 的。

7. 1) come up   4) go down   7) come out   10) go back
2) go up   5) come in   8) go out
3) come down   6) go in   9) come back

宴请
Invitation to a Dinner

23

Mr. and Mrs. Li Wenhan invite the Chens to a Beijing duck dinner at Quan Ju De.

Lǐ   Lái,   dàjiā dōu qǐng ba,   bié kèqi.
李：   来[1]，大家 都 请 吧，别 客气。
Come, help yourselves and don't stand on ceremony.

Dīng   Chén xiānsheng, zài Měiguó yòng kuàizi chī fàn ma?
丁：   陈 先 生，在 美 国 用 筷子 吃 饭 吗[2]？
Mr. Chen, do you use chopsticks in the United States?

Chén   Bù jīngcháng yòng, bú tài shúliàn le.
陈：   不 经 常 用，不 太 熟 练 了。
Not very often, so I'm out of practice.

234

Dīng
丁：

Chén tàitai, zěnmeyàng? Nǐ néng yòng kuàizi chī fàn ma?

陈　太太，怎么样？你　能　用　筷子吃饭吗？

How about you, Mrs. Chen? Can you use chopsticks?

Ài
艾：

Bùxíng, wǒ hái děi yòng dāozi,　chāzi chī.

不行，我还得用　刀子、叉子吃。

No, I can't. I'll have to use knife and fork.

Lǐ
李：

Yòng Xīfāng de dāozi,　chāzi chī Zhōngguó fàn, zhè yě kěyǐ shuō shì

用　西方的刀子、叉子吃　中　国　饭，这也可以　说　是

yìzhǒng Zhōng Xī jiéhé ba.

一种　　中　西结合吧。

To use knife and fork for a Chinese meal can be considered as a happy combination of the East and West, right?

Lì
莉：

Zhèr　de kǎoyā wèidao quèshí hǎo, zhēn shì míngbùxūchuán.

这儿的　烤鸭味道　确实　好，真是　名　不虚　传[3]。

The duck here is really delicious. It deserves the reputation it enjoys.

Ài
艾：

Tīng shuō "Quánjùdé" Kǎoyādiàn yǐjīng yǒu yìbǎi duō nián de lìshǐ le,　bù

听　说　"全聚德"烤鸭店已经　有一百多　年　的历史了，不

zhīdao quèshí bu quèshí.

知道　确实不　确实。

I've been told *Quan Ju De* has a history of over a hundred years, is that true?

Lǐ
李：

Shì,　yǒu yìbǎi duō nián le.　Lái Běijīng yóulǎn de wàiguó péngyou dōu

是，有一百多　年了。来北京　游览的外国　朋友　都

xǐhuan dào zhèr　lái chángchang Běijīng kǎoyā.

喜欢　到这儿来　尝　尝　北京　烤鸭[4]。

Yes, it's over a hundred years old now. Foreign friends visiting Beijing invariably come here to taste the Beijing duck.

Wěi
伟：

Bàba,　wèi shénme jiào "Quánjùdé"?

爸爸，为什么叫　"全聚德"？

Dad, why is the restaurant called *Quan Ju De*?

Lì
莉：

Shì a,　"Quánjùdé " shì shénme yìsi?

是啊，"全聚德"是什么意思？

Yes, what does the name mean?

Chén　Yìsi　shì měidé zhī jiā.
陈：　　意思是　美 德 之 家。
　　　　Well, it means the home of the virtuous.

Dīng　Lái, lái, lái, bié jìng shuō huà, dàjiā yìbiān chī yìbiān shuō.
丁：　　来，来，来，别 净 说 话，大家 一边 吃 一边 说。
　　　　Come, don't just talk, we'll chat over the food.

Lǐ　　Jīntiān lǎo péngyou xiānghuì, shì hěn zhíde gāoxìng de shìr.　Lái, wèi
李：　　今天 老 朋 友 相 会，是 很 值得 高兴 的事儿。来，为
　　　　Chén xiānsheng yì jiā de jiànkāng gān bēi!
　　　　陈　先 生 一家 的 健康 干 杯[5]！
　　　　Reunion of old friends is something to be celebrated.　Come, let's drink to the health of
　　　　the Chens!

Chén　Jiǔ féng zhījǐ qiānbēi shǎo. Jīntiān néng yǒu jīhuì huílai cānguān fǎngwèn,
陈：　　酒 逢 知己 千 杯 少[6]。今天 能 有机会回来 参观 访 问，
　　　　quèshí shì yí jiàn zhíde gāoxìng de shìr.　Lái, wǒ jìng Lǎo Lǐ, Lǎo Dīng
　　　　确实 是 一件 值得 高 兴 的事儿。来，我 敬 老 李，老 丁
　　　　yì bēi!
　　　　一杯！
　　　　Even a thousand cups aren't enough when good friends meet.　To be able to come back for
　　　　a visit after so many years is really something to be happy about. Come, Lao Li and Lao
　　　　Ding, drink a toast.

Dīng　Wèi Chén xiānsheng yì jiā lǚyóu yúkuài gān yì bēi!
丁：　　为 陈 先 生 一家旅游 愉快 干一杯！
　　　　Let's drink to the pleasant trip of the Chen family!

Ài　　Wèi wǒmen liǎng jiā de yǒuyì gān bēi!
艾：　　为 我们 两 家的友谊 干杯！
　　　　Drink to the friendship of our two families.

236

宴请	yànqǐng	〔动〕	to host a dinner party, to give a banquet
用	yòng	〔动〕	to use
筷子	kuàizi	〔名〕	chopsticks
经常	jīngcháng	〔形〕	often
熟练	shúliàn	〔形〕	skilled, skillful
得	děi	〔助动、动〕	must, should; to have to, to need
刀子	dāozi	〔名〕	knife
叉子	chāzi	〔名〕	fork
结合	jiéhé	〔动、名〕	to combine; combination
中西结合	Zhōng Xī jiéhé		combination of things Chinese and Western
烤	kǎo	〔动〕	to roast
鸭(子)	yā (zi)	〔名〕	duck
烤鸭	kǎoyā	〔名〕	roast duck
味道	wèidào	〔名〕	taste, flavor
确实	quèshí	〔形〕	really, truly
名不虚传	míngbùxūchuán		to live up to its name
知道	zhīdao	〔动〕	to know
喜欢	xǐhuan	〔动〕	to like
尝	cháng	〔动〕	to taste, to sample
意思	yìsi	〔名〕	meaning
…是什么意思	…shì shénme yìsi		what is the meaning of…
美德之家	měidé zhī jiā		home of the virtuous
净	jìng	〔副〕	only
说话	shuō huà		to talk
大家	dàjiā	〔代〕	everybody, all
一边…一边…	yìbiān…yìbiān…		at the same time, …while…

237

相会	xiānghuì	〔动〕	to meet, to come together
值得	zhíde	〔动〕	to be worth
高兴	gāoxìng	〔形〕	happy
一家	yìjiā	〔名〕	family
陈明山一家	Chén Míngshān yìjiā		the Chens
健康	jiànkāng	〔名、形〕	health; healthy
干杯	gān bēi		bottoms up, cheers
为…干杯	wèi...gān bēi		to drink to
酒逢知己千杯少	jiǔ féng zhījǐ qiānbēi shǎo		Even a thousand cups are not enough when good friends meet
机会	jīhuì	〔名〕	opportunity
访问	fǎngwèn	〔动、名〕	to visit; visit
敬	jìng	〔动〕	to toast; to respect
杯	bēi	〔量〕	cup, glass
敬…一杯	jìng...yìbēi		to propose a toast to, to drink to
旅游	lǚyóu	〔动〕	to visit as a tourist
友谊	yǒuyì	〔名〕	friendship

Proper nouns :

| 全聚德烤鸭店 | Quánjùdé Kǎoyā Diàn | *Quan Ju De Roast Duck Restaurant* (the best-known Beijing duck restaurant in Beijing) |
| 西方 | Xīfāng | the West |

1. 来，大家都请吧。(Lái, dàjiā dōu qǐng ba.)

   "来" (lái) here introduces a suggestion to do something.

2. 陈先生，在美国用筷子吃饭吗？

   (Chén xiānsheng, zài Měiguó yòng kuàizi chī fàn ma?)

   The Chinese structure "verb + object" can be used as adverbial adjuncts to describe how the action is carried out:

   他用刀子、叉子吃饭。(Tā yòng dāozi, chāzi chī fàn.)

   He eats with knife and fork.

   我用钢笔写信。(Wǒ yòng gāngbǐ xiě xìn.)

   I write my letters with a pen.

   他们坐汽车去故宫参观。(Tāmen zuò qìchē qù Gùgōng cānguān.)

   They are going to the Palace Museum by bus.

3. 真是名不虚传。(Zhēn shì míngbùxūchuán.)

   This is a Chinese idiom to describe a very famous person or thing that has lived up to his or its fame.

4. 来北京游览的外国朋友都喜欢到这儿来尝尝北京烤鸭。(Lái Běijīng yóulǎn de wài guó péngyou dōu xǐhuan dào zhèr lái chángchang Běijīng kǎoyā.)

   This is another example of using the verbal structure attributively. "的" which is placed between the attributive and the noun it modifies shows the function of the structure as an attributive.

   每天去长城游览的人很多。(Měitiān qù Chángchéng yóulǎn de rén hěnduō.)

   Each day, lots of people go and tour the Great Wall.

5. 为陈先生一家的健康干杯。(Wèi Chén xiānsheng yì jiā de jiànkāng gān bēi.)

   It is the Chinese custom to give toasts throughout a feast.

6. 酒逢知己千杯少。(Jiǔ féng zhījǐ qiān bēi shǎo.)

   This is a Chinese idiom, meaning that when good friends meet, no amount of wine is enough for the happy occasion.

Supplementary words:

汉语	Hànyǔ	〔名〕	Chinese
地铁	dìtiě	〔名〕	underground railway, subway
女士	nǔshì	〔名〕	lady
自己	zìjǐ	〔代〕	self
生活	shēnghuó	〔动、名〕	to live; life
幸福	xìngfú	〔形、名〕	happy; happiness
夹	jiā	〔动〕	to pick up
不如	bùrú	〔动〕	not as good as, not as well as
方便	fāngbiàn	〔形〕	convenient
容易	róngyì	〔形〕	easy
西餐	xīcān	〔名〕	western food
端	duān	〔动〕	to take, to hold
铲	chǎn	〔动〕	to lift
扒	pá	〔动〕	to gather up, to rake up
唐人街	Tángrénjiē	〔专名〕	Chinatown

1. Questions and answers:

1) Model:

> A: Zhōngguó rén yòng shénme chī fàn?
>   中 国 人 用 什 么 吃 饭 ?
>
> B: Zhōngguó rén yòng kuàizi chī fàn. (kuàizi)
>   中 国 人 用 筷子 吃 饭 。(筷子)

(1) A: Xīfāng rén yòng shénme chī fàn?
　　西 方 人 用 什 么 吃 饭 ?

　B: _____ . (dāozi, chā zi)
　　_____ 。(刀子，叉子)

240

(2) A: Diànbàozhǐ yòng shénme bǐ xiě?
　　　电　报　纸　用　什么　笔　写？

　　B: ＿＿＿＿＿＿＿＿＿＿＿＿＿＿ .　(gāngbǐ)
　　　＿＿＿＿＿＿＿＿＿＿＿＿＿＿ 。　（钢笔）

(3) A: Nǐmen liǎng ge yòng Yīngyǔ tánhuà háishì yòng Hànyǔ tánhuà?
　　　你们　两　个　用　英　语　谈　话　还　是　用　汉　语　谈　话？

　　B: ＿＿＿＿＿＿＿＿＿＿＿＿＿＿＿＿ .　(Hànyǔ)
　　　＿＿＿＿＿＿＿＿＿＿＿＿＿＿＿＿ 。　（汉　语）

2) Questions and answers on different means of transportation:

Model:

> A: Tā měitiān zěnme qù xuéxiào?
> 　　他　每　天　怎　么　去　学　校？
>
> B: Tā měitiān zuò dìtiě qù xuéxiào.
> 　　他　每　天　坐　地　铁　去　学　校。

(1) A: Tā zuò shénme chē qù Guójì Jīchǎng?
　　　他　坐　什　么　车　去　国　际　机　场？

　　B: ＿＿＿＿＿＿＿＿＿＿ .
　　　＿＿＿＿＿＿＿＿＿＿ 。

(2) A: Yuēhàn xiānsheng zuò fēijī qù Shànghǎi
　　　约　翰　先　生　坐　飞　机　去　上　海

　　　háishi zuò huǒchē qù?
　　　还　是　坐　火　车　去？

　　B: ＿＿＿＿＿＿＿＿＿ .
　　　＿＿＿＿＿＿＿＿＿ 。

(3) A: Tāmen yì jiā zěnme huí Yīngguó?
他 们 一 家 怎 么 回 英 国 ?

B: _____ .

_____ 。

2. Complete the following sentences, using either "来" (lái) or "得" (děi):

1) **Model:**

A: Lái, dàjiā dōu qǐng ba.
来 , 大 家 都 请 吧 。

B: Qǐng.
请 。

(1) A: _____ , nǚshìmen, xiānshengmen, qǐng ba.
_____ , 女 士 们 , 先 生 们 , 请 吧 。

B: Qǐng.
请 。

(2) A: Zhèwèi shì _____ ?
这 位 是 _____ ?

B: _____ , wǒ gěi nǐmen jièshào yíxiàr.
_____ , 我 给 你 们 介 绍 一 下 儿 。

(3) A: _____ , chángchang zhège.
_____ , 尝 尝 这 个 。

B: Hǎo, wǒ zìjǐ lái.
好 , 我 自 己 来 。

2) **Model:**

Wǒ bú huì yòng kuàizi, wǒ <u>děi</u> yòng dāozi, chāzi.
我 不 会 用 筷 子 , 我 <u>得</u> 用 刀 子 、 叉 子 。

(1) Yào wǎnle, wǒ _____ zǒu le.
要 晚 了 , 我 _____ 走 了 。

242

(2) Bié gǎnmào le,　nín ＿＿＿ zài chuān jiàn yīfu.
　　　别　感　冒　了，您　＿＿＿ 再　穿　　件　衣　服。

(3) Tài gāoxìng le,　wǒmen ＿＿＿ duō hē jǐbēi.
　　　太　高　兴　了，我　们　＿＿＿ 多　喝　几　杯。

3. Make sentences with "一边…一边…" (yìbiān...yìbiān...):

Model:

> Dàjiā yìbiān chī yìbiān shuō.
> 大家 一边 吃 一边　说。

1) tā,　zǒu, kàn.
　她，走，看。

2) tāmen, cānguān, tánhuà.
　他们，参　观，谈话。

3) hěn duō rén, gōngzuò, shàngxué.
　很 多 人，工 作，上　学。

4. Practice proposing a toast:

Model:

> Wèi Chén xiānsheng yì jiā lǚyóu yúkuài gān bēi!
> 为　陈　先　生　一家 旅游 愉 快　干 杯！

1) nín de jiànkāng
　您 的 健 康

2) wǒmen liǎng jiā de yǒuyì
　我 们 两　家 的 友谊

3) wǒmen liǎng guó rénmín de yǒuyì
　我 们 两　国 人 民 的 友谊

4) nǐmen shēnghuó xìngfú
　你 们 生 活 幸福

5. Listen to the dialogue:

Zhōngguó rén　　Nǐ huì yòng kuàizi ma?
中　国 人： 你 会 用 筷 子 吗？

Wàiguó rén　　Bú huì. Wǒ qù Tángrénjiē Zhōngguó fànguǎnr xuéle liǎng
外 国 人： 不 会。我 去 唐 人 街　中　国 饭 馆 儿 学 了 两

　　　　　　cì,　yě méi xué huì.
　　　　　　次，也 没 学　会。

243

Zhōng 中：	Nǐ kàn, zhèyàng ná, jiù néng jiā zhù dōngxi. Lái, shìshi. 你 看，这样 拿，就 能 夹 住 东西。来，试试。
Wài 外：	Hǎo, wǒ shìshi. 好，我 试试。
Zhōng 中：	Duì, jiù zhèyàng, jiā cài. 对，就 这 样，夹 菜。
Wài 外：	Hái bùxíng. Wǒ kàn yòng kuàizi chī fàn méiyǒu yòng dāo chā 还 不行。我 看 用 筷子 吃 饭 没有 用 刀 叉 fāngbiàn. 方 便。
Zhōng 中：	Nà yào kàn chī shénme. Chī miàntiáor, yòng kuàizi jiā, hěn róngyì 那要 看 吃 什么。吃 面 条儿，用 筷子夹，很 容易 jiù jiā qilai, yòng dāo chā jiù bùxíng. Chī xīcān yídìng yào yòng dāo 就夹 起来，用 刀 叉就 不 行。吃 西餐一定 要 用 刀 chā; chī Zhōngguó fàn yídìng yào yòng kuàizi. 叉；吃 中 国 饭一定 要 用 筷子。
Wài 外：	Yě bù yídìng. Chī huāshēngmǐ yòng kuàizi yí cì jiā yí ge, tài màn 也不一定。吃 花 生 米 用 筷子一次夹一个，太 慢 le. 了。
Zhōng 中：	Nà háishì nǐ bú huì yòng. Nǐ kàn, děi zhèyàng ná, yòng kuàizi 那 还是 你 不 会 用。你 看，得 这样 拿，用 筷子 xiàngshàng chǎn. 向 上 铲。
Wài 外：	Nà, wǒ yě kěyǐ yòng dāo chā chī miàntiáor. 那，我 也可以 用 刀 叉吃 面 条儿。
Zhōng 中：	Zěnme chī? 怎么 吃？
Wài 外：	Duān qǐ wǎn lai, wàng zuǐli pá. 端 起 碗 来，往 嘴里扒。
Zhōng 中：	A? Dāngrán, zhè yě xíng. 啊？当 然，这 也行。

244

6. Translate the sentences into Chinese:

1) The Chinese eat their meals with chopsticks.

2) Nearly all foreign visitors touring Beijing wish to go to see the Great Wall.

3) Come on, everybody! Let's drink to our friendship.

4) We've got to go back now.

答案 Key

1. 1) (1) Xīfāng rén yòng dāozi, chāzi chī fàn.
西方人用 刀子、叉子吃饭。

(2) Diànbàozhǐ yòng gāngbǐ xiě.
电报纸 用 钢笔写。

(3) Wǒmen liǎngge yòng Hànyǔ tánhuà.
我们 两个用 汉语谈话。

2) (1) Tā zuò chūzū qìchē qù Guójì Jīchǎng.
他坐 出租汽车去国际机场。

(2) Yuēhàn xiānsheng zuò huǒchē qù Shànghǎi.
约翰 先 生 坐火车去 上海。

(3) Tāmen yìjiā zuò fēijī huí Yīngguó.
他们一家坐飞机回英国。

3. 1) Tā yìbiān zǒu yìbiān kàn.
她一边 走 一边 看。

2) Tāmen yìbiān cānguān yìbiān tánhuà.
他们 一边 参观 一边谈话。

3) Hěn duō rén yìbiān gōngzuò yìbiān
很 多人 一边 工作 一边
shàng xué.
上 学。

6. 1) Zhōngguó rén yòng kuàizi chī fàn.
中 国 人 用 筷子吃饭。

2) Lái Běijīng yóulǎn de wàiguó péngyou dōu yào dào Chángchéng kàn yí kàn.
来 北京 游览 的外 国 朋 友 都 要 到 长 城 看一看。

3) Lái, wèi wǒmen de yǒuyì gān yì bēi!
来，为 我 们 的 友谊干 一杯！

4) Wǒmen děi huí qule.
我们 得回 去了。

245

送行
Seeing People off

The Chens are leaving Beijing for Xian. Mr. and Mrs. Li Wenhan have come to the station to see them off.

Chén   Zhècì zài Běijīng gěi nǐmen tiānle bù shǎo máfan.

陈：   这次 在 北京 给 你们 添了不少 麻烦[1]。

We've given you much trouble while in Beijing.

Lǐ   Bié zhèyàng shuō, yǒu shénme máfan a.

李：   别 这样 说，有 什么 麻烦啊。

Don't say that, no trouble at all.

Ài   Duì nǐmen de rèqíng bāngzhù hé kuǎndài, wǒmen quán jiā dōu biǎoshì gǎnxiè.

艾：   对 你们 的热情 帮助 和 款 待，我们 全 家都 表示 感谢。

My family and I must thank you for your fervent help and warm reception.

Dīng　Nín tài kèqi le.
丁：　　您 太 客气 了。
You are too kind.

Chén　Xiāngjiàn shí nán bié yì nán.　Jǐ shí nián méi jiàn miàn le,　zhēn xiǎng duō
陈：　　相　见 时 难 别 亦 难[2]。几 十 年 没 见 面 了，真 想 多
　　　　dāi jǐ tiān.
　　　　呆 几 天。
It is just as difficult to say good-bye as it is to get together.　We haven't seen each other for decades.　How I wish to stay longer.

Lǐ　　Shì a,　nǐmen zhècì lái,　shíjiān tài duǎn le.
李：　　是 啊，你们 这次 来，时间 太 短 了。
Ah, yes.　Your stay here has been far too short.

Chén　Cóng Xī'ān huílai yǐhòu, zài Běijīng zhǐnéng dāi liǎng tiān. Jīnhòu
陈：　　从　西安 回来 以后，在 北京 只能 呆 两 天。今后
　　　　zhǐyào yǒu kěnéng, zhēngqǔ měinián huílai yí cì.
　　　　只要 有 可能，争 取 每年 回来 一 次。
And we have only two days in Beijing after our return from Xian.　If at all possible, I'll try to come back once every year.

Lǐ　　Xīwàng měinián dōu néng zài Běijīng huānyíng nǐmen.
李：　　希望 每年 都 能 在 北京 欢 迎 你们。
Hope I'll be able to welcome you here each year.

Ài　　Wǒmen yě xīwàng néng zài Měiguó huānyíng nǐmen.
艾：　　我 们 也 希 望 能 在 美 国 欢 迎 你们。
We hope to be able to welcome you in America too.

Dīng　Xièxie. Wǒ xiǎng huì yǒu jīhuì de.
丁：　　谢 谢。我 想 会 有 机会 的。
Thank you.　I think the day will come.

Lǐ　　Nǐmen hái yǒu shénme shìr xūyào bāngmáng de ma?
李：　　你们 还 有 什么 事儿 需要 帮　忙 的 吗？
Is there anything else I can do for you?

Chén　Nà jǐ běn shū mǎi dào yǐhòu,　máfan nǐ zhíjiē gěi wǒ jì dào Měiguó.
陈：　　那 几 本 书 买 到 以后[3]，麻烦 你 直接 给 我 寄到　美 国。
I'll trouble you to send those books to the United States after you get them.

247

Lǐ　　Qántiān wǒ dǎ diànhuà wèn le, jīntiān shàngwǔ wǒ yòu dǎ diànhuà
李：　前 天 我 打 电 话 问 了，今天 上 午 我 又 打 电 话
　　　wèn le,　dōu shuō hái méi dào. Nǐ fàngxīn ba, mǎi dào le mǎshàng jiù
　　　问 了 [4]，都 说 还 没 到。你 放 心 吧，买 到 了 马 上 就
　　　gěi nǐ jìqù. Dào Xī'ān yídìng zhǎo Lǎo Zhāng qù. Lǎo Zhāng jiù zhù
　　　给 你 寄去。到 西安 一定 找 老 张 去。老 张 就 住
　　　zài Zhōnglóu fùjìn,　lí nǐmen zhù de dìfang bù yuǎn.
　　　在 钟 楼 附近 [5]，离 你们 住 的 地方 不 远。

I called the book store the day before yesterday and again this morning. They said the books had not arrived yet. Don't worry, I'll have them sent to you as soon as I get them. Be sure to call Lao Zhang when you arrive at Xian. He lives near the Bell Tower which isn't far from where you'll be staying.

Dīng　Lǎo Zhāng de dìzhǐ,　nǐmen zhīdao ba?
丁：　老 张 的 地址，你们 知道 吧？

You've his address, right?

Chén　Zhīdao.
陈：　知 道。

Yes.

Dīng　Hái yǒu wǔ fēn zhōng huǒchē jiù kāi le,　nǐmen shàng chē ba.
丁：　还 有 五 分 钟 火 车 就 开了，你们 上 车 吧。

The train will start in five minutes. You'd better get on.

Ài　Lìli,　xíngli fàng hǎo le ma?
艾：　莉莉，行 李 放 好 了 吗 [6]？

Lily, have you had our luggage put on a rack?

Lì　Fàng hǎo le.
莉：　放 好 了。

Yes.

Ài　Piào ne?
艾：　票 呢？

Where are the tickets?

Lì　Piào hé hùzhào yìqǐ fàng zài shǒutíbāoli le.
莉：　票 和 护照 一起 放 在 手提包里了。

They are in the handbag with the passports.

Chén　Nǐmen qǐng huí ba, xièxie nǐmen!

陈：　你们 请 回 吧，谢谢 你们！

You'd better go now. Thanks for coming.

Lǐ　Jiàn dào Lǎo Zhāng, qǐng dài wǒ wèn hǎo.

李：　见 到 老 张，请 代 我 问 好。

Give Lao Zhang our regards when you see him.

Chén　Hǎo, yídìng. Shíjiān bù zǎo le, qǐng huí ba!

陈：　好，一 定。时 间 不 早 了，请 回 吧！

Sure. It's getting late, you'd better go.

Lǐ
李
Dīng
丁
：

Zhù nǐmen yílùshùnfēng!

祝 你们 一路 顺 风！

Have a pleasant journey!

Chén
陈
Ài
艾
：

Xièxie nǐmen. Zàijiàn!

谢 谢 你们。再 见！

Thank you. Good-bye.

生词 New words

车站	chēzhàn	〔名〕	station
送行	sòng xíng		to see somebody off
添	tiān	〔动〕	to add
少	shǎo	〔形〕	less, little, few
热情	rèqíng	〔形、名〕	warm; warm-heartedness
款待	kuǎndài	〔动、名〕	to entertain; hospitality
表示	biǎoshì	〔动〕	to show, to express
相见时难	xiāngjiàn shí nán		difficult to meet, difficult to part
别亦难	bié yì nán		

见面	jiàn miàn		to meet
只	zhǐ	〔副〕	only
呆	dāi	〔动〕	to stay
只要	zhǐyào	〔连〕	if only, so long as
争取	zhēngqǔ	〔动〕	to try, to manage
希望	xīwàng	〔动〕	to wish, to hope
需要	xūyào	〔动、名〕	to need; need
帮忙	bāng máng		to help; help
直接	zhíjiē	〔形〕	direct, straight
前天	qiántiān	〔名〕	the day before yesterday
放心	fàngxīn	〔动〕	to rest assured, to be at ease
又	yòu	〔副〕	again
附近	fùjìn	〔名〕	vicinity
离	lí	〔介、动〕	from; to leave
远	yuǎn	〔形〕	far, distant
离…不远	lí...bù yuǎn		not far from
地址	dìzhǐ	〔名〕	address
分（钟）	fēn (zhōng)	〔量〕	minute
开	kāi	〔动〕	to start, to drive
行李	xíngli	〔名〕	luggage, baggage
放	fàng	〔动〕	to put
护照	hùzhào	〔名〕	passport
手提包	shǒutíbāo	〔名〕	handbag
代	dài	〔动〕	to do something on someone's behalf
问好	wèn hǎo		to send regards, to ask after
早	zǎo	〔形〕	early
一路顺风	yílùshùnfēng		bon voyage, a pleasant trip

Proper nouns :

钟楼	Zhōnglóu	Bell Tower, here it refers to the bell tower in Xian.

注 释 Study points :

1. 给你们<u>添</u>了不少<u>麻烦</u>。(Gěi nǐmen <u>tiān</u>le bù shǎo <u>máfan</u>.)
   This is to show your gratitude to people who have done something for you. You can also say "给你们添麻烦了" (Gěi nǐmen tiān máfan le). The usual response is "不麻烦" (Bù máfan). To be more emphatic, you can say "有什么麻烦呢？" (Yǒu shénme máfan ne?) or "有什么麻烦啊。" (Yǒu shénme máfan a.)

2. 相见时难别亦难。(Xiāngjiàn shí nán bié yì nán.)
   See the poem "Without a Title" by the Tang poet Li Shangyin. （李商隐）

3. 那几本书买到以后。(Nà jǐ běn shū mǎi dào yǐhòu.)
   In compound verbs like "买到" (mǎi dào), "放好" (fàng hǎo) and "住在" (zhù zài) the second constituents （到，好，在，etc.) are used to show the completion of an action:

   > 你们见到老张，请代我问好。(Nǐmen jiàn dào Lǎo Zhāng, qǐng dài wǒ wèn hǎo.)

   > 昨天晚上他们谈到九点半。(Zuótiān wǎnshang tāmen tán dào jiǔ diǎn bàn.)

   > 下星期我们还要回到北京来。(Xià xīngqī wǒmen hái yào huí dào Běijīng lái.)

   > 他们已经把菜弄好了。(Tāmen yǐjīng bǎ cài nòng hǎo le.)

   When followed by the aspect particle "了" (le), these verbs indicate completed action:

   > 昨天我看到王先生<u>了</u>。(Zuótiān wǒ kàn dào Wáng xiānsheng <u>le</u>.)

   > 他写好了信了。(Tā xiě hǎo le xìn le.)

   The negative is formed by adding "没（有）"[méi (yǒu)]:

   > 上午他没（有）买到书。[Shàngwǔ tā méi (yǒu) mǎi dào shū.]

4. 今天上午我<u>又</u>打电话问了。(Jīntiān shàngwǔ wǒ <u>yòu</u> dǎ diànhuà wèn le.)
   Both the adverbs "又" (yòu) and "再" (zài) can be used to show repetition of an action; but "又" is used for an already completed action, while "再" is for action yet to take place, for example:

   > 昨天他来了，今天上午他又来了。(Zuótiān tā lái le, jīntiān shàngwǔ tā yòu lái le.)

251

我昨天问他了，明天再问问他。(Wǒ zuótiān wèn tā le, míngtiān zài wènwen tɑ.)

5. 老张就住在钟楼附近。(Lǎo Zhāng jiù zhù zài Zhōnglóu fùjìn.)

1) "就" (jiù) is for emphasis here.

2) The verb "在" (zài) indicate the result of the action. It is often used to show that action has reached a certain place, therefore it must be followed by a word of place, for example:

他家住在西安。(Tā jiā zhù zài Xī'ān)

火车票放在手提包里了。(Huǒchēpiào fàng zài shǒutíbāolǐ le.)

6. 行李放好了吗？(Xíngli fàng hǎo le ma?)

"好" here is an adjective to indicate the result as well as the completion of an action:

我写好信了。(Wǒ xiě hǎo xìn le.)

他们谈好了没有？(Tāmen tánhǎo le méiyou?)

练 习 Exercises :

Supplementary words:

行李架	xínglijià	〔名〕	luggage rack
收	shōu	〔动〕	to receive, to keep
手续	shǒuxù	〔名〕	procedure
办	bàn	〔动〕	to go through
讨论	tǎolùn	〔动〕	to discuss
旅行	lǚxíng	〔动、名〕	to travel; travel
口袋	kǒudài	〔名〕	pocket
衣帽钩	yīmàogōu	〔名〕	pegs for coats and hats
忘	wàng	〔动〕	to forget
西服	xīfú	〔名〕	suit
眼镜盒儿	yǎnjìnghér	〔名〕	case for keeping glasses
丢	diū	〔动〕	to lose
保险	bǎoxiǎn	〔形、名〕	safe; security

1. **Answer the following questions:**

1) **Model:**

> A: Zhāng xiānsheng zhù zài shénme dìfang?
> 　张　　先　生　住 在　什 么 地方？
>
> B: Tā zhù zài Zhōnglóu fùjìn.　(Zhōnglóu)
> 　他 住 在　钟　楼 附近。（ 钟　楼 ）

(1) A: Lǐ Wénhàn tóngzhì zhù zài shénme dìfang?
　　李 文 汉 同 志 住 在　什 么 地方？

　　B: ＿＿＿＿＿＿＿＿＿＿＿＿＿ .　(Rénmín Jùchǎng)
　　　＿＿＿＿＿＿＿＿＿＿＿＿＿ 。（ 人 民 剧 场 ）

(2) A: Xiǎo Chén zhù zài jǐ céng?
　　小　陈　住 在 几 层？

　　B: ＿＿＿＿＿＿＿＿＿＿＿＿＿ .　(sì céng)
　　　＿＿＿＿＿＿＿＿＿＿＿＿＿ 。（四 层 ）

(3) A: Piào fàng zài nǎr le?
　　票　放　在 哪儿 了？

　　B: ＿＿＿＿＿＿＿＿＿＿＿＿＿ .　(shǒutíbāo)
　　　＿＿＿＿＿＿＿＿＿＿＿＿＿ 。（ 手 提 包 ）

(4) A: Shǒutíbāo fàng zài nǎr le?
　　手 提 包　放　在 哪儿 了？

　　B: ＿＿＿＿＿＿＿＿＿＿＿＿＿ .　(xíngli jià)
　　　＿＿＿＿＿＿＿＿＿＿＿＿＿ 。（ 行李 架 ）

2) **Model:**

> A: Xíngli fàng hǎo le ma?
> 　行李 放　好 了 吗？
>
> B: Fàng hǎo le.
> 　放　好 了。

(1) A: Zhǔnbèi hǎo le ma?
　　准 备　好 了 吗？

　　B: ＿＿＿＿＿＿＿ .
　　　＿＿＿＿＿＿＿ 。

(2) A: Piào shōu hǎo le ma?
　　票　收　好 了 吗？

　　B: ＿＿＿＿＿＿＿ .
　　　＿＿＿＿＿＿＿ 。

(3) A: Shǒuxù bàn hǎo le ma?
手 续 办 好 了 吗?

B: _____ .
_____ 。

3) **Model:**

> A: Míngtiān de tèkuài mǎi dào le ma?
> 明 天 的 特 快 买 到 了 吗?
>
> B: Méi mǎi dào.
> 没 买 到。

(1) A: "Hàn Yīng Cídiǎn" jiè dào le ma?
《汉 英 词 典》借 到 了 吗?

B: _____ .
_____ 。

(2) A: Nǐ jiàn dào Lǎo Lǐ le ma?
你 见 到 老 李 了 吗?

B: _____ .
_____ 。

(3) A: Tā jì gěi nǐ de bāoguǒ shōu dào le ma?
他 寄 给 你 的 包 裹 收 到 了 吗?

B: _____ .
_____ 。

2. Practice the following questions after the model:

Model:

> Hái yǒu shénme shìr xūyào bāngmáng de ma?   (shìr, bāngmáng)
> 还 有 什 么 事 儿 需 要 帮 忙 的 吗?   (事 儿,帮 忙)

1) wèntí, tǎolùn
问题,讨论

2) shǒuxù, bàn
手续,办

3) gōngzuò, yánjiū
工 作,研 究

3. Fill in the blanks:

Model:

> Jiàn dào Lǎo Zhāng, qǐng dài wǒ wèn hǎo.
> 见 到 老 张，请 代 我 问 好。

1) Jiàn dào Lǎo Liú, _____ . (wǒmen)
   见 到 老 刘，_____。（我 们）

2) _____ , qǐng dài wǒ xiàng tā wèn hǎo. (Lǎo Lǐ)
   _____，请 代 我 向 他 问 好。（老 李）

3) _____ , nǐ gěi wǒ dài ge hǎor ba. (Xiǎo Chén)
   _____，你 给 我 带 个 好 儿 吧。（小 陈）

4. Fill in the blanks:

Model:

> Zhù nǐmen yílùpíng'ān!
> 祝 你 们 一 路 平 安！

1) _____ yílùshùnfēng! (nǐ)
   _____ 一 路 顺 风！（你）

2) _____ lǚxíng yúkuài! (nǐmen yì jiā)
   _____ 旅 行 愉 快！（你 们 一 家）

5. Listen to the dialogues:

1) Chén Míngshān   Piào shōu hǎo le ma?
   陈 明 山：票 收 好 了 吗？

   Lìli   Shōu hǎo le.
   莉 莉： 收 好 了。

   Chén   Fàng zài nǎr le?
   陈 ： 放 在 哪 儿 了？

   Lì   Fàng zài wǒ de dàyī kǒudàili le.
   莉 ： 放 在 我 的 大 衣 口 袋 里 了。

Chén　　Nǐ de dàyī ne?
陈：　你的大衣呢？

Lì　　　Guà zài yīmàogōushang le.
莉：　挂在衣帽钩上了。

Chén　　Kuài nálai, háishì fàng zài wǒ zhèr ba.
陈：　快拿来，还是放在我这儿吧。

*　　　*　　　*

2) Wáng tàitai　　Liú xiānsheng tāmen jiā zhù nǎr?　Nǐ zhīdao ma?
王　太太：　刘先生他们家住哪儿？你知道吗？

Wáng xiānsheng　Lǎo Lǐ bú shì gěi zánmen xiě le ge dìzhǐ ma?
王　先生：　老李不是给咱们写了个地址吗？

Tàitai　　Nálai, wǒ kànkan.
太太：　拿来，我看看。

Xiānsheng　Āiyā, wǒ wàngle fàng zài nǎr le.　Nǐ méi kàn dào?
先生：　哎呀，我忘了放在哪儿了。你没看到？

Tàitai　　Méi kàn dào. Huì bu huì fàng zài xīfú kǒudàili le?
太太：　没看到。会不会放在西服口袋里了？

Xiānsheng　Méi fàng zài kǒudàili.
先生：　没放在口袋里。

Tàitai　　Kànkan yǎnjìnghérli yǒu méiyǒu?
太太：　看看眼镜盒儿里有没有？

Xiānsheng　Yě méiyǒu.
先生：　也没有。

Tàitai　　Zài zhǎozhao biéde dìfang.
太太：　再找找别的地方。

Xiānsheng　Hái néng zài nǎr?　Néng zhǎo de dìfang wǒ dōu zhǎo
先生：　还能在哪儿？能找的地方我都找

le.　Méiyǒu dìzhǐ, zěnmebàn ne?
了。没有地址，怎么办呢？

Tàitai　　Nǐ zěnme bú fàng hǎo ne!
太太：　你怎么不放好呢！

256

Xiānsheng 先　生：	Wǒ fàng hǎo le. 我　放　好　了。
Tàitai 太太：	Shénme fàng hǎo le!　Yídìng shì diūle. 什么　放　好　了！一定　是　丢　了。
Xiānsheng 先　生：	Bú huì,　bú huì diū. 不　会，不　会　丢。
Tàitai 太太：	Nà,　nǐ zài hǎohāor xiǎngxiang. 那，你　再　好　好儿　想　想。
Xiānsheng 先　生：	À,　duìle duìle. 啊，对了　对了。
Tàitai 太太：	Fàng zài nǎr　le? 放　在　哪儿了？
Xiānsheng 先　生：	Zhèbu,　jiā zài zhèběn shūli le.　Wǒ shuō fàng hǎo le ma. 这不，夹　在　这　本　书里了。我　说　放　好　了嘛。
Tàitai 太太：	Wǒ shuō nǐ fàng de zhège dìfang yě tài "bǎoxiǎn" le. 我　说　你　放　的　这个　地方　也太"保险"了。

<hr>

答案 Key

1. 1) (1) Tā zhù zài Rénmín Jùchǎng fùjìn.
他住在人民剧场附近。

(2) Tā zhù zài sìcéng.
他住在四层。

(3) Piào fàng zài shǒutíbāoli le.
票　放　在　手提包里了。

(4) Shǒutíbāo fàng zài xínglijiàshangle.
手提包　放　在　行李架上了。

2) (1) Zhǔnbèi hǎo le.
准备好了。

(2) Shōu hǎo le.
收　好　了。

(3) Bàn hǎo le.
办　好　了。

3) (1) Méi jiè dào.
没借到。

(2) Méi jiè dào.
没　借　到。

(3) Méi shōu dào.
没　收　到。

2. 1) Hái yǒu shénme wèntí xūyào tǎolùn de ma?
还有什么问题需要讨论的吗?

2) Hái yǒu shénme shǒuxù xūyào bàn de ma?
还有什么手续需要办的吗?

3) Hái yǒu shénme gōngzuò xūyào yánjiū de ma?
还有什么工作需要研究的吗?

中国人的称呼
Chinese Forms of Address

The Chens talk about Chinese ways of addressing people before they go to see Zhang Xin.

Chén Gāngcái wǒ gěi Lǎo Zhāng dǎ diànhuà le.
陈：　刚 才 我 给 老　张　打 电 话 了。
I just called Lao Zhang.

Ài Dǎtōng le ma?
艾：　打 通 了 吗？
Did you get through?

Chén
陈：

Dǎtōng le.　Tā ràng wǒmen míngtiān shàngwǔ qù.　　Tā hé tā tàitai zài
打 通 了。他 让 我 们 明 天 上 午 去[1]。他 和 他 太太 在
jiā děng wǒmen.
家 等 我 们。

Yes. He wants us over tomorrow morning. He and his wife will be waiting for us.

Wěi
伟：

Bàba, míngtiān jiàn miàn shí zěnme jiào tāmen ne?
爸爸，明 天 见 面 时 怎么 叫 他 们 呢？

Oh Dad, what shall I call them when we meet tomorrow?

Chén
陈：

Jiào "bóbo"　, "bómǔ".
叫 "伯 伯" 、 "伯 母"。

You call them "bo bo" and "bo mu".

Wěi
伟：

Wèi shénme jiào "bóbo", "bómǔ", bú jiào "shūshu", "āyí" ne?
为 什 么 叫 "伯 伯"、"伯 母"，不 叫 "叔 叔"、"阿 姨" 呢？

Why "bo bo" and "bo mu" and not "shu shu" and "ah yi"?

Chén
陈：

Yīnwèi Lǎo Zhāng bǐ wǒ dà hǎo jǐsuì.
因 为 老 张 比 我 大 好 几 岁[2]。

Because Lao Zhang is a few years older than me.

Wěi
伟：

Zài Běijīng chángcháng tīng jiàn háizimen jiào "shūshu", "āyí", zhè
在 北 京 常 常 听 见 孩 子 们 叫 "叔 叔"、"阿 姨"[3]，这
shì zěnme huí shìr ne?
是 怎么 回 事 儿 呢？

In Beijing I often hear children addressing grown-ups as "shu shu" and "ah yi". Why do they do that?

Chén
陈：

Háizimen guǎn nàxiē gēn zì jǐ fùqin, mǔqin niánlíng chà bu duō de jiào
孩 子 们 管 那 些 跟 自 己 父 亲、母 亲 年 龄 差 不 多 的 叫
"shūshu", "āyí".
"叔 叔"、"阿 姨"。

Children usually call people about the age of their parents "shu shu" and "ah yi".

259

Lì 莉：
Bàba, Zhōngguó rén de chēnghu tài fùzá le, shénme "Lǎo Zhāng",
爸爸，中国人的称呼太复杂了，什么"老张"、
"Xiǎo Liú", "Tóngzhì", "Xiānsheng". Wǒ dōu hútu le. Dàodǐ gāi zěnme
"小刘"、"同志"、"先生"[4]。我都糊涂了。到底该怎么
yòng, nín gěi wǒ jiǎngjiang ba.
用，您给我讲讲吧。

Oh Dad, the Chinese way of addressing people is too complicated. "Lao Zhang" "Xiao Liu",
"Comrade", "Mr.". I get them all mixed up. You'd better give me some ideas as to how
they're used.

Chén 陈：
Nǐ jiào wǒ jiǎng, wǒ yě zhǐ néng jiǎndān de jiǎng yíxiàr. Xiànzài yǒude
你叫我讲，我也只能简单地讲一下儿[5]。现在有的
qíngkuàng wǒ yě bù qīngchu.
情况我也不清楚。

I can only give you a rough idea. I'm not familiar with some of the present conditions
myself.

Lì 莉：
Nín xiān jiǎng yì jiǎng "Tóngzhì".
您先讲一讲"同志"。

First of all, tell us about "Comrade".

Chén 陈：
"Tóngzhì" shì Zhōngguó rén cháng yòng de yí ge pǔtōng chēnghu. Bú
"同志"是中国人常用的一个普通称呼。不
rènshí de rén jiàn miàn shí, kěyǐ hùxiāng chēnghu "Tóngzhì". Zhīdao
认识的人见面时，可以互相称呼"同志"。知道
duìfāng xìngmíng de, kěyǐ chēnghu "mǒu tóngzhì", huòzhě "mǒu mǒu
对方姓名的，可以称呼"某同志"，或者"某某
tóngzhì".
同志"。

"Comrade" is a common term Chinese use to address people. When strangers meet, they
can call each other "comrade". If you know his name you can call him "Comrade so-and-
so", using either surname or full name.

Lì 莉：
Shénme shíhòu jiào "Lǎo shénme", "Xiǎo shénme" ne?
什么时候叫"老什么"、"小什么"呢？

And when do you use "Lao" and "Xiao"?

260

Chén	Bǐjiào shúxi de rén, niánlíng dà de duì niánlíng xiǎo de kěyǐ chēnghu "Xiǎo
陈:	比较 熟悉 的 人，年 龄 大 的 对 年 龄 小 的 可以 称 呼 "小
	shénme"; nián líng xiǎo de duì niánlíng dà de, huòzhě niánlíng chà bu
	什么"；年 龄 小 的 对 年 龄 大 的，或者 年 龄 差 不
	duō de, kěyǐ chēnghu "Lǎo shénme". Zhèyàng tīng qǐlai qīnqiè yìxiē.
	多 的，可以 称 呼 "老 什 么"。 这样 听 起来 亲切 一些。

That's for people you're familiar with. Older ones can call those younger than they are "Xiao something" while younger ones can call those older or about the same age as they are "Lao something". It sounds more intimate that way.

Wěi	Zài Měiguó, "Xiānsheng" bù lí kǒu, kěshì, zài zhèr chēnghu "Xiānsheng"
伟:	在 美国，"先 生" 不离口，可是，在 这儿 称 呼 "先 生"
	de bù duō.
	的 不 多。

In the United States, we call everybody Mr. so-and-so. But here I found Mr. is not used frequently.

| Chén | Chēnghū "Xiānsheng" de yě yǒu. |
| 陈: | 称 呼 "先 生" 的 也 有。 |

There are some people who use it.

| Wěi | "Tàitai", "Xiǎojie" ne? |
| 伟: | "太太"、"小 姐" 呢？ |

What about Mrs. and Miss?

Chén	Chēnghu "Tàitai" de bú tài duō, chēnghu "Xiǎojie" de bù shǎo. Duì wàiguó
陈:	称 呼 "太太"的不太多，称 呼 "小 姐"的不少。对 外国
	rén hé huí guó tànqīn huáqiáo de chēnghu, "Xiānsheng", "Tàitai",
	人 和 回国 探亲 华侨 的 称 呼，"先 生"、"太太"、
	"Xiǎojie" yìzhí dōu zài yòng.
	"小 姐" 一直 都 在 用。

People seldom use Mrs. But Miss is often used to address young ladies in China. For foreigners and overseas Chinese visiting here, Mr., Mrs. and Miss are always used.

| Ài | Wǒmen zǒu ba, bā diǎn bàn le. |
| 艾: | 我 们 走 吧，八 点 半 了。 |

Let's go. It's eight-thirty.

| Chén | Méi guānxi, Lǎo Zhāng ràng wǒmen shí diǎn bàn dào tā jiā. |
| 陈: | 没 关系，老 张 让 我 们 十 点 半 到 他家。 |

No hurry. Lao Zhang expects us at half past ten.

称呼	chēnghu	〔名、动〕	a form of address; to address, to call
通	tōng	〔动〕	to be through, to lead to
电话打通了	diànhuà dǎtōng le		The phone call has been put through.
让	ràng	〔动〕	to ask, to let, to give up
为什么	wèi shénme		why
叔叔	shūshu	〔名〕	uncle
阿姨	āyí	〔名〕	aunt (what children call young women)
因为	yīnwèi	〔连〕	because
比	bǐ	〔介、动、名〕	than; to compare; comparison
好	hǎo	〔副〕	well, quite
好几岁	hǎo jǐsuì		quite a few years (of age)
听见	tīng jiàn		to hear
回	huí	〔量〕	a measure word for time or round
这是怎么回事儿？	Zhè shì zěnme huí shìr?		What is the matter? What is the meaning of this?
管	guǎn	〔介、动〕	as; (to call)...as
管…叫…	guǎn...jiào...		to call...as
那些	nàxiē	〔代〕	those
父亲	fùqin	〔名〕	father
母亲	mǔqin	〔名〕	mother
差不多	chà bu duō		nearly, more or less
跟…差不多	gēn ... chà bu duō		more or less the same as...
复杂	fùzá	〔形〕	complicated
糊涂	hútu	〔形〕	confused
到底	dàodǐ	〔副〕	after all, in the final analysis, how on earth
讲	jiǎng	〔动〕	to explain, to say, to talk
叫	jiào	〔动〕	to call, to address

简单	jiǎndān	〔形〕	simple
地	de	〔助〕	a particle added to adjectives as adverbial
有的	yǒude	〔代〕	some
情况	qíngkuàng	〔名〕	situation
清楚	qīngchu	〔形〕	clear
常	cháng	〔形、副〕	regular, frequent; often
普通	pǔtōng	〔形〕	ordinary, common
认识	rènshi	〔动、名〕	to know; understanding
互相	hùxiāng	〔副〕	each other
对方	duìfāng	〔名〕	the other party (side)
姓名	xìngmíng	〔名〕	full name
某	mǒu	〔代〕	certain
熟悉	shúxi	〔形〕	familiar
…之间	…zhījiān		between, among
…起来	…qǐlai		an expression indicating that an action is in progress
亲切	qīnqiè	〔形〕	friendly, warm
口	kǒu	〔名〕	mouth
"先生"	"xiānsheng"		saying "Mr." all the time
不离口	bù lí kǒu		
可是	kěshì	〔连〕	but, however
探亲	tàn qīn		to visit relatives

注 释 Study points :

1. 他<u>让</u>我们明天上午去。(Tā <u>ràng</u> wǒmen míngtiān shàngwǔ qù.)

   In Chinese, there is a kind of sentence in which the object of its first verb is at the same time the subject of the second "subject-predicate" structure. Verbs like "请" (qǐng), "叫" (jiào), "让" (ràng), etc. often serve as the first verb in such sentences:

   李先生请他吃饭。(Lǐ xiānsheng qǐng tā chī fàn.)

   你叫我讲，我也只能简单地讲一下儿。(Nǐ jiào wǒ jiǎng, wǒ yě zhǐ néng jiǎndān de jiǎng yíxiàr.)

   老张让我们十点半到他家。(Lǎo Zhāng ràng wǒmen shí diǎn bàn dào tā jiā.)

2. 老张<u>比</u>我大好几岁。(Lǎo Zhāng <u>bǐ</u> wǒ dà hǎo jǐsuì.)

   1) "比" (bǐ) is the most common comparison indicator. The general pattern is:

   A + 比 + B + the result or the difference of the comparison:

   今天比昨天冷。(Jīntiān bǐ zuótiān lěng.)

   你的书比他的书多吗？(Nǐ de shū bǐ tā de shū duō ma?)

   老李比我大三岁。(Lǎo Lǐ bǐ wǒ dà sān suì.)

   The negative form is:

   他不比我大。(Tā bù bǐ wǒ dà.)

   2) "好" (hǎo) is an adverb here, meaning "quite", "a good many", etc.

3. 在北京常常听<u>见</u>孩子们叫"叔叔"，"阿姨"。(Zài Běijīng chángcháng tīng jiàn háizimen jiào "shūshu", "āyí".)

   The verb "见" (jiàn) is often placed after the verbs "听" (tīng) and "看" (kàn) to mean "to have heard" and "to have seen".

4. <u>什么</u>"老张"，"小刘"，"同志"，"先生"。(<u>Shénme</u> "Lǎo Zhāng", "Xiǎo Liú", "Tóngzhì", "Xiānsheng".)

   "什么" (shénme) when placed before a series of parallel elements shows that there are too many to be listed.

5. 我也只能简单地讲一下儿。(Wǒ yě zhǐ néng jiǎndān de jiǎng yíxiàr.)

When a two-syllable adjective is used as an adverbial, the structural particle "地" is usually placed between it and the verb:

他高兴地说："我已经买了汽车了。" (Tā gāoxìng de shuō: "Wǒ yǐjìng mǎile qìchē le.")

他热情地介绍了很多情况。(Tā rèqíng de jièshàole hěn duō qíngkuàng.)

练 习 Exercises :

Supplementary words:

主持人	zhǔchírén	〔名〕	chairperson
历史学家	lìshǐxuéjiā	〔名〕	historian
不敢当	bù gǎndāng		not at all (literally, I don't deserve it.)
进行	jìnxíng	〔动〕	to proceed
学术	xuéshù	〔名〕	scholarship, academic subject
交流	jiāoliú	〔动〕	to exchange
面前	miànqián	〔名〕	before, in front of
班门弄斧	bānménnòngfǔ		to display one's slight skill before an expert
指正	zhǐzhèng	〔动〕	to criticize
耽误	dānwu	〔动〕	to take up (one's time)
衷心	zhōngxīn	〔形〕	heartfelt
座谈	zuòtán	〔动〕	to discuss (informally)
解答	jiědá	〔动〕	to answer

265

1. Fill in the blanks with the right words:

> jǐ diǎn,　nǎ tiān,　shuí,　nǎr,　shénme
> 几 点，　哪 天，　谁，　哪儿，　什 么

1) A: Lǎo Zhāng yào qǐng ＿＿＿＿＿ chī fàn?
　　老　张　要　请　＿＿＿＿＿ 吃 饭？

　 B: Qǐng Chén xiānsheng quán jiā.
　　请　陈　先　生　全　家。

2) A: Lǎo Zhāng qǐng tāmen ＿＿＿＿＿ qù?
　　老　张　请　他们　＿＿＿＿＿ 去？

　 B: Míngtiān.
　　明　天。

3) A: Lǎo Zhāng qǐng tāmen qù ＿＿＿＿＿ ?
　　老　张　请　他们　去　＿＿＿＿＿ ？

　 B: Qù tā jiā.
　　去 他 家。

4) A: Lǎo Zhāng ràng tāmen ＿＿＿＿＿ dào tā jiā?
　　老　张　让　他们　＿＿＿＿＿ 到 他 家？

　 B: Shí diǎn bàn.
　　十　点　半。

5) A: Lìli　jiào Chén xiānsheng jiǎng ＿＿＿＿＿ ?
　　莉莉 叫　陈　先　生　讲　＿＿＿＿＿ ？

　 B: Jiǎng Zhōngguó rén de chēnghu.
　　讲　中　国　人 的　称　呼。

2. Rearrange the following words and phrases into proper sentences:

1) Běijīng Fàndiàn, gāo, bǐ, Mínzú Fàndiàn
　 北京 饭店，高，比，民族 饭店

2) Lìli,　sān suì, dà, bǐ, Dàwěi
　 莉莉，三 岁，大，比，大伟

266

3) Lǎo Dīng, yìdiǎnr, shòu, bǐ, Chén tàitai

老　丁，一点儿，瘦，比，陈　太太

4) zhèjiàn, shàngyī, yàngzi, hǎo, bǐ, nàjiàn

这件，上衣，样子，好，比，那件

5) zhège guójiā, chà bu duō, gēn, nàge guójiā, dà

这个国家，差不多，跟，那个国家，大

6) tā, niánjì, dà, chà bu duō, gēn, tā

他，年纪，大，差不多，跟，他

3. Answer the following questions:

1) Lìli   jiào Lǎo Zhāng shénme?

莉莉叫老　张　什么？

2) Háizimen guǎn shuí jiào "shūshu" , "ā yí" ?

孩子们　管　谁　叫"叔叔"、"阿姨"？

3) Shénme rén jiàn miàn shí hùxiāng chēnghu "Tóngzhì"?

什么人见　面　时互相　称呼"同志"？

4) Chēnghu nàxiē rén, "Xiānsheng", "Tàitai", "Xiǎojie" yìzhí dōu zài yòng?

称　呼哪些人，"先　生"、"太太"、"小姐"一直都在　用？

4. Listen to the dialogue:

(Mr. Smith, a historian, gives a talk at a symposium at a university.)

Zhǔchírén   Jīntiān, wǒmen qǐng dàole Měiguó lìshǐxuéjiā Shǐmìsī xiānsheng

主持人：　今天，我们　请　到了美国历史学家史密斯先　生

lái zuò bàogào. Shǐmìsī xiānsheng duì Zhōngguó lìshǐ hěn yǒu

来作　报告。史密斯先　生　对　中国历史很有

yánjiū.

研究。

Shǐmìsī   Bù gǎndāng, bù gǎndāng.

史密斯：　不敢当，不敢当。

267

Zhǔ　　Xiànzài, ràng wǒmen huānyíng Shǐmìsī xiānsheng zuò bàogào.
主：　　现在，让 我们 欢 迎 史密斯先 生 做 报告。

Shǐ　　Jīntiān yǒu jīhuì hé zhōngguó péngyou jìnxíng xuéshù jiāoliú, wǒ hěn
史：　　今天 有 机会 和 中 国 朋 友 进行 学术 交流，我 很

　　　　gāoxìng. Búguò, zài zhōnguó péngyou miànqián tán zhōngguó lìshǐ
　　　　高兴。 不 过，在 中 国 朋 友 面 前 谈 中 国 历史

　　　　fāngmiàn de wèntí, shízài shì bānménnòngfǔ. Qǐng péngyoumen
　　　　方 面 的 问题，实在 是 班 门 弄 斧。请 朋 友 们

　　　　duōduō zhǐzhèng.
　　　　多 多 指 正。

　　　　　　　　　*　　　　　*　　　　　*

Shǐ　　Jīntiān wǒ yào jiǎng de jiù shi zhèxiē, Dānwu dàjiā bù shǎo shíjiān,
史：　　今天 我 要 讲 的 就是 这些，耽误 大家 不 少 时间，

　　　　xièxie.
　　　　谢谢。

Zhǔ　　Shǐmìsī xiānsheng gěi wǒmen zuòle yí ge hěn hǎo de xuéshù bàogào,
主：　　史密斯先 生 给我们 做了一个 很 好 的 学术 报告，

　　　　ràng wǒmen xiàng Shǐmìsī xiānsheng biǎoshì zhōngxīn de gǎnxiè.
　　　　让 我 们 向 史密斯 先 生 表 示 衷 心 的 感 谢。

　　　　Xiàbiānr Shǐmìsī xiānsheng hái xiǎng gēn wǒmen zuòtánzuòtán.
　　　　下 边儿 史密斯 先 生 还 想 跟 我 们 座 谈 座 谈。

　　　　Dàjiā yǒu wèntí kěyǐ qǐng Shǐmìsī xiānsheng jiědá.
　　　　大家 有 问题可以 请 史密斯 先 生 解答。

Shǐ　　Bú shì wǒ jiědá wèntí, wǒ shì gēn nǐmen yìqǐ tántan, jiāoliújiāoliú
史：　　不 是 我 解答 问题，我 是 跟 你们 一起 谈谈，交流 交流

　　　　qíngkuàng. Zuòtán ma, zài zhèr de xiānsheng, nǚshì dōu yào tán, hǎo
　　　　情 况。 座 谈 嘛，在这儿 的 先 生、女士 都 要 谈，好

　　　　bu hǎo?
　　　　不 好？

Zhǔ　　À, dōu bú yào kèqi le. Kāishǐ ba.
主：　　啊，都 不 要 客气了。开始 吧。

268

5. Translate the following sentences into Chinese:

1) What's your name, please?

2) David calls Wang Dazhong uncle.

3) She asked Mr. Chen to tell her how to address the Chinese people.

4) Come in, please!

5) Could you please tell me where comrade Xiao Zhang lives?

6) Lao Chen invited Xiao Li and his family to his place.

答案 Key

1. 1) shuí   2) nǎtiān   3) nǎr   4) jǐdiǎn   5) shénme
        谁   哪天   哪儿   几点   什么

2. 1) Běijīng Fàndiàn bǐ Mínzú Fàndiàn gāo.
        北京 饭店 比民族 饭店 高。

     2) Lìli bǐ Dàwěi dà sān suì.
        莉莉比大伟大三岁。

     3) Lǎo Dīng bǐ Chén tàitai shòu yìdiǎnr.
        老 丁 比 陈 太太 瘦 一点儿。

     4) Zhèjiàn shàngyī bǐ nàjiàn yàngzi hǎo.
        这件 上衣比那件 样子好。

     5) Zhège guójiā gēn nàge guójiā chà bu duō dà.
        这个 国家 跟那个 国家 差 不 多 大。

     6) Tā niánjì gēn tā chà bu duō dà.
        他年纪跟她差不多大。

5. 1) Nǐ jiào shénme míngzi?
        你叫 什么 名字？

     2) Dàwěi guǎn Wáng Dàzhōng jiào shūshu.
        大伟 管 王 大 中 叫 叔叔。

     3) Tā jiào Chén xiānsheng jiǎng Zhōngguó rén de chēnghu.
        她叫 陈 先 生 讲 中 国人 的 称 呼。

     4) Qǐng jìnlai!
        请 进来！

     5) Qǐng wèn, Xiǎo Zhāng tóngzhì zhù nǎr?
        请 问，小 张 同志住哪儿？

     6) Lǎo Chén qǐng Xiǎo Lǐ yì jiā qù tā jiā.
        老 陈 请 小 李一家去他家。

复习五　Revision 5

1. Give their antonyms:

cháng _____   dà _____   lěng _____   duì _____
长   大   冷   对

duō _____   kuài _____   zǎo _____   xīn _____
多   快   早   新

féi _____   fùzá _____   shàng _____   lǐ _____
肥   复杂   上   里

zhè _____   yǐqián _____   mǎi _____   lái _____
这   以前   买   来

jìn _____   kāishǐ _____   chū guó _____   guó nèi _____
进   开始   出 国   国 内

2. Fill in the blanks with the right words:

> gěi, guǎn, wàng, zài, cóng, gēn, duì, ràng, wèi
> 给 ， 管 ， 往 ， 在 ， 从 ， 跟 ， 对 ， 让 ， 为

1) Wǒ gāng _____ Zhāng xiānsheng nàr lái.
   我 刚 _____ 张 先 生 那儿来。

2) Tā yào _____ jīnhòu de yánjiū gōngzuò zuò xiē zhǔnbèi le.
   他要 _____ 今后 的 研究 工作 做 些 准 备了。

3) _____ zhèr yù jiàn nǐ, wǒ zhēn gāoxìng.
   _____ 这儿遇见你，我真 高兴。

4) Nǐ _____ tā bāng nǐ yíxiàr, tā hái néng bù bāng?
   你 _____ 他帮 你一下儿，他还 能 不帮 ？

5) Wǒ zěnme néng _____ tā bǐ ne, tā duō huì bàn shìr a.
   我 怎 么 能 _____ 他 比 呢，他 多 会 办 事 儿 啊。

6) Tā _____ wǒ de bāngzhù tài dà le, wǒ děi hǎohāor xièxie tā.
   他 _____ 我 的 帮 助 太 大 了，我 得 好 好 儿 谢 谢 他。

7) Nǐ zhèr chī fàn, wǒ hái kèqi? Zánmen shì shuí _____ shuí ya!
   你 这 儿 吃 饭，我 还 客 气？咱 们 是 谁 _____ 谁 呀！

8) Xiǎo Wáng _____ nǐ zǎo diǎnr qù, tā shuō tā _____ qìchēzhàn děng nǐ.
   小 王 _____ 你 早 点 儿 去，他 说 他 _____ 汽 车 站 等 你。

9) Kuài _____ tāmen sòng piào qu ba, tāmen jiù bié _____ zánmen zhèr
   快 _____ 他 们 送 票 去 吧，他 们 就 别 _____ 咱 们 这 儿

   pǎo le.
   跑 了。

10) Nǐmen _____ Zhāng Míng jiào "Lǎo Zhāng", kě wǒmen dōu _____ tā
    你 们 _____ 张 明 叫 "老 张"，可 我 们 都 _____ 他

    jiào "Xiǎo Zhāng", tā bǐ wǒmen xiǎo a.
    叫 "小 张"，他 比 我 们 小 啊。

3. Correct the mistakes in the sentences:

1) Tā lái gāng cóng Xiǎo Zhào jiā.
   他 来 刚 从 小 赵 家。

2) Wǒmen qù kàn Xiǎo Liú míngtiān xiàwǔ.
   我 们 去 看 小 刘 明 天 下 午。

3) Wǎnshang tāmen huí Yīngguó cóng Zhōngguó.
   晚 上 他 们 回 英 国 从 中 国。

4) Chén xiānsheng mǎile yìxiē lìshǐ fāngmiàn de shū zài nàge shūdiàn.
   陈 先 生 买 了 一 些 历 史 方 面 的 书 在 那 个 书 店。

271

5) Hòutiān wǎnshang yǎn zájì, Wáng xiǎojie gěi yì zhāng piào tā péngyou.
后 天 晚 上 演杂技，王 小姐给一 张 票她朋 友。

6) Xiǎo Zháng yóulǎn Chángchéng gēn Dàwěi tāmen yìqǐ.
小 张 游览 长 城 跟大伟他们一起。

7) Tā huí xuéxiào cóng tā gēge nàr.
他回 学 校 从 他哥哥那儿。

8) Qiántiān wǒ wèn le, yòu jīntiān shàngwǔ wǒ wèn le.
前 天 我 问 了，又今天 上 午我问了。

9) Nǐmen qù Guǎngzhōu shénme shíhòu?
你 们 去 广 州 什 么 时 候？

10) Shíjiān zhème wǎn le, tāmen bú huì lái yídìng le.
时 间 这 么 晚 了，他们 不 会 来一定了。

答案 Key

1.

cháng	duǎn	dà	xiǎo	lěng	rè	duì	cuò
长 — 短		大 — 小		冷 — 热		对 — 错	

duō	shǎo	kuài	màn	zǎo	wǎn	xīn	jiù
多 — 少		快 — 慢		早 — 晚		新 — 旧	

féi	shòu	fùzá	jiǎndān	shàng	xià	lǐ	wài
肥 — 瘦		复杂 — 简单		上 — 下		里 — 外	

zhè	nà	yǐqián	yǐhòu	mǎi	mài	lái	qù
这 — 那		以前 — 以后		买 — 卖		来 — 去	

jìn	chū	kāishǐ	jiéshù	chū guó	huí guó	guó nèi	guó wài
进 — 出		开始 — 结束		出国 — 回国		国内 — 国外	

2.

1) cóng	3) zài	5) gēn	7) zài, gēn	9) gěi, wàng
从	在	跟	在，跟	给，往
2) wèi	4) ràng	6) duì	8) ràng, zài	10) guǎn, guǎn
为	让	对	让，在	管，管

272

3. 1) Tā gāng cóng Xiǎo Zhào jiā lái.
　　他 刚 从 小 赵 家 来。

2) Wǒmen míngtiān xiàwǔ qù kàn Xiǎo Liú
　　我 们 明 天 下 午 去 看 小 刘。

3) Wǎnshang tāmen cóng Zhōngguó huí Yīngguó.
　　晚 上 他 们 从 中 国 回 英 国。

4) Chén xiānsheng zài nàge shūdiàn mǎile yìxiē lìshǐ fāngmiàn de shū.
　　陈 先 生 在 那 个 书 店 买 了 一 些 历 史 方 面 的 书。

5) Hòutiān wǎnshang yǎn zájì, Wáng xiǎojie gěi tā péngyou yìzhāng piào.
　　后 天 晚 上 演 杂 技，王 小 姐 给 她 朋 友 一 张 票。

6) Xiǎo Zhāng gēn Dàwěi tāmen yìqǐ yóulǎn Chángchéng.
　　小 张 跟 大 伟 他 们 一 起 游 览 长 城。

7) Tā cóng tā gēge nàr huí xuéxiào.
　　他 从 他 哥 哥 那 儿 回 学 校。

8) Qiántiān wǒ wèn le, jīntiān shàngwǔ wǒ yòu wèn le.
　　前 天 我 问 了，今 天 上 午 我 又 问 了。

9) Nǐmen shénme shíhòu qù Guǎngzhōu?
　　你 们 什 么 时 候 去 广 州？

10) Shíjiān zhème wǎn le, tāmen yídìng bù huílai le.
　　时 间 这 么 晚 了，他 们 一 定 不 回 来 了。

问路
Asking the Way

26

The Chens are on their way to Zhang Xin's home.

I

Chén　　Àilín,　jīntiān zánmen shàng Lǎo Zhāng jiā, zǒu lù qù, hǎo bu hǎo?
陈：　　艾琳，今天 咱 们 上 老 张 家，走路去，好 不 好[1]？
　　　　Irene, let's walk to Lao Zhang's place, shall we?

Ài　　　Zánmen bú rènshi lù a!
艾：　　咱 们 不 认识路啊！
　　　　But we don't know the way.

274

Chén　　Bízi　xiàbiānr yǒu zuǐ ne,　bú rènshi jiù wèn ma.
陈：　　鼻子下边儿 有 嘴 呢[2]，不 认识 就 问 嘛。
　　　　We've got mouths.　We can ask.

Ài　　　Hǎo, tīng nǐ de.
艾：　　好，听 你 的。
　　　　All right, as you say.

Chén　　Lǎo Zhāng jiù zhù zài Zhōnglóu fùjìn,　wǒmen xiān dào Zhōnglóu.
陈：　　老 张 就 住 在 钟楼附近，我们 先 到 钟楼。
　　　　He lives close to Bell Tower, so let's go to Bell Tower first.

II

Chén　　　Qǐngwèn, qiánbiānr shì Zhōnglóu ma?
陈：　　　请 问，前边儿是 钟楼吗？
　　　　　Excuse me, is that Bell Tower over there?

Lùrén jiǎ　Duì.
路人甲：　对。
　　　　　That's right.

Chén　　　Hépíng Xīn Cūn zài nǎr?
陈：　　　和平 新 村 在 哪儿？
　　　　　Where's New Peace Village then?

Lùrén jiǎ　Zhōnglóu de dōngbiānr shì jù yuàn, Hépíng Xīn Cūn jiù zài jùyuàn de
路人甲：　钟 楼 的 东 边儿是 剧 院，和 平 新 村 就 在 剧 院 的
　　　　　bǔibiānr.　Nín dào nàr zài wènwen.
　　　　　北边儿。您 到 那儿 再 问 问。
　　　　　There's a theater to the east of Bell Tower, and New Peace Village is to the north of it.
　　　　　Ask again when you get there.

Chén　　　Xièxie.
陈：　　　谢 谢。
　　　　　Thank you.

Lì   Qǐngwèn, zhè shì Hépíng Xīn Cūn ma?

莉：   请 问，这 是 和平 新 村 吗？

     Excuse me, is this New Peace Village?

Lùrén yǐ   Zhè bú shì Hépíng Xīn Cūn, Hépíng Xīn Cūn zài nánbiānr.

路人 乙：   这 不 是 和平 新 村，和平 新 村 在 南边儿。

     No, New Peace Village is in the south.

Wěi   Qǐngwèn zěnme zǒu ne?

伟：   请 问 怎么 走 呢[3]？

     Could you tell me how to get there?

Lùrén yǐ   Shùn zhètiáo lù yìzhí wàng qián zǒu, dào lùkǒu xiàng yòu guǎi.

路人 乙：   顺 这条 路 一直 往 前走，到 路口 向 右 拐。

     You go straight along this road, then turn right when you come to the end of it.

Lì   Xièxie, máfan nín la.

莉：

Wěi   谢谢，麻烦 您 啦[4]。

     Thank you.

伟：

Chén   Láo jià, wǒ wèn yíxiàr, zhèr shì Hépíng Xīn Cūn ma?

陈：   劳驾，我 问 一下儿，这儿是 和平 新 村 吗？

     Excuse me, is this New Peace Village?

Lùrén bǐng   Duì.

路人 丙：   对。

     Yes.

Chén   Nǎr shì sān hào lóu?

陈：   哪儿是 三 号 楼？

     Could you tell me which is No. 3 Building?

Lùrén bǐng　Nín kàn,　nà shì èr hào lóu,　èr hào lóu hòubiānr shì sān hào lóu.
路人 丙：您 看，那 是 二 号 楼，二 号 楼 后边儿 是 三 号 楼。
Look, that's No. 2 Building.　No. 3 is behind it.

Chén　　Xièxie.
陈：　　　谢谢。
Thank you.

生词 New words

路	lù	〔名〕	road, street, way
走路	zǒu lù		to walk
鼻子	bízi	〔名〕	nose
下边儿	xiàbiānr	〔名〕	underneath, below
前	qián	〔名〕	front
前边儿	qiánbiānr	〔名〕	in front, ahead
路人	lùrén	〔名〕	passerby
甲	jiǎ	〔名〕	A
东	dōng	〔名〕	east
东边儿	dōngbiānr	〔名〕	to the east, in the east
剧院	jùyuàn	〔名〕	theater
北	běi	〔名〕	north
北边儿	běibiānr	〔名〕	to the north, in the north
乙	yǐ	〔名〕	B
南	nán	〔名〕	south
南边儿	nánbiānr	〔名〕	to the south, in the south
顺	shùn	〔介〕	along
条	tiáo	〔量〕	a measure word for something elongated in shape
往	wàng	〔介〕	toward
路口	lùkǒu	〔名〕	end of a road (street)
右	yòu	〔名〕	right

277

拐	guǎi	〔动〕	to turn
啦	la	〔助〕	a modal particle
丙	bǐng	〔名〕	C
号	hào	〔名〕	number
楼	lóu	〔名〕	building
后	hòu	〔名〕	back
后边儿	hòubiānr	〔名〕	behind, back

Proper nouns :

和平新村　Hépíng Xīn Cūn　　New Peace Village (a residential area in Xian)

注 释　Study points :

1. 走路去，好不好？(Zǒu lù qù, hǎo bu hǎo?)

"好不好？"(hǎo bu hǎo?) is a form of asking for an opinion. (See study point 3 of Lesson 9.)

2. 鼻子下边儿有嘴呢。(Bízi xiàbiānr yǒu zuǐ ne.)

In Chinese, "上边儿" (shàngbiānr), "下边儿" (xiàbiānr), "里边儿" (lǐbiānr),"外边儿" (wàibiānr), "旁边儿" (pángbiānr), "东边儿" (dōngbiānr), "西边儿" (xībiānr), "南边儿" (nànbiānr), "北边儿" (běibiānr), etc. are expressions of location. They can be used independently as nominal structures or they can follow nouns that modify them:

里边儿有小卖部。(Lǐbiānr yǒu xiǎomàibù.)

二号楼后边儿是三号楼。(Èr hào lóu hòubiānr shì sān hào lóu.)

和平新村在剧院的北边儿。(Hépíng Xīn Cūn zài jùyuàn de běibiānr.)

3. 怎么走呢？(Zěnme zǒu ne?)

The particle "呢" (ne) at the end of the question takes out its bluntness.

4. 麻烦您啦。(Máfan nín la.)

This is a common expression to show your thanks to somebody who has helped you.

278

Supplementray Words:

打听	dǎting	〔动〕	to ask, to find out
路	lù	〔量〕	a measure word
售票员	shòupiàoyuán	〔名〕	conductor
方向	fāngxiàng	〔名〕	direction
左边儿	zuǒbiānr	〔名〕	left side
跑	pǎo	〔动〕	to run
错	cuò	〔形〕	wrong
反	fǎn	〔形〕	the other way round
马路	mǎlù	〔名〕	street, road
对面	duìmiàn	〔名〕	opposite side
中国书店	Zhōngguó Shūdiàn	〔专名〕	China Bookstore

1. Fill in the blanks in accordance with the contents of the pictures:

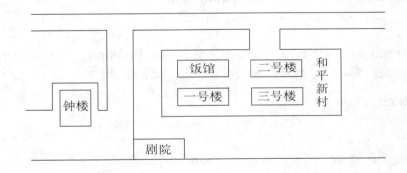

běibiānr, dōngbiānr, qiánbiānr, hòubiānr,
北边儿， 东 边 儿，   前 边 儿，   后 边 儿，

Sān hào lóu qiánbiānr nàge lóu jiù shì èr hào lóu.
三 号 楼 前边儿那个楼就是二号 楼。

1) Zhōnglóu _____ shì jùyuàn.
   钟 楼 _____ 是 剧院。

2) Hépíng Xīn Cūn zài jùyuàn _____ .
   和 平 新 村 在 剧院 _____ 。

3) Yī hào lóu _____ yǒu yì jiā fànguǎnr.
   一 号 楼 _____ 有 一 家 饭 馆儿。

4) Èr hào lóu _____ nàge lóu jiù shì sān hào lóu.
   二 号 楼 _____ 那个 楼 就 是 三 号 楼。

2. Complete the questions with your own words:

1) A: Jīntiān zánmen shàng Lǎo Lǐ jiā, _____ ?
   今天 咱们 上 老 李 家， _____ ?

   B: Zǒu lù qù ba.
   走 路 去 吧。

2) A: Láo jià, wǒ xiǎng gēn nín dǎtingdǎting, qù Yǒuyì Yīyuàn _____ ?
   劳 驾，我 想 跟 您 打 听 打 听，去 友谊 医院 _____ ?

   B: Shùn zhè tiáo lù yìzhí xiàng qián zǒu.
   顺 这 条 路 一直 向 前 走。

3) A: Láo nín jià, wǒ dǎtīng yíxiàr, Rénmín Jùchǎng _____ ?
   劳 您 驾，我 打 听 一下儿，人 民 剧 场 _____ ?

   B: Zài fànguǎnr nánbiānr.
   在 饭 馆儿 南 边儿。

4) A: Tóngzhì, qǐng wèn _____ sān hào lóu?
   同 志，请 问 _____ 三 号 楼?

   B: Zuì hòubiānr nàge lóu jiù shì.
   最 后 边儿 那个 楼 就 是。

280

3. Listen to the dialogues:

1) Chén Míngshān   Láo jià, wǒ dǎtīng yíxiàr,   qù Zhōngguó Shūdiàn

   陈　　明　山： 劳 驾，我 打听 一下儿，去　中　国　书 店

                  zěnme zuò chē?

                  怎么 坐 车？

     Lùrén   Zuò yílù,   shílù qìchē dōu kěyǐ.

     路 人：   坐 一路、十路汽车 都 可以。

     Chén   Yào huàn chē ma?

     陈：   要　换　车 吗？

     Lù   Děi huàn yí cì.

     路：   得 换 一次。

     Chén   Huàn jǐ lù?

     陈：   换　几路？

     Lù   Dào jùyuàn huàn shísìlù,   diànyǐngyuàn xià.

     路：   到 剧院　换 十四路，电 影　院　下。

     Chén   Xièxie.

     陈：   谢谢。

                *   *   *

2) Shòupiàoyuán   Sānlù, xiān xià hòu shàng, shàngle chē qǐng wǎnglǐ zǒu.

    售　票　员： 三 路，先 下 后 上，　上 了 车 请　往 里 走。

     Wěi   Shì sānlù qìchē ma?

     伟：   是 三路汽车 吗？

     Shòu   Duì.

     售：   对。

     Wěi   Kuàishàng!

     伟：   快　上！

     Lìli   Dàwěi,   lái de shíhòu zěnme méi kànjiàn yòubiānr zhège

     莉莉：   大 伟，来 的 时 候 怎么 没 看 见 右 边儿 这个

                  dàlóu?

                  大 楼？

Wěi 伟：	Shì a. 是 啊。
Lì 莉：	Mā, nín shuō zánmen zhè chē zài wàng nǎge fāngxiàng zǒu? 妈，您 说 咱们 这车 在 往 哪个 方 向 走？
Àilín 艾琳：	Wàng nán a. 往 南 啊。
Chén 陈：	Shì ma? Nǐ kàn, tàiyang zài nǎr? 是 吗？你 看，太 阳 在 哪儿？
Ài 艾：	Tàiyang zài chē de zuǒbiānr. 太 阳 在 车 的 左边儿。
Chén 陈：	Qiánbiānr shì nán, zuǒbiānr jiù shì...... 前 边儿 是 南，左边儿 就 是……
Wěi 伟：	Dōng. 东。
Chén 陈：	Nǐ kànkan, xiàwǔ wǔ diǎn zhōng de tàiyang zěnme pǎo dào 你 看看，下午 五 点 钟 的 太阳 怎么 跑 到 dōngbiānr qùle? 东 边儿 去 了 ？
Ài 艾：	Nàme shuō, chē zuò cuò le! 那么 说，车 坐 错 了！
Lǐ 莉：	Chē méi zuò cuò, shì sānlù. Dàgài fāngxiàng bú duì. 车 没 坐 错，是 三路。大概 方 向 不 对。
Wěi 伟：	Jiějie, nǐ kuài qù wènwen shòupiàoyuán ba. 姐姐，你 快 去 问 问 售 票 员 吧。
Lì 莉：	Qǐngwèn, zhè chē shì kāi wǎng Zhōnglóu de ma? 请 问，这 车 是 开 往 钟 楼 的 吗？
Shòu 售：	Bú duì, nǐmen zuò fǎn le. Kuài xià chē, dào mǎlù duìmiàn 不 对，你们 坐 反 了。快 下 车，到 马路 对 面 qùshàng. 去 上。

4. Translate the following sentences into Chinese:

1) What can you see from the Bell Tower?

2) On the east side of the theater is the Roast Duck Restaurant.

3) Lily was sitting on the right side of Aunt Ding.

4) Is the Peace Housing Estate somewhere ahead?

5) Excuse me, could you show me the way to China Bookstore?

6) Go straight ahead, take the first turning on the right and you can't miss it.

答案 Key

1.
1) dōngbiānr
东 边 儿

2) běibiānr
北 边 儿

3) qiánbiānr
前 边 儿

4) hòubiānr
后 边 儿

2.
1) zěnme qù?
怎 么 去 ?

2) zěnme zǒu?
怎 么 走 ?

3) zài nǎr?
在 哪 儿 ?

4) nǎr shì
哪 儿 是

4.
1) Zhōnglóu shàngbiānr yǒu shénme?
钟 楼 上 边 儿 有 什 么 ?

2) Jùchǎng dōngbiānr shì kǎoyādiàn.
剧 场 东 边 儿 是 烤 鸭 店 。

3) Lìli zuò zài Dīng bómǔ yòubiānr.
莉 莉 坐 在 丁 伯 母 右 边 儿 。

4) Qiánbiānr shì bu shì Hépíng Xīncūn?
前 边 儿 是 不 是 和 平 新 村 ?

5) Qǐng wèn, qù Zhōngguó Shūdiàn
请 问 ，去 中 国 书 店
zěnme zǒu?
怎 么 走 ?

6) Shùn zhètiáo lù wàng qián zǒu, jiànle
顺 这 条 路 往 前 走 ，见 了
lùkǒu xiàng yòu guǎi, jiù dào le.
路 口 向 右 拐 ，就 到 了 。

老友重逢
When Old Friends Meet

27

Mr. Chen Mingshan and Zhang Xin talk about what has become of them since they last met.

 Chén   Lǎo Zhāng, fēnbié sìshí duō nián le, jīntiān wǒmen néng zài zhèr jiàn
陈：　　老　张，分别四十多　年了，今天我们　能　在这儿见
　　　　miàn, shízài tài gāoxìng le.
　　　　面，实在太高兴了。
　　　　Lao Zhang, it's really nice to see you again after a period of more than forty years.

Zhāng   Kě bu shì ma? Guóqìng qián jiē dào nǐ de xìn,   zhīdào nǐ yào dào
张：　　可不是吗[1]？国庆　前接到你的信[2]，知道你要到
　　　　Xī'ān lái, quán jiā rén dōu gāoxìng jíle.   Zuótiān shàngwǔ jiē dào
　　　　西安来，全　家人都　高兴极了。昨天　上午接到

284

nǐ de diànhuà hòu, wǒ jiù gàosùle Yùzhēn. Xiàwǔ tā jiù mǎihǎole cài,
你的 电 话 后，我 就 告诉了 玉 珍。下 午 她 就 买 好了 菜，
hái tèyì mǎile huángyóu, miànbāo, zhǔnbèi jīntiān hǎohāor zhāodài
还 特意 买了 黄 油、面 包，准 备 今天 好 好儿 招 待
nǐ men.
你 们。

Yes, isn't it? We were all overjoyed when we got your letter before the National Day say-
ing that you were coming to Xian. I told Yuzhen about your coming right after I got your
call yesterday morning. She went shopping in the afternoon and had everything ready for
today's dinner. The bread and butter are specially prepared for you.

Chén Tài gǎnxiè le. Lǎo Zhāng, nǐ zhèr lí wǒmen zhù de dìfang hěn jìn a.
陈：   太 感 谢 了。老 张，你 这儿 离 我 们 住 的 地 方 很 近 啊。

You are all too kind. Lao Zhang, your residence is very close to the place where we are
staying.

Zhāng Gāngcái nǐmen shì zěnmelái de? Shì zuò gōnggòng qìchē láide ma?
张：   刚 才 你 们 是 怎么 来 的[3] ？是 坐 公 共 汽 车 来 的 吗？

How did you get here? By bus?

Chén Bù, wǒmen shì zǒuláide. Lùshang wènle jǐ ge rén.
陈：   不，我 们 是 走 来 的。路 上 问了 几 个 人。

No, we walked. We asked several people on our way.

Zhāng Nǐmen zhècì zài Běijīng dāile duō cháng shíjiān?
张：   你 们 这 次 在 北 京 呆了 多 长 时 间？

How long did you stay in Beijing?

Chén Wǒmen shì shàng ge yuè èrshísān hào dào Běijīng de. Zài Běijīng dāile
陈：   我 们 是 上 个 月 二 十 三 号 到 北 京 的。在 北 京 呆了
liǎng ge xīngqī.
两 个 星 期。

We arrived in Beijing on the 23rd of last month, and stayed there for two weeks.

Zhāng Nǐ hái jìde sìshí duō nián qián, wǒ men fēnbié de qíngjǐng ma?
张：   你 还 记 得 四 十 多 年 前，我 们 分 别 的 情 景 吗？

Do you still remember how we parted more than forty years ago?

Chén
陈:
Wàng bu liǎo. Wǒmen shì zài huǒchēzhàn fēnbié de. Nà shì yījiǔwǔyī
忘 不 了。我 们 是 在 火 车 站 分别 的。那 是 一九五一
nián shíyī yuè bā hào.
年 十一 月 八 号[4]。

I'll never forget it. We bid each other farewell at the railway station. It was on the 8th of November, 1951.

Zhāng
张:
Wǒ shì wǔqī nián dàxué bì yè hòu lái Xī'ān de, kuài sìshí nián le, yìzhí
我 是 五七 年 大学 毕业 后 来 西安 的，快 四十 年 了，一直
jiù zài Xī'ān.
就 在 西安。

I came to Xian after I graduated from the university in 1957 nearly forty years ago, and I've been here ever since.

Chén
陈:
Fēnbié shí, wǒmen dōu shì bú dào èrshí suì de rén, xiànzài jiàn miàn shí
分别 时，我们 都 是 不 到 二十 岁 的 人，现 在 见 面 时
dōu chéng lǎotóur le.
都 成 老头儿 了。

We were both teenagers then, but we are old men now.

Zhāng
张:
Zìrán guīlǜ ma! Háizimen dà le, wǒmen yě lǎo le.
自然 规律 嘛！孩子们 大 了，我们 也 老 了。

Ah, it's the law of nature! Our children have grown up, and we have grown old.

Chén
陈:
Nǐ jǐ ge háizi dōu zài shēnbiān ma?
你 几 个 孩子 都 在 身 边 吗[5]？

Are your children still with you?

Zhāng
张:
Sān ge háizi dōu zài Xī'ān. Lǎodà gēn lǎo'èr dōu shì yīyuàn de yīshēng,
三 个 孩子 都 在 西安。老大 跟 老二 都 是 医院 的 医生[6]，
lǎosān shàng dàxué ne.
老三 上 大学 呢。

All three of them are in Xian. The elder two are doctors. The youngest is still in university.

Chén
陈:
Lǎodà, lǎo'èr jiéhùn le ma?
老大、老二 结婚 了 吗？

Are the elder ones married?

Zhāng
张：
Lǎodà qùnián jié de hūn. Tā àiren zài gōngchǎng gōngzuò,　shì ge
老 大 去年 结 的 婚[7]。他 爱人 在 工 厂 工作[8]，是 个
gōngchéngshī. Lǎo'èr hái méi jiéhūn, yǒu duìxiàng le.
工 程 师。老 二 还 没 结婚，有 对 象 了。

The eldest was married last year. His wife is an engineer in a factory. The second isn't married yet but he's got a fiancée.

Chén
陈：
Shénme shíhòu jiéhūn a?
什 么 时 候 结婚 啊？

When are they going to get married?

Zhāng
张：
Yuándàn. Xiànzài zhèngzài zhǔnbèi. Qián jǐ tiān gāng mǎile chuáng,
元 旦。 现 在 正 在 准 备。前 几 天 刚 买了 床、
zhuōzi, yǐzi, shāfā, yīguì.
桌子、椅子、沙发、衣柜。

On the New Year's Day. They are getting everything ready. They've bought a bed, a table, a few chairs, two sofas and a wardrobe just a few days ago.

Chén
陈：
Lǎo'èr de duìxiàng yě shì yīshēng ma?
老 二 的 对 象 也 是 医生 吗？

Is his fiancee also a doctor?

Zhāng
张：
Bù,　shì ge wǔdǎo yǎnyuán. Wǒ ràng tāmen zhōngwǔ xià bān dōu huí
不，是 个 舞 蹈 演 员。我 让 他 们 中 午 下 班 都 回
lái gēn nǐmen jiànjian miàn.
来 跟 你 们 见 见 面。

No, she is a dancer. I've asked them to come after work to meet you all this noon.

Chén
陈：
Tài hǎo le. Lǎo Zhāng, nǐ zhège jiātíng zhēn shì ge xìngfú de jiātíng a!
太 好 了。老 张，你 这个 家 庭 真 是 个 幸 福 的 家 庭 啊！

Excellent! Lao Zhang, your family is indeed a happy one.

Zhāng
张：
Shì a.　Shí'èr diǎn le,　tāmen yě kuài huílai le. Zánmen zhǔnbèi chī
是 啊。十 二 点 了，他 们 也 快 回 来 了。咱 们 准 备 吃
fàn ba,　yìbiān chī yìbiān liáo. Jīntiān qǐng nǐ chángchang Yùzhēn de
饭 吧，一 边 吃 一 边 聊。今 天 请 你 尝 尝 玉 珍 的
shǒuyì.
手 艺。

Yes, indeed. Well, it's twelve o'clock now. They will be home soon. Let's eat first. We can chat while we eat. You can try Yuzhen's cooking.

老友重逢	lǎoyǒu chóngféng		reunion of old friends
分别	fēnbié	〔动〕	to part, to separate
可不是	kě bu shì		isn't it
国庆	guóqìng	〔名〕	National Day
接	jiē	〔动〕	to receive, to take, to connect
接到	jiē dào		to receive
告诉	gàosù	〔动〕	to tell
特意	tèyì	〔副〕	specially
黄油	huángyóu	〔名〕	butter
面包	miànbāo	〔名〕	bread
招待	zhāodài	〔动〕	to entertain
近	jìn	〔形〕	near, close
公共	gōnggòng	〔形〕	public
公共汽车	gōnggòngqìchē		public bus (service)
路上	lùshang	〔名〕	(on the) road, (on the) way
记得	jìde	〔动〕	to remember
情景	qíngjǐng	〔名〕	situation, scene
忘	wàng	〔动〕	to forget
忘不了	wàng bu liǎo		unforgettable, not to forget
站	zhàn	〔名〕	station, stop
0	líng	〔数〕	zero, nil
大学	dàxué	〔名〕	university
毕业	bì yè		to graduate
成	chéng	〔动〕	to become
老头儿	lǎotóur	〔名〕	old man
自然	zìrán	〔形、名、副〕	natural; nature; naturally
规律	guīlǜ	〔名〕	law
身边	shēnbiān	〔名〕	one's side
老大	lǎodà	〔名〕	the eldest (son, daughter)
老二	lǎo'èr		the second (eldest)

老三	lǎosān		the third (eldest)
医院	yīyuàn	〔名〕	hospital
中学	zhōngxué	〔名〕	high school
结婚	jiéhūn		to marry
爱人	àiren	〔名〕	wife, husband, fiancée, fiancé
工厂	gōngchǎng	〔名〕	factory
工程师	gōngchéngshī	〔名〕	engineer
对象	duìxiàng	〔名〕	fiancée, fiancé, object
元旦	yuándàn	〔名〕	New Year's Day
床	chuáng	〔名〕	bed
椅子	yǐzi	〔名〕	chair
沙发	shāfā	〔名〕	sofa
衣柜	yīguì	〔名〕	wardrobe
舞蹈	wǔdǎo	〔名〕	dance
演员	yǎnyuán	〔名〕	actor, actress
中午	zhōngwǔ	〔名〕	noon
下班	xià bān		to come or go off work
家庭	jiātíng	〔名〕	family
幸福	xìngfú	〔形〕	happy
聊	liáo	〔动〕	to chat
手艺	shǒuyì	〔名〕	skill

Proper nouns :

张新	Zhāng Xīn	name of a friend of Mr. Chen Mingshan
张	Zhāng	a common Chinese family name
玉珍	Yùzhēn	name of Lao Zhang's wife

注 释 Study points :

1. 可不是吗？(Kě bu shì ma?)

   This is a common expression to show your agreement.

2. 国庆前接到你的信。(Guóqìng qián jiē dào nǐ de xìn.)

   "国庆" (guóqìng) here refers to the National Day of the People's Republic of China. The PRC was founded on October 1st, 1949.

3. 刚才你们是怎么来的？(Gāngcái nǐmen shì zěnmelái de?)

   The "是…的" (shì…de) structure is often used to emphasize the time, place and manner of an action which has already taken place:

   他们是上个月二十三号到北京的。

   (Tāmen shì shàng ge yuè èrshísān hào dào Běijīng de.)   (time)

   我们是在火车站分别的。

   (Wǒmen shì zài huǒchēzhàn fēnbié de.)   (place)

   你们是坐公共汽车来的吗？

   (Nǐmen shì zuò gōnggòng qìchē láide ma?)   (manner)

   "是" (shì) is sometimes omitted in the structure. The object, if there is one, can be placed between the verb and "的" (de), or after "的":

   他 （是） 昨天到中国的。[Tā (shì) zuótiān dào Zhōngguó de.]   or

   他 （是） 昨天到的中国。[Tā (shì) zuótiān dào de Zhōngguó.]

   The negative form of this structure is "不是…的" (bú shì…de). In the negative, "是" cannot be omitted:

   他们不是坐公共汽车来的。(Tāmen bú shì zuò gōnggòng qìchē láide.)

   张先生不是从美国来的。(Zhāng xiānsheng bú shì cóng Měiguó láide.)

4. 那是一九五一年十一月八号。(Nà shì yījiǔwǔyī nián shíyī yuè bā hào.)

   In Chinese, the order of date is: _ 年 (nián) _ 月 (yuè) _日 (rì) or (号) (hào), the opposite of that in English.

290

5. 你几个孩子都在身边吗？(Nǐ jǐge háizi dōu zài shēnbiān ma?)

   "在身边" (zài shēnbiān) here means to live together with.

6. 老大跟老二都是医院的医生。(Lǎodà gēn lǎo'èr dōu shì yīyuàn de yīshēng.)

   "老大" (lǎodà) is a colloquial expression meaning the first son or daughter of the family.

   "老二" (lǎo'èr) is the second, "老三" (lǎosān) the third, so on and forth up to "十" (shì).

7. 老大去年结的婚。(Lǎodà qùnián jié de hūn.)

   "结" (jié) is a verb while "婚" (hūn) is the object of it. The normal way of using this expression is A 跟 (gēn) B 结婚。

8. 他爱人在工厂工作。(Tā àiren zài gōngchǎng gōngzuò.)

   The Chinese nowadays call their spouses "爱人" (àiren) instead of "丈夫" (zhàngfu, husband) or 妻子 (qīzi, wife).

练习 Exercises :

Supplementary words:

失散	shīsàn	〔动〕	to lose
羊肉泡馍	yángròu pào mó		a popular dish in the northwest of China
特产	tèchǎn	〔名〕	special produce
各	gè	〔代〕	every
满	mǎn	〔形〕	full
鱼翅	yúchì	〔名〕	shark's fin
席	xí	〔名〕	banquet, table
名贵	míngguì	〔形〕	valuable
练	liàn	〔动〕	to practice
洗尘	xǐchén	〔动〕	to celebrate someone's homecoming
恭敬不如	gōngjìng bùrú		the best way to show respect is to
从命	cóngmìng		obey

291

1. **Answer the following questions:**

Model:

> A: Nǐ shì zěnmelái de?
> 你 是 怎 么 来 的 ？
>
> B: Wǒ shì zǒuláide. (zǒu)
> 我 是 走 来 的。（走）

1) A: Tāmen yì jiā shì zěnmequ Shànghǎi de?
   他们 一家 是 怎么 去 上 海 的 ？

   B: _____ . (huǒchē)
   _____ 。（火 车）

2) A: Tāmen shì shénme shíhòu dào Běijīng de?
   他们 是 什 么 时 候 到 北 京 的 ？

   B: _____ . (jiǔ yuè wǔ rì xiàwǔ)
   _____ 。（九 月 五 日 下 午）

3) A: Nǐ jiā lǎodà shì nǎnián jié de hūn?
   你 家 老 大 是 哪年 结 的 婚 ？

   B: _____ . (qùnián)
   _____ 。（去 年）

4) A: Tāmen shì zài nǎr fēnbié de?
   他们 是 在 哪儿 分别 的 ？

   B: _____ . (qìchēzhàn)
   _____ 。（汽 车 站）

5) A: Nǐ shì zài nǎr xué de Hànyǔ?
   你是 在 哪儿 学 的 汉语 ？

   B: _____ . (Zhōngguó)
   _____ 。（ 中 国）

2. **Complete the sentences after the model:**

Model:

> Jiàndào nǐ, wǒ hěn gāoxìng. (hěn)
> 见 到 你，我 很 高 兴。（很）

1) Jīntiān yǒu jīhuì lái nǐmen guójiā cānguān, fǎngwèn, _____ . (hěn)
   今天 有 机会 来 你们 国家 参观、访 问，_____。(很)

2) Jiēdào nǐ de lái xìn, _____ . (... jíle)
   接到 你的 来 信，_____。(…极了)

3) Zhècì huí guó tànqīn, zhǎodàole shīsàn duō nián de háizi,
   这次 回国 探亲，找 到了 失散 多 年 的 孩子，

   _____ . (tài ... le)
   _____。（太…了）

3. **Fill in the blanks after the model:**

> **Model:**
> Jīntiān qǐng nǐ chángchang tā de shǒuyì.　(nǐ)
> 今天 请 你 尝 尝 她的 手艺。(你)

1) _____ Xī'ān de yángròu pào mó.
   _____ 西安的 羊 肉 泡 馍。

2) _____ wǒ jiāxiāng de tèchǎn.
   _____ 我家乡 的特产。

3) _____ Běijīng kǎoyā.
   _____ 北京 烤鸭。

4. **Listen to the dialogue:**

Zhào tàitai　　　Āiyā,　nǐmen tài kèqi le. Kàn, zhè mǎnmǎn de yì zhuōzi.
赵 太太：　　哎呀，你们 太 客气了。看，这 满 满 的 一桌子。

Liú tàitai　　　Yě méi shénme dōngxi. Zuò, zuò.
刘 太太：　　也没 什 么 东西。坐，坐。

Zhào xiānsheng　Bú yào zhème máfan ma. Lǎo Liú, jīntiān zánmen yào
赵 先 生：　不要 这么 麻烦 嘛。老 刘，今天 咱们 要

　　　　　　　　hǎohāor liáoliao.
　　　　　　　　好好儿 聊 聊。

Liú xiānsheng 刘　先　生：	Shì yào hǎohāor liáoliao, yě yào hǎohāor hēhe.　Lái, wèi 是 要 好好儿 聊聊，也 要 好好儿喝喝。来，为 zánmen liǎng jiā de chóngféng gān yì bēi! 咱们 两 家 的 重 逢 干一杯！
Zhào xiāngsheng 赵　先　生：	Gān! 干！
Liú tàitai 刘 太太：	Nǐmen chángchang zhège. 你们 尝 尝 这个。
Zhào xiānsheng 赵　先　生：	Zhè shì yúchì ba? 这是 鱼翅吧？
Liú xiānsheng 刘　先　生：	Shì wǒ gēge jìlaide. 是 我 哥哥 寄来的。
Zhào tàitai 赵 太太：	Yúchì shì Zhōngguó xíshang zuì míngguì de cài ya! 鱼翅是 中 国 席上 最 名 贵的菜呀！
Liú tàitai 刘 太太：	Dōu zhème shuō. Jiā cài ya! 都 这么 说。夹菜呀！
Zhào tàitai 赵 太太：	Hǎo, wǒ zìjǐ lái. 好，我 自己来。
Zhào xiānsheng 赵　先　生：	Wèidào zhēn hǎo!　Méi xiǎngdào Liú tàitai nǐ hái yǒu 味 道 真 好！ 没 想 到 刘 太太你还 有 zhème gāo de shǒuyì,　gēn shuí xué de? 这么 高 的 手艺，跟 谁 学 的？
Liú tàitai 刘 太太：	Zì jǐ mànmanr liàn de,　zuò de bù hǎo. 自己 慢慢儿 练 的，做 得不 好。
Liú xiānsheng 刘　先　生：	Jīntiān wèi Lǎo Zhào quán jiā xǐchén, yīnggāi gān sān bēi. 今天 为 老 赵 全 家洗尘，应 该 干 三 杯。 Qǐng, qǐng. 请， 请。
Zhào xiānsheng 赵　先　生：	Qǐng. 请。
Liú tàitai 刘 太太：	Zhào tàitai,　lái ya. 赵 太太，来呀。

Zhào tàitai	Āiyā, wǒ jiù néng hē yì bēi.
赵 太太：	哎呀，我 就 能 喝一杯。

Zhào xiānsheng	Gōngjìng bùrú cóngmìng, nǐ hē píjiǔ ba.
赵 先 生：	恭 敬 不如 从 命，你 喝 啤酒吧。

Liú xiānsheng	Hǎo, tiānshang, tiānshang.
刘 先 生：	好，添 上，添 上。

5. Translate the sentences into Chinese. Note the difference in meaning between the two sentences in each group.

1) It was in April, 1952 that I returned from abroad.
    I returned from abroad in April, 1952.

2) It was in the United States that Lao Zhang got to know Lao Liu.
    Lao Zhang got to know Lao Liu in the United States.

3) It was with his father that he went to Britain.
    He went to Britain with his father.

答案 Key

1.
1) Tāmen yì jiā shì zuò huǒchē qù Shànghǎi de.
    他们一家是坐火车去上海的。

2) Tāmen shì jiǔyuè wǔrì xiàwǔ dào Běijīng de.
    他们是九月五日下午到北京的。

3) Wǒ jiā lǎodà shì qùnián jié de hūn.
    我家老大是去年结的婚。

4) Tāmen shì zài qìchēzhàn fēnbié de.
    他们是在汽车站分别的。

5) Wǒ shì zài zhōngxué xué de Hànyǔ.
    我是在中学学的汉语。

2.
1) Wǒ hěn gāoxìng.
    我很高兴。

2) Wǒ gāoxìng jíle.
    我高兴极了。

3) Wǒ tài gāoxìng le.
    我太高兴了。

5.
1) Wǒ shì yījiǔwǔ'èr nián sì yuè huí dào guó nèi de.
    我是一九五二年四月回到国内的。

    Wǒ yījiǔwǔ'èr nián sì yuè huí dào le guó nèi.
    我一九五二年四月回到了国内。

2) Lǎo Zhāng shì zài Měiguó rènshi Lǎo Liú de. Lǎo Zhāng zài Měiguó rènshile Lǎo Liú.
    老 张 是 在 美国 认识 老 刘 的。老 张 在 美国 认识了 老 刘。

3) Tā shì gēn tā bàba yìqǐ qù Yīngguó de. Tā gēn tā bàba yìqǐ qùle Yīngguó.
    他是 跟 他 爸爸一起去 英国 的。他 跟 他 爸爸一起去了 英 国。

谈汉语学习
Talking about Learning Chinese

28

After dinner Guo Yuzhen, Lao Zhang's wife, talks to Lily about learning Chinese.

 **Guō Yùzhēn**   Lìli,   nǐ Hànyǔ shuō de zhēn hǎo,   yòu liúlì yòu qīngchu.
郭　玉　珍：　莉莉，你 汉语 说 得 真 好[1]，又 流利 又 清 楚[2]。
Lily, you speak excellent Chinese, fluent and clear.

Lì   Bómǔ,   nín guòjiǎng le.   Wǒ shuō de bù hǎo.
莉：　伯母，您 过 奖 了[3]。我 说 得不 好。
Oh Auntie, you're flattering me. I don't speak well at all.

Guō   Bù,   nǐ de shēngdiào, yǔdiào dōu hěn zìrán, gēn cóng xiǎo
郭：　不，你的 声 调、语调 都 很 自然，跟 从 小
shēnghuó zài Běijīng de rén chà bu duō.
生 活 在 北京 的 人 差 不 多。
No, you have such natural tone and intonation, just like people raised in Beijing.

296

Zhāng
张：

Lìli,　 nǐ tīngting,　 nǐ bómǔ shì jiāo wàiguó liúxuéshēng Hànyǔde,
莉莉，你 听 听 [4]，你 伯 母 是 教 外 国 留 学 生 汉语的 [5]，

sānjùhuà bùlí běnháng.
三 句 话 不 离 本 行 [6]。

Listen to her, Lily. Your aunt teaches foreign students Chinese. She always talks shop.

Lì
莉：

Wǒ zhèng xiǎng qǐng bómǔ bāng zhù wǒ xué Hànyǔ ne. Bù zhīdao
我 正 想 请 伯母 帮 助 我 学 汉语呢。不 知 道

bómǔ yuànyì bú yuànyì shōu wǒ zhège xuésheng.
伯母 愿意不 愿意 收 我 这个 学 生。

And I was thinking of asking Auntie to help me with my Chinese. Would you take me as your student, Auntie?

Guō
郭：

Nǐ cóng xiǎo jiù kāishǐ xuéde ba?
你 从 小 就开 始 学 的 吧？

You must have started learning Chinese when you were very young?

Lì
莉：

Cóng shíyī suì qǐ,　 bàba jiù jiāo wǒ. Wǒ měitiān dōu qǐde hěn zǎo,
从 十一岁 起，爸爸 就 教 我。我 每 天 都 起得 很 早，

shuìde hěn wǎn. Zǎoshang qǐ chuáng yǐhòu, wǒ jiù zìjǐ niàn a, bèi
睡 得 很 晚。早 上 起 床 以后，我 就 自己 念 啊，背

a, shuō a. Xiàwǔ tīng lùyīn, xiě Hànzì. Wǎnshang gēn bàba liànxí
啊，说 啊 [7]。下 午 听 录音，写 汉字。晚 上 跟爸爸 练习

shuō Hànyǔ.
说 汉语。

Dad started teaching me Chinese when I was eleven. I get up very early every morning and go to bed late. I read, recite and speak on my own in the morning. In the afternoon I practice writing Chinese characters and listen to tapes. In the evening I practice spoken Chinese with Dad.

Guō
郭：

Guàibude nǐ xuéde zhèyàng hǎo. Lìli,　 nǐ juéde Hànyǔ nán ma?
怪 不得你 学 得 这样 好。莉莉，你 觉得 汉语 难 吗？

No wonder your Chinese is so good. Do you find Chinese difficult, Lily?

Lì
莉：

Wǒ juéde yǔyīn,　 yǔfǎ bú tài nán, Hànzì bǐjiào nán.
我 觉得 语音、语法 不太 难，汉字比较 难。

Pronunciation and grammar aren't too difficult, but Chinese characters are.

Guō	Nǐ Hànzì xiěde zěnmeyàng?
郭：	你 汉字 写得 怎么 样？
	How's your Chinese handwriting?

Lì	Bù hǎo. Bómǔ, nín kànkan, zhè jiù shi wǒ xiěde Hànzì.
莉：	不好。伯母，您 看 看，这 就 是 我 写 的 汉字。
	Bad. Auntie, look, I wrote these.

Guō	Hěn hǎo, hěn hǎo. Lìli, tīng shuō nǐ huì hǎo jǐ zhǒng yǔyán, shì ma?
郭：	很 好，很 好。莉莉，听 说 你 会 好 几 种 语言，是 吗？
	Good, very good! Lily, I was told you speak many languages. Is that right?

Lì	Chúle Yīngyǔ, Hànyǔ yǐwài, Fǎyǔ, Rìyǔ yě néng shuō yìdiǎnr.
莉：	除了 英 语、汉 语 以外，法语、日语 也 能 说 一点儿[8]。
	Besides English and Chinese, I also speak a little French and Japanese.

Chén	Lìli, shíjiān bù zǎo le, wǒmen gāi zǒu le ba?
陈：	莉莉，时 间 不 早 了，我 们 该 走 了 吧？
	It's getting late, Lily. Shouldn't we be leaving?

Lì	Bómǔ, dānwule nín bù shǎo shí jiān, xièxie nín.
莉：	伯母，耽 误 了 您 不 少 时 间，谢谢 您。
	Auntie, I've taken up much of your time. Thank you.

Guō	Méi shénme. Chén xiānsheng, nǐ nǚ'ér kě zhēn zhāo rén xǐhuan a!
郭：	没 什 么[9]。陈 先 生，你 女儿 可 真 招 人 喜 欢 啊[10]！
	Oh, it's nothing. Mr. Chen, you have such a lovely daughter.

生词 New words

汉语	Hànyǔ	〔名〕	the Chinese language
学习	xuéxí	〔动、名〕	to learn; study
流利	liúlì	〔形〕	fluent
过奖	guòjiǎng	〔动〕	overpraise, flatter
声调	shēngdiào	〔名〕	tone
语调	yǔdiào	〔名〕	intonation

生活	shēnghuó	〔动、名〕	to live; life
教	jiāo	〔动〕	to teach
留学生	liúxuéshēng	〔名〕	foreign students, students studying abroad
三句话不离	sānjùhuà bùlí		talking shop
本行	běnháng		
愿意	yuànyì	〔助动〕	to be willing
收	shōu	〔动〕	to accept, to keep
学生	xuésheng	〔名〕	student, pupil
开始	kāishǐ	〔动〕	to begin, to start
学	xué	〔动〕	to learn
从…起	cóng…qǐ		from, starting from
起	qǐ	〔动〕	to rise
睡	shuì	〔动〕	to go to bed, to sleep
早上	zǎoshang	〔名〕	morning
起床	qǐ chuáng		to get out of bed, to get up
自己	zìjǐ	〔代〕	self
念	niàn	〔动〕	to read
背	bèi	〔动〕	to recite, to learn by heart
录音	lùyīn	〔名〕	recording
汉字	Hànzì	〔名〕	Chinese character
练习	liànxí	〔动、名〕	to practice; practice
觉得	juéde	〔动〕	to feel, to think
难	nán	〔形〕	difficult
语音	yǔyīn	〔名〕	pronunciation, phonetics
语法	yǔfǎ	〔名〕	grammar
语言	yǔyán	〔名〕	language
除了	chúle	〔介〕	besides, except
以外	yǐwài	〔名〕	apart from
除了…以外	chúle…yǐwài		besides, except
英语	Yīngyǔ	〔名〕	the English language
法语	Fǎyǔ	〔名〕	the French language

日语	Rìyǔ	〔名〕	the Japanese language
耽误	dānwu	〔动〕	to hold up, to delay
可	kě	〔副〕	(for emphasis)
招	zhāo	〔动〕	to attract

Proper nouns :

郭玉珍	Guō Yùzhēn	the name of the wife of Zhang Xin, a friend of Chen Mingshan's
郭	Guō	a Chinese common family name

注 释 Study points :

1. 你汉语说<u>得</u>真好。(Nǐ Hànyǔ shuō<u>de</u> zhēn hǎo.)

   To show the extent of an action, the following pattern is used:

   subject + verb + "得" (de) + adjective:

   每天我起得很早。(Měitiān wǒ qǐde hěn zǎo.)

   他学得很好。(Tā xuéde hěn hǎo.)

   If there is an object, the pattern is as follows:

   subject + verb + object + verb repeated + "得" + adjective:

   他写汉字写得很快。(Tā xiě Hànzì xiěde hěn kuài.)

   他做饭做得很好。(Tā zuò fàn zuòde hěn hǎo.)

   If the object is to be emphasized, the following two patterns are used:

   a. subject + object + verb + "得" + adjective:

   他汉字写得很快。(Tā Hànzì xiěde hěn kuài.)

   他饭做得很好。(Tā fàn zuòde hěn hǎo.)

   b. object + subject + verb + "得" + adjective:

   汉字他写得很快。(Hànzì tā xiěde hěn kuài.)

   饭他做得很好。(Fàn tā zuòde hěn hǎo.)

The negative is formed by putting the adverb "不"(bù) before the adjective:

昨天晚上他睡得不晚。(Zuótiān wǎnshang tā shuìde bù wǎn.)

我英语说得不好。(Wǒ Yīngyǔ shuōde bù hǎo.)

The alternative question is:

你休息得好不好？(Nǐ xiūxi de hǎo bu hǎo?)

他法语说得流利不流利？(Tā Fǎyǔ shuōde liúlì bù liúlì?)

2. 又流利又清楚 (yòu liúlì yòu qīngchu)

"又 (you) … 又 …" shows two conditions or situations complementary to each other.

3. 您过奖了。(Nín guòjiǎng le.)

"过奖" (guòjiǎng) is an expression to show modesty. It means the praise for one is too much.

4. 你听听。(Nǐ tīngting.)

This is an parenthesis used to draw the attention of the listener.

5. 你伯母是教外国留学生汉语的。(Nǐ bómǔ shì jiāo wàiguó liúxuéshēng Hànyǔ de.)

'subject + "是" (shì) + verb + object + "的" (de) ' can be used to show one's profession:

他是开车的。(Tā shì kāi chē de.)

我是教历史的。(Wǒ shì jiāo lìshǐ de.)

6. 三句话不离本行。(Sānjùhuà bùlí běnháng.)

This is an idiom.

7. 念啊，背啊，说啊。(Niàn a, bèi a, shuō a.)

The modal particle "啊" can be used in the following ways:

1) To be placed after each verb of a series:

我每天念啊，背啊，说啊。(Wǒ měitiān niàn a, bèi a, shuō a.)

2) To be placed at the end of a sentence to show a praise in surprise:

您的中国话不错啊！(Nín de Zhōngguó huà búcuò a!)　　　　(Lesson 13)

北京的变化真不小啊！(Běijīng de biànhuà zhēn bù xiǎo a!)　　(Lesson 20)

真是百闻不如一见啊！(Zhēn shì bǎi wén bùrú yí jiàn a!)　　　(Lesson 22)

3) To be placed at the end of a sentence to show affirmation:

是你啊。(Shì nǐ a.)　　　　　　　　　　　　　　　　　　(Lesson 21)

你这儿离我们住的地方很近啊。

(Nǐ zhèr lí wǒmen zhù de dìfang hěn jìn a.)　　　　　　　　　(Lesson 27)

4)　To be placed at the end of a sentence to form questions:

谁啊？(Shuí a?)　　　　　　　　　　　　　　　　　　　　(Lesson 10)

什么时候结婚啊？(Shénme shíhòu jiéhūn a?)　　　　　　　　(Lesson 27)

8. 除了英语、汉语以外，法语、日语也能说一点儿。

(Chúle Yīngyǔ, Hànyǔ yǐwài, Fǎyǔ, Rìyǔ yě néng shuō yìdiǎnr.)

"除了 (chúle) …以外 (yǐwài)，…也 (yě)" means that there are other things besides something.

9. 没什么 (méi shénme)

The praise here means "It does not matter."

10. 你女儿可真招人喜欢啊！(Nǐ nǚ'ér kě zhēn zhāo rén xǐhuan a!)

"可" (kě) here is for emphasis.

练 习　Exercises :

📼 **Supplementary words:**

出差	chū chāi		to be sent out on business
空儿	kòngr	〔名〕	spare time
圈	quān	〔名、量〕	circle, round
呀	yā	〔助〕	a modal particle
运动	yùndòng	〔动、名〕	to do exercises; sports
球迷	qiúmí	〔名〕	fan (ball games)
网球	wǎngqiú	〔名〕	tennis
台球	táiqiú	〔名〕	billiards
高尔夫球	gāo'ěrfūqiú	〔名〕	golf
跳高	tiàogāo	〔名〕	high jump
个子	gèzi	〔名〕	height
篮球	lánqiú	〔名〕	basket-ball

中锋	zhōngfēng	〔名〕	center (a position in ball games)
米	mǐ	〔量〕	meter
王力	Wáng Lì		a well-known professor of Chinese
			linguistics

1. Answer the questions:

1) Model:

> A: Zhège sījī kāi chē kāide zěnmeyàng?
> 这个司机开车开得怎么样？
>
> B: Tā kāi chē kāide hěn hǎo.
> 他开车开得很好。

(1) A: Guō bómǔ zuò cài zuòde zěnmeyàng?
　　　郭伯母做菜做得怎么样？

　　B: _____ .
　　　_____ 。

(2) A: Zhège dàifu kàn bìng kànde zěnmeyàng?
　　　这个大夫看病看得怎么样？

　　B: _____ .
　　　_____ 。

(3) A: Tā niàn shū niànde zěnmeyàng?
　　　他念书念得怎么样？

　　B: _____ .
　　　_____ 。

2) Model:

> A: Tā qǐde zǎo bu zǎo?
> 她起得早不早？
>
> B: Tā qǐde hěn zǎo.
> 她起得很早。

303

(1) A: Yǔ xiàde dà bu dà?
　　雨 下 得 大 不 大 ？

　　B: _____ .
　　　 _____ 。

(2) A: Chē kāide kuài bu kuài?
　　车 开 得 快 不 快 ？

　　B: _____ .
　　　 _____ 。

(3) A: Tā huídáde duì bu duì?
　　她 回 答 得 对 不 对 ？

　　B: _____ .
　　　 _____ 。

2. **Fill in the blanks:**

Model:

> A: Nín Hànyǔ shuōde zhēn hǎo!
> 　 您 汉 语 说 得 真 好 ！
>
> B: Nín guòjiǎng le. Wǒ shuōde bù hǎo.
> 　 您 过 奖 了 。我 说 得 不 好 。

1) A: Nín zì _____ !
　 您 字 _____ ！

　 B: Nín guòjiǎng le. Wǒ xiěde bù hǎo.
　　 您 过 奖 了 。我 写 得 不 好 。

2) A: Nín qiú _____ !
　　您 球 _____ !

B: Nín guòjiǎng le. Wǒ dǎde bù hǎo.
　　您 过 奖 了。我 打 得 不 好。

3) A: Nín jīngjù _____ !
　　您 京剧 _____ !

B: Nín guòjiǎng le. Wǒ yǎnde bù hǎo.
　　您 过 奖 了。我 演 得 不 好

3. Practice "怪不得" (guàibude):

Model:

> A: Tā shì zài Yīngguóshàng de xiǎoxué hé zhōngxué.
> 　 他 是 在 英 国 上 的 小 学 和 中 学。
>
> B: Guàibude tā Yīngyǔ zhème hǎo.
> 　 怪 不 得 他 英 语 这么 好。

1) A: Tā shì yǔyánxuéjiā Wáng Lì de xuésheng.
　　他 是 语 言 学 家 王 力 的 学 生。

B: _____ . (Hànyǔ)
　 _____ 。（汉 语）

2) A: Nǐ tǐwēn sānshíbā dù jiǔ.
　　你 体温 三 十 八 度 九。

B: _____ . (bù shūfu)
　 _____ 。（不 舒 服）

3) A: Tā chū chāi le, nǐ bù zhīdao?
　　他 出 差 了，你 不 知 道？

B: _____ . (jiàn)
　 _____ 。（见 ）

305

4. Complete the sentences:

1) Model:

> Wǒ xiǎng qǐng shūshu bāng wǒ xué suànshù, bù
> 我　想　请　叔叔　帮　我　学　算　术，不
>
> zhīdao shūshu yǒu kòngr méiyǒu.　(kòngr)
> 知　道　叔　叔　有　空儿　没　有。（空儿）

(1) Wǒ xiǎng qǐng nín bāng wǒ mǎi fēijīpiào, bù zhīdao nín
　　我　想　请　您　帮　我　买　飞机票，不　知道　您

　　_____ .　(shíjiān)
　　_____ 。（时　间）

(2) Wǒ xiǎng qǐng nín hé nín tàitai míngtiān dài háizi lái wánr yì tiān,
　　我　想　请　您　和　您　太太　明天　带　孩子　来　玩儿　一　天，

　　bù zhīdao nǐmen _____ .　(bié de huódòng)
　　不　知　道　你们　_____ 。（别　的　活　动）

(3) Wǒ xiǎng qǐng tā xiàwǔ lái yíxiàr,　bù zhīdao tā _____ .
　　我　想　请　他　下午　来　一下儿，不　知　道　他 _____ 。

　　(shìr)
　　(事儿)

2) Model:

> Chúle Yīngyǔ, Hànyǔ yǐwài, Fǎyǔ,　Rìyǔ tā yě huì yìdiǎnr.　(huì)
> 除了　英　语、汉语　以外，法语、日语　他也　会　一点儿。（会）

(1) Chúle Měiyuán yǐwài, Yīngbàng wǒ _____ .　(duìhuàn)
　　除了　美　元　以外，英　镑　我 _____ 。（兑　换）

(2) _____ , biéde dìfang tāmen dōu méi qù.　(Běijīng, Shànghǎi)
　　_____ ，别的　地　方　他们　都　没　去。（北京，上　海）

(3) Zhècì huílai _____ , wǒ hái xiǎng kànkan lǎo péngyou.
　　这　次　回来 _____ ，我　还　想　看看　老　朋　友。

　　(cānguān, yóulǎn)
　　(参　观，游览)

3) Model:

> Cóng shí'èr suì qǐ,   wǒ jiù gēn māma xué Hànyǔ.
> 从 十二岁起，我 就 跟 妈妈 学 汉语。

(1) _____ , wǒ jiù zài zhèr děng nǐ le.   (jiǔ diǎn)
_____ ，我 就 在 这儿 等 你了。（九 点 ）

(2) _____ , tā jiù kāishǐle xīn de shēnghuó. (zhè yì tiān)
_____ ，他 就 开始了 新 的 生 活。（这 一 天 ）

(3) _____ , wǒ jiù bù chōu yān le.   (míngtiān)
_____ ，我 就 不 抽 烟了。（明 天 ）

5. Listen to the dialogue:

A: O,   nǐ dōu pǎo huílai le,   qǐde zhēn zǎo a.
哦，你 都 跑 回 来 了，起得 真 早 啊。

B: Wǔ diǎn bàn cóng jiālǐ chūqu, pǎo yí dà quān huílai, bú dào liù diǎn.
五 点 半 从 家里出去，跑 一 大 圈 回 来，不 到 六 点。

Zǎofàn qián, hái yǒu bù shǎo shíjiān niànnian Rìyǔ.
早 饭 前，还 有 不 少 时 间 念 念 日语。

A: Nǐ tiāntiān pǎo ma?
你 天 天 跑 吗？

B: Chúle dà fēng dà yǔ tiān, dōu pǎo.
除了 大 风 大 雨 天，都 跑。

A: Guàibude nǐ shēntǐ zhème hǎo.
怪 不 得 你 身体 这 么 好。

B: Nǐ shēntǐ yě búcuò ya,   yídìng yě hěn xǐhuan yùndòng ba?
你 身体 也 不错 呀，一 定 也 很 喜 欢 运 动 吧？

A: Dàjiā dōu guǎn wǒ jiào qiúmí, wǎngqiú, táiqiú, gāo'ěrfūqiú dōu xǐhuan.
大 家 都 管 我 叫 球 迷，网 球、台 球、高 尔 夫 球 都 喜 欢。

B: Nà yídìng dǎde hěn hǎo.
那 一 定 打 得 很 好。

A: Bù hǎo. Dǎ yíhuìr jiù lèide bùxíng. Nǐ xǐhuan shénme yùndòng?
不 好。打 一 会儿 就 累得 不 行。你 喜 欢 什 么 运 动？

B: Tiàogāo.
　　跳　高。

A: Ā,　gèzi gāo. Nà nǐ lánqiú dàgài yě dǎde búcuò! Gāodà de zhōngfēng
　　啊，个子 高。那 你 篮球 大概 也 打得 不错！ 高大 的　中　锋

　　a!
　　啊！

B: Bù,　dǎ zhōngfēng, wǒ de gèzi hái bú gòu gāo. Nǐ zhīdao zánmen guójiā
　　不，打　中　锋，我 的 个子 还 不 够　高。你 知道　咱们　国家

　　zuì gāo de zhōngfēng duō gāo? Liǎng mǐ èr hái duō ne!
　　最 高 的　中　锋 多　高？ 两 米 二 还 多 呢！

A: Shuí néng gēn tā bǐ ya!　Quán guó bú jiù yí ge ma?
　　谁　能　跟 他 比 呀！ 全　国 不 就 一 个 吗？

答案 Key

1. 2) (1) Yǔ xiàde hěn dà.　(2) Chē kāide hěn kuài.　(3) Tā huídáde hěn duì.
　　　雨 下得 很 大。　　　车 开得 很　快。　　　他 回答得 很 对。

2. 1) xiěde hěn hǎo!　　**2)** dǎde zhēn hǎo!　　**3)** yǎnde zhēn hǎo!
　　　写得 很 好！　　　　打得 真 好！　　　　演得 真 好！

3. 1) Guàibude tā Hànyǔ shuōde zhème hǎo.　**3)** Guàibude wǒ méi jiàndào tā.
　　　怪 不得 他 汉语 说得 这么 好。　　　怪 不得 我 没 见到 他。

　　2) Guàibude wǒ zhème bù shūfu.
　　　怪 不得 我 这么 不 舒服。

4. 1) (1) yǒu shíjiān méiyǒu　(2) yǒu biéde huódòng méiyǒu　(3) yǒu shìr méiyǒu
　　　有 时间 没有　　　有 别的 活 动 没有　　　有 事儿 没有

橱窗里的"人"
The "Man" in the Shop Window

29

A dialogue between Lily and David in front of a shop window

 Wěi Jiějie, nǐ shuō xiànzài lěng bu lěng?
伟：　姐姐，你 说　现 在 冷 不 冷？
Would you say it's cold now, Lily?

Lì Yìdiǎnr yě bù lěng. Wǒmen bù dōu shì chuān yí jiàn máoyī ma?
莉：　一点儿 也 不 冷[1]。我 们 不 都 是　穿 一 件 毛 衣 吗？
Not at all. We are only wearing sweaters, aren't we?

Wěi Duì a, kěshì wǒ kànjiàn yǒu gè rén shēnshang chuānzhe pí dàyī,
伟：　对 啊，可 是 我 看 见 有 个 人 身 上　穿 着 皮大衣[2]，

309

jiǎoshang chuānzhe píxuēzi, tóushang dàizhe pí màozi, bózishang wéizhe
脚上　穿着皮靴子，头　上　戴着皮帽子，脖子上　围着
máo wéijīn, shǒushang dàizhe pí shǒutào.
毛围巾，手上　戴着皮手套。

That's right, but I just saw someone wearing fur coat, high boots, fur hat, scarf and gloves.

Lì　　Ó, wǒ bù xiāngxìn.
莉：　哦，我不　相信。

Oh no, I don't believe it.

Wěi　Bù xiāngxìn? Tā hái xiàozhe xiàng wǒ zhāo shǒu ne.
伟：　不相信？他还　笑着　向我招　手呢[3]。

You don't? That person even smiled and waved at me.

Lì　　Nà shuō bu dìng shì ge fēngzi.
莉：　那说不定是个疯子。

It might be someone crazy.

Wěi　Tā yìdiǎnr yě bù fēng.
伟：　他一点儿也不疯。

No, not at all.

Lì　　Nà zhǔn shì ge shǎzi.
莉：　那准是个傻子。

Then he must be an idiot.

Wěi　Tā zhǎngzhe yí duì cōngming de dà yǎnjing.
伟：　他长着一对聪明的大眼睛。

No, that person has a pair of big, intelligent eyes.

Lì　　Nán de háishì nǚ de?
莉：　男的还是女的？

A man or a woman?

Wěi　Nán de.
伟：　男的。

A man.

Lì　　Nǐ rènshi tā ma?
莉：　你认识他吗？

Do you know him?

310

Wěi   Bú rènshi.
伟：   不 认识。
        I don't.

Lì   Nǐ bú rènshi tā,　tā zěnme huì xiàozhe xiàng nǐ zhāo shǒu ne?
莉：   你 不 认识 他，他 怎么 会 笑 着 向 你 招 手 呢？
        If you don't know him, why did he smile and wave at you?

Wěi   Tā xiàng shuí dōu xiàozhe zhāo shǒu.
伟：   他 向 谁 都 笑 着 招 手[4]。
        He smiles and waves at everybody.

Lì   Nǐ gēn tā shuō huà le ma?
莉：   你 跟 他 说 话 了 吗？
        Did you speak to him?

Wěi   Méiyǒu, tā bù shuō huà.
伟：   没 有，他 不 说 话。
        No, he doesn't speak.

Lì   Dàwěi, nǐ zěnmele?　Nǐ shuōde wǒ dōu hútu le.　Nǐ zài nǎr kànjiàn
莉：   大伟，你 怎么 了[5]？你 说 得 我 都 糊涂 了[6]。你 在 哪儿 看 见
        de?
        的？
        What's wrong with you, David? You've got me all confused. Where did you see this person?

Wěi   Yuǎn zài tiānbiān, jìn zài yǎnqián.　Nàbu,　tā zài chúchuāngli zhànzhe
伟：   远 在 天边，近 在 眼 前[7]。那不，他 在 橱 窗 里 站 着
        ne.
        呢。
        If you look far, he is ten thousand miles away, but if you look close, he is right in front of you. He is standing in the show window.

Lì   Nǐ zhège tiáopíguǐ!
莉：   你 这个 调 皮鬼！
        You naughty boy!

橱窗	chúchuāng	〔名〕	show window
毛衣	máoyī	〔名〕	sweater, jumper, pull-over
看见	kànjiàn		to see
身上	shēnshang	〔名〕	on the body
着	zhe	〔助〕	a particle placed after verbs to show continuation of an action or state
皮	pí	〔名〕	fur, hide, skin
脚	jiǎo	〔名〕	foot
靴子	xuēzi	〔名〕	boots
戴	dài	〔动〕	to wear (hats, gloves and glasses,etc.)
帽子	màozi	〔名〕	hat, cap, head-gear
脖子	bózi	〔名〕	neck
围	wéi	〔动〕	to wrap, to surround
毛	máo	〔名〕	wool
围巾	wéijīn	〔名〕	scarf, muffler
手	shǒu	〔名〕	hand
手套	shǒutào	〔名〕	gloves, mittens
相信	xiāngxìn	〔动〕	to believe
笑	xiào	〔动〕	to laugh, to smile
招手	zhāo shǒu		to wave
说不定	shuō bu dìng		perhaps, probably
疯子	fēngzi	〔名〕	madman
疯	fēng	〔形〕	mad, crazy
准	zhǔn	〔形〕	sure, certain
傻子	shǎzi	〔名〕	fool, idiot
长	zhǎng	〔动〕	to grow
对	duì	〔量〕	pair
聪明	cōngming	〔形〕	intelligent, bright, clever
眼睛	yǎnjing	〔名〕	eyes
男	nán	〔名〕	man, male

女	nǚ	〔名〕	woman, female
怎么了	zěnmele		What is wrong? What is the matter?
远在天边	yuǎn zài tiānbiān,		If you look far, it is ten thousand miles away,
近在眼前	jìn zài yǎnqián		and if you look near, it is right in front of you.
那不	nàbu		an expression to direct people's attention to something obvious
站	zhàn	〔动〕	to stand
调皮鬼	tiǎopíguǐ	〔名〕	naughty or mischievous person

注 释 Study points :

1. 一点儿也不冷。(Yìdiǎnr yě bù lěng.)
   "一点儿也不" + adjective has an exact parallel in English which is "not a bit" + adjective.

2. 我看见有个人身上穿着皮大衣。
   (Wǒ kànjiàn yǒu gè rén shēnshang chuānzhe pí dàyī.)
   "着" (zhe) here functions as a continuation indicator:

      他的脚上穿着皮靴子。(Tā de jiǎoshang chuānzhe pí xuēzi.)

      他在橱窗里站着。(Tā zài chúchuāngli zhànzhe.)

      桌子上放着手提包。(Zhuōzishang fàngzhe shǒutíbāo.)

   The negative is formed by putting "没有" (méiyǒu) before the verb:

      他的头上没有戴着皮帽子。(Tā de tóushang méiyǒu dàizhe pí màozi.)

   "verb + 着" can sometimes be used adverbially to modify the verb that follows:

      他笑着向我招手。(Tā xiàozhe xiàng wǒ zhāo shǒu.)

      他们坐着谈话。(Tāmen zuòzhe tán huà.)

3. 他还笑着向我招手呢。(Tā hái xiàozhe xiàng wǒ zhāo shǒu ne.)
   The main uses of the adverb "还" (hái) are:

313

1) to show something you have not expected to happen or to be so but has actually happened or is so:

他还笑着向我招手呢。(Tā hái xiàozhe xiàng wǒ zhāo shǒu ne.)

2) to show an increase or an addition:

我还要五张八分邮票。(Wǒ hái yào wǔ zhāng bā fēn yóupiào.) (Lesson 6)

还要别的吗？(Hái yào biéde ma?)   (Lesson 11)

七八月还常常下雨。(Qī-bā yuè hái chángcháng xià yǔ.)   (Lesson 16)

3) to show a moderate extent:

还能听懂吧？(Hái néng tīng dǒng ba?)   (Lesson 13)

陈太太，累了吧？(Chén tàitai, lèile ba?)

还好。(Hái hǎo.)   (Lesson 18)

4) to show a state or an action still in progress:

爸爸还在跟王小姐谈话吗？

(Bàba hái zài gēn Wáng xiǎojie tán huà ma?)   (Lesson 19)

我还得用刀子、叉子吃饭。

(Wǒ háiděi yòng dāozi, chāzi chī fàn.)   (Lesson 23)

4. 他向谁都招手。(Tā xiàng <u>shuí</u> dōu zhāo shǒu.)

谁 (shuí) here means anybody or everybody in general.

5. 你怎么了？(Nǐ <u>zěnme</u> le?)

"怎么" (zěnme) here is used to inquire about what has happened.

6. 你说得我都糊涂了。(Nǐ shuōde <u>wǒ dōu hútu le</u>.)

"我都糊涂了" (Wǒ dōu hútu le) indicates the degree of the action "说" (shuō).

7. 远在天边，近在眼前。(Yuǎn zài tiānbiān, jìn zài yǎnqián.)

This is an idiom.

🔊 **Supplementary words:**

白	bái	〔形〕	white
俩	liǎ	〔数量〕	two
门口儿	ménkǒur	〔名〕	door-way
盯	dīng	〔动〕	to stare
打伞	dǎ sǎn		to hold an umbrella
雨衣	yǔyī	〔名〕	raincoat
喊	hǎn	〔动〕	to shout
跳	tiào	〔动〕	to jump
抬	tái	〔动〕	to carry (on shoulder)
箱子	xiāngzi	〔名〕	suitcase, trunk
拉	lā	〔动〕	to pull
指	zhǐ	〔动〕	to point

1. Fill in the blanks using the structure " verb + 着" (zhe):

1) Zhège nǚ fúwùyuán, shēnshang _____ bái yīfu, tóushang _____ bái
   这个女服务员，身上 _____ 白衣服，头上 _____ 白

   màozi, yì zhī shǒu _____ wǔ wǎn mǐfàn, yì zhī shǒu _____ yí dà bǎ
   帽子，一只手 _____ 五碗米饭，一只手 _____ 一大把

   kuàizi.
   筷子。

2) Yí gè nán gùkè _____ yān, yǎnjing _____ càidān, zuǐli _____ càimíng,
   一个男顾客 _____ 烟，眼睛 _____ 菜单，嘴里 _____ 菜名

   Yí ge fúwùyuán zài tā de zuǒbiānr, _____ shǒuli _____ bǐ zài zhǐshang
   一个服务员在他的左边儿，_____ 手里 _____ 笔在纸上

   _____.
   _____。

3) Yǐzishang _____ yí ge xiǎo nánháir, xiǎo liǎnshang _____ yí duì cōngming
   椅子上 _____ 一个 小 男孩儿，小 脸 上 _____ 一 对 聪 明

   de dà yǎnjing, bózishang _____ yí kuài dà shǒujuànr, shēnshang _____
   的大 眼 睛，脖子 上 _____ 一 块 大 手 绢儿，身 上 _____

   xiǎo hóng máoyī, jiǎoshang _____ xiǎo píxié, _____ xiàng rén zhāoshǒu.
   小 红 毛衣，脚 上 _____ 小 皮鞋， _____ 向 人 招 手。

2. **Complete the dialogues in accordance with the contents of the pictures:**

Model:

> A: Wǒ de máoyī nǎr qù le?
>   我 的 毛衣哪儿去了？
>
> B: Zài nǐ shēnshang chuānzhe ne.
>   在 你 身 上 穿 着 呢。

1) A: Nǐ gēge ne?
      你哥哥呢？

   B: Zài nàbiānr _____ ne.
      在 那边儿 _____ 呢。

2) A: Xìn xiěle ma?
      信 写 了 吗？

   B: Zhèbu zhèng _____ ?
      这 不 正 _____ ？

3) A: Wǒ yào xiě zì le,　nǐ zhùyì kàn a!
　　　我 要 写 字 了，你 注意 看 啊！

   B: Wǒ bú shì ＿＿＿＿＿ ?
　　　我 不 是 ＿＿＿＿＿ ?

4) A: Yóujú shénme shíhòu xiūxi?
　　　邮局 什么 时候 休息？

   B: Shàngbiānr ＿＿＿＿＿ ne.
　　　上 边儿 ＿＿＿＿＿ 呢。

3. **Rephrase the sentences using "**说不定**"** (shuō bu dìng) **and "**准**"** (zhǔn):

Model:

Tā shì ge yǎnyuán. 他 是 个 演 员。　→	Shuō bu dìng tā shì ge yǎnyuán. 说 不 定 他 是 个 演 员。 Tā zhǔn shì ge yǎnyuán. 他 准 是 个 演 员。

1) Tā bìng le.
   他 病 了。

2) Tāmen bù lái le.
   他 们 不 来 了。

3) Chē kāi zǒu le.
   车 开 走 了。

4) Tā shì ge wàiguó rén.
   他 是 个 外 国 人。

5) Tāmen qù Chángchéng le.
   他 们 去 长 城 了。

6) Nà dìfang lěng a.
   那 地 方 冷 啊。

7) Nàr shì ge xuéxiào.
   那 儿 是 个 学 校。

8) Tāmen liǎ xǐhuan chī Zhōngguó cài.
   他 们 俩 喜 欢 吃 中 国 菜。

317

A: Tīng shuō, nǐ rènshi wǒmen shūdiàn de Xiǎo Zhào?
　　听　说，你　认识　我们　书店　的　小　　赵？

B: Rènshi a.
　　认识啊。

A: Nǐmen zěnme rènshi de?　Shuōshuo hǎo ma?
　　你们　怎么　认识　的？　说　说　好　吗？

B: Nà shì xiàtiān de shìr　le.　Wǒ mèimei huí jiā tàn qīn,　wǒ qù qìchēzhàn
　　那是　夏天　的　事儿　了。我　妹妹　回家　探　亲，我　去　汽车　站

　jiē　tā.　Tiān xiàzhe yǔ,　yǔ dà le,　wǒ jiùzài shūdiàn ménkǒur děngzhe.
　　接她。天　下着　雨，雨　大了，我　就在　书店　门口儿　等　着。

A: Á,　zhèyàng rènshide?
　　啊，这　样　认识　的？

B: Nǐ tīng a.　Gōnggòng qìchē lái le,　wǒ pǎodào chēzhàn, yǎnjing dīngzhe
　　你听啊。公　共　汽车　来了，我　跑　到　车站，眼睛　盯　着

　yí　ge yí ge xià chē de rén. Xiān xiàlai jǐ ge dàren, yǒude dǎzhe sǎn,
　　一个一个下车的人。先　下来几个大人，有的打着伞，

　yǒude chuānzhe yǔyī.　Wǒ kànle kàn, dōu bú shì. "Xià yǔ le!　Hǎo wánr
　　有的　穿着　雨衣。我　看了　看，都　不　是。"下　雨了！好　玩儿

　a!"　　　Yí ge xiǎo nánháir hǎnzhe, tiàozhe xiàle chē,　tā māma gēnzhe yě
　　啊！"　一个　小　男孩儿　喊着，跳着　下了车，他妈妈　跟着也

　xiàle　chē.
　　下了　车。

A: Nǐ mèimei hái méi lái?
　　你妹妹　还　没　来？

B: Méiyǒu a,　děng xià yí liàng ba.　Wǒ zhèng xiǎngzhe, chēshang xiàlaile
　　没　有啊，等　下　一　辆　吧。我　正　　想　着，车　上　下来了

　liǎng ge nǚ de.　Tā liǎ táizhe yí ge xiāngzi.　À,　lái le!
　　两　个女的。她俩　抬着　一　个　箱　子。啊，来了！

A: Nǐ liǎ mèimei?
　　你俩　妹　妹？

B: Bú shì. Wǒ mèimei shuō: "Gē, zhè shì wǒ zài qìchēshang rènshi de, tā
   不 是。我 妹妹 说："哥，这是 我 在 汽车 上 认识 的，她

   bāngle wǒ bù shǎo máng." Tā lāzhe nà nǚ tóngzhì de shǒu shuō: "Zǒu,
   帮 了 我 不 少 忙。"她 拉着 那 女 同 志 的 手 说："走，

   dào wǒ jiā qu zuò yíhuìr."   Nà nǚ tóngzhì yòng shǒu zhǐzhe shūdiàn
   到 我 家 去 坐 一 会 儿。" 那 女 同 志 用 手 指 着 书 店

   shuō: "Bù, gōngzuò shíjiān dào le."
   说："不，工 作 时 间 到 了。"

A: Zhè zhǔn shì Xiǎo Zhào! Tā zhēn rèqíng, shì bu shì?
   这 准 是 小 赵！她 真 热 情，是 不 是？

5. Translate the following into Chinese:

1) The child is in a red wollen jacket.

2) It was raining heavily outside.

3) Today's newspaper is on my table.

4) He waved at me with a smile.

答案 Key

1. 1) chuānzhe, dàizhe, duānzhe, názhe
       穿 着，戴着，端 着，拿着

   3) zuòzhe, zhǎngzhe, wéizhe, chuānzhe, xiàozhe
      坐 着，长 着，围 着，穿 着，笑 着

   2) chōuzhe, kànzhe, niànzhe, zhànzhe, názhe, xiězhe
      抽 着，看 着，念 着，站 着，拿 着，写 着

2. 1) zhànzhe   2) xiězhe ne ma   3) zhùyì kànzhe ne ma   4) xiězhe
       站 着   写 着 呢 吗   注意 看 着 呢 吗   写着

5. 1) Nàge xiǎoháir shēnshang chuānzhe yíjiàn hóng máoyī.
       那个 小孩儿 身 上 穿 着 一件 红 毛衣。

   2) Wàibiānr xiàzhe dà yǔ.
      外 边儿 下 着 大 雨。

   3) Jīntiān de bào zài zhuōzishang fàngzhe ne.
      今天 的 报 在 桌子 上 放 着 呢。

   4) Tā xiàozhe duì wǒ zhāole zhāo shǒu.
      他 笑 着 对 我 招 了 招 手。

319

怎样写中文信
How to Write Chinese Letters

30

After receiving a letter from Li Wenhan, Mr. Chen teaches David how to write Chinese letters.

🎧 **Wěi**   Bàba,   xìn! Fúwùyuán sòngláide
伟：   爸爸，信！服务员 送来的。
     Dad, it's a letter. The attendant delivered it.

Chén   Gěi wǒ.
陈：   给我。
     Give it to me.

Wěi   Shì shuí jìláide?
伟：   是 谁 寄来的？
     Who is it from?

Chén　Lǐ bóbo.
陈：　李伯伯。
　　Uncle Li.

Wěi　Bàba, Zhōngwén xìn gēn Yīngwén xìn de xiěfǎ yíyàng ma?
伟：　爸爸，中 文 信 跟 英 文 信 的 写法 一样 吗[1]？
　　Dad, is the way of writing Chinese letters the same as English ones?

Chén　Nǐ kànkan, xìnfēng shì zěnme xiěde?
陈：　你 看 看，信 封 是 怎么 写 的？
　　See how the envelope is written.

Wěi　Shōuxìnrén de dìzhǐ xiě zài xìnfēng shàngbiānr,　xìnfēng zhōngjiānr xiě
伟：　收 信 人 的 地址 写 在 信 封　 上 边 儿[2]，信 封　 中 间 儿 写
　　shōuxìnrén xìngmíng, xiàbiānr xiě jìxìnrén dìzhǐ.
　　收 信 人 姓　名，下 边 儿 写 寄 信 人 地址。
　　The address's at the top, the name in the middle, and the address of the sender at the
　　bottom.

Chén　Zhè gēn Yīngwén xìn de xiěfǎ yíyàng ma?
陈：　这 跟 英 文 信 的 写法 一样　吗？
　　Is that the same as English letters?

Wěi　Bù yíyàng. Yīngwén xìn shì zài xìnfēng de zhèngmiàn xiě shōuxìnrén de
伟：　不 一 样。英 文 信 是 在 信 封 的　正　面　写 收 信 人 的
　　xìngmíng hé dìzhǐ,　zài zuǒ shàng jiǎo huò bèimiàn xiě jìxìnrén de dìzhǐ.
　　姓　名 和 地址[3]，在 左　上　角 或 背　面 写 寄 信 人 的 地址。
　　No, it isn't. The English way is to write the name and then the address in the center of the
　　envelope. The address of the sender is written in the upper left-hand corner or on the back
　　of the envelope.

Chén　Duì le. Xiě Zhōngwén xìn, xìnfēngshàng de dìzhǐ yào xiān xiě dà dìmíng,
陈：　对 了。写　中　文 信，信 封 上　的 地址 要 先 写 大 地名，
　　hòu xiě xiǎo dìmíng, yě jiù shì shuō, xiān xiě shěng (shì), zài xiě xiàn (qū),
　　后 写 小 地 名，也 就 是 说[4]，先　写　省　（市）、再 写 县 （区）、
　　cūn (jiē), zuìhòu xiě ménpái hàomǎr.　Rúguǒ shì cóng wàiguó jìlai de,
　　村 （街）、最 后 写　门 牌 号 码 儿[5]。如 果 是 从　外 国 寄来 的，
　　shǒuxiān yào xiě Zhōnghuá Rénmín Gònghéguó.
　　首　先　要　写 中　华 人 民　共　和 国。

That's right. For Chinese letters, you put down the province or city first, then the country or district, then the village or street, the number always comes last. If it is an overseas letter, People's Republic of China should be written first.

Wěi　　Bàba,　zhèfēng xìn zěnme bù xiě rìqī hé xiěxìnrén de dìdiǎn ne?
伟：　　爸爸，这封　信 怎么 不 写 日期 和 写信人 的 地点 呢？
　　　　Dad, why is there no date or the sender's address on the letter?

Chén　Nǐ xiān kàn, kàn wén zài shuō.
陈：　　你先　看，看 完 再　说。
　　　　Read it first, then you'll see.

Wěi　　Ò,　Zhōngwén　xìn shì xiān xiě wán nèiróng, zuìhòu cái xiě rìqī　de.
伟：　　哦，中　文 信 是 先 写 完 内 容，最 后 才 写 日期 的。
　　　　Zěnme méiyǒu xiě xìn de dìdiǎn ne?
　　　　怎么 没 有 写 信 的 地点 呢？
　　　　Ah, the body of the letter comes first, the date is written at the end. But why is there no sender's address?

Chén　Xiě xìn de dìdiǎn kěyǐ bù xiě, zhè yìdiǎn yě gēn Yīngwén xìn bù yíyàng.
陈：　　写 信 的 地点 可以 不 写，这 一 点 也 跟　英 文 信 不 一 样。
　　　　Dàwěi,　nǐ qù wènwen nǐ jiéjie,　gěi nǐ lǎoye de xìn xiě wán le méiyou.
　　　　大 伟，你 去　问　问 你 姐姐，给 你 老爷 的 信 写　完 了 没 有。
　　　　Xiànzài yǒu kòngr,　wǒ gěi Lǎo Lǐ huí fēng xìn,　yíhuìr　yìqǐ jì.
　　　　现 在 有　空儿，我 给 老 李 回　封　信，一会儿 一 起 寄。
　　　　It can be omitted and this is one of the differences between Chinese and English letters. David, go and ask your sister if she has finished her letter to Grandpa. In the meantime I'll write a reply to Lao Li, and we can mail the two letters together.

Wěi　　Gěi wǒ lǎoye de xìn,　jiějie zuótiān wǎnshang jiù xiě wán le.
伟：　　给 我 老爷 的 信，姐姐 昨 天　晚　上　就 写 完 了。
　　　　Lily finished her letter to Grandpa last night.

Chén　Nà nǐ lái,　wǒ yìbiān xiě yìbiān zài gěi nǐ shuō yi shuō.
陈：　　那 你 来，我 一边 写 一边 再 给 你 说 一　说[6]。
　　　　Then come. I'll explain to you the way of writing a Chinese letter as I write.

怎样	zěnyàng	〔代〕	how
中文	Zhōngwén	〔名〕	Chinese
英文	Yīngwén	〔名〕	English
写法	xiěfǎ	〔名〕	the way to write
一样	yíyàng	〔形〕	same
跟…一样	gēn…yíyàng		same as
上边儿	shàngbiānr	〔名〕	upper part
中间儿	zhōngjiànr	〔名〕	middle
正面	zhèngmiàn	〔名〕	front
左	zuǒ	〔名〕	left
角	jiǎo	〔名〕	corner
或	huò	〔连〕	or
背面	bèimiàn	〔名〕	back
后	hòu	〔副〕	then, later
先…后…	xiān…hòu…		first…then
地名	dìmíng	〔名〕	name of a place
也就是说	yě jiù shì shuō		that is to say
省	shěng	〔名〕	province
市	shì	〔名〕	city, municipality
县	xiàn	〔名〕	county
区	qū	〔名〕	district
村	cūn	〔名〕	village
街	jiē	〔名〕	street
最后	zuìhòu	〔名〕	last
门牌	ménpái	〔名〕	number (of a house)
如果	rúguǒ	〔连〕	if
首先	shǒuxiān	〔副、名〕	first; beginning
日期	rìqī	〔名〕	date
内容	nèiróng	〔名〕	content, body
才	cái	〔副〕	only then

地点	dìdiǎn	〔名〕	place, locality, address
点	diǎn	〔量〕	point
回信	huí xìn		reply
老爷	lǎoye	〔名〕	maternal grandfather

Proper nouns :

中华人民共和国　　Zhōnghuá Rénmín Gònghéguó
The People's Republic of China

注 释　Study points :

1. 中文信<u>跟</u>英文信的写法<u>一样</u>吗？(Zhōngwén xìn gēn Yīngwén xìn de xiěfǎ yíyàng ma?)

   "…跟…一样" is a way of equating two items:

   他的毛衣跟我的毛衣一样。(Tā de máoyī gēn wǒ de máoyī yíyàng.)
   这张桌子跟那张桌子一样。(Zhèzhāng zhuōzi gēn nàzhāng zhuōzi yíyàng.)

   The negative is formed by putting "不" (bù) before "一样" (yíyàng); the question form has a "吗" (ma) at the end.

2. 收信人的地址写在信封上边儿。(Shōuxìnrén de dìzhǐ xiě zài xìnfēng shàngbiānr.)

   This sentence is passive in meaning. (See study point 1 of Lesson 34.)

3. 英文信<u>是</u>在信封的正面写收信人的姓名和地址。(Yīngwén xìn <u>shì</u> zài xìnfēng de zhèngmiàn xiě shōuxìnrén de xìngmíng hé dìzhǐ.)

   "是" (shì) is for emphasis here.

324

4. 也就是说 (yě jiù shì shuō)

The expression means "that is to say".

5. 先写省（市），再写县（区）、村（街），最后写门牌号码儿。(Xiān xiě shěng (shì), zài xiě xiàn (qū), cūn (jiē), zuìhòu xiě ménpái hàomǎr.)

There are thirty provinces, cities and autonomous regions (including Taiwan) in China. See appendix for their names and the names of their capitals.

6. 我一边写一边再给你说一说。(Wǒ yìbiān xiě yìbiān zài gěi nǐ shuō yi shuō.)

"说一说" here means "to explain briefly".

Similar expressions like "等一等" (děng yi děng), "看一看" (kàn yi kàn), etc. all carry the connotation of doing something briefly.

练习 Exercises :

Supplementary words:

文章	wénzhāng	〔名〕	article, composition
声	shēng	〔名〕	voice, sound
打开	dǎkāi		to open
人数	rén shù		number of people
扇子	shànzi	〔名〕	fan
画	huà	〔动〕	to draw, to paint
幅	fú	〔量〕	a measure word for pictures and paintings
画儿	huàr	〔名〕	drawing, painting
改	gǎi	〔动〕	to make changes
石头	shítou	〔名〕	stone
黑	hēi	〔形〕	black
金	jīn	〔名〕	gold
难看	nánkàn	〔形〕	ugly

1. Fill in the blanks with the right words:

> jiàn, dào, wán, zài, hǎo
> 见 ， 到 ， 完 ， 在 ， 好

1) Zhèběn shū tā kàn _____ le.
   这 本 书 他 看 _____ 了。

2) Bàba jìlai de bāoguǒ tā shōu _____ le.
   爸爸 寄来的 包裹 他 收 _____ 了。

3) Gěi gēge de xìn tā xiě _____ le.
   给 哥哥 的 信 他 写 _____ 了。

4) Màozi, shǒutàor quán dōu dài _____ le.
   帽子、手套儿 全 都 戴 _____ 了。

5) Tāmen zuò _____ qiánbiānr.
   他 们 坐 _____ 前边儿。

6) Tā de biǎo zhǎo _____ le.
   他 的 表 找 _____ 了。

7) Duì, sìshí fēn zhōng jiù néng zǒu _____ .
   对，四十分 钟 就 能 走 _____ 。

8) Wénzhāng bù cháng, èrshí fēn zhōng jiù kàn _____ le.
   文 章 不 长，二十 分 钟 就 看 _____ 了。

9) Fēijī shēng tāmen zǎo jiù tīng _____ le.
   飞机 声 他们 早 就 听 _____ 了。

2. Make short dialogues using "⋯跟⋯一样" (...gēn...yíyàng):

Model:

> A: Zhōngwén xìn gēn Yīngwén xìn de xiěfǎ yíyàng ma?
>   中 文 信 跟 英 文 信 的 写法 一样 吗？
>
> B: Xiěfǎ bù yíyàng.
>   写法 不 一 样。

1) zhèzhǒng, nàzhǒng, zì, xiěfǎ
   这 种，那 种，字，写法

2) zhège, nàge, zì, shēngdiào
这个，那个，字，声调

3) zhèjiàn, nàjiàn, yīfu, yánsè
这件，那件，衣服，颜色

4) zhège, nàge, háizi, niánlíng
这个，那个，孩子，年龄

5) nǐmen, tāmen, xuéxiào, rén shù
你们，他们，学校，人数

6) nǐ, tā, gōngzuò, shíjiān
你，他，工作，时间

3. Listen to the dialogue:

Lǎo Wáng　Lǎo Dīng, nǐ kàn, zhè shì wǒ xīn mǎi de shànzi.
老 王：　老 丁，你看，这是我新买的扇子。

Lǎo Dīng　Zhēn hǎo. Rúguǒ zhè shàngbiānr zài huàshang yì fú hǎo huàr,
老 丁：　真 好。如果这 上 边儿再画 上 一幅好画儿，

nà cái hǎo ne!
那才好呢！

Wáng　Wǒ mǎile shànzi yìzhí zài xiǎng, qǐng shuí gěi huà yì fú huàr
王：　我 买了扇子一直在 想，请谁给画一幅画儿

ne. Tīng shuō, nǐ huì huà ...
呢。听 说，你会画…

Dīng　Á, huì yìdiǎnr. Nà, wǒ shìshi. Huà shénme ne?
丁：　啊，会 一点儿。那，我试试。画 什么呢？

Wáng　Nǐ xiǎng huà shénme jiù huà shénme ba.
王：　你 想 画 什么就画 什么吧。

Dīng　Nà hǎo. Yí ge xīngqī jiù néng huà hǎo.
丁：　那 好。一个星期就能 画 好。

Wáng　Wǒ xiān xièxie le.
王：　我 先 谢谢了。

(Yí ge xīngqī yǐhòu)
(一 个 星 期 以后)

327

Wáng   Lǎo Dīng, wǒ nà shànzi?
王：   老　丁，我　那　扇子？

Dīng   À,   wǒ gěi nǐ huàshangle dà shù.
丁：   啊，我　给　你　画　上了大树。

Wáng   Xíng a.
王：   行　啊。

Dīng   Kěshì, nà dà shù huà de tài dà le, zhǐ huàle jǐ ge shùyèr, bù hǎo, bù
丁：   可是，那　大　树　画　得太大了，只　画了几个树叶儿，不好，不

hǎo. Wǒ kàn, zài gǎigai, huà kuài dà shítou ba.
好。我　看，再　改改，画　块　大　石头　吧。

Wáng   Yě xíng.
王：   也　行。

Dīng   Lǎo Wáng, nǐ zài gěi wǒ sān tiān shíjiān, sān tiān zhǔn néng huà hǎo.
丁：   老　王，你　再　给　我　三　天　时间，三　天　准　能　画好。

(sān tiān yǐhòu)
（三　天　以后）

Dīng   Lǎo Wáng a, nà dà shítou wǒ huà wán le, kěshi tài hēi le. Wǒ zài
丁：   老　王　啊，那　大　石头　我　画　完了，可是太黑了。我　再

gǎigai. Gǎi shénme ne? Duì, zhèyàng, shànzi quán dōu huà hēi le, zài
改改。改　什么　呢？对，这样，扇子　全　都　画黑了，再

xiěshang jǐ ge dà jīn zì, nǐ kàn zěnmeyàng?
写上　几　个大金字，你　看　怎么　样？

Wáng   Nà gēn mǎide hēi shànzi yíyàng le.
王：   那　跟　买的黑　扇子一样　了。

Dīng   Bù yíyàng. Zhè shì wǒ huàde ya.
丁：   不一样。这　是　我　画的呀。

Wáng   Tài gǎnxiè le. Huà wán le, nǐ zìjǐ yòng ba.
王：   太　感谢了。画　完了，你自己用　吧。

Dīng   Nà héshì ma?
丁：   那　合适吗？

Wáng   Hái shuō shénme ne? Nǐ yòng gēn wǒ yòng dōu yíyàng nán kàn a!
王：   还　说　什么　呢？你　用　跟我　用　都　一样　难　看　啊！

Appendix: A sketch of the provinces (with their capitals), cities and autonomous regions (with their capitals).

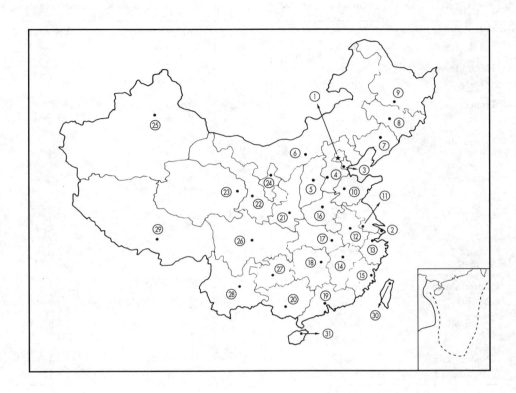

	Names of cities, provinces and autonomous regions	Capitals of provinces and autonomous regions
①	Běijīng shì 北 京 市	
②	Shànghǎi shì 上 海 市	
③	Tiānjīn shì 天 津 市	
④	Héběi shěng 河 北 省	Shíjiāzhuāng 石 家 庄
⑤	Shānxī shěng 山 西 省	Tàiyuán 太 原
⑥	Nèi Měnggǔ zìzhìqū 内 蒙 古 自 治 区	Hūhéhàotè 呼 和 浩 特
⑦	Liáoníng shěng 辽 宁 省	Shěnyáng 沈 阳

	Names of cities, provinces and autonomous regions	Capitals of provinces and autonomous regions
⑧	Jílín shěng 吉 林 省	Chángchūn 长 春
⑨	Hēilóngjiāng shěng 黑 龙 江 省	Hā'ěrbīn 哈 尔 宾
⑩	Shāndōng shěng 山 东 省	Jǐnán 济 南
⑪	Jiāngsū shěng 江 苏 省	Nánjīng 南 京
⑫	Ānhuī shěng 安 徽 省	Héféi 合 肥
⑬	Zhéjiāng shěng 浙 江 省	Hángzhōu 杭 州
⑭	Jiāngxī shěng 江 西 省	Nánchāng 南 昌

	Names of cities, provinces and autonomous regions	Capitals of provinces and autonomous regions		Names of cities, provinces and autonomous regions	Capitals of provinces and autonomous regions
⑮	Fújiàn shěng 福建省	Fúzhōu 福州	㉔	Níngxià Huízú 宁夏回族 zìzhìqū 自治区	Yínchuān 银川
⑯	Hénán shěng 河南省	Zhèngzhōu 郑州	㉕	Xīnjiāng Wéiwú'ěr 新疆维吾尔 zìzhìqū 自治区	Wūlǔmùqí 乌鲁木齐
⑰	Húběi shěng 湖北省	Wǔhàn 武汉	㉖	Sìchuān shěng 四川省	Chéngdū 成都
⑱	Húnán shěng 湖南省	Chángshā 长沙	㉗	Guìzhōu shěng 贵州省	Guìyáng 贵阳
⑲	Guǎngdōng shěng 广东省	Guǎngzhōu 广州	㉘	Yúnnán shěng 云南省	Kūnmíng 昆明
⑳	Guǎngxī zhuàngzú 广西壮族 zìzhìqū 自治区	Nánníng 南宁	㉙	Xīzàng zìzhìqū 西藏自治区	Lāsà 拉萨
㉑	Shǎnxī shěng 陕西省	Xī'ān 西安	㉚	Táiwān shěng 台湾省	Táiběi 台北
㉒	Gānsù shěng 甘肃省	Lánzhōu 兰州	㉛	Hǎinán shěng 海南省	Hǎikǒu 海口
㉓	Qīnghǎi shěng 青海省	Xīníng 西宁			

答案 Key

1.
1) wán
完

2) dào
到

3) wán
完

4) hǎo
好

5) zài
在

6) dào
到

7) dào
到

8) wán
完

9) jiàn
见

复习六　Revision 6

1. Rewrite the sentences using the verb "在" (zài):

Model:

> Jùyuàn běibiānr shì Hépíng Xīn Cūn.
> 剧 院 北 边 儿 是 和 平 新 村。
> ↓
> Hépíng Xīn Cūn zài jùyuàn běibiānr.
> 和 平 新 村 在 剧 院 北 边 儿。

1) Sān hào lóu hòubiānr shì sì hào lóu.
   三 号 楼 后 边 儿 是 四 号 楼。

2) Jùyuàn nánbiānr yǒu ge qìchēzhàn.
   剧 院 南 边 儿 有 个 汽 车 站。

3) Tā fángjiān de zuǒbiānr shì wǒ de fángjiān.
   他 房 间 的 左 边 儿 是 我 的 房 间。

4) Zhāng xiānsheng yòubiānr zuò de shì Chén xiānsheng.
   张　 先 生 右 边 儿 坐 的 是 陈 先 生。

5) Tāmen sān ge rén zhèyàng zhànzhe: zhōngjiànr shì Liú xiǎojie, zuǒbiānr
   她 们 三 个 人 这 样　 站 着：中 间 儿 是 刘 小 姐，左 边 儿

   shì Wáng xiǎojie, yòubiānr shì Zhào xiǎojie.
   是 王　 小 姐，右 边 儿 是 赵　 小 姐。

6) Qiánbiānr shì xiǎo qìchē, hòubiānr shì dà qìchē.
   前 边 儿 是 小　 汽 车，后 边 儿 是 大 汽 车。

2. Rewrite the following sentences using "是…的" (shì...de):

Model:

> Tā zuò fēi jī qù Shànghǎi le.
> 他坐飞机去上海了。
>
> ↓
>
> Tā shì zuò fēijī qù Shànghǎi de.
> 他是坐飞机去上海的。

1) Tā liǎ zǒuzhe qù Yǒuyì Shāngdiàn le.
   他俩走着去友谊商店了。

2) Shàng xīngqī tā gēn Wáng bóbo yìqǐ cānguān huàzhǎn le.
   上星期他跟王伯伯一起参观画展了。

3) Zhōngwǔ shí'èr diǎn tā huí dàole jiālǐ.
   中午十二点他回到了家里。

4) Qùnián Guóqìngjiē, tā jiélehūn.
   去年国庆节,他结了婚。

5) Nǐ gēn tā zài nǎr jiànle miàn?
   你跟他在哪儿见了面?

6) Shí nián qián de qiūtiān, wǒmen fēnbié le.
   十年前的秋天,我们分别了。

7) Nàxiē shū jiǔ yuè liù hào jièlai le.
   那些书九月六号借来了。

8) Tā zài nàge dà shāngdiàn mǎile diànshì jī.
   他在那个大商店买了电视机。

3. Fill in the blanks with "得" (de) or "的" (de):

1) Tā ____ pǔtōnghuà zhēn hǎo.
   他 ____ 普 通 话 真 好。

2) Tā liǎ Hànyǔ dōu shuō ____ búcuò.
   他 俩 汉 语 都 说 ____ 不 错。

3) Zhè dìfang ____ dōngxi zhēn guì ya, bǐ nǐmen nàr guì duō le!
   这 地 方 ____ 东 西 真 贵 呀，比 你 们 那 儿 贵 多 了！

4) Nǐmen jiā ____ nà zhāng huàr huà ____ duō hǎo a!
   你 们 家 ____ 那 张 画 儿 画 ____ 多 好 啊！

5) Zhào xiānsheng měitiān dōu lái ____ hěn zǎo, zǒu ____ hěn wǎn.
   赵 先 生 每 天 都 来 ____ 很 早，走 ____ 很 晚。

6) Tā ____ huà bú dà hǎo dǒng, shuō ____ yě tài kuài, hěn duō rén méi tīng
   他 ____ 话 不 大 好 懂， 说 ____ 也 太 快，很 多 人 没 听

   dǒng
   懂。

7) Tā ____ chē nǐ kě bié zuò, kāi ____ tài kuài le!
   他 ____ 车 你 可 别 坐，开 ____ 太 快 了！

8) Zuótiān shì Xiǎo Liú ____ shēngrì, tā qǐng wǒmen zài tā jiā chī ____
   昨 天 是 小 刘 ____ 生 日，他 请 我 们 在 他 家 吃 ____

   fàn, cài zuò ____ búcuò.
   饭，菜 做 ____ 不 错。

1. 1) Sìhào lóu zài sānhào lóu hòubiānr.
四 号 楼 在 三 号 楼 后边儿。

2) Qìchēzhàn zài jùchǎng nánbiānr.
汽 车 站 在 剧 场 南边儿。

3) Wǒ de fángjiān zài tā de fángjiān
我 的 房 间 在 他 的 房 间
de zuǒbiānr.
的 左边儿。

4) Chén xiānsheng zuò zài Zhāng
陈 先 生 坐 在 张
xiānsheng de yòubiānr.
先 生 的 右边儿。

5) Tāmen sānge rén zhèyàng zhànzhe:
她 们 三个人 这样 站 着：

Liú xiǎojie zài zhōngjiānr, Wáng xiǎojie
刘 小 姐 在 中 间儿，王 小 姐

zài tā zuǒbiānr, Zhào xiǎojie zài tā
在 她 左边儿，赵 小 姐 在 她

yòubiānr.
右边儿。

6) Xiǎo qìchē zài qiánbiānr, dà qìchē zài
小 汽车 在 前边儿，大 汽车 在
hòubiānr.
后边儿。

2. 1) Tā liǎ shì zǒuzhe qù Yǒuyì Shāngdiàn de.
他 俩 是 走 着 去 友 谊 商 店 的。

2) Shàng xīngqī tā shì gēn Wáng bóbo yìqǐ
上 星 期 他 是 跟 王 伯 伯 一起
cānguān huàzhǎn de.
参 观 画 展 的。

3) Tā shì zhōngwǔ shí'èr diǎn huí dào jiāli de.
他 是 中 午 十 二 点 回 到 家 里 的。

4) Tā shì qùnián guóqìngjié jié de hūn.
他 是 去 年 国 庆 节 结 的 婚。

5) Nǐ shì gēn tā zài nǎr jiàn de miàn?
你 是 跟 他 在 哪儿 见 的 面？

6) Wǒmen shì shínián qián de qiūtiān
我 们 是 十 年 前 的 秋 天
fēnbié de.
分别 的。

7) Nàxiē shū shì jiǔ yuè liù hào jièlai de.
那 些 书 是 九 月 六 号 借 来 的。

8) Tā shì zài nàge dà shāngdiàn mǎi de
他 是 在 那个大 商 店 买 的
diànshìjī.
电 视 机。

3. 1) de   3) de   5) de, de   7) de, de
    的   的   得，得   的，得

2) de   4) de, de   6) de, de   8) de, de, de
    得   的，得   的，得   的，的，得

我们是同行
We Are in the Same Profession

31

Mr. Chen Mingshan chats with a young teacher at the entrance of Qian Ling Museum before it opens.

Chén	Qǐngwèn, Bówùguǎn jǐ diǎn kāi mén?	
陈:	请 问，博 物 馆 几 点 开 门？	

Could you tell me when the museum opens, please?

Qīngnián	Bā diǎn. Nín yě shì lái cānguān de?
青 年:	八 点。您 也 是 来 参 观 的？

Eight o'clock. You've come to visit the museum too?

Chén	Shì a. Wǒ shì huáqiáo, zài Měiguó yí ge dàxué jiāo Zhōngguó lìshǐ.
陈:	是 啊。我 是 华 侨，在 美 国 一个 大学 教 中 国 历史。

Yes. I'm an overseas Chinese. I teach Chinese history at an American university.

Qīng
青：

Nín shì gǎo gǔdài shǐ de?

您 是 搞 古代 史 的？

Ancient history?

Chén
陈：

Wǒ zhǔyào shì yánjiū Táng shǐ. Tángdài sānbǎi nián, Xī'ān shì dāngshí

我 主要 是 研究 唐 史。唐代 三百 年，西安 是 当时

quán guó zhèngzhì, jīngjì, wénhuà de zhōngxīn. Xī'ān shì hěn zhíde

全 国 政治、经济、文化 的 中心。西安 是 很 值得

cānguān de. Nǐ duì lìshǐ yě yǒu xìngqù?

参 观 的[1]。你 对 历史 也 有 兴趣？

I study the history of Tang dynasty. Throughout the three hundred years of Tang dynasty, Xian was the political, economic and cultural center of the country; it is indeed the place to visit. You are also interested in history?

Qīng
青：

Wǒ yě shì gǎo lìshǐ de. Wǒ zài Xī'ān Dàxué lìshǐ xì gōngzuò.

我 也 是 搞 历史 的。我 在 西安 大学 历史系 工作。

History is also my specialty. I work in the History Department of Xian University.

Chén
陈：

Wǒmen shì tóngháng a! Tài hǎo le! Qǐngwèn, nín guì xìng?

我们 是 同 行 啊！太 好 了！请 问，您 贵 姓[2]？

Then we are in the same profession. How wonderful! May I ask your name?

Qīng
青：

Wǒ xìng Lín, jiào Lín Xiǎodōng.

我 姓 林，叫 林 小 东。

My name is Lin, Lin Xiaotung.

Chén
陈：

Wǒ jiào Chén Míngshān. Nǐ zài Xī'ān Dàxué gōngzuò jǐ nián le?

我 叫 陈 明 山。你 在 西安 大学 工作 几 年 了[3]？

And my name is Chen Mingshan. How long have you been teaching at Xian University?

Qīng
青：

Wǒ shì qiánnián bì yè de, gāng gōngzuòle liǎng nián duō, shì ge zhùjiào.

我 是 前年 毕业 的，刚 工作 了 两 年 多，是 个 助 教。

Nín jiāo Zhōngguó lìshǐ jiāole duō cháng shíjiān le?

您 教 中 国 历史 教了 多 长 时间 了？

I graduated the year before last, so I've been working for only two years. I'm a teaching assistant. How long have you been teaching Chinese history?

Chén
陈：

Sānshí nián le.

三十 年 了。

Thirty years.

Qīng Nín duì Zhōngguó lìshǐ yídìng hěn yǒu yánjiū lou.
青： 您 对 中 国 历史 一定 很 有 研究 喽。
Then you must be an expert on Chinese history.

Chén Nǎlǐ! Zài guó wài yánjiū Zhōngguó lìshǐ, zěnme yě bùrú nǐmen zài
陈： 哪里！在 国 外 研究 中 国 历史，怎么 也 不如 你们 在
guó nèi.
国 内 [4]。
Oh come. To study Chinese history outside China is not quite as good as within the
country.

Qīng Yě bù yídìng. Yǒude rén zài guó wài yánjiū yě hěn yǒu chéngjiù. Jīntiān
青： 也 不 一定。有 的 人 在 国 外 研究 也 很 有 成就。今天
cānguān zhège Qián Líng Bówùguǎn duì nín yánjiū Táng dài lìshǐ yídìng
参观 这个 乾 陵 博物馆 对 您 研究 唐 代 历史 一定
huì yǒu hěn dà bāngzhù.
会 有 很 大 帮助。
Not necessarily. Some people are also doing very well (in their study of Chinese history)
outside China. You'll find this Qian Ling Museum a great help to your study of Tang
history.

Chén Shì a. Xī'ān jiǎnzhí shì ge dà bówùguǎn, kěxī shíjiān tài duǎn le, bù
陈： 是 啊。西安 简直 是 个 大 博物馆，可惜 时间 太 短 了，不
néng dōu qù cānguān.
能 都 去 参观。
Yes. Xian is a big museum. It's a pity that my stay here is too short and I can't visit all
the places.

Qīng Lái Xī'ān jǐ tiān le?
青： 来 西安 几 天 了？
How long have you been in Xian?

Chén Liù tiān le. Guò liǎng tiān jiù děi zǒu le.
陈： 六 天 了。过 两 天 就 得 走 了 [5]。
Six days. I'll have to leave in a few days.

Qīng Yǐhòu yǒu jīhuì zài lái.
青： 以后 有 机会 再来。
Come again when you have the chance.

337

Chén   Nà yídìng.
陈：   那 一 定。

        Of course.

Qīng   Kāi mén le, wǒmen jìnqu ba.
青：   开 门 了，我们 进去 吧。

        The museum has opened. Let's go inside.

生 词 New words

同行	tóngháng	〔名〕	someone of the same trade or profession
博物馆	bówùguǎn	〔名〕	museum
青年	qīngnián	〔名〕	youth, young man (men)
开	kāi	〔动〕	to open
门	mén	〔名〕	door, gate
开门	kāimén		to open the door, open to the public
搞	gǎo	〔动〕	to do, to carry on, to be engaged in
…史	…shǐ	〔名〕	history
主要	zhǔyào	〔形〕	main
代	dài	〔名〕	dynasty, generation
当时	dāngshí	〔名〕	at the time
政治	zhèngzhì	〔名〕	politics
经济	jīngjì	〔名〕	economy, economics
文化	wénhuà	〔名〕	culture
中心	zhōngxīn	〔名〕	center
兴趣	xìngqù	〔名〕	interest
对…有兴趣	duì…yǒu xìngqù		to be interested in
系	xì	〔名〕	department
贵姓	guì xìng		a polite way of asking someone's family name
你(您)贵姓？	Nǐ (nín) guì xìng		May I ask your name?

姓	xìng	〔动、名〕	one's family name is...; family name
前年	qiánnián	〔名〕	the year before last
助教	zhùjiào	〔名〕	teaching assistant
喽	lou	〔助〕	a particle meaning "naturally"
不如	bùrú	〔动〕	not as good as, not as well as
成就	chéngjiù	〔名〕	achievements
有成就	yǒu chéngjiù		to enjoy success or to win recognition
简直	jiǎnzhí	〔副〕	simply (for emphasis)
可惜	kěxī	〔形〕	unfortunate, the pity is

Proper nouns :

唐	Táng	Tang, an early dynasty in the history of China, between 618 and 907 A.D.
林	Lín	a common Chinese family name
林小东	Lín Xiǎodōng	the name of a staff member of Xian University
西安大学	Xī'ān Dàxué	Xian University
乾陵博物馆	Qián Líng Bówùguǎn	Qian Ling Museum, the museum for the unearthed artifacts from the Qian Tomb which is the tomb of the well-known Tang emperor, Tang Gao Zong.

注 释 Study points :

1. 西安是很值得参观的。(Xī'ān <u>shì</u> hěn zhíde cānguān <u>de</u>.)
   "是…的" (shì...de) is for emphasis here.

2. 您贵姓？(Nín guì xìng?)
   "贵" (guì) is a word of respect. "贵姓" (guì xìng) is a polite way to ask someone's family name. A less cordial way is "你姓什么？" (Nǐ xìng shénme?)

339

3. 你在西安大学工作<u>几年</u>了？(Nǐ zài Xī'ān Dàxué gōngzuò jǐ nián le?)

In Chinese, the way to express the duration of an action or a situation is to put the time element at the end: subject + action word + time element.

For monosyllabic action words, the pattern is as follows:

他工作六年多了。(Tā gōngzuò liù nián duō le.)

他们谈了半个小时了。(Tāmen tánle bàn ge xiǎoshí le.)

If there is an object, the verb has to be repeated and the time element placed after the repeated verb, for example:

他教中国历史教了三十年了。(Tā jiāo Zhōngguó lìshǐ jiāole sānshí nián le.)

我找你找了一个小时了。(Wǒ zhǎo nǐ zhǎole yí ge xiǎoshí le.)

If the object is not a pronoun or a name of a place, the time element can be placed between the verb and the object, for example:

他教了三十年中国历史了。(Tā jiāole sānshí nián Zhōngguó lìshǐ le.)

This saves the trouble of repeating the first syllable.

4. <u>怎么也</u>不如你们在国内。(<u>Zěnme yě</u> bùrú nǐmen zài guó nèi.)

"怎么也" (zěnme yě) means "no matter how".

5. 过<u>两天</u>就得走了。(Guò <u>liǎng tiān</u> jiù děi zǒu le.)

"两天" (liǎngtiān) does not literally mean "two days" here. It shows an approximation and is unstressed.

练习 Exercises：

Supplementary words:

钟头	zhōngtóu	〔名〕	hour
划 (船)	huá (chuán)	〔动〕	to row
船	chuán	〔名〕	boat
真是的	zhēn shì de		a mild disapproval
岸	àn	〔名〕	shore

340

小说	xiǎoshuō	〔名〕	novel
能力	nénglì	〔名〕	ability
眼	yǎn	〔名、量〕	eye; look
教育	jiàoyù	〔名、动〕	education; to educate
教书	jiāo shū		to teach

1. Practice the following expressions of time:

Ask questions in two different forms as shown in the models.

Model:

Nǐ gōngzuò
你 工 作 →
Nǐ gōngzuò jǐ nián le? (jǐ xiǎoshí/tiān/xīngqī/yuè/nián)
你 工 作 几 年 了 ? (几 小 时/ 天/ 星 期/ 月 / 年)

Nǐ gōngzuò duō cháng shíjiān le? (duō cháng shíjiān)
你 工 作 多 长 时 间 了 ? (多 长 时 间)

1) tā dàxué bì yè
   他 大学 毕业

2) tā liǎ rènshi
   他俩 认识

3) tāmen liáo
   他们 聊

4) tā chūqù
   他 出去

5) nǐmen fēnbié
   你们 分别

6) nǐmen děng tā
   你们 等 他

2. Practice "搞什么 (工作) 的" [gǎo shénme (gōngzuò) de]:

Model:

jīngjì
经 济 →
A: Tā shì gǎo shénme (gōngzuò) de?
他 是 搞 什 么 (工 作) 的 ?

B: Tā shì gǎo jīngjì de.
他 是 搞 经 济的 。

1) màoyì
   贸 易

2) lǚyóu
   旅游

3) huàjù
   话剧

4) yǔyán
   语言

5) lìshǐ
   历史

6) wǔdǎo
   舞 蹈

3. Make short dialogues after the model:

Model:

> A: Nǐ dǎle duō cháng shíjiān diànhuà?
> 你打了多　长　时间　电话？
>
> B: Dǎle yì fēn zhōng de diànhuà. (diànhuà, yì fēn zhōng)
> 打了一分　钟　的　电话。（电话，一分　钟　）

1) tīng guǎngbō, bàn ge zhōngtóu
   听　广播，半个　钟头

2) xué lìshǐ, sān nián bàn
   学历史，三　年　半

3) yánjiū Zhōngwén, èrshí duō nián
   研究　中　文，二十多　年

4) zuò fēijī, sān ge xiǎoshí
   坐飞机，三个　小时

5) huà huàr, bàn tiān
   画画儿，半天

4. Listen to the dialogues:

1) Xiǎo Zhào   Huá chuán zhēn hǎowánr.
   小　赵：　　划　船　真　好玩儿。

   Xiǎo Liú   Zánmen huále duō cháng shíjiān le?
   小　刘：　　咱们　划了多　长　时间　了？

   Zhào   Dàgài huále liǎng ge zhōngtóu le.
   赵：　　大概划了两　个　钟头　了。

   Liú   Lèile ba? Ràng wǒ huá yíhuìr.
   刘：　　累了吧？让　我　划　一会儿。

   Zhào   Nǐ zhège rén kě zhēn shì de. Wǒ cái huále shíjǐ fēn zhōng,
   赵：　　你这个人可真　是　的。我　才　划了十几分　钟，

   lèi shénme?
   累什么？

   Liú   Nà, zánmen zài huá bàn ge zhōngtóu jiù shàng àn ba.
   刘：　　那，咱们　再划　半个　钟头　就　上　岸吧。

   Zhào   Hǎo, tīng nǐ de.
   赵：　　好，听你的。

*　　　*　　　*

342

2) Lǎo Wáng　　Lǎo Lǐ, tīng shuō, nǐmen xiě xiǎoshuō de rén yǒu yì zhǒng
老　　王：　　老李，听　说，你们　写　小　说　的　人　有　一　种

　　　　　　　nénglì,　jiù shì nǐ kàn yì yǎn,　jiù zhīdào zhège rén shì gàn
　　　　　　　能力，就　是　你　看　一　眼，就　知　道　这　个　人　是　干

　　　　　　　shénme gōngzuò de.
　　　　　　　什　么　工　作　的。

Lǎo Lǐ　　　Wǒmen shì xiě rén de, jiù shì yào yánjiū rén.　Zài zhè
老李：　　　我　们　是　写　人　的，就　是　要　研　究　人。在　这

　　　　　　　fāngmiàn wǒ hái kěyǐ shuō yǒu yídìng de nénglì.
　　　　　　　方　面　我　还　可　以　说　有　一　定　的　能　力。

Wáng　　　　Zhēn de?　Nà,　nǐ shuōshuo, nàbiānr nàge nán de,　tā shì gǎo
王：　　　　真　的？那，你　说　说，那边儿　那个　男　的，他　是　搞

　　　　　　　shénme de?
　　　　　　　什　么　的？

Lǐ　　　　　Tā ya,　tā shì gǎo jiàoyù de,　tā yǐjīng jiāole shíjǐ nián shū le.
李：　　　　他呀，他　是　搞　教育　的，他　已经　教了　十几　年　书　了。

　　　　　　　Tā bú shì Běijīngrén,　kě shì tā zài Běijīng xuéxí, gōngzuò,
　　　　　　　他　不　是　北　京　人，可　是　他　在　北　京　学习、工　作、

　　　　　　　shēnghuóle shíwǔ nián le.　Tā dàxué hái shì zài Běijīng shàng
　　　　　　　生　活了　十五　年　了。他　大学　还　是　在　北京　上

　　　　　　　de ne.
　　　　　　　的　呢。

Wáng　　　　Nǐ shuō wán le ba?　Wǒ qù wènwen tā.
王：　　　　你　说　完　了　吧？我　去　问　问　他。

Lǐ　　　　　Nǐ wènqù, zhǔn méi cuòr.
李：　　　　你　问　去，准　没　错儿。

Wáng　　　　Duì bu qǐ,　xiǎng máfan nín yíxiàr.　　À!　Shì nǐ ya, Lǎo Lǐ
王：　　　　对　不　起，想　麻烦　您　一下儿。啊！是　你　呀，老　李

　　　　　　　de dìdi.　Hāhā, Lǎo Lǐ,　nǐ duì nǐ dìdi yánjiū de zhēn hǎo,
　　　　　　　的　弟弟。哈哈，老　李，你　对　你　弟弟　研　究　得　真　好，

　　　　　　　nǐ shuō de quèshí yìdiǎnr yě méi cuò!
　　　　　　　你　说　的　确实　一点儿　也　没　错！

343

1.　1)　Tā dàxué bì yè jǐnián le?　　Tā dàxué bì yè duō cháng shíjiān le?
　　　　他 大学 毕业 几年 了？　　他 大学 毕业 多 长 时间 了？

　　2)　Tā liǎ rènshi jǐge yuè le?　　Tā liǎ rènshi duō cháng shíjiān le?
　　　　他俩 认识 几个 月 了？　　他俩 认识 多 长 时间 了？

　　3)　Tāmen liáole jǐge xiǎoshí le?　　Tāmen liáole duō cháng shíjiān le?
　　　　他们 聊了 几个 小 时 了？　　他们 聊了 多 长 时间 了？

　　4)　Tā chūqu jǐ ge xīngqī le?　　Tā chūqu duō cháng shíjiān le?
　　　　他 出去 几个 星期 了？　　他 出去 多 长 时间 了？

　　5)　Nǐmen fēnbié jǐnián le?　　Nǐmen fēnbié duō cháng shíjiān le?
　　　　你们 分别 几年 了？　　你们 分别 多 长 时间 了？

　　6)　Nǐmen děng tā jǐtiān le?　　Nǐmen děng tā duō cháng shíjiān le?
　　　　你们 等 他几天 了？　　你们 等 他 多 长 时间 了？

3.　1)　Nǐ tīngle duō cháng shíjiān guǎngbō?　　Tīngle bànge zhōngtóu de guǎngbō.
　　　　你 听了 多 长 时间 广播？　　听了 半个 钟头 的 广播。

　　2)　Nǐ xuéle duō cháng shíjiān lìshǐ?　　Xuéle sānniánbàn de lìshǐ.
　　　　你 学了 多 长 时间 历史？　　学了 三 年 半 的 历史。

　　3)　Nǐ yánjiūle duō cháng shíjiān Zhōngwén?　　Yánjiūle èrshí duō nián de Zhōngwén.
　　　　你 研究了 多 长 时间 中 文？　　研究了 二十 多 年 的 中 文。

　　4)　Nǐ zuòle duō cháng shíjiān fēijī?　　Zuòle sānge xiǎoshí de fēijī.
　　　　你 坐了 多 长 时间 飞机？　　坐了 三 个 小 时 的 飞机。

　　5)　Nǐ huàle duō cháng shíjiān huàr?　　Huàle bàntiān de huàr.
　　　　你 画了 多 长 时间 画儿？　　画了 半天 的 画儿。

现在什么节目
What's on the Radio and TV

Lily and David listen to the radio and watch the TV.

Wěi   Jiějie, xiànzài shénme jiémù?
伟：   姐姐，现在 什么 节目？
Lily, what's on the radio now?

Lì   Guójì xīnwén. Yǒu hǎo jǐ tiáo guānyú Měiguó de xiāoxi. Xiànzài zhèng
莉： 国际 新闻。有 好 几条 关于 美国 的 消息。现在 正
    bōsòng biāotí ne. Yíhuìr yǒu xiángxì nèiróng, nǐ lái tīngting.
    播送 标题呢。一会儿有 详细内容，你来 听听。
International news. A few items are about the United States. They are reading the
headlines now, the details will follow in a minute. Come and listen.

Wěi　Hǎo, děng yíhuìr　wǒ jiù lái. Xīn wén jiémù wán le shì shénme?
伟：　好，等　一会儿我　就来。新　闻节目　完了是　什么？
All right. I'll be with you in a minute. What's on after the news?

Lì　　Yīnyuè.
莉：　音乐。
Music.

Wěi　Jiějie,　shēngyīn tài xiǎo, tīng bu qīngchu.　Nǐ kāi dà yìdiǎnr.
伟：　姐姐，声　音　太　小，听　不　清　楚[1]。你　开　大　一点儿。
The volume is too low, Lily. I can't hear it clearly. Make it a bit louder.

Lì　　Xíng le ma? Tīngde qīngchu ma?
莉：　行　了吗？听得　清楚　吗？
Is that O.K.? Clear now?

Wěi　Xíng le.
伟：　行　了。
O.K.

(They listen together.)

Lì　　Yīnyuè jiémù wán le.
莉：　音　乐节目　完了。
That's the end of the music program.

Wěi　Guānle ba,　bié tīng le.　Qī diǎn le, zánmen kàn diànshì ba.
伟：　关　了吧，别　听　了。七　点　了，咱　们　看　电视吧。
Turn it off. No more of this. It's seven now, let's watch TV.

Lì　　Jīntiān wǎnshang diànshì yǒu shénme jiémù?
莉：　今天　晚上　电视有　什么节目？
What's on TV this evening?

Wěi　Gāngcái wǒ kàn "Guǎngbō Diànshì Jiémù Bào", Zhōngyāngtái dì-yītào
伟：　刚　才我看《广　播　电视节目报》，中　央台第一套
jiémù shì huàjù "Cháguǎn",　dì-èr tào jiémù shì jīngjù.
节目是　话剧《茶　馆》[2]，第二套　节目是　京剧。
I just looked on the TV Guide. The first program of the Central Station is "Tea House", which is a play and the second program is Beijing opera.

346

Lì Wǒmen kàn huàjù "Cháguǎn" ba. Jīngjù kàn bu dǒng.
莉： 我们 看 话剧《茶 馆》吧。京剧 看 不 懂。
Let's watch the play "Tea House". We can't understand Beijing opera anyway.

Wěi Hǎo, jiù kàn huàjù ba.
伟： 好，就 看 话剧 吧。
All right. Let's watch the play then.

Lì Dì-yī tào jiémù jǐ píndào, nǐ zhīdao ma?
莉： 第一 套 节目 几 频 道，你 知道 吗？
Which channel is program one, do you know?

Wěi Zhīdao. Dì-yī tào jiémù shì èr píndào.
伟： 知道。第一 套 节 目 是 二 频 道。
Yes, it's on channel 2.

Lì Túxiàng bú tài qīngchu, nǐ tiáo yíxiàr.
莉： 图 象 不太 清楚，你 调 一下儿。
The picture is not clear. Will you adjust it?

Wěi Wǒ tiáo bu hǎo, nǐ lái ba.
伟： 我 调 不 好，你 来 吧。
No, I can't make it clear. You try it, Lily.

Lì Nǐ tiáo yi tiáo tiānxiàn. Hǎo le, túxiàng qīngchu le. Shēngyīn tài dà le,
莉： 你 调 一 调 天 线。好 了，图 象 清 楚 了。声 音 太 大 了，
   nǐ tiáo xiǎo yìdiǎnr.
   你 调 小 一点儿。
Adjust the (direction of the) aerial. O.K. The picture is clear now, but the volume is too
high. Turn it down a bit.

Wěi Zhèyàng xíng le ma?
伟： 这 样 行 了 吗？
Is that O.K.?

Lì Zài xiǎo yìdiǎnr, hǎo le.
莉： 再 小 一点儿[3]，好 了。
No, turn it down a bit more. O.K.

347

节目	jiémù	〔名〕	program
国际	guójì	〔名〕	international (community)
新闻	xīnwén	〔名〕	news
关于	guānyú	〔介〕	about, on
消息	xiāoxi	〔名〕	news
播送	bōsòng	〔动〕	to broadcast
标题	biāotí	〔名〕	title, headline
详细	xiángxì	〔形〕	in detail, detailed
音乐	yīnyuè	〔名〕	music
声音	shēngyīn	〔名〕	sound
开 (收音机)	kāi (shōuyīnjī)	〔动〕	to turn on (radio)
关	guān	〔动〕	to turn off, to close
电视	diànshì	〔名〕	television
报	bào	〔名〕	newspaper
第	dì	〔头〕	a prefix indicating the ordinal number
第一	dì-yī		No. 1
第二	dì-èr		No. 2
套	tào	〔量〕	a measure word for radio or TV program
话剧	huàjù	〔名〕	play
频道	píndào	〔名〕	channel (of TV broadcast)
图象	túxiàng	〔名〕	picture
调	tiáo	〔动〕	to adjust
天线	tiānxiàn	〔名〕	aerial

Proper nouns :

中央台	Zhōngyāngtái	Central (Radio or TV) Station
《广播电视节目报》	《Guǎngbō Diànshì Jiémù Bào》	*Radio and TV Guide*

《茶馆》　　　《Cháguǎn》 "Tea House", a play by the well-known modern Chinese playwright, Lao She(老舍). It tells about the changes Chinese society had undergone from the last days of the Qing dynasty to the eve of the founding of the People's Republic of China.

注 释 Study points :

1. 听不清楚 (tīng bu qīngchu)

Consider the following question and answer pairs:

Q. 你能听清楚吗？(Nǐ néng tīng qīngchu ma?)

A. 我能听清楚。(Wǒ néng tīng qīngchu.)

Q. 你可以听清楚吗？(Nǐ kěyǐ tīng qīngchu ma?)

A. 我可以听清楚。(Wǒ kěyǐ tīng qīngchu.)

There is a more common version for the above patterns.

Q. 你听得清楚吗？(Nǐ tīngde qīngchu ma?)

A. 我听得清楚。(Wǒ tīngde qīngchu.)

The negative is formed by substituting "不" for "得":

我听不清楚。(Wǒ tīng bu qīngchu.)

2. 中央台第一套节目是话剧《茶馆》。

(Zhōngyāngtái dì-yī tào jiémù shì huàjù "Cháguǎn".)

A cardinal number preceded by the prefix "第" (dì) becomes an ordinal one.

3. 再小一点儿 (zài xiǎo yìdiǎnr)

"再" (zài) here is equivalent to "still + comparative" in English.

Supplementary words:

柜子	guìzi	〔名〕	wardrobe
好吃	hǎochī	〔形〕	delicious
举	jǔ	〔动〕	to hold up
灯	dēng	〔名〕	light
毛病	máobing	〔名〕	trouble
音量	yīnliàng	〔名〕	volume (sound)
耳塞子	ěrsāizi	〔名〕	earphones
插	chā	〔动〕	to plug

1. Rewrite the following sentences using "得" (de) or "不" (bù):

Model:

> Wǒ néng tīng dǒng.　　　　Wǒ tīngde dǒng.
> 我 能 听 懂。　→　我 听 得 懂。

1) Wǒ néng kànjiàn.
   我 能 看 见。

2) Jīntiān tā néng xiě wán zhèxiē Hànzì.
   今天 他 能 写 完 这些 汉字。

3) Wǒ xiǎng, tā bàn xiǎoshí néng jiǎng wán.
   我 想，他 半 小 时 能 讲 完。

4) Wǒ kàn zhège fángjiān néng zuòxià èrshí ge rén.
   我 看 这个 房 间 能 坐 下 二十 个 人。

5) Zhège guìzi néng fàngxià zhèxiē yīfu.
   这个 柜子 能 放 下 这些 衣服。

6) Wǒ shí fēn zhōng bù néng kàn wán zhèpiān wénzhāng.
   我 十 分 钟 不 能 看 完 这 篇 文 章。

7) Zhème duō hǎochī de dōngxi, wǒ yí ge rén zěnme néng chī wán!
   这么 多 好吃 的 东西，我 一 个 人 怎么 能 吃 完！

350

8) Tā hái shì ge xiǎoháir,　bù néng kàn dǒng zhège diànyǐng.
   他 还 是 个 小 孩儿，不 能　看　懂　这 个 电 影。

2. Complete the dialogues after the model:

Model:

> A: Nǐ nà piān wénzhāng jīntiān xiěde wán xiě bu wán?
>   你 那 篇　文　章　今 天 写 得 完 写 不 完？
>
> B: Xiěde wán.　Nǐ ne?
>   写 得　完。你 呢？
>
> A: Wǒ nà piān (kěnéng)　xiě bu wán.
>   我 那　篇　（可 能）写 不 完。

1) A: Nǐ nà běn xiǎoshuō zhè xīngqī kàn _____ ?
      你 那 本　小　说 这 星 期 看 _____ ?

   B: _____ . Nǐ ne?
      _____ 。你 呢？

   A: Wǒ zhè běn kěnéng _____ .
      我 这 本 可 能 _____ 。

2) A: Zhè liàng chē _____ ?
      这 辆 车 _____ ?

   B: Zuòde xià sì ge rén.　Nà liàng ne?
      坐 得 下 四 个 人。那　辆　呢？

   A: _____ .
      _____ 。

3) A: Nǐ zuò zài zhèr _____ ?
      你 坐 在 这 儿 _____ ?

   B: Kàn de jiàn. Nǐ ne?
      看　得 见。你 呢？

   A: _____ .
      _____ 。

4) A: Shēngyīn kāi xiǎo le, nǐ _____ ?
      声　音　开　小　了，你 _____ ？

   B: Wǒ tīngde qīngchu. Nǐ ne?
      我　听　得　清　楚。你　呢？

   A: _____ .
      _____ 。

5) A: Tāmen jiā de ménpái hào, nǐ _____ ?
      他　们　家　的　门　牌　号，你 _____ ？

   B: Wǒ jìdezhù. Nǐ ne?
      我　记　得　住。你　呢？

   A: _____ .
      _____ 。

6) A: Cóng nǐ jiā dào diànyǐngyuàn, èr shí fēn zhōng _____ ?
      从　你　家　到　电　影　院，二　十　分　钟 _____ ？

   B: _____ . Cóng nǐ jiā ne?
      _____ 。从　你　家　呢？

   A: _____ .
      _____ 。

3. Make sentences after the model:

Model:
> Shēngyīn nǐ tiáo xiǎo diǎnr, zài xiǎo diǎnr, hǎo le.
> 声　音　你　调　小　点　儿，再　小　点　儿，好　了。

1) Shēngyīn kāi dà diǎnr.
   声　音　开　大　点　儿。

2) Chē kāi kuài diǎnr.
   车　开　快　点　儿。

3) Shǒu jǔ gāo diǎnr.
   手　举　高　点　儿。

4) Ràng tā zhàn yuǎn diǎnr.
   让　他　站　远　点　儿。

5) Nǐ zǒu màn diǎnr.
   你　走　慢　点　儿。

6) Nǐ guòqu diǎnr.
   你　过　去　点　儿。

4. Listen to the dialogues:

1) Xiǎo Lǐ   Tiān hēi le, kàn bu jiàn le, kāi dēng ba!
    小 李：   天 黑了，看不见了，开 灯 吧！

Xiǎo Zhào   Búyòng, hái kàn de jiàn.
    小 赵：   不用，还 看 得 见。

Lǐ   Hái kàn de jiàn? Nǐ liàn yǎnjing na! Bàoshang de zì nàme
李：   还 看 得见？你练 眼 睛 哪！报 上 的字那么

    xiǎo, bù kāi dēng, zhǔn kàn bu jiàn le.
    小，不开 灯， 准 看不见了。

Zhào   Wǒ zhǐ kàn biāotí. Zhè dà zì biāotí, zài nǐ nàr dōu kàn de
赵：   我 只看 标题。这 大字 标题， 在你那儿 都 看 得

    jiàn, Nǐ kàn na!
    见。你 看 哪！

Lǐ   Wǒ kàn bu jiàn! Kuài kāi dēng ba! Nǐ shì bù xiǎng yào
李：   我 看 不见！ 快 开 灯 吧！你 是 不 想 要

    yǎnjing le!
    眼 睛 了！

          *   *   *

2) Dìdi   Diànshìjī yǒu máobing le. Túxiàng hěn qīngchu, kěshì shēngyīn
弟弟：   电视机有 毛病了。图象 很 清楚，可是 声音

    zěnme yìdiǎnr yě tīng bu jiàn?
    怎么 一点儿也 听不 见？

Gēge   Shì a. Yīnliàng zài tiáo dà diǎnr.
哥哥：   是啊。音量 再 调 大点儿。

Dì   Hǎo, zài tiáo dà diǎnr. Xiànzài tiáo dào zuì dà le, hái tīng bu
弟：   好，再调 大点儿。 现在 调 到 最大了，还 听不

    jiàn!
    见！

Gē   Nǐ kànkan, ěrsāizi hái chāzhe ne, nǎr huì tīng de jiàn shēngyīn!
哥：   你 看看，耳塞子还 插着 呢，哪儿会 听 得见 声 音！

1.

1) Wǒ kàn de jiàn.
我 看 得 见。

2) Jīntiān tā xiěde wán zhèxiē Hànzì.
今天他写得完 这些 汉字。

3) Wǒ xiǎng, tā bàn xiǎoshí jiǎngde wán.
我 想，他半 小时 讲得完。

4) Wǒ kàn zhège fángjiān zuòde xià èrshí ge rén.
我看 这个 房 间 坐得下二十个人。

5) Zhège guìzi fàngde xià zhèxiē yīfu.
这个柜子放得下 这些 衣服。

6) Wǒ shí fēnzhōng kàn bu wán zhèpiān wénzhāng.
我 十分 钟 看 不完 这篇 文章。

7) Zhème duō hǎochī de dōngxi, wǒ yí ge rén zěnme chīde wán!
这么 多 好吃 的 东西，我 一个 人 怎么 吃得完！

8) Tā hái shì ge xiǎohái, kàn bu dǒng zhège diànyǐng.
他还是 个 小孩儿，看 不 懂 这个 电影。

2.

1) kànde wán kàn bu wán? Kànde wán. kàn bu wán.
看得 完 看 不完？看得 完。看 不 完。

2) zuòde xià zuò bu xià sìge rén? Nàliàng kěnéng zuò bu xià.
坐得 下 坐 不下四个人？那 辆 可 能 坐 不下。

3) kànde jiàn kàn bu jiàn? Wǒ kàn bu jiàn.
看得见 看 不见？我 看 不见。

4) tīngde qīngchu tīng bu qīngchu? Wǒ tīng bu qīngchu.
听得清 楚 听不 清 楚？我 听不 清 楚。

5) jìde zhù jì bu zhù? Wǒ jì bu zhù.
记得住记不 住？我记不 住。

6) dào de liǎo dào bu liǎo? Dào de liǎo. Dào bu liǎo.
到 得了 到 不了？到 得了。到 不了。

我以前来过西安
I've Been to Xian Before

33

Before leaving Xian, Mr. Chen Mingshan tells Zhang Xin his impressions of the city.

Chén
陈：
Shíjiān guòde zhēn kuài, dào Xī'ān yǐjīng bā tiān le.
时 间 过 得 真 快，到 西安 已经 八 天 了。
How time flies! I've been in Xian for eight days already.

Zhāng
张：
Yíqiè dōu hěn hǎo ba? Wǒ jìde nǐ shuōguo, nǐ yǐqián láiguo Xī'ān.
一切 都 很 好 吧？我 记得 你 说 过[1] 你 以前 来 过 西安。
Is everything O.K.? I remember you telling me that you've been here before.

Chén
陈：
Shì. Yījiǔwǔlíng nián láiguo yí cì.
是。一九五〇 年 来 过 一 次[2]。
Yes, once in 1950.

Zhāng Zhè cì lái Xī'ān, jiù dì chóng yóu, yǒu shénme gǎnxiǎng ne?
张： 这 次 来 西安，旧地 重 游，有 什么 感想 呢？
Well, how do you find it after all these years?

Chén Sìshí duō nián lái, Xī'ān de biànhuà shízài tài dàle. Chéngshí bǐ yǐqián
陈： 四十多 年来，西安的 变 化 实在太大了。城 市比以前
dà duōle,   jiēdào yě gēn yǐqián bù yíyàng le.
大多了 [3]，街道 也 跟 以前 不 一样 了。
Xian has certainly changed a lot in the past over 40 years. It's a much bigger city now, and
the streets too are different.

Zhāng Bǐ yǐqián kuān le.
张： 比 以前 宽 了。
They are wider now.

Chén Yě bǐ yǐqián gānjìng le. Nà shíhòu, jiēdào liǎng biānr de shù hěn shǎo,
陈： 也比以前 干净 了。那 时候，街道 两 边儿的树很 少，
gōngchǎng, xuéxiào, shāngdiàn, yīyuàn yě méiyǒu xiànzài zhèyàng
工 厂、学 校、商 店、医院 也 没有 现在 这样
duō.
多 [4]。
And cleaner too. There were very few trees on the sidewalks then, and there weren't so
many factories, schools, stores and hospitals.

Zhāng Gāo lóu dàshà gèng shǎo.
张： 高 楼 大厦 更 少。
There were even less tall buildings.

Chén Xiànzài Xī'ān dàochù chōngmǎnzhe shēngqì, zhēn shì yí ge gǔlǎo ér yòu
陈： 现 在西安到处 充 满着 生气，真 是一个古老而又
niánqīng de chéngshì.
年 轻 的 城 市 [5]。
Xian is full of vitality now. It is indeed an ancient and youthful city.

Zhāng Lái Xī'ān zhènme duō tiān le, dào Huáqīngchí xǐguo wēnquán zǎo
张： 来西安这么多 天了，到 华 清池洗过 温 泉 澡
méiyǒu?
没 有？
After all these days in Xian, have you been to the hot springs at Hua Ching Chi for a bath?

Chén
陈：
Dào Xī'ān de dì-èr tiān jiù qù le,　hòu lái Àilín tāmen yòu qùguo liǎng cì.
到　西安 的 第二天　就 去 了，后 来 艾琳 她们　又 去 过　两　次。
Yes, on the very next day of our arrival.　Irene and the children went twice again.

Zhāng
张：
Zhè jǐ tiān dōu cānguānle nǎxiē dìfang le?
这 几天　都　参　观 了 哪些 地方　了？
Where else have you visited in the last few days?

Chén
陈：
Néng qù de dìfang chà bu duō dōu qù le.　Lìshǐ Bówùguǎn qùguo liǎng
能　去 的 地方　差 不 多　都 去 了。历史 博物 馆　去 过　两
cì le, dànshì zhǐ kàn wán yí biàn. Míngtiān hái xiǎng zài qù yí cì.　Wǒ
次 了，但是 只 看　完 一 遍。明 天　还　想　再 去 一次。我
xiǎng zài xiángxì de liǎojiě yìxiē Táng dài Zhōng wài wénhuà jiāoliú de
想　再 详细地 了解 一些　唐代　中　外 文 化 交 流 的
qíngkuàng.
情　况 [6]。
I've been to most places that I can possibly go. I've been to the history museum twice, but only had time to go through it once.　I intend to go again tomorrow.　I want to find out more about the cultural exchange between China and the West during the Tang dynasty.

Zhāng
张：
Zhè ge tímù hěn zhíde yánjiū.　Duì le,　zhè jǐ tiān Xī'ān zhèng shàngyǎn
这 个 题目 很　值 得 研究。对 了，这 几天 西安 正　上　演
dàxíng wǔjù　"Sī Lù Huā Yǔ",　nǐmen kàn ma?
大 型 舞剧《丝 路 花　雨》，你们　看 吗？
Yes, this is a worthwhile research subject. By the way, the dance drama "Tales of the Silk Route" is now being performed in Xian.　You want to see it?

Chén
陈：
Shàng ge yuè Běijīng yǎnguò, wǒmen zài Běijīng kànguo le. Zhè ge wǔjù
上　个 月 北京　演 过，我 们　在 北京　看 过 了。这 个 舞剧
hěn yǒu yìsi,　wúlùn yīnyuè háishì wǔdǎo dōu hěn hǎo.　Nǐ kànguo le
很 有 意思，无论 音乐 还是 舞蹈 都 很　好。你 看 过 了
ma?
吗？
We saw it last month when it was performed in Beijing.　It is a very interesting performance. Both the music and the dancing are very good. Did you see it?

Zhāng
张：
Méiyǒu ne. Míngtiān kàn.　Nǐmen hái kàn ma?
没 有 呢。明 天　看。你们 还 看 吗 [7]？
No.　We are going tomorrow.　Do you want to see it again?

357

Chén
陈：
Bùle. Míngtiān wǎnshang děi zhǔnbeizhǔnbei, hòutiān jiù huíqu le.
不了。明天 晚上 得 准备 准备，后天 就 回去了。

Wǒ yǒu yí ge zhízi zài Zhèngzhōu. Huí Běijīng shí lù guò Zhèngzhōu,
我 有 一个 侄子在 郑 州。回 北京 时 路过 郑 州，

wǒ hái děi zài Zhèngzhōu dāi liǎng tiān.
我 还 得 在 郑 州 呆 两 天。

No, thank you. We have to prepare for our departure tomorrow evening. We'll be leaving the day after tomorrow. I have a nephew in Zhengzhou and I'll have to stay there for two days before returning to Beijing.

Zhāng
张：
Nǎ tiān huí Měiguó dìngle ma?
哪 天 回 美国 定了 吗？

Have you fixed a date for returning to the States?

Chén
陈：
Dìngle, èrshísān hào. Èrshíliù hào yǐqián bìxū gǎn huí Měiguó.
定 了，二十三 号。二十六 号 以前 必须 赶 回 美国，

Míngnián yǒu jīhui wǒ zài lái.
明 年 有 机会 我 再 来。

Yes, the 23rd. I have to get back before the 26th. I'll come again next year if I have a chance.

Zhāng
张：
Xīwàng xiàcì lái néng duō dāi jǐ tiān.
希 望 下次 来 能 多 呆 几 天。

Hope you can stay longer next time you come.

Chén
陈：
Yídìng, yídìng.
一 定，一 定

Sure, sure.

生词 New words

一切	yíqiè	〔代〕	all, everything
过	guò	〔助〕	a particle placed after verbs to show a past experience
以前	yǐqián	〔名〕	former times, before
感想	gǎnxiǎng	〔名〕	reflection, feeling
城市	chéngshì	〔名〕	city
街道	jiēdào	〔名〕	street

宽	kuān	〔形〕	wide
干净	gānjìng	〔形〕	clean
学校	xuéxiào	〔名〕	school
商店	shāngdiàn	〔名〕	shop, store
大厦	dàshà	〔名〕	tall building
更	gèng	〔副〕	more, still more
到处	dàochù	〔名〕	everywhere
充满	chōngmǎn	〔动〕	to fill, to be full of
生气	shēngqì	〔名〕	vitality, life
古老	gǔlǎo	〔形〕	ancient
而	ér	〔连〕	a connective, in the text it means "as well as"
年轻	niánqīng	〔形〕	young
洗澡	xǐ zǎo		bath, to take a bath
温泉	wēnquán	〔名〕	hot spring
后来	hòulái	〔名〕	later, after that
哪些	nǎxiē	〔代〕	which (pl.)
但是	dànshì	〔连〕	but
遍	biàn	〔量〕	times (emphasizing the whole process)
了解	liǎojiě	〔动、名〕	to understand, to find out; understanding, investigation
交流	jiāoliú	〔动〕	to exchange
题目	tímù	〔名〕	topic, subject
上演	shàngyǎn	〔动〕	to perform, to put on a show
型	xíng	〔名〕	scale, model
舞剧	wǔjù	〔名〕	dance drama, ballet
无论	wúlùn	〔连〕	no matter
无论…还是…都…	wúlùn...háishì...dōu...		no matter... or ...all
定	dìng	〔动〕	to settle, to fix
必须	bìxū	〔助动〕	must
赶	gǎn	〔动〕	to hurry
明年	míngnián	〔名〕	next year

华清池	Huáqīngchí	Huaching Springs, a place in Xian famous for its hot springs.
历史博物馆	Lìshǐ Bówùguǎn	The Historical Museum
《丝路花雨》	"Sī Lù Huā Yǔ"	*Tales of the Silk Route* (a full-length dance drama about China's early cultural exchanges with Central Asia.)
郑州	Zhèngzhōu	Zhengzhou capital of Henan province in central China.

注 释 Study points :

1. 我记得你说过。(Wǒ jìde nǐ shuōguo.)

   "过" (guò) placed after a verb indicates a past experience or action:

   > 我十年前来过西安。(Wǒ shí nián qián láiguo Xī'ān.)

   > 他看过这个舞剧。(Tā kànguo zhège wǔjù.)

   The negative is formed by adding "没有" (méiyǒu) before the verb:

   > 他们没有洗过温泉澡。(Tāmen méiyǒu xǐguo wēnquán zǎo.)

   > 昨天老张没有来过这儿。(Zuótiān Lǎo Zhāng méiyǒu láiguo zhèr.)

2. 一九五〇年来过一次。(Yījiǔwǔlíng nián láiguo yí cì.)

   Common measure words for verbs are "次" (cì), "遍" (biàn), "回" (huí), "趟" (tàng), etc. "一次" is once, "两次" is twice and so on. "遍" also expresses the idea of "the whole process from the beginning to the end.":

   > 历史博物馆我去过两次了，但是还没有看完一遍。(Lìshǐ Bówùguǎn wǒ qùguo liǎng cì le, dànshì hái méiyǒu kàn wán yí biàn.)

3. 城市比以前大多了。(Chéngshì bǐ yǐqián dà duō le.)

   "大多了" is "much bigger", "重多了" is "much heavier", therefore "多" serves to emphasize the degree of difference.

4. 工厂、学校、商店、医院也<u>没有</u>现在这样多。(Gōngchǎng, xuéxiào, shāngdiàn, yīyuàn yě méiyǒu xiànzài zhèyàng duō.)

"没有" can also be used for comparison in Chinese:

他没有你大。(Tā méiyǒu nǐ dà.)

我的车没有你的车新。(Wǒ de chē méiyǒu nǐ de chē xīn.)

This is parallel to the "not as...as" structure in English.

5. 真是一个<u>古老而又年轻</u>的城市。
(Zhēn shì yí ge gǔlǎo ér yòu niánqīng de chéngshì.)

而(ér) is a cojoining word for adjectives.

The structure of "adjective + 而 (ér) + 又 (yòu) + adjective" indicates two kinds of states or situations that exist at the same time.

6. 我想再详细地了解一些唐代<u>中外</u>文化交流的情况。(Wǒ xiǎng zài xiángxì de liǎojiě yìxiē Táng dài Zhōng wài wénhuà jiāoliú de qíng kuàng.)

中外 (Zhōng wài) is the short term for "China and the foreign countries".

7. 你们<u>还</u>看吗？(Nǐmen hái kàn ma?)

"还" here means "again" ,"once more" or "still".

练习 Exercises :

Supplementary Words:

读	dú	〔动〕	to read
磁带（盘）	cídài	〔名〕	magnetic tape
胖	pàng	〔形〕	fat
炒	chǎo	〔动〕	to stir and fry
香	xiāng	〔形〕	fragrant or smell deliciously
好听	hǎotīng	〔形〕	pleasant to the ear
头发	tóufa	〔名〕	hair
爱动	ài dòng		active (physically)

体育	tǐyù	〔名〕	physical exercise
游泳	yóuyǒng	〔动、名〕	to swim; swimming
过去	guòqù	〔名〕	the past
水	shuǐ	〔名〕	water
跑步	pǎo bù		jogging, to run
法国	Fǎguó	〔专名〕	France

1. Make sentences using "过" (guò):

1) Model:

Tīng shuō nǐ kànguo huàjù "Cháguǎn", qǐng nǐ
听　说 你 看 过 话剧《茶 馆》，请 你

gěi wǒmen jièshàojièshào. (huàjù "Cháguǎn")
给 我 们 介绍 介绍。（话 剧《茶 馆》）

(1) nàge gōngchǎng
那个 工　厂

(3) zhège diànyǐng
这个 电　影

(2) Yíhéyuán
颐和 园

(4) nàge bàogào
那个 报　告

2) Model:

Yuēhàn xiānsheng yījiǔbāliù nián dàoguo Fǎguó.
约 翰　先　生　一九八六 年　到 过 法 国。

(yījiǔbāliù nián, Fǎguó)
（一九八六　年，法国）

(1) yījiǔqīqī nián, Yīngguó
一九七七 年，英 国

(4) jīnnián, Zhōngguó
今 年，中　国

(2) qiánnián, Jiānádà
前　年，加拿大

(5) zhè jǐ nián, xǔduō dìfang
这几 年，许多　地 方

(3) qùnián, Rìběn
去 年，日 本

2. Complete the following dialogues:

Model:

> A: Nǐ kàn méi kànguo zhège diànyǐng?
> 你 看 没 看 过 这 个 电 影？
>
> B: Wǒ méi kànguo. Nǐ kànguo ma?
> 我 没 看 过。你 看 过 吗？
>
> A: Wǒ kànguo liǎng cì le. (cì)
> 我 看 过 两 次 了。(次)

1) A: Nǐ dú _____ zhèběn xiǎoshuō?
   你 读 _____ 这 本 小 说？

   B: Wǒ méi dúguo. Nǐ _____ ?
   我 没 读 过。你 _____ ?

   A: _____ . (biàn)
   _____ 。(遍)

2) A: Tā yánjiū _____ zhège wèntí?
   他 研 究 _____ 这 个 问题？

   B: _____ . _____ ?
   _____ 。 _____ ?

   A: Wǒ yánjiūle liǎng ge yuè le.
   我 研 究 了 两 个 月 了。

3) A: Nǐ mǎi _____ zhèzhǒng táng?
   你 买 _____ 这 种 糖？

   B: _____ . _____ ?
   _____ 。 _____ ?

   A: Wǒ _____ . (cì)
   我 _____ 。(次)

4) A: Nǐ tīng _____ zhèpánr cídài?
   你 听 _____ 这 盘 儿 磁带？

   B: _____ . _____ ?
   _____ 。 _____ ?

A: Wǒ _____ . (biàn)
　　我 _____ 。（遍）

5) A: Nǐ chī _____ Běijīng kǎoyā?
　　你 吃_____ 北京 烤鸭？

　　B: _____ . _____ ?
　　_____ 。_____ ?

　　A: _____ . (huí)
　　_____ 。（回）

6) A: Nǐ jiàn _____ zhèwèi xiānsheng?
　　你 见 _____ 这位 先 生？

　　B: Wǒ méi jiànguo. _____ ?
　　我 没 见 过。_____ ?

　　A: Wǒ jiànguo jǐ cì miàn.
　　我 见 过 几次 面。

3. Practice making sentences of comparison:

1) Model:

> A: Nà shíhòu, zhèr de shù méiyǒu zhème duō.
> 那 时 候，这儿的 树 没有 这么 多。
>
> B: Kěbù, xiànzài zhèr de shù bǐ yǐqián duō duō le.
> 可不，现在 这儿的 树 比 以前 多 多 了。

(1) A: Qián jǐ tiān méiyǒu jīntiān zhème lěng.
　　前 几天 没 有 今天 这么 冷。

　　B: _____ .
　　_____ 。

(2) A: Liǎng nián qián, lái zhèr lǚyóu de rén méiyǒu zhème duō.
　　两 年 前，来这儿旅游 的 人 没 有 这么 多。

　　B: _____ .
　　_____ 。

(3) A: Liǎng nián yǐqián, tā méiyǒu xiànzài zhème pàng.
　　　两　年　以前，他没有　现在　这么　胖。

　　B: _____ .
　　　 _____ 。

(4) A: Qùnián zhèzhǒng píxié méiyǒu jīnnián zhème guì.
　　　去年　这　种　皮鞋　没有今年　这么　贵。

　　B: _____ .
　　　 _____ 。

(5) A: Shàng cì lái zhèr de shōuhuò méiyǒu zhècì zhème dà.
　　　上　　次来这儿的　收获　没有　这次　这么　大。

　　B: _____ .
　　　 _____ 。

2) **Model:**

> A: Shàng xīngqī méiyǒu zhème rè.
> 　上　星期没有　这么　热。
>
> B: Nǎr a!　Bǐ xiànzài rè duō le.
> 　哪儿啊！比现在热多了。

(1) A: Tā chǎo de cài méiyǒu nǐ chǎo de zhème xiāng.
　　　他　炒的菜没有你炒的这么　香。

　　B: _____ .
　　　 _____ 。

(2) A: Zhèzhǒng yǐzi méiyǒu nàzhǒng shūfu.
　　　这　种　椅子没有那种　舒服。

　　B: _____ .
　　　 _____ 。

(3) A: Zhège wǔjù de yīnyuè méiyǒu nàge de hǎotīng.
　　　这个舞剧的音乐　没有那个的好听。

　　B: _____ .
　　　 _____ 。

(4) A: Tā zhīdao de qíngkuàng méiyǒu nǐmen xiángxì.
　　　 他 知 道 的 情 况 没 有 你 们 详 细。

　　 B: _____ .

　　　 _____ 。

4. Listen to the dialogue:

Lǎo Qián　　Lǎo Guān, jīntiān nǐ jiàndào Wáng xiānsheng le méiyǒu?
老　钱：　　老 关，今 天 你 见 到 王 先 生 了 没 有？

Lǎo Guān　　Jiàndào le.
老　关：　　见 到 了。

Qián　　　　Zhè shì nǐ dì-yī cì jiàndào tā ba?
钱：　　　　这 是 你 第 一 次 见 到 他 吧？

Guān　　　　Nǎr a! Wǔ nián qián, wǒ zhāodàiguo tā yí cì. 　Tā xiànzài
关：　　　　哪 儿 啊！五 年 前，我 招 待 过 他 一 次。他 现 在

　　　　　　bǐ yǐqián lǎo duō le, bái tóufa yě duō duō le.
　　　　　　比 以 前 老 多 了，白 头 发 也 多 多 了。

Qián　　　　Nà shíhòu tā méiyǒu zhème pàng ba?
钱：　　　　那 时 候 他 没 有 这 么 胖 吧？

Guān　　　　Kěbù, 　nà shíhòu tā bǐ nǐ xiànzài hái shòu ne.
关：　　　　可 不，那 时 候 他 比 你 现 在 还 瘦 呢。

Qián　　　　Kě kàn qǐlai, Wáng xiānsheng bǐ wǒ shēntǐ hǎo duō le.
钱：　　　　可 看 起 来，王 先 生 比 我 身 体 好 多 了。

Guān　　　　Shì a. 　Wǒ shuō Lǎo Qián, nǐ děi zhùyì shēntǐ ya. 　Liǎng nián
关：　　　　是 啊。我 说 老 钱，你 得 注 意 身 体 呀。两 年

　　　　　　qián nǐ bǐ xiànzài ài dòng, chà bu duō měitiān dōu cānjiā tǐyù
　　　　　　前 你 比 现 在 爱 动，差 不 多 每 天 都 参 加 体 育

　　　　　　huódòng. Jì de yì nián xiàtiān, zánmen hái yìqǐ cānjiāguo jǐ ge
　　　　　　活 动。记 得 一 年 夏 天，咱 们 还 一 起 参 加 过 几 个

　　　　　　dàxué de yóuyǒng bǐsài ne!
　　　　　　大 学 的 游 泳 比 赛 呢！

Qián
钱：
Nà shì guòqù de shìr le! Qùnián xiàtiān, wǒ méi xiàguo yí cì shuǐ,
那 是 过去 的 事儿 了！ 去 年 夏天， 我 没 下 过 一次 水，

yì chǎng qiú yě méi dǎguo. Bùxíng a, děi gǎigai. Xià ge yuè yí
一 场 球 也 没 打过。不 行 啊，得 改改。下 个 月 一

hào, wǒ kāishǐ pǎo bù.
号， 我 开始 跑 步。

Guān
关：
Hái děng shénme xià ge yuè! Míngtiān zǎoshang, wǒ lái zhǎo nǐ.
还 等 什么 下 个 月！ 明 天 早 上， 我 来 找 你。

Zánmen yìqǐ pǎo bù.
咱 们 一起 跑 步。

Qián
钱：
Hǎo a!
好 啊！

5. Translate the following sentences into Chinese:

1) Lao Zhao has been to the United States.

2) Lao Zhao has gone to the United States.

3) He lived in China for twenty years.

4) He has been living in China for the last twenty years.

5) Lao Chen is not as old as Lao Zhang.

答案 Key

1. 1) méi dúguo. dúguo. Wǒ dúguo liǎng biàn le.
没 读 过。读 过。我 读 过 两 遍 了。

2) méi yánjiūguo. Wǒ méi yánjiūguo. Nǐ yánjiūguo ma?
没 研 究 过。我 没 研 究 过。你 研 究 过 吗？

3) méi mǎiguo. Wǒ méi mǎiguo. Nǐ mǎiguo ma? mǎiguo liǎng cì le.
没 买 过。我 没 买 过。你 买 过 吗？买 过 两 次 了。

4) méi tīngguo. Wǒ méi tīngguo. Nǐ tīngguo ma? tīngguo liǎng cì le.
没 听 过。我 没 听 过。你 听 过 吗？听 过 两 次 了。

5) méi chīguo. Wǒ méi chīguo. Nǐ chīguo ma? Wǒ chīguo liǎng huí le.
没 吃 过。我 没 吃 过。你 吃 过 吗？我 吃 过 两 回 了。

6) méi jiànguo. Nǐ jiànguo ma?
没 见 过。你 见 过 吗？

3. **1)** (1) Kě bù, jīntiān bǐ qián jǐtiān lěng duō le.
可 不，今 天 比 前 几 天 冷 多 了。

(2) Kě bù, xiànzài lái zhèr lǚyóu de rén bǐ liǎng nián qián duō duō le.
可 不，现 在 来 这 儿 旅 游 的 人 比 两 年 前 多 多 了。

(3) Kě bù, tā xiànzài bǐ liǎng nián yǐqián pàng duō le.
可 不，他 现 在 比 两 年 以 前 胖 多 了。

(4) Kě bù, jīnnián zhèzhǒng píxié bǐ qùnián guì duō le.
可 不，今 年 这 种 皮 鞋 比 去 年 贵 多 了。

(5) Kě bù, zhècì lái zhèr de shōuhuò bǐ shàngcì dà duō le.
可 不，这 次 来 这 儿 的 收 获 比 上 次 大 多 了。

2) (1) Nǎr a! Bǐ wǒ chǎo de xiāng duō le.
哪 儿 啊！比 我 炒 的 香 多 了。

(2) Nǎr a! Bǐ nàzhǒng yǐzi shūfu duō le.
哪 儿 啊！比 那 种 椅 子 舒 服 多 了。

(3) Nǎr a! Bǐ nàge wǔjù de yīnyuè hǎotīng duō le.
哪 儿 啊！比 那 个 舞 剧 的 音 乐 好 听 多 了。

(4) Nǎr a! Bǐ wǒmen zhīdao de xiángxì duō le.
哪 儿 啊！比 我 们 知 道 的 详 细 多 了。

5. **1)** Lǎo Zhào qùguo Měiguó.
老 赵 去 过 美 国。

2) Lǎo Zhào qù Měiguó le.
老 赵 去 美 国 了。

3) Tā zài Zhōngguó zhùguo èrshí nián.
他 在 中 国 住 过 二 十 年。

4) Tā zài Zhōngguó zhùle èrshí nián le.
他 在 中 国 住 了 二 十 年 了。

5) Lǎo Chén méiyǒu Lǎo Zhāng dà.
老 陈 没 有 老 张 大。

我们就要离开中国了
Leaving China

34

The Chens are preparing to leave China.

Ài
艾：　飞机票 拿来了 没 有[1]？
Fēijīpiào nálaile méiyǒu?
Have we got the plane tickets?

Chén
陈：　拿来了。
Nálaile.
Yes.

Wěi
伟：　爸爸，给 姑姑和 舅舅 的　电 话 打了吗[2]？
Bàba, gěi gūgu hé jiùjiu de diànhuà dǎle ma?
Dad, have you called Auntie and Uncle?

Chén
陈：　Méiyǒu, yíhuìr jiù dǎ.　Àilín, dōngxi shōushide zěnmeyàng le?
　　　没 有，一会儿 就 打。艾琳，东西 收拾得 怎么 样 了？
　　　Not yet. I'll do that later. How's the packing, Irene?

Ài
艾：　Chà bu duō le.　Nà liǎng ge xiāngzi tuōyùn, biéde dōngxi zìjǐ dài.
　　　差 不 多 了。那 两 个 箱子 托运，别的 东西 自己 带。
　　　Nearly done. Those two cases are to be sent by freight. The rest will be hand-carried.

Lì
莉：　Māma, zǎochen sòngqu xǐ de chènshān hé kùzi sònglaile ma?
　　　妈 妈，早晨 送去洗 的 衬 衫 和 裤子 送 来 了 吗？
　　　Is the laundry back yet, Mom? I sent in a blouse and a pair of slacks this morning.

Ài
艾：　Sònglaile.
　　　送 来 了。
　　　They are here.

Chén
陈：　Wǒ zuótiān xīn mǎi de yǎnjìng hé lǐngdài gěi wǒ náchulaile méiyǒu?
　　　我 昨天 新 买 的 眼镜 和 领带 给 我 拿 出 来 了 没 有？
　　　Have you gotten out the glasses and tie I bought yesterday?

Ài
艾：　Náchulaile.
　　　拿 出 来 了。
　　　Yes.

Chén
陈：　Wǎnshang jiù yào líkāile,　nǐmen xiǎngxiang, hái yǒu xiē shénme shir
　　　晚 上 就 要 离开 了，你们 想 想，还 有 些 什么 事儿
　　　yào bàn?
　　　要 办？
　　　Is there anything else you people want to do before we leave this evening?

Wěi
伟：　Wǒ xiǎng zài qù Tiān'ānmén zhào jǐ zhāng zhàopiān, shàng cì de
　　　我 想 再 去 天 安 门 照 几 张 照 片，上 次 的
　　　zhàopiān méiyǒu zhào hǎo.
　　　照 片 没 有 照 好。
　　　I want to take a few more pictures of Tiananmen. The ones I took last time didn't come out well.

Chén
陈：　Lìli,　　nǐ yǒu shìr ma?
　　　莉 莉，你 有 事儿 吗？
　　　How about you, Lily?

Lì   Wǒ xiǎng bāngzhù māma shōushishōushi dōngxi, kěshì Dàwěi ràng wǒ
莉：   我 想 帮 助 妈妈 收 拾 收 拾 东西，可是 大伟 让 我
      gēn tā yìqǐ qù.
      跟 他 一起 去。
      Actually I want to help mother with the packing, but David wants me to go with him.

Ài   Dōngxi kuài shōushi hǎo le. Wǒ zìjǐ gàn jiù xíng le. Nǐ gēn dìdi yìqǐ
艾：   东 西 快 收 拾 好 了。我 自己 干 就 行 了。你 跟 弟弟 一起
      qù ba.
      去 吧。
      There isn't much more to be done. I'll manage myself. You go with David.

Wěi   Fēijī jǐ diǎn de?
伟：   飞机 几 点 的？
      What time is our plane?

Chén Bā diǎn yí kè de.
陈：   八 点 一刻 的。
      A quarter after eight.

Wěi   Zánmen jǐ diǎn líkāi fàndiàn?
伟：   咱 们 几 点 离开 饭店？
      When shall we leave here then?

Chén Liù diǎn bàn. Nǐmen wǔ diǎn bàn zuǒyòu huílai jiù xíng le.
陈：   六 点 半。你们 五 点 半 左 右 回来 就 行 了。
      Six thirty. It'll be all right if you come back around five-thirty.

Ài   Lìli,   nǐmen zhào wán xiàng yǐ hòu, shùnbiàn dào Wángfǔjǐng Bǎihuò
艾：   莉莉，你们 照 完 相 以后，顺 便 到 王府井 百货
      Dàlóu zài mǎi diǎnr xiǎo lǐpǐn ba. Zǎo diǎnr huílai.
      大楼 再 买 点儿 小 礼品 吧。早 点儿 回来。
      Lily, after you've finished taking pictures, run to Wangfujing Department Store and buy
      some more gifts and souvenirs. Hurry back.

Lì   Hǎo.
莉：   好。
      All right.

Ài   Jiézhàngle ma?

艾：   结 账 了 吗？

Have you checked out yet?

Chén Zhè bù máng. Wǒ xiànzài jiùqù.

陈：   这 不 忙[4]。我 现在 就去。

No hurry. I'm going to do it now.

(The telephone rings)

Ài   Shuí lái de diànhuà?

艾：   谁 来 的 电话？

Who was it?

Chén Lǎo Lǐ lái de. Tāmen dānwèi juédìng ràng tā jīntiān wǎnshang dào

陈：   老 李 来 的。他们 单位 决定 让 他 今天 晚 上 到

        Shànghǎi cānjiā yí ge zhòngyào huìyì, suǒyǐ wǎnshang bù néng lái sòng

        上 海 参加一个 重 要 会议，所以 晚 上 不 能 来 送

        wǒmen. Tā biǎoshì bàoqiàn. Tā shuō yíhuìr Lǎo Dīng yào lái.

        我 们。他 表 示 抱 歉。他 说 一会儿 老 丁 要 来。

Lao Li. His unit has decided to send him to Shanghai tonight for an important conference, so he apologizes for not being able to see us off tonight. He said Lao Ding will come in a moment.

Ài   Méi shuō shénme shíhòu lái?

艾：   没 说 什么 时候 来？

Did he say what time she is coming?

Chén Méiyǒu, jiù shuō yíhuìr lái.   Wǒ xiànzài gǎnkuài qù jiézhàng.

陈：   没 有，就 说 一会儿来[5]。我 现在 赶 快 去 结 帐。

No, except that she'll be here shortly. So I better go and settle the account.

Ài   Nǐ kuài qù kuài huí.

艾：   你 快 去 快 回。

You'd better hurry and get back soon.

拿	ná	〔动〕	to take
姑姑	gūgu	〔名〕	aunt (father's sister)
舅舅	jiùjiu	〔名〕	uncle (mother's brother)
收拾	shōushi	〔动〕	to pack, to tidy up
箱子	xiāngzi	〔名〕	suitcase, trunk
托运	tuōyùn	〔动〕	to check (luggage), to send by freight
洗	xǐ	〔动〕	to wash
衬衫	chènshān	〔名〕	shirt, blouse
裤子	kùzi	〔名〕	trousers, slacks
眼镜	yǎnjìng	〔名〕	glasses, spectacles
领带	lǐngdài	〔名〕	tie
照	zhào	〔动〕	to take (a picture)
照片	zhàopiān	〔名〕	picture, snapshot
饭店	fàndiàn	〔名〕	hotel, restaurant
左右	zuǒyòu	〔名〕	a noun indicating an approximate number (quantity), around, about
照相	zhào xiàng		to take pictures
顺便	shùnbiàn	〔副〕	on the way, in passing
礼品	lǐpǐn	〔名〕	present, gift
结帐	jiézhàng		to settle account, to check out
忙	máng	〔形〕	busy
单位	dānwèi	〔名〕	unit, organization
决定	juédìng	〔动、名〕	to decide; decision
参加	cānjiā	〔动〕	to attend, to take part in
会议	huìyì	〔名〕	meeting, conference
所以	suǒyǐ	〔连〕	so, therefore
抱歉	bàoqiàn	〔形〕	to apologize

注 释 Study points :

1. 飞机票拿来了没有？(Fēijīpiào nálaile méiyǒu?)

   In Chinese, passive sentences are usually indicated by the word "被" (bèi) or "给" (gěi).

   我被人打了。(Wǒ bèi rén dǎ le.)

   村庄给烧了。(Cūnzhuāng gěi shāo le.)

   But there is another kind of passive sentences in which no passive indicators are necessary. This kind of sentences is used mostly in spoken Chinese.

   东西都收拾好了。(Dōngxi dōu shōushi hǎo le.)

   电话打了吗？(Diànhuà dǎ le ma?)

2. 给姑姑和舅舅的电话打了吗？(Gěi gūgu hé jiùjiu de diànhuà dǎle ma?)

   Father's sisters are called "姑姑" (gūgu) [they can be called "姑妈" (gūmā) or "姑母" (gūmǔ) if they are married]. Mother's brothers are called "舅舅" (jiùjiu). Father's elder brothers are called "伯伯" (bóbo), and his younger brothers are called "叔叔" (shūshu). Mother's sisters are called "姨" (yí) [they can be called "姨妈" (yímā) or "姨母" (yímǔ) if they are married].

3. 你们五点半左右回来就行了。(Nǐmen wǔ diǎn bàn zuǒyòu huílai jiù xíng le.)

   "左右" literally means "in the neighborhood of" ; so it is an expression of approximation.

4. 这不忙。(Zhè bù máng.)

This is a colloquial expression for "No hurry".

5. 就说一会儿来。(Jiù shuō yíhuìr lái.)

The main uses of the adverb "就" (jiù) are:

1) to show the limit or scope:

就说一会儿来。(Jiù shuō yíhuìr lái.)

就这些。(Jiù zhèxiē.)   (Lesson 14)

2) to mean within a short time:

我们很快就要离开北京了。(Wǒmen hěn kuài jiùyào
líkāi Běijīng le.)   (Lesson 19)

晚上就上飞机了。(Wǎnshang jiù shàng fēijī le.)   (Lesson 20)

3) to show one action closely followed by another:

跟小王谈完就去。(Gēn Xiǎo Wáng tán wán jiùqù.)   (Lesson 19)

昨天我们吃了早饭就出去了。(Zuótiān wǒmen chīle
zǎofàn jiù chūqu le.)   (Lesson 20)

4) to show the lack of choices under the circumstances:

那就买八号的吧。(Nà jiù mǎi bā hào de ba.)   (Lesson 21)

5) to emphasize something that had taken place a very long time ago:

两千多年以前，中国人民就有这样伟大的创造。
(Liǎngqiān duō nián yǐqián, Zhōngguó rénmín jiùyǒu
zhèyàng wěidà de chuàngzào.)   (Lesson 22)

6) to emphasize a fact:

老张就住在钟楼附近。(Lǎo Zhāng jiù zhù zài Zhōnglóu fùjìn.)

练习 Exercises :

Supplementary words:

岁数	suìshu	〔名〕	age
开会	kāi huì		to hold meeting, conference
里	lǐ	〔量〕	Li (equal to half a kilometer)
斤	jīn	〔量〕	Jin (equal to half a kilogram)
拍	pāi	〔动〕	to send (cable)
租	zū	〔动〕	to hire
行动	xíngdòng	〔动、名〕	to take action; movement
装	zhuāng	〔动〕	to pack
任务	rènwù	〔名〕	task
罐头	guàntou	〔名〕	canned food(s)

1. Fill in the blanks with the right choice:

1) A: Xìn ne?
　　信 呢 ？

　 B: ＿＿＿＿＿＿＿＿＿ .

　　＿＿＿＿＿＿＿＿＿ 。

　　(1) Jì zǒu xìn le.
　　　　寄 走 信 了。

　　(2) Xìn jì zǒu le.
　　　　信 寄 走 了。

2) A: Nǐ mǎi lái shénme le?
　　你 买 来 什么 了 ？

　 B: ＿＿＿＿＿＿＿＿＿ .

　　＿＿＿＿＿＿＿＿＿ 。

　　(1) Miànbāo, shuǐguǒ mǎilai le.
　　　　面 包、水 果 买 来 了。

　　(2) Mǎilaile miànbāo, shuǐguǒ.
　　　　买 来 了 面 包、水 果。

3) A: Túxiàng tiáo hǎo le ba?
　　图 象 调 好 了 吧 ？

　 B: ＿＿＿＿＿＿＿＿＿ .

　　＿＿＿＿＿＿＿＿＿ 。

　　(1) Túxiàng tiáo hǎo le.
　　　　图 象 调 好 了。

　　(2) Tiáo hǎo túxiàng le.
　　　　调 好 图 象 了。

376

4) A: Píjiǔ ná lai le méiyǒu?
　　啤酒拿 来 了 没 有 ？

　　B: _____ .

　　　　_____ 。

(1) Nálai píjiǔ le.
　　拿来 啤酒 了。

(2) Píjiǔ ná lai le.
　　啤酒拿 来 了。

5) A: Mén dǎ kāi le ba?
　　门 打 开 了吧？

　　B: _____ .

　　　　_____ 。

(1) Dǎ kāi mén le.
　　打 开 门 了。

(2) Mén dǎ kāi le.
　　门 打 开 了。

6) A: Gěi péngyou de lǐpǐn
　　给 朋 友 的礼品

　　mǎi hǎo le ma?
　　买 好 了吗？

　　B: _____ .

　　　　_____ 。

(1) Gěi péngyou de lǐpǐn mǎi hǎo le.
　　给 朋 友 的礼品买 好 了。

(2) Mǎihǎole gěi péngyou de lǐpǐn.
　　买 好 了给 朋 友 的礼品。

2. **Answer the questions using "左右"** (zuǒyòu):

Model:

A: Nàge rén duō da suìshu?
　那个人多 大岁数？

B: Sānshí suì zuǒyòu.   (èrshíjiǔ suì)
　三 十 岁 左 右。（二十九岁）

1) A: Huì jǐ diǎn néng kāi wán?
　　会 几点 能 开 完？

　　B: _____ .   (sìdiǎn èrshíwǔ)

　　　　_____ 。（四点 二十五）

2) A: Nàr dàgài yǒu duōshao shū?
　　那儿大 概 有 多 少 书？

　　B: _____ .   (sìshíjiǔ běn)

　　　　_____ 。（四十九 本）

3) A: Nǐ kàn tā niánjì yǒu duō dà?
　　你 看 他 年 纪 有 多 大？

　　B: _____ .　(sìshíyī suì)
　　　 _____ 。（四十一岁）

4) A: Cóng nǐmen jiā dào qìchēzhàn yǒu duō yuǎn?
　　从　 你 们 家 到 汽 车 站 有 多　 远？

　　B: _____ .　(bàn lǐ duō diǎnr)
　　　 _____ 。（半 里 多　点 儿）

5) A: Nǐ shuō tā yǒu duō gāo?
　　你 说 他 有 多 高？

　　B: _____ .　(yì mǐ líng sān)
　　　 _____ 。（一 米 零 三）

6) A: Zhège xiāngzi yǒu duō zhòng?
　　这 个　箱 子 有 多　 重？

　　B: _____ .　(shíjiǔ jīn duō)
　　　 _____ 。（十 九 斤 多）

3. **Make sentences with "…了，就…"** (...le, jiù...):

Model:
> Xiàng zhào wán le, jiù zǎo diǎnr huílai.
> 相　 照　 完 了，就 早 点 儿 回 来。

1) mǎi, lǐwù, chīfàn
　买，礼 物，吃 饭

2) shōushi, dōngxi, tuōyùn
　收 拾，东 西，托 运

3) qǔ,　 fēijīpiào, pāi, diànbào
　取，飞 机 票，拍，电 报

4) jié, zhàng, líkāi, fàndiàn
　结，帐，离 开，饭 店

5) chuān, yīfu,　 sàn bù
　穿，　衣 服，散 步

6) xiě,　xìn,　jì
　写，信，寄

4. Listen to the dialogue:

Zhāng　Jīntiān tiānqì zhēn hǎo! Zǒu, chūqu wánrwanr, zhào jǐ zhāng xiàng.
张：　今天 天气 真 好！走，出去 玩儿玩儿，照 几 张 相。

Lǐ　Yīnggāi, yīnggāi. Wǒ zhǎo Xiǎo Wáng qu.
李：　应该，应该。我 找 小 王 去。

Zhāng　Xiǎo Wáng de diànhuà gāng dǎ wán, tā zhīdao le.
张：　小 王 的 电话 刚 打完，他 知道了。

Lǐ　Chī de dōngxi ......
李：　吃的 东西……

Zhāng　Chī de dōngxi tā zhǔnbèi.
张：　吃的 东西他 准备。

Lǐ　Qìchē zūle ma?
李：　汽车租了吗？

Zhāng　Qìchē zū hǎo le.
张：　汽车租 好 了。

Lǐ　Nǐ xíngdòng gòu kuài de! Wǒ qù shōushi yíxiàr　dōngxi.
李：　你 行动 够 快 的！我 去 收拾一下儿 东西。

Zhāng　Dōngxi dōu zhuāng hǎo le.　Nǐ de rènwù shì děng Xiǎo Wáng, Xiǎo
张：　东西 都 装 好 了。你 的 任务 是 等 小 王，小

wáng láile zhánmen jiù zǒu. wǒ qù kànkan qìchē lái le méiyou.
王 来了咱 们 就 走。我 去 看看 汽车 来 了 没 有。

Li　Hǎo ba,　nǐ kuài qù kuài huí.
李：　好 吧，你 快 去 快 回。

Zhang　Wǒ bù huílái le.　Xiǎo Wáng lái le nǐmen jiù xià lóu.
张：　我 不 回来了。小 王 来了你们 就 下 楼。

　　(Xiǎo Zhāng zǒu le. Yíhuìr　Xiǎo Wáng lái le.)
　　（小 张 走了。一会儿 小 王 来 了。）

Lǐ　Xiǎo Wáng, nǐ lái le. Chī de dōngxi zhǔnbèi de zěnmeyàng le?
李：　小 王，你来了。吃 的 东西 准备 得 怎么 样 了？

379

Wáng　　Chī de dōu zhǔnbèi hǎole.　Kàn, miànbāo, shuǐguǒ, guàntou, píjiǔ,
王：　　吃 的 都　准 备 好 了。看，　面 包、水 果、罐 头、啤 酒、

　　　　táng, dōu mǎilai le.
　　　　糖，都 买 来 了。

Lǐ　　　Zǒu ba.
李：　　走 吧。

Wáng　　Xiǎo Zhāng ne?
王：　　小　张　呢？

Lǐ　　　Tā zài lóuxià děng qìchē ne.　Tā bù huílai le.
李：　　他 在 楼 下　等　汽 车 呢。他 不 回 来 了。

Wáng　　Nà wǒmen kuài xià qu ba.
王：　　那 我 们　快 下　去 吧。

Zhāng　　Xiǎo Wáng!　Xiǎo Lǐ!
张：　　小　王 ！ 小　李 ！

Lǐ　　　Xiǎo Zhāng, chē hái méi lái?
李：　　小　张，车 还 没 来？

Zhāng　　Chē lái le.
张：　　车 来 了。

Wáng　　Nǐ huílai yǒu shìr?
王：　　你 回 来 有 事 儿？

Zhāng　　Jiāojuǎn yòng wán le,　méi qǔ chulai,　xīn jiāojuǎn hái méi zhuāngshang
张：　　胶 卷　用　完 了，没 取 出 来，新 胶 卷 还 没　装　　上

　　　　ne.
　　　　呢。

Wáng　　Nà jiù gǎnkuài zhuāng ba.
王：　　那 就 赶 快　装　吧。

Zhāng　　Xīn jiāojuǎn hái méi mǎilai ne!
张：　　新 胶 卷 还 没　买 来 呢！

Wáng　　Zāogāo!
王：　　糟 糕 ！

5. Translate the sentences into Chinese:

1) Has the letter to your grandparents been written or not?

2) Have the two suitcases been checked?

3) The address of the addressee should be written at the top of the envelope.

4) How should the affairs be handled?

5) It is not difficult to learn Chinese.

答案 Key

1. 1) (2)　　　3) (1)　　　5) (2)

　　2) (2)　　　4) (2)　　　6) (1)

2. 1) sìdiǎnbàn zuǒyòu
　　四点半 左右

3) sìshí suì zuǒyòu
四十岁左右

5) yì mǐ zuǒyòu
一米 左右

　　2) wǔshí běn zuǒyòu
　　五十本左右

4) bàn lǐ zuǒyòu
半里左右

6) èrshí jīn zuǒyòu
二十斤左右

3. 1) Lǐwù mǎihǎole jiù chī fàn.
　　礼物买 好了就吃饭。

4) Jiélezhàng jiù líkāi fàndiàn.
结了帐 就离开饭店。

　　2) Dōngxi shōushihǎole jiù tuōyùn.
　　东西 收拾好了就 托运。

5) Yīfu chuānhǎole jiù sànbù.
衣服 穿 好了就散步。

　　3) Fēijīpiào qǔláile jiù pāi diànbào.
　　飞机票取来了就拍 电报。

6) Xìn xiěwánle jiù jì.
信写完了就寄。

5. 1) Gěi yéye nǎinai de xìn xiěhǎole méiyǒu?
　　给爷爷奶奶的 信 写好了没 有？

4) Zhè shìr zěnmebàn ne?
这事儿怎么办呢？

　　2) Nà liǎngge xiāngzi tuōyùnle ma?
　　那两个 箱子托运了吗？

5) Hànyǔ bù nán xué.
汉语不难学。

　　3) Shōuxìnrén de dìzhǐ xiě zài xìnfēng shàngbiānr.
　　收 信人的地址写在 信封 上边儿。

祝你们一路平安
Wish You a Pleasant Trip

35

The Chens are leaving China. Wang Fang sees them off at the airport.

 Wáng   Chén xiānsheng, nín bú shì duō liǎng jiàn xíngli ma? Zánmen qù tuōyùn
王：   陈   先 生 ，您 不 是 多 两 件 行李吗？咱们 去 托运
           ba.
           吧 。

           Mr. Chen, did you say you had two pieces of excess luggage? Shall we go and get
           them checked?

    Chén   Hǎo. Zài nǎr?
    陈：   好 。在 哪儿 ？
           Where?

Wáng
王：
Zài èr céng dàtīng.
在 二 层 大 厅。
In the lounge of the second floor.

Gōngzuò rényuán
工 作 人 员：
Qǐng nín bǎ xíngli fàng zài zhèr,　 wǒ chēng yíxiàr.
请 您 把 行 李 放 在 这儿[1]，我 称 一下儿。
Please take them over here to be weighed.

Chén
陈：
Duōshao gōngjīn?
多 少 公 斤？
How many kilos?

Gōng
工：
Sānshí'èr gōngjīn.　Zhè shì xíngli tuōyùndān,　nín bǎ zhè zhāng
三 十 二 公 斤。这 是 行 李 托 运 单，您 把 这 张
dānzi tián yíxiàr.　 　Tián hǎo yǐhòu,　dào duìmiàn jiāo qián.
单 子 填 一下儿。填 好 以后，到 对 面 交 钱。
Thirty-two.　This is the luggage consignment form for you to fill in. After
you've finished, pay at the counter opposite.

Wáng
王：
Hǎo le,　wǒmen dào hǎiguān bàn shǒuxù ba.
好 了，我 们 到 海 关 办 手 续 吧。
All right. Let's go to the customs.

Gāng
工：
Qǐng bǎ （fēi）jīpiào hé hùzhào gěi wǒ kàn yíxiàr.
请 把 （飞）机 票 和 护 照 给 我 看 一下儿。
Please show me your tickets and passports.

Chén
陈：
Hǎo.
好。
Here you are.

Wáng
王：
Lái, zánmen bǎ xíngli ná zhèbiānr lai.
来，咱 们 把 行李 拿 这边儿 来。
Come, let's bring the luggage over here.

Gōng
工：
Yígòng jǐ jiàn?
一 共 几 件？
How many pieces altogether?

Chén
陈：
Sì jiàn.
四 件。
Four.

383

Gōng　Zhè shì xínglǐpáir,　qǐng shōu hǎo.
工：　这是 行李牌儿，请 收 好。
　　　Here are your tags.

Wáng　Shǒuxù dōu bàn wán le.
王：　手续都 办 完 了。
　　　Well, that's it.

Chén　Àilín,　nǐ bǎ (fēi) jīpiào hé hùzhào dōu fàng zài shǒutíbāoli.　Xiǎo
陈：　艾琳，你 把 (飞) 机票 和 护照 都 放 在 手 提包里。小
　　Wáng, zhècì huí guó dédào nǐ hěn duō bāngzhù, wǒmen quán jiā xiàng
　　王， 这次回 国 得到 你很 多 帮助，我们 全 家 向
　　nǐ biǎoshì zhōngxīn de gǎnxiè.
　　你 表 示 衷 心 的 感谢。
　　Irene, put the tickets and passports inside the handbag. Xiao Wang, you've been a great
　　help to us throughout our visit. We must all thank you for it.

Wáng　Bié kèqi. Yǒu zuòde bú gòu de dìfang, qǐng yuánliàng. Xīwàng nín duì
王：　别 客气，有 做 得不 够 的 地方，请 原 谅。希 望 您 对
　　wǒmen de gōngzuò tí chū yìjiàn, bāngzhù wǒmen yǐhòu gǎijìn.
　　我 们 的 工作 提出 意见，帮 助 我 们 以后 改进。
　　Don't say that. You must excuse me for any inadequacies on my part. I hope you'll
　　give your opinion on our work so as to help us improve in future.

Chén　Nǐmen de gōngzuò zuòde hěn hǎo, méi shénme yìjiàn,　zhēnde.　Líkāi
陈：　你 们 的 工 作 做 得 很 好，没 什 么 意见[2]， 真 的。离开
　　zǔguó sìshí duō nián le,　zhècì yǒu jīhuì huílai,　shíxiànle duō nián de
　　祖国 四十 多 年 了，这次 有 机会 回来，实 现 了 多 年 的
　　yuànwàng,　xīnlǐ zhēn yǒu shuōbuchū de gāoxìng.
　　愿 望[3]，心 里 真 有 说 不 出 的 高 兴。
　　You've done excellent work, we have no complaint to make. To be able to come back
　　after an absence of more than forty years is the realization of a long cherished dream. I
　　just can't describe how happy I am.

Wáng　Huānyíng nǐmen suíshí huílai cānguān yóulǎn.
王：　欢 迎 你们 随时 回来 参 观 游览。
　　You're welcome any time.

384

Chén Xīwàng yǐhòu hái yǒu jīhuì jiàn miàn. Xiǎo Wáng, wǒmen jiù yào
陈：   希望 以后 还有 机会 见 面。小 王，我们 就要
      fēnbié le, zài zhèr zhào zhāng xiàng zuò ge jìniàn ba.   Lìli, bǎ
      分别了，在 这儿 照 张 相 作 个 纪念 吧[4]。莉莉，把
      zhàoxiàngjī ná guolai.
      照 相机拿 过来。

Hope to see you again. Xiao Wang, let's take a picture together to commemorate the occasion. Give me the camera, Lily.

(After Mr. Chen has taken the pictures.)

Wáng Shíjiān dào le, nǐmen jìnqu ba. Zhù nǐmen yílùpíng'ān!
王：   时间 到了，你们 进去 吧。祝 你们 一路平 安！

It's time for you to go. Wish you a pleasant trip back.

生词 New words

大厅	dàtīng	〔名〕	lounge, hall
把	bǎ	〔介〕	(a preposition whose object is the receiver of the action)
公斤	gōngjīn	〔量〕	kilogram
对面	duìmiàn	〔名〕	opposite side
多	duō	〔形〕	many, much
海关	hǎiguān	〔名〕	customs
手续	shǒuxù	〔名〕	procedure, formalities
办手续	bàn shǒuxù		to go through the procedure (formalities)
行李牌儿	xínglǐpáir	〔名〕	luggage tag
得到	dédào	〔动〕	to have got
衷心	zhōngxīn	〔形〕	heartfelt
不够	bú gòu		not enough, inadequate
原谅	yuánliàng	〔动〕	to excuse, to forgive
提	tí	〔动〕	to lift, to raise
提出	tí chū		to raise, to put forward

意见	yìjiàn	〔名〕	opinion
提意见	tí yìjiàn		to criticize, to raise an opinion
改进	gǎijìn	〔动〕	to improve, to innovate
真的	zhēnde	〔副〕	really
祖国	zǔguó	〔名〕	motherland
实现	shíxiàn	〔动〕	to realize
愿望	yuànwàng	〔名〕	wish
心里	xīnlǐ	〔名〕	heart, bottom of the heart
随时	suíshí	〔副〕	anytime
照相机	zhàoxiàngjī	〔名〕	camera
过来	guòlai		this way (used after a verb to show direction)
纪念	jìniàn	〔名、动〕	souvenir; to commemorate

注 释 Study points :

1. 请你把行李放在这儿。(Qǐng nǐ bǎ xíngli fàngzài zhèr.)

To emphasize what is being done to the object of a sentence, the preposition "把" (bǎ) is usually used to bring the object before the verb. Thus the pattern for this kind of sentences is as follows:

subject + "把" + object + verb + other elements

你把这单子填一下儿。(Nǐ bǎ zhè dānzi tián yíxiàr.)

咱们把行李放在这儿。(Zánmen bǎ xíngli fàng zài zhèr.)

我把东西收拾收拾。(Wǒ bǎ dōngxi shōushishōushi.)

他昨天把信写完了。(Tā zuótiān bǎ xìn xiě wán le.)

Note:

1) Since the verb takes an object, it must be transitive. But verbs like "喜欢" (xǐhuan) , "觉得" (juéde), "看见" (kànjiàn), "知道" (zhīdao), "欢迎" (huānyíng), etc. cannot be used in these "把" sentences.

2) There must be other elements, usually adverbial in nature, to follow the verb.

3) Negative adverbs, adverbs of time and auxilliary verbs must be placed before the word "把".

4) The objects of these sentences must be specific.

2. 没什么意见。(Méi shénme yìjiàn.)
    This can either mean "no opinion" or "no complaint".

3. 实现了多年的愿望。(Shíxiànle <u>duō nián</u> de yuànwàng.)
    "多年" (duō nián) means "many years".

4. 在这儿照张相<u>作个纪念</u>吧。(Zài zhèr zhào zhāng xiàng <u>zuò ge jìniàn</u> ba.)
    The verb "作" (zuò) can take the verb "纪念" (jìniàn) as its object. "作个纪念" (zuò ge jìniàn) means the same as "作纪念" but is more informal.

练 习 Exercises :

Supplementary words:

脏	zāng	〔形〕	dirty
窗户	chuānghu	〔名〕	window
挂	guà	〔动〕	to hang
它	tā	〔代〕	it
起飞	qǐfēi	〔动〕	to take off
安全带	ānquándài	〔名〕	safty belt
系	jì	〔动〕	to tie
俗话	súhuà	〔名〕	common saying
秧	yāng	〔名〕	seedling
谷	gǔ	〔名〕	grain
妻	qī	〔名〕	wife
福	fú	〔名〕	happiness, luck
心细	xīn xì		careful

特点　　　tèdiǎn　　　〔名〕　characteristic

闲不住　　xián bu zhù　　　　always keep oneself busy

1. **Complete the sentences using "把"** (bǎ):

Model:
> Tā bìng le,　bǎ tā sòngdào yīyuàn qu ba.　(sòng, yīyuàn)
>
> 他 病 了，把 他 送 到 医 院 去 吧。（送，医 院）

1) Zhè jiàn yīfu zāng le, _____ .　(xǐ,　yíxiàr)

　这 件 衣 服 脏 了，_____ 。（洗，一 下 儿）

2) Guā fēng le, _____ .　(mén, chuānghu, guān)

　刮 风 了，_____ 。（门， 窗 户，关 ）

3) Wǒ yǎnjing bù hǎo, _____ .　(gěi, niàn, xìn)

　我 眼 睛 不 好，_____ 。（给，念，信）

4) Zánmen qù gōngyuán wánrwanr, _____ .

　咱 们 去 公 园 玩 儿 玩 儿，_____ 。

　(dài, shuǐguǒ, zhàoxiàngjī)

　(带，水 果，照 相 机)

5) Xiànzài shōushi dōngxi ba, _____ .

　现 在 收 拾 东 西 吧，_____ 。

　(máoyī, chènshān, dàyī,　fàng, guà, xiāngzi,　guìzi)

　(毛 衣，衬 衫，大 衣，放，挂，箱 子，柜子)

6) Gāi chī fàn le, _____ .

　该 吃 饭 了，_____ 。

　(huángyóu, miànbāo,　jīdàntāng, cài,　ná, duān)

　(黄 油，面 包，鸡 蛋 汤，菜，拿，端)

388

2. Make dialogues after the model:

Model:

A: Tuōyùn jǐ jiàn?
托 运 几 件？

B: Jiù zhè liǎng ge xiāngzi.
就 这 两 个 箱子。

A: Lái, bǎ tāmen ná zhèr lai.
来，把 它 们 拿 这儿 来。

1) A: Nǐ mǎile jǐ běn?
你 买 了 几 本？

　 B: _____ sān běn.
　 _____ 三 本。

　 A: _____ , _____ gěi wǒ kànkan.
　 _____ , _____ 给 我 看 看。

2) A: Nǐ xiěle jǐ fēng xìn?
你 写 了 几 封 信？

　 B: _____ liǎng fēng.
　 _____ 两 封。

　 A: _____ , _____ jì zǒu ba.
　 _____ , _____ 寄 走 吧。

3) A: Nǐ kànle hěn cháng shíjiān diànshì le ba?
你 看 了 很 长 时 间 电 视 了 吧？

　 B: _____ yí ge xiǎoshí.
　 _____ 一 个 小 时。

　 A: _____ , _____ guānshang ba.
　 _____ , _____ 关 上 吧。

4) A: Nǐ duìhuàn duōshao měiyuán?
你 兑 换 多 少 美 元？

　 B: _____ èrbǎi měiyuán.
　 _____ 二 百 美 元。

A: _____ , _____ diǎn yì diǎn.
　　_____ ，_____ 点 一 点。

5) A: Nǐmen yǒu jǐ jiàn xínglǐ?
　　　你们 有 几件　行李？

　　B: _____ liǎng jiàn.
　　　_____ 两　件。

　　A: _____ , _____ fàng zhèr ba.
　　　_____ ，_____ 放 这儿吧。

6) A: Hái yǒu bù shǎo píjiǔ ba?
　　　还 有 不 少 啤酒吧？

　　B: _____ liù píng le.
　　　_____ 六 瓶 了。

　　A: _____ , _____ dōu nálai.
　　　_____ ，_____ 都 拿来。

▭ 3. Listen to the dialogue:

(On the plane)

Fēijī fúwùyuán　　Péngyoumen, fēijī kuài yào qǐfēi le, nín zuò hǎo yǐhòu,
飞机服务员：　　朋 友 们，飞机 快 要 起飞了，您 坐 好 以后，

　　　　　　　　qǐng gǎnkuài bǎ ānquándài jì hǎo.
　　　　　　　　请 赶 快 把安 全 带 系好。

Dàwěi　　　　　Bàba, nín kuài jì ānquándài ba.
大 伟：　　　　爸爸，您 快系安 全 带 吧。

Chén Míngshān　Lái, bǎ zhège xiǎo píxiāng fàngdào nǐ nàr qu.
陈 明 山：　　来，把 这个 小 皮 箱 放 到 你那儿去。

Wěi　　　　　　Nín xiūxi ba, wǒ bǎ tā tí guoqu.
伟：　　　　　您 休息 吧，我 把 它 提 过 去。

Chén　　　　　Hǎo ba. Àilín, bǎ nàge hóng píxiāng gěi wǒ.
陈：　　　　　好 吧。艾琳，把 那个 红 皮 箱 给我。

390

Àilín 艾琳：	Zěnme? Bǎ hóng xiāngzi yě fàng dào nàr qu? Bú yòng ba. 怎么？把 红 箱子也 放 到 那儿去？不 用 吧。
Chén 陈：	Zhè wǒ zhīdao. Nǐ kàn, qǐfēi hòu wǒ děi kàn shū a. 这 我 知道。你 看，起飞后 我 得 看 书 啊。
Ài 艾：	Nǐ shì yào shū a. 你是 要 书 啊。
Chén 陈：	Duì le, bǎ nà jǐ běn shū gěi wǒ. 对 了，把 那 几 本 书 给 我。
Ài 艾：	Lìli, bǎ shū gěi bàba. 莉莉，把 书 给 爸爸。
Lìli 莉莉：	Gěi nín. 给 您。
Chén 陈：	À, dōu zài zhèr le? 啊，都 在 这儿了？
Ài 艾：	Duì le, nǐ yào de shū dōu zài zhèr le. 对 了，你 要 的 书 都 在 这儿了。
Chén 陈：	Xī'ān mǎide nàběn shū, bǎ tā shōu dào dà xiāngzili le ba? 西安买的 那 本 书，把 它 收 到 大 箱子里了吧？
Ài 艾：	Nǐ zài kànkan, zuì xiàbiānr de nàběn shì bu shì? 你再 看 看，最 下边儿的 那本 是 不 是？
Chén 陈：	À, zhèng shì tā. 啊，正 是 它。
Ài 艾：	Wǒ zhīdao nǐ méi kàn wán, shōushi dōngxi de shíhòu, tèyì bǎ tā liú 我 知道 你 没 看 完，收拾 东西 的 时候，特意把它留 zài wàibiānr le. 在 外边儿了。
Chén 陈：	Súhuà shuō: "Yāng hǎo yí bàn gǔ, qī hǎo yí bàn fú", wǒ kě zhēn 俗话 说："秧 好 一 半 谷，妻好 一 半 福"，我 可 真 yǒu fú a. 有 福 啊。
Ài 艾：	Nǐ ya, shénme "gǔ" a, "fú" a, kuài kàn shū ba! 你呀，什 么 "谷" 啊，"福" 啊，快 看 书 吧！

答案 Key

1. 1) bǎ tā xǐ yíxiàr　ba.
　　把它洗 一下儿吧。

2) bǎ mén hé chuānghu guānshang ba.
　　把门和 窗户关 上 吧。

3) gěi wǒ bǎ xìn niànnian ba.
　　给我把信 念念吧。

4) bǎ shuǐguǒ, zhàoxiàngjī dàishang ba.
　　把水果、照 相机带上 吧。

5) bǎ dàyī guà zài guìzili,　bǎ máoyī, chènshān fàng zài xiāngzili ba.
　　把大衣挂在柜子里，把毛衣、衬衫　放 在 箱子里吧。

6) bǎ huángyóu, miànbāo nálai,　bǎ cài,　jīdàntāng duānlai ba.
　　把 黄 油、面 包拿来，把菜、鸡蛋汤　端来吧。

2. 1) jiù zhè. lái,　bǎ tāmen
　　就这，来，把它们

2) jiù zhè. lái,　bǎ tāmen
　　就这，来，把它们

3) jiù. lái,　bǎ diànshì
　　就，来，把 电视

4) jiù. lái,　bǎ tāmen
　　就，来，把它们

5) jiù. lái,　bǎ tāmen
　　就，来，把它们

6) jiù. lái,　bǎ tāmen
　　就，来，把它们

392

1. Fill in the blanks with "了" (le) or "过" (guo):

1) Wǒ qù _____ nàge shāngdiàn, wǒ zài nàr mǎi _____ dōngxi.
   我 去 _____ 那个 商 店，我 在 那儿买 _____ 东 西。

2) Yǐqián wǒ méi jìn _____ zhè jiā fànguǎn.
   以前 我 没 进 _____ 这家 饭 馆。

3) Zěnme, zhǔnbèi _____ zhème cháng shíjiān, hái mei zhǔnbèi hǎo?
   怎么，准 备 _____ 这么 长 时 间，还 没 准 备 好？

4) Tā rènshi _____ yí ge lǎo yīshēng, qǐng zhèwèi lǎo xiānsheng gěi kànkan ba.
   他认识 _____ 一个老医生， 请 这位老 先 生 给 看看 吧。

5) Wǒmen tīng _____ yíhuìr yīnyuè, jiù bǎ shōuyīnjī guānle.
   我 们 听 _____ 一会儿音乐， 就 把 收音机 关 了。

6) Nǐ bú shì méi chī _____ jiǎozi ma? Nǐ chángchang, hǎochī bu hǎochī?
   你不是没吃 _____ 饺子吗？你 尝 尝， 好 吃不好吃？

2. Rewrite the following sentences after the model:

Model:

> Wǒ qiánnián dàxué bì yè yǐhòu jiù kāishǐ gōngzuò le.
> 我 前 年 大学 毕业 以后 就 开始 工 作了。
>
> Wǒ dàxué bì yè yǐhòu gōngzuòle liǎng nián le.
> 我 大学 毕业 以后 工 作了 两 年 了。

1) Tā cóng yījiǔwǔlíng nián dào xiànzài yìzhí jiāo Zhōngguó lìshǐ.
   他 从 一九五〇 年 到 现 在 一直 教 中 国 历史。

2) Zuótiān wǎnshang, cóng bā diǎn dào shí diǎn sìshí fēn, wǒ zài jiā kàn
   昨 天 晚 上，从 八 点 到 十 点 四十分，我 在 家 看

   diànshì le.
   电 视了。

3) Tāmen jiǔ yuè shíwǔ rì dào èrshíbā rì dāi zài Xī'ān.
他们 九 月 十 五 日 到 二 十 八 日 呆 在 西 安。

4) Zhège dàxíng wǔjù shì liù diǎn bàn kāishǐ de, jiǔ diǎn bàn cái yǎn wán.
这个 大型 舞剧 是 六 点 半 开始 的，九 点 半 才 演 完。

5) Nàge bāoguǒ Lǎo Wáng shísān hào jìchū de, tā péngyou èrshíyī hào cái
那个 包裹 老 王 十 三 号 寄出 的，他 朋 友 二十一 号 才

shōu dào.
收 到。

6) Wǒmen liù diǎn èrshí cóng jiāli chūlai, chà shí fēn qī diǎn zǒu dàole
我们 六 点 二 十 从 家里 出 来，差 十 分 七 点 走 到 了

jùyuàn.
剧 院。

7) Lǎo Liú qiántiān jiùqù Shànghǎi chūchāi le.
老 刘 前 天 就去 上 海 出 差 了。

8) Cóng wǔ suì dào sānshíwǔ suì tā yìzhí shēnghuó zài Běijīng.
从 五 岁 到 三 十 五 岁 他 一 直 生 活 在 北 京。

3. See if "的" (de), "地" (de), "得" (de) are correctly used in the following sentences and correct the wrong parts:

1) Lìshǐ Bówùguǎn de tóngzhì xiángxì de gěi tāmen zuòle jièshào.
历史 博物 馆 地 同志 详细 得 给他们 作了介绍。

2) Dào Běijīng de dì-èr tiān xiàwǔ, tāmen jiù qù Gùgōng le.
到 北 京 得 第二 天 下午，他们 就去 故 宫 了。

3) Shíjiān guò de zhēn kuài, wǒ lí jiā yǐjīng yí ge yuè le.
时 间 过 地 真 快，我 离家 已经 一个 月 了。

4) Xiǎo de xiāngzi wǒ ná de dòng, dà de xiāngzi wǒ ná bu dòng.
小 地 箱子我拿 的 动，大 地 箱子我拿 不 动。

5) Tā qīnqiè de duì wǒ shuō: "Zài zhèr yù jiàn nǐ, wǒ tài gāoxìng le!"
他 亲切 得 对 我 说：“在 这儿遇 见 你，我 太 高 兴 了！”

6) Xiǎo Chén tāmen zài Běihǎi wánr de hěn gāoxìng.
小 陈 他们 在 北海 玩儿 地 很 高 兴。

7) Tāmen dōu shì cóng Měiguó huí lai tànqīn <u>de</u> huáqiáo.

他们 都 是 从 美国 回 来 探亲 <u>地</u> 华侨。

8) Lǎo Wáng gāoxing <u>de</u> shuō: "Nǐ <u>de</u> Yīngyǔ shuō <u>de</u> tài hǎo le!"

老 王 高 兴 <u>得</u> 说: "你 <u>地</u> 英语 说 <u>的</u> 太 好 了!"

答案 Key

1. 1) guo, guo   2) guo   3) le   4) le   5) le   6) guo

过,过   过   了   了   了   过

2. 1) Tā jiāo Zhōngguó lìshǐ jiāole sānshí duō nián le.

他 教 中 国 历 史 教 了 三 十 多 年 了。

2) Zuótiān wǎnshang, wǒ zài jiā kàn diànshì kànle liǎng xiǎoshí sìshí fēnzhōng.

昨 天 晚 上, 我 在 家 看 电视 看 了 两 小 时 四 十 分 钟。

3) Tāmen zài Xī'ān dāile shísān tiān.

他 们 在 西 安 呆 了 十 三 天。

4) Zhège dàxíng wǔjù yǎnle sān ge zhōngtóu.

这 个 大 型 舞 剧 演 了 三 个 钟 头。

5) Nàge bāoguǒ jìle yíge xīngqī.

那 个 包 裹 寄 了 一 个 星 期。

6) Wǒmen qù jùyuàn zǒule bànge zhōngtóu.

我 们 去 剧 院 走 了 半 个 钟 头。

7) Lǎo liú qù Shànghǎi chūchāi, qùle liǎngtiān le.

老 刘 去 上 海 出 差, 去 了 两 天 了。

8) Tā zài Běijīng shēnghuóle sānshí nián.

他 在 北 京 生 活 了 三 十 年。

3. 1) de, de   3) de   5) de   7) de

的, 地   得   地   的

2) de   4) de, de, de   6) de   8) de, de, de

的   的, 得, 的   得   地, 的, 得

Appendix I

词汇表 Vocabulary

					Lesson
A					
ā	阿姨	āyí	〔名〕	aunt (what children call young women)	25
á	啊	à	〔叹〕	an interjection like "ah"	2
a	啊	a	〔助〕	ah, oh	10
āi	哎呀	āiyā	〔叹〕	Oh, dear! (surprise or annoyance)	9
	哎哟	āiyō	〔叹〕	an interjection expressing surprise, pain, etc.	20
ài	爱人	àiren	〔名〕	wife, husband, fiancée, fiancé	27
àn	按时	ànshí	〔副〕	on time	15

B					
bā	八	bā	〔数〕	eight	3
bǎ	把	bǎ	〔介〕	(a preposition whose object is the receiver of the action)	35
bà	爸爸	bàba	〔名〕	father, dad	5
ba	吧	ba	〔助〕	a modal particle	5
bǎi	百	bǎi	〔数〕	hundred	7
	百闻不如一见 bǎi wén bùrú yíjiàn			Seeing is believing. (Hearing a hundred times is not as good as seeing once.)	22
bàn	半	bàn	〔数〕	half	9
	办	bàn	〔动〕	to do, to handle, to carry out	21
bāng	帮	bāng	〔动〕	to help, to aid	13
	帮忙	bāng máng		to help; help	24
	帮助	bāngzhù	〔动、名〕	to help; help	22
bāo	包裹	bāoguǒ	〔名〕	parcel	22
bào	报	bào	〔名〕	newspaper	32
bào	抱歉	bàoqiàn	〔形〕	to apologize	34
bēi	杯	bēi	〔量〕	cup, glass	23

běi	北	běi	〔名〕	north	26
	北边儿	běibiānr	〔名〕	to the north, in the north	26
bèi	背	bèi	〔动〕	to recite, to learn by heart	28
	背面	bèimiàn	〔名〕	back	30
běn	本	běn	〔量〕	a measure word (copy)	5
	本子	běnzi	〔名〕	notebook	11
bí	鼻子	bízi	〔名〕	nose	26
bǐ	比	bǐ	〔介、动、名〕	than; to compare; comparison	25
	比较	bǐjiào	〔副、动〕	comparatively, relatively;	
				to compare, to contrast	12
bì	必须	bìxū	〔助动〕	must	33
	毕业	bì yè	〔名〕	to graduate	27
biàn	遍	biàn	〔量〕	times (emphasizing the whole	
				process)	33
	变化	biànhuà	〔名〕	change	20
biānr	…边儿	…biānr	〔名〕	(used after words of location to	
				show direction, location, etc.)	12
biāo	标题	biāotí	〔名〕	title, headline	32
biǎo	表	biǎo	〔名〕	watch	9
	表示	biǎoshì	〔动〕	to show, to express	24
bié	别	bié	〔副〕	do not	22
	别的	biéde	〔代〕	other, else	4
bǐng	丙	bǐng	〔名〕	C	26
bìng	病	bìng	〔动、名〕	to be sick; illness, disease	15
bō	播送	bōsòng	〔动〕	to broadcast	32
bó	伯伯	bóbo	〔名〕	uncle (father's elder brother); also	
				a respectful form of addressing	
				men about the age of one's father	2
	伯母	bómǔ	〔名〕	aunt	16
	博物馆	bówùguǎn	〔名〕	museum	31
	脖子	bózi	〔名〕	neck	29
bú	不错	búcuò	〔形〕	good, fair, not bad	12
	不到长城	bú dào Chángchéng		We are no true heroes if we do	
	非好汉	fēi hǎohàn		not reach the Great Wall.	22
	不够	bú gòu		not enough, inadequate	35
	不过	búguò	〔连〕	yet, however	18
	不谢	bú xiè		You are welcome. Don't mention it.	3
	不用	búyòng		not necessary	7
bù	不	bù	〔副〕	no, not	1

	不如	bùrú	〔动〕	not as good as, not as well as		31
	不行	bùxíng	〔形〕	not so good, not so well		17

C

cái	才	cái	〔副〕	only then	30
cài	菜	cài	〔名〕	dish, vegetable	14
cān	参观	cānguān	〔动〕	to visit (usually a place)	4
	参加	cānjiā	〔动〕	to attend, to take part in	34
céng	层	céng	〔量〕	floor, storey, layer	3
chā	叉子	chāzi	〔名〕	fork	23
chá	茶	chá	〔名〕	tea	2
chà	差	chà	〔动〕	to be short of, to differ from; not up to standard	9
	差不多	chà bu duō		nearly, more or less	25
cháng	长	cháng	〔形〕	long	12
	尝	cháng	〔动〕	to taste, to sample	23
	常	cháng	〔形、副〕	regular, frequent; often	25
	常常	chángcháng	〔副〕	often, frequently	16
chǎng	场	chǎng	〔量〕	show	9
chāo	超重	chāo zhòng		overweight	6
chē	车	chē	〔名〕	vehicle	18
	车站	chēzhàn	〔名〕	station	24
chèn	衬衫	chènshān	〔名〕	shirt, blouse	34
chēng	称	chēng	〔动〕	to weigh	6
	称呼	chēnghu	〔名、动〕	a form of address; to address, to call	25
chéng	成	chéng	〔动〕	to become	27
	成就	chéngjiù	〔名〕	achievements	31
	城市	chéngshì	〔名〕	city	33
chī	吃	chī	〔动〕	to eat	11
chōng	充满	chōngmǎn	〔动〕	to fill, to be full of	33
chōu	抽烟	chōu yān		to smoke a cigarette (a pipe or a cigar)	2
chū	出来	chūlai		to come out	16
	出去	chūqu		to go out	20
	出租	chūzū	〔动〕	to rent out	13
chú	橱窗	chúchuāng	〔名〕	show window	29
	除了	chúle	〔介〕	besides, except	28
chuān	穿	chuān	〔动〕	to put on, to wear	12
chuáng	床	chuáng	〔名〕	bed	27

chuàng	创造	chuàngzào	〔名、动〕	creation; to create	22
chūn	春天	chūntiān	〔名〕	spring	16
cí	词典	cídiǎn	〔名〕	dictionary	21
	辞行	cí xíng		to say good-bye, to take leave	20
cì	次	cì	〔量〕	time, (a measure word)	18
cōng	聪明	cōngming	〔形〕	intelligent, bright, clever	29
cóng	从	cóng	〔介〕	since, from	18
	从…到…	cóng...dào...		from...to...	18
	从…起	cóng...qǐ		from, starting from	28
cù	醋	cù	〔名〕	vinegar	14
cūn	村	cūn	〔名〕	village	30

D

dǎ	打	dǎ	〔动〕	to make(a telephone call), to beat, to strike	10
	打	dǎ	〔动〕	to have (injection)	15
	打算	dǎsuàn	〔动〕	to intend, to plan	21
dà	大	dà	〔形〕	big, large, loud, old	11
	大后天	dàhòutiān	〔名〕	two days from today	18
	大家	dàjiā	〔代〕	everybody, all	23
	大厦	dàshà	〔名〕	tall building	33
	大使馆	dàshǐguǎn	〔名〕	embassy	4
	大厅	dàtīng	〔名〕	lounge, hall	35
	大学	dàxué	〔名〕	university	27
	大衣	dàyī	〔名〕	overcoat	12
dāi	呆	dāi	〔动〕	to stay	24
dài	带	dài	〔动〕	to take, to bring	17
	代	dài	〔动〕	to do something on someone's behalf	24
	代	dài	〔名〕	dynasty, generation	31
	戴	dài	〔动〕	to wear (hats, gloves and glasses, etc.)	29
	大夫	dàifu	〔名〕	doctor	15
dān	单位	dānwèi	〔名〕	unit, organization	34
	单子	dānzi	〔名〕	form, list	7
	耽误	dānwu	〔动〕	to hold up, to delay	28
dàn	但	dàn	〔连〕	but, however	16
	但是	dànshì	〔连〕	but	33
	蛋糕	dàngāo	〔名〕	cake	8
dāng	当时	dāngshí	〔名〕	at the time	31

dāo	刀子	dāozi	〔名〕	knife	23
dào	到	dào	〔动〕	to arrive, to reach, to get to	13
	到处	dàochù	〔名〕	everywhere	33
	到底	dàodǐ	〔副〕	after all, in the final analysis, how on earth	25
dé	得到	dédào	〔动〕	to have got	35
de	的	de	〔助〕	a structural particle	1
	的	de	〔助〕	a particle indicating affirmation	20
	得	de	〔助〕	(used before complement to indicate degree or possibility)	18
	地	de	〔助〕	a particle added to adjectives as adverbial	25
děi	得	děi	〔助动、动〕	must, should; to have to, need to	23
děng	等	děng	〔动〕	to wait	10
dì	第	dì	〔头〕	a prefix indicating the ordinal number	32
	弟弟	dìdi	〔名〕	younger brother	8
	地点	dìdiǎn	〔名〕	place, locality, address	30
	地方	dìfang	〔名〕	place	20
	地名	dìmíng	〔名〕	name of a place	30
	地址	dìzhǐ	〔名〕	address	24
diǎn	点	diǎn	〔动〕	to count	7
	点	diǎn	〔量〕	o'clock	9
	点	diǎn	〔量〕	point	30
diàn	电报	diànbào	〔名〕	telegram, cable	20
	电话	diànhuà	〔名〕	telephone	10
	电视	diànshì	〔名〕	television	32
	电梯	diàntī	〔名〕	lift, elevator	22
	电影	diànyǐng	〔名〕	motion pictures, movie, film	9
dìng	定	dìng	〔动〕	to settle, to fix	33
dōng	东	dōng	〔名〕	east	26
	东边儿	dōngbiānr	〔名〕	to the east, in the east	26
	东西	dōngxi	〔名〕	thing, things	4
	冬天	dōngtiān	〔名〕	winter	16
dǒng	懂	dǒng	〔动〕	understand	13
dōu	都	dōu	〔副〕	all, already	10
dòu	豆腐	dòufu	〔名〕	bean-curd	14
dù	度	dù	〔量〕	degree	15
duǎn	短	duǎn	〔形〕	short	12
duì	对	duì	〔形〕	yes, right, correct	1
	对	duì	〔介〕	for	22

	对	duì	〔量〕	pair	29
	对不起	duì bu qǐ		I am sorry. Excuse me.	1
	对方	duìfāng	〔名〕	the other party (side)	25
	对了	duì le		by the way	11
	对象	duìxiàng	〔名〕	fiancée, fiancé, object	27
	兑换	duìhuàn	〔动〕	to exchange (currencies)	7
duō	多	duō	〔副、形〕	much, many	15
	多少	duōshǎo	〔数〕	how many, how much	5

E

ér	而	ér	〔连〕	a connective, in the text it means "as well as"	33
	儿子	érzi	〔名〕	son	2
èr	二	èr	〔数〕	two	3

F

fā	发烧	fā shāo		to have a fever	15
fǎ	法语	Fǎyǔ	〔名〕	the French language	28
fàn	饭	fàn	〔名〕	meal	11
	饭店	fàndiàn	〔名〕	hotel, restaurant	34
	饭馆	fànguǎn	〔名〕	restaurant	14
fāng	方面	fāngmiàn	〔名〕	aspect, side	21
fáng	房间	fángjiān	〔名〕	room	3
fǎng	访问	fǎngwèn	〔动、名〕	to visit; visit	23
fàng	放	fàng	〔动〕	to put	24
	放心	fàngxīn	〔动〕	to rest assured, to be at ease	24
fēi	飞机	fēijī	〔名〕	airplane, aircraft	20
fēn	分	fēn	〔量〕	the lowest denomination of Chinese currency	5
	分	fēn	〔量〕	minute	9
	分别	fēnbié	〔动〕	to part, to separate	27
	分钟	fēnzhōng	〔量〕	minute	24
fēng	封	fēng	〔量〕	a measure word for letters	5
	风	fēng	〔名〕	wind	16
	风景	fēngjǐng	〔名〕	scenery	18
	疯	fēng	〔形〕	mad, crazy	29
	疯子	fēngzi	〔名〕	madman	29

fú	服务员	fúwùyuán	〔代〕	receptionist, waiter	3
fù	附近	fùjìn	〔名〕	vicinity	24
	父亲	fùqin	〔名〕	father	25
	复杂	fùzá	〔形〕	complicated	25

G

gāi	该	gāi	〔助动〕	should, ought to	9
gǎi	改进	gǎijìn	〔动〕	to improve, to innovate	35
gān	干杯	gān bēi		bottoms up, cheers	23
	干净	gānjìng	〔形〕	clean	33
gǎn	赶	gǎn	〔动〕	to hurry	33
	赶快	gǎnkuài	〔副〕	as quickly as possible, quickly	20
	感冒	gǎnmào	〔动、名〕	to have a cold; cold, influenza	15
	感想	gǎnxiǎng	〔名〕	reflection, feeling	33
	感谢	gǎnxiè	〔动〕	to thank	22
gàn	干	gàn	〔动〕	to do, to be engaged in	4
gāng	刚	gāng	〔副〕	just, barely	21
	刚才	gāngcái	〔名〕	just now, a moment ago	19
	钢笔	gāngbǐ	〔名〕	pen, fountain-pen	11
gāo	高兴	gāoxìng	〔形〕	happy	23
gǎo	搞	gǎo	〔动〕	to do, to carry on, to be engaged in	31
gào	告诉	gàosù	〔动〕	to tell	27
gē	哥哥	gēge	〔名〕	elder brother	21
gè	个	gè	〔量〕	a measure word	3
gěi	给	gěi	〔介〕	for, to	5
	给	gěi	〔动〕	to give	6
gēn	跟	gēn	〔介、连〕	with; and	19
gèng	更	gèng	〔副〕	more, still more	33
gōng	工厂	gōngchǎng	〔名〕	factory	27
	工程师	gōngchéngshī	〔名〕	engineer	27
	工作	gōngzuò	〔动、名〕	to work; work, job	7
	公斤	gōngjīn	〔量〕	kilogram	35
	公共	gōnggòng	〔形〕	public	27
	公园	gōngyuán	〔名〕	park	17
gòu	够	gòu	〔形〕	enough, adequate	18
gū	姑姑	gūgu	〔名〕	aunt (father's sister)	34
gǔ	古代	gǔdài	〔名〕	ancient times	21
	古老	gǔlǎo	〔形〕	ancient	33

	古玩	gǔwán	〔名〕	antique	20
guā	刮（风）	guā (fēng)	〔动〕	to blow (wind)	16
guà	挂号	guà hào		register, registered	6
guǎi	拐	guǎi	〔动〕	to turn	26
guài	怪不得	guàibude		no wonder	17
guān	关	guān	〔动〕	to turn off, to close	32
	关于	guānyú	〔介〕	about, on	32
guǎn	管	guǎn	〔介、动〕	as; (to call)...as	25
guàng	逛	guàng	〔动〕	to saunter, to go (shopping)	21
guī	规律	guīlǜ	〔名〕	law	27
guì	贵	guì	〔形〕	dear, expensive	12
	贵姓	guì xìng		a polite way of asking someone's family name	31
guó	国	guó	〔名〕	country, nation	3
	国际	guójì	〔名〕	international (community)	32
	国庆	guóqìng	〔名〕	National Day	27
guò	过	guò	〔动〕	to pass, to spend	19
	过奖	guòjiǎng	〔动〕	overpraise, flatter	28
guò	过	guò	〔助〕	a particle placed after verbs to show past experience	33
	过来	guòlai		this way (used after a verb to show direction)	35

H

hā	哈	hā	〔象声〕	ha	19
hái	还	hái	〔副〕	also, as well, in addition, still	6
	还是	háishì	〔连、副〕	or (not used in declarative sentences), still	14
	孩子	háizi	〔名〕	child, children, son(s) and daughter(s)	17
hǎi	海关	hǎiguān	〔名〕	customs	35
hàn	汉语	Hànyǔ	〔名〕	the Chinese language	28
	汉字	Hànzì	〔名〕	Chinese character	28
hǎo	好	hǎo	〔形〕	good, all right	1
	好	hǎo	〔副〕	well, quite	25
	好好儿	hǎohāor	〔副〕	well, sufficiently	18
	好了	hǎo le		enough (used to wind up a remark and introduce the next one)	18
hào	号（日）	hào (rì)	〔名〕	colloquial form for date	8

403

	号	hào	〔量〕	number	26
	号码儿	hàomǎr	〔名〕	number	22
hē	喝	hē	〔动〕	to drink	2
hé	和	hé	〔连、介〕	and; with	6
	合适	héshì	〔形〕	fit, proper, suitable	12
	合同	hétong	〔名〕	contract	20
hěn	很	hěn	〔副〕	very, very much (usually not stressed; stressed only when emphasis is needed)	12
hóng	红	hóng	〔形〕	red	16
	红烧	hóngshāo		to stew with red sauce (soyabean sauce)	14
hòu	后	hòu	〔名〕	back	26
	后	hòu	〔副〕	then, later	30
	后边儿	hòubiānr	〔名〕	behind	26
	后来	hòulái	〔名〕	later, after that	33
	后天	hòutiān	〔名〕	the day after tomorrow	10
hū	呼吸	hūxī	〔动〕	to breathe	15
hú	糊涂	hútu	〔形〕	confused	25
hù	互相	hùxiāng	〔副〕	each other	25
	护照	hùzhào	〔名〕	passport	24
huá	华侨	huáqiáo	〔名〕	overseas Chinese	1
huà	话剧	huàjù	〔名〕	play	32
	话务员	huàwùyuán	〔名〕	telephone operator	10
huān	欢迎	huānyíng	〔动〕	to welcome, to meet	1
huàn	换	huàn	〔动〕	to change	12
huáng	黄油	huángyóu	〔名〕	butter	27
huí	回	huí	〔动〕	to come back, to return	20
	回	huí	〔量〕	a measure word for time or round	25
	回来	huílai		to come back, to return	9
	回去	huíqu		to go back, to return	15
	回信	huí xìn		reply	30
huì	会	huì	〔助动、动〕	can, will; to know how to	2
	会议	huìyì	〔名〕	meeting, conference	34
huó	活动	huódòng	〔名、动〕	activity; to move	4
huǒ	火车	huǒchē	〔名〕	train	21
huò	或	huò	〔连〕	or	30
	或者	huòzhě	〔连〕	or	18

J

jī	鸡	jī	〔名〕	chicken	14
	鸡蛋	jīdàn	〔名〕	egg	14
	机场	jīchǎng	〔名〕	airport	13
	机会	jīhuì	〔名〕	opportunity	23
jí	…极了	…jíle		utmost, extremely	22
	急	jí	〔形〕	urgent, hurried, impatient	20
jǐ	几	jǐ	〔代〕	some, several	5
jì	寄	jì	〔动〕	to post, to mail	5
	记得	jìde	〔动〕	to remember	27
	季节	jìjié	〔名〕	season	16
	纪念	jìniàn	〔名、动〕	souvenir; to commemorate	35
jiā	家	jiā	〔名〕	family, home	10
	家庭	jiātíng	〔名〕	family	27
jiǎ	甲	jiǎ	〔名〕	A	26
jiǎn	简单	jiǎndān	〔形〕	simple	25
	简直	jiǎnzhí	〔副〕	simply (for emphasis)	31
	捡到	jiǎn dào		to find, to pick up by chance	11
jiàn	件	jiàn	〔量〕	a measure word for overcoats, coats, as well as for things or matters, etc.	12
	见	jiàn	〔动〕	to see, to meet	18
	见面	jiàn miàn		to meet	24
	健康	jiànkāng	〔名、形〕	health; healthy	23
jiǎng	讲	jiǎng	〔动〕	to explain, to say, to talk	25
jiāo	教	jiāo	〔动〕	to teach	28
	交流	jiāoliú	〔动〕	to exchange	33
jiǎo	角	jiǎo	〔量〕	*jiao,* a unit of Chinese currency, equal to $^1/_{10}$ *yuan*	6
	角	jiǎo	〔名〕	corner	30
	脚	jiǎo	〔名〕	foot	29
jiào	叫	jiào	〔动〕	to call, to be called, one's name is...	1
	叫	jiào	〔动〕	to call, to order	13
	叫	jiào	〔动〕	to call, to address	25
jiē	接	jiē	〔动〕	to receive, to take, to connect	27
	街	jiē	〔名〕	street	30
	街道	jiēdào	〔名〕	street	33
jié	结合	jiéhé	〔动、名〕	to combine; combination	23
	结婚	jiéhūn		to marry	27
	结帐	jiézhàng		to settle account, to check out	34

	结束	jiéshù	〔动〕	to finish, to be over	20
	节目	jiémù	〔名〕	program	32
jiě	姐姐	jiějie	〔名〕	elder sister	9
jiè	介绍	jièshào	〔动、名〕	to introduce	2
jīn	今后	jīnhòu	〔名〕	future	21
	今天	jīntiān	〔名〕	today	7
jìn	进	jìn	〔动〕	to come in, to enter	2
	进来	jìnlai		to come in	13
	进去	jìnqu		to go in, to enter	22
	近	jìn	〔形〕	near, close	27
jīng	经常	jīngcháng	〔形〕	often	23
	经济	jīngjì	〔名〕	economy, economics	31
	京剧	jīngjù	〔名〕	Beijing opera	10
jìng	净	jìng	〔副〕	only	23
	敬	jìng	〔动〕	to toast; to respect	23
jiǔ	九	jiǔ	〔数〕	nine	7
	酒	jiǔ	〔名〕	alcoholic drinks	14
	酒逢知己千杯少			Even a thousand cups are not	
		jiǔ féng zhījǐ qiānbēi shǎo		enough when good friends meet	23
jiù	旧	jiù	〔形〕	old, out-dated	11
	旧地重游	jiù dì chóngyóu		to revisit a place that one used to know well	18
	就	jiù	〔副〕	just, only, (as soon) as, etc., also used in clauses of result	14
	舅舅	jiùjiu	〔名〕	uncle (mother's brother)	34
jù	剧院	jùyuàn	〔名〕	theater	26
jué	觉得	juéde	〔动〕	to feel, to think	28
	决定	juédìng	〔动、名〕	to decide; decision	34

K

kā	咖啡	kāfēi	〔名〕	coffee	11
kāi	开	kāi	〔动〕	to start, to drive	24
	开	kāi	〔动〕	to open	31
	开（收音机）	kāi (shōuyīnjī)	〔动〕	to turn on (radio)	32
	开门	kāimén		to open the door, open to the public	31
	开始	kāishǐ	〔动〕	to begin, to start	28
	开水	kāishuǐ	〔名〕	boiled water	15
kàn	看	kàn	〔动〕	to see, to look at	4

	看病	kàn bìng		to see a doctor, doctor examining patient	15
	看见	kànjiàn		to see	29
	看望	kànwàng	〔动〕	to visit, to see	20
kǎo	烤	kǎo	〔动〕	to roast	23
ké	咳嗽	késòu	〔动〕	to cough	15
kě	可	kě	〔副〕	(for emphasis)	28
	可不是	ké bu shì		isn't it	27
	可能	kěnéng	〔助动、形〕	possible; may	18
	可是	kěshì	〔连〕	but, however	25
	可惜	kěxī	〔形〕	unfortunate, the pity is	31
	可以	kěyǐ	〔助动、形〕	can, may, will do; good enough	13
kè	刻	kè	〔量〕	quarter (of an hour)	9
	客气	kèqi	〔形〕	polite, courteous	22
kòngr	空儿	kòngr	〔名〕	free time, spare time	21
kǒu	口	kǒu	〔名〕	mouth	25
kù	裤子	kùzi	〔名〕	trousers, slacks	34
kuài	块（元）	kuài/yuán	〔量〕	colloquial form for "*yuan*"	6
	快	kuài	〔副、形〕	soon; quick, fast	19
	快车	kuàichē	〔名〕	express train	21
	筷子	kuàizi	〔名〕	chopsticks	23
kuān	宽	kuān	〔形〕	wide	33
kuǎn	款待	kuǎndài	〔动、名〕	to entertain; hospitality	24

L

là	辣子	làzi	〔名〕	hot pepper	14
la	啦	la	〔助〕	a modal particle	26
lái	来	lái	〔动〕	to come	2
	…来	...lái	〔动〕	since	22
	来	lái	〔助〕	approximately	17
láo	劳驾	láo jià		a polite way to ask someone to do something or to make way	12
lǎo	老	lǎo	〔头、形〕	old, elderly	2
	老大	lǎodà	〔名〕	the eldest (son, daughter)	27
	老家	lǎojiā	〔名〕	home town, birthplace	17
	老人	lǎorén	〔名〕	old man (woman), old people	17
	老头儿	lǎotóur	〔名〕	old man	27
	老先生	lǎoxiānsheng	〔名〕	elderly gentleman	17

	老爷	lǎoye	〔名〕	maternal grandfather	30
	老友重逢	lǎoyǒu chóngféng		reunion of old friends	27
le	了	le	〔助〕	a particle	9
lèi	累	lèi	〔形〕	tired, weary	18
lěng	冷	lěng	〔形〕	cold, chilly	16
lí	离	lí	〔介、动〕	from; to leave	24
	离开	líkāi	〔动〕	to leave	19
lǐ	里	lǐ	〔名〕	a particle used to indicate "within certain time, space or scope"	14
	里边儿	lǐbiānr	〔名〕	inside	14
	礼品	lǐpǐn	〔名〕	present, gift	34
	礼物	lǐwù	〔名〕	present, gift	8
lì	历史	lìshǐ	〔名〕	history	21
lǐ	…里	...lǐ	〔名〕	(used after nouns meaning within a certain limit of time or space)	16
liàn	练习	liànxí	〔动、名〕	to practise; practice	28
liáng	量	liáng	〔动〕	to measure, to take measurement	15
liǎng	两	liǎng	〔数〕	two	6
liàng	辆	liàng	〔量〕	a measure word for vehicles	13
liáo	聊	liáo	〔动〕	to chat	27
liǎo	了不起	liǎo bu qǐ	〔形〕	great (in praise of ...)	22
	了解	liǎojiě	〔动、名〕	to understand, to find out; understanding, investigation	33
líng	零	líng	〔数〕	zero, nil	7
	零下	líng xià		below zero	16
	0	líng	〔数〕	zero, nil	27
lǐng	领带	lǐngdài	〔名〕	tie	34
liú	留	liú	〔动〕	to leave behind	22
	留学生	liúxuéshēng	〔名〕	foreign students, students studying abroad	28
	流利	liúlì	〔形〕	fluent	28
liù	六	liù	〔数〕	six	7
lóu	楼	lóu	〔名〕	building	26
lou	喽	lou	〔助〕	a particle meaning "naturally"	31
lù	路	lù	〔名〕	road, street, way	26
	路过	lùguò	〔动〕	to pass	21
	路口	lùkǒu	〔名〕	end of a road (street)	26
	路人	lùrén	〔名〕	passerby	26
	路上	lùshang	〔名〕	(on the) road, (on the) way	27

	录音	lùyīn	〔名〕	recording	28
lǚ	旅途	lǚtú	〔名〕	journey, trip	22
	旅游	lǚyóu	〔动〕	to visit as tourist	23

M

mā	妈妈	māma	〔名〕	mother, mom	5
má	麻烦	máfan	〔动、名、形〕	to trouble; trouble; troublesome	10
mǎ	马上	mǎshàng	〔副〕	immediately, right away	11
ma	吗	ma	〔助〕	a particle used at the end of a sentence to turn it into a question	1
	嘛	ma	〔助〕	an interjection to give emphasis	16
mǎi	买	mǎi	〔动〕	to buy, to purchase	4
mán	馒头	mántou	〔名〕	steamed bread in the shape of a half ball	14
mǎn	满意	mǎnyì	〔动、形〕	to satisfy; satisfactory	20
màn	慢	màn	〔形〕	slow	10
máng	忙	máng	〔形〕	busy	34
máo	毛(角)	máo/jiǎo	〔量〕	colloquial form for "*jiao*"	6
	毛	máo	〔名〕	wool	29
	毛衣	máoyī	〔名〕	sweater, jumper, pull-over	29
mào	贸易	màoyì	〔动、名〕	to trade; trade	20
	帽子	màozi	〔名〕	hat, cap, head-gear	29
méi	没	méi	〔动、副〕	to have not, there is (are) not, no, not	13
	没关系	méi guānxi		That is all right. It does not matter.	1
	没想到	méi xiǎng dào		unexpected, out of expectation	21
	没(有)	méi (yǒu)	〔副〕	(to have) not, [there is/(are)] not, no	4
měi	每	měi	〔代〕	every, each	16
	美	měi	〔形〕	pretty, beautiful	16
	美德之家	měidé zhī jiā		home of the virtuous	23
	美元	měiyuán	〔名〕	American dollar	7
mèi	妹妹	mèimei	〔名〕	younger sister	21
mén	门	mén	〔名〕	door, gate	31
	门牌	ménpái	〔名〕	number (of a house)	30
men	们	men	〔尾〕	a suffix added to nouns or pronouns to make them plural	2
mǐ	米饭	mǐfàn	〔名〕	cooked rice	14

miàn	面包	miànbāo	〔名〕	bread	27
míng	明年	míngnián	〔名〕	next year	33
	明天	míngtiān	〔名〕	tomorrow	4
	明信片	míngxìnpiàn	〔名〕	post-card	6
	名不虚传	míngbùxūchuán		to live up to its name	23
	名字	míngzi	〔名〕	name	15
mǒu	某	mǒu	〔代〕	certain	25
mǔ	母亲	mǔqin	〔名〕	mother	25

N

ná	拿	ná	〔动〕	to take	34
nǎ	哪	nǎ	〔代〕	which	3
	哪里	nǎlǐ	〔代〕	not at all, where	17
	哪些	nǎxiē	〔代〕	which (pl.)	33
nà	那	nà	〔代〕	that	2
	那不	nàbu		an expression to direct people's attention to something obvious	29
	那（么）	nà(me)	〔连〕	then	11
	那些	nàxiē	〔代〕	those	25
nǎi	奶奶	nǎinai	〔名〕	grandma	17
nán	难	nán	〔形〕	difficult	28
	男	nán	〔名〕	man, male	29
	南	nán	〔名〕	south	26
	南边儿	nánbiānr	〔名〕	to the south, in the south	26
nǎr	哪儿	nǎr	〔代〕	where	3
nàr	那儿	nàr	〔代〕	there	21
ne	呢	ne	〔助〕	a particle	4
nèi	内	nèi	〔名〕	inside, (usually used in written language)	20
	内容	nèiróng	〔名〕	content, body	30
néng	能	néng	〔助动〕	can, to be able to	13
ng	嗯	ng	〔叹〕	an interjection to express appreciation or consent	12
nǐ	你	nǐ	〔代〕	you (sing.)	1
	你们	nǐmen	〔代〕	you (pl.)	2
nián	年	nián	〔名〕	year	16
	年级	niánjí	〔名〕	grade, year	17
	年纪	niánjì	〔名〕	age	17
	年龄	niánlíng	〔名〕	age	17

	年轻	niánqīng	〔形〕	young	33
niàn	念	niàn	〔动〕	to read	28
	念书	niàn shū		to study, to read a book, to go to school	18
nín	您	nín	〔代〕	you (a respectful form of address for the second person singular)	1
nǚ	女	nǚ	〔名〕	woman, female	29
	女儿	nǚ'ér	〔名〕	daughter	2
nuǎn	暖和	nuǎnhuo	〔形〕	warm	16

O

| ó | 哦 | ó | 〔叹〕 | an interjection indicating surprise or doubt | 4 |
| ò | 哦 | ò | 〔叹〕 | an interjection like "oh" | 10 |

P

pá	爬	pá	〔动〕	to climb, to crawl	22
pái	牌价	páijià	〔名〕	exchange rate	7
péng	朋友	péngyou	〔名〕	friend	4
pí	皮	pí	〔名〕	fur, hide, skin	29
	啤酒	píjiǔ	〔名〕	beer	14
piào	票	piào	〔名〕	ticket, coupon	9
pín	频道	píndào	〔名〕	channel (of TV broadcast)	32
píng	瓶	píng	〔量〕	bottle	14
	平安	píng'ān	〔形〕	safe, free from dangers	20
pǔ	普通	pǔtōng	〔形〕	ordinary, common	25
	普通话	pǔtōnghuà	〔名〕	common speech (standard modern spoken Chinese)	17

Q

qī	七	qī	〔数〕	seven	7
qǐ	起	qǐ	〔动〕	to rise	28
	起床	qǐ chuáng		to get out of bed, to get up	28
	…起来	…qǐlai		an expression indicating that an action is in progress	25
qì	汽车	qìchē	〔名〕	car, automobile	13
	气温	qìwēn	〔名〕	temperature (weather)	16

qiān	千	qiān	〔数〕	thousand	7
	签订	qiāndìng	〔动〕	to sign	20
qián	钱	qián	〔名〕	money	6
	前	qián	〔名〕	front	26
	前边儿	qiánbiānr	〔名〕	front, ahead	26
	前年	qiánnián	〔名〕	the year before last	31
	前天	qiántiān	〔名〕	day before yesterday	24
qīn	亲戚	qīnqi	〔名〕	relative, kin	20
	亲切	qīnqiè	〔形〕	friendly, warm	25
qīng	清楚	qīngchu	〔形〕	clear	25
	青年	qīngnián	〔名〕	youth, young man (men)	31
qíng	晴	qíng	〔形〕	fine (weather)	16
	情况	qíngkuàng	〔名〕	situation	25
	情景	qíngjǐng	〔名〕	situation, scene	27
qǐng	请	qǐng	〔动〕	to please, to invite	2
	请问	qǐngwèn	〔动〕	Excuse me, but...? May I ask...?	1
qiū	秋天	qiūtiān	〔名〕	autumn, fall	16
qū	区	qū	〔名〕	district	30
qǔ	取	qǔ	〔动〕	to fetch, to get	15
qù	去	qù	〔动〕	to go	4
quán	全	quán	〔形〕	all, whole	10
què	确实	quèshí	〔形〕	really, truly	23

R

ràng	让	ràng	〔动〕	to ask, to let, to give up	25
rè	热	rè	〔形〕	hot	16
	热情	rèqíng	〔形、名〕	warm; warm-heartedness	24
rén	人	rén	〔名〕	person, people	3
	人民	rénmín	〔名〕	people	22
	人民币	rénmínbì	〔名〕	renminbi (Chinese currency)	7
	人员	rényuán	〔名〕	personnel, staff	7
rèn	认识	rènshi	〔动、名〕	to know; understanding	25
rì	日	rì	〔名〕	written form for date	8
	日期	rìqī	〔名〕	date	30
	日语	Rìyǔ	〔名〕	the Japanese language	28
ròu	肉	ròu	〔名〕	meat	14
rú	如果	rúguǒ	〔连〕	if	30

S

sān	三	sān	〔数〕	three	3
	三句话不离本行			talking shop	28
	sānjù huà bùlí běnháng				
shā	沙发	shāfā	〔名〕	sofa	27
shǎ	傻子	shǎzi	〔名〕	fool, idiot	29
shāng	商店	shāngdiàn	〔名〕	shop, store	33
shàng	上	shàng	〔动〕	to be in (with grade or year in school and university)	17
	上	shàng	〔名〕	last, previous, above, on top of, on the surface of	18
	上	shàng	〔动〕	to go, to get on, to board	19
	上边儿	shàngbiānr	〔名〕	upper part	30
	上去	shàngqu		to go up	22
	上午	shàngwǔ	〔名〕	morning	9
	上学	shàng xué		to go to school	17
	上演	shàngyǎn	〔动〕	to perform, to put on a show	33
shàng	…上	…shàng	〔名〕	(used after nouns corresponding to "on" or "above")	11
shǎo	少	shǎo	〔形〕	less, little, few	24
shēn	深	shēn	〔形〕	deep, profound	15
	身边	shēnbiān	〔名〕	one's side	27
	身上	shēnshang	〔名〕	on the body	29
	身体	shēntǐ	〔名〕	physical health, body	17
shén	什么	shénme	〔代〕	what	4
shēng	声调	shēngdiào	〔名〕	tone	28
	声音	shēngyīn	〔名〕	sound	32
	生活	shēnghuó	〔动、名〕	to live; life	28
	生气	shēngqì	〔名〕	vitality, life	33
	生日	shēngrì	〔名〕	birthday	8
shěng	省	shéng	〔名〕	province	30
shí	十	shí	〔数〕	ten	5
	…时	…shí	〔名〕	time	18
	时候	shíhòu	〔名〕	time	8
	时间	shíjiān	〔名〕	time	18
	实现	shíxiàn	〔动〕	to realize	35
	实在	shízài	〔副、形〕	really, so real; honest, substantial	20
shǐ	…史	…shǐ	〔名〕	history	31

shì	是	shì	〔动〕	to be (is, are...)	1
	事儿	shìr	〔名〕	business, work, engagement	4
	事情	shìqing	〔名〕	matter, business	20
	试	shì	〔动〕	to try on, to try	12
	…室	…shì	〔名〕	room, section	15
	市	shì	〔名〕	city, municipality	30
shōu	收	shōu	〔动〕	to accept, to keep	28
	收获	shōuhuò	〔名、动〕	results, yield; to harvest	20
	收拾	shōushi	〔动〕	to pack, to tidy up	34
	收音机	shōuyīnjī	〔名〕	radio	19
shǒu	手	shǒu	〔名〕	hand	29
	手套	shǒutào	〔名〕	gloves, mittens	29
	手提包	shǒutíbāo	〔名〕	handbag	24
	手续	shǒuxù	〔名〕	procedure, formalities	35
	手艺	shǒuyì	〔名〕	skill	27
	首先	shǒuxiān	〔副、名〕	first; beginning	30
shòu	售货员	shòuhuòyuán	〔名〕	shop assistant	11
shū	书	shū	〔名〕	book	19
	书店	shūdiàn	〔名〕	book store	21
	舒服	shūfu	〔形〕	well, comfortable	15
	叔叔	shūshu	〔名〕	uncle	25
shú	熟悉	shúxi	〔形〕	familiar	25
	熟练	shúliàn	〔形〕	skilled, skilful	23
shù	树	shù	〔名〕	tree	16
shuāng	双方	shuāngfāng	〔名〕	both sides	20
shuí	谁	shuí, shéi	〔代〕	who, whom	3
shuì	睡	shuì	〔动〕	to go to bed, to sleep	28
shùn	顺	shùn	〔介〕	along	26
	顺便	shùnbiàn	〔副〕	on the way, in passing	34
shuō	说	shuō	〔动〕	to speak	10
	说不定	shuō bu dìng		perhaps, probably	29
	说话	shuō huà		to talk	23
	说曹操，曹操就到			Talking of the devil and the	
	shuō Cáo Cāo, Cáo Cāo jiù dào			devil comes.	19
sī	司机	sījī	〔名〕	driver	13
sì	四	sì	〔数〕	four	7
sòng	送	sòng	〔动〕	to send, to take, to present, to see off	10
	送行	sòng xíng		to see (somebody)...off	24

414

suí	随时	suíshí	〔副〕	anytime	35
suì	岁	suì	〔名〕	year (of age)	17
sūn	孙子	sūnzi	〔名〕	grandson	17
suǒ	所以	suǒyǐ	〔连〕	so, therefore	34

T

tā	他	tā	〔代〕	he, him	3
	他们	tāmen	〔代〕	they, them	18
	她	tā	〔代〕	she, her	4
	他们	tāmen	〔代〕	they, them	21
tài	太	tài	〔副〕	too, too much	12
	太太	tàitai	〔名〕	wife, Mrs., madam	2
	太阳	tàiyang	〔名〕	sun	16
tán	谈	tán	〔动〕	to talk	19
	谈话	tán huà		to talk, to speak	19
	谈判	tánpàn	〔动〕	to negotiate	20
tàn	探亲	tàn qīn		to visit relatives	25
tāng	汤	tāng	〔名〕	soup	14
táng	糖	táng	〔名〕	sugar, sweets, candies	14
tào	套	tào	〔量〕	a measure word for radio or TV program	32
tè	特快	tèkuài	〔名〕	special express train	21
	特意	tèyì	〔副〕	specially	27
téng	疼	téng	〔动〕	to ache, to have a pain	15
tí	提	tí	〔动〕	to lift, to raise	35
	题目	tímù	〔名〕	topic, subject	33
tǐ	体温	tǐwēn	〔名〕	body temperature	15
tiān	天	tiān	〔名〕	day, sky	8
	天气	tiānqì	〔名〕	weather	16
	天线	tiānxiàn	〔名〕	aerial	32
	添	tiān	〔动〕	to add	24
tián	填	tián	〔动〕	to fill (in)	7
tiáo	条	tiáo	〔量〕	a measure word for something elongated in shape	26
	调	tiáo	〔动〕	to adjust	32
tiǎo	调皮鬼	tiǎopíguǐ	〔名〕	naughty or mischievous person	29
tīng	听	tīng	〔动〕	to listen, to hear	13
	听说	tīng shuō		to hear, to be told	14
	听见	tīng jiàn		to hear	25

tíng	停	tíng	〔动〕	to stop	9
tōng	通	tōng	〔动〕	to be through, to lead to	25
tóng	同行	tóngháng	〔名〕	someone of the same trade or profession	31
	同志	tóngzhì	〔名〕	comrade	19
tǒng	筒	tǒng	〔量〕	can, tin	11
tóu	头	tóu	〔名〕	head	15
tú	图象	túxiàng	〔名〕	picture	32
tuō	托运	tuōyùn	〔动〕	to check luggage, to send by freight	34

W

wài	外	wài	〔名〕	outside	19
	外币	wàibì	〔名〕	foreign currency	7
	外边儿	wàibiānr		open air, outside, outdoors	19
	外国	wàiguó	〔名〕	foreign country (ies)	11
wán	完	wán	〔动〕	to finish, to end	19
wǎn	晚	wǎn	〔形〕	late	9
	晚上	wǎnshàng	〔名〕	evening, night	4
	碗	wǎn	〔名、量〕	bowl	14
wǎng	往	wǎng	〔动〕	to go	22
wàng	往	wàng	〔介〕	toward	26
	忘	wàng	〔动〕	to forget	27
wánr	玩儿	wánr	〔动〕	to play, to enjoy oneself	17
wéi	围	wéi	〔动〕	to wrap, to surround	29
	围巾	wéijīn	〔名〕	scarf, muffler	29
wěi	伟大	wěidà	〔形〕	great	22
wèi	喂	wèi	〔叹〕	hello	10
	位	wèi	〔量〕	a measure word used respectfully for people	11
	为	wèi	〔介〕	for	21
	为什么	wèi shénme		why	25
	味道	wèidào	〔名〕	taste, flavor	23
wēn	温泉	wēnquán	〔名〕	hot spring	33
wén	文化	wénhuà	〔名〕	culture	31
wèn	问	wèn	〔动〕	to ask, to inquire	11
	问好	wèn hǎo		to send regards, to ask after	24
	问题	wèntí	〔名〕	problem, question	13
wǒ	我	wǒ	〔代〕	I, me	1

	我们	wǒmen	〔代〕	we, us	8
wú	无论	wúlùn	〔连〕	no matter	33
wǔ	五	wǔ	〔数〕	five	5
	舞蹈	wǔdǎo	〔名〕	dance	27
	舞剧	wǔjù	〔名〕	dance drama, ballet	33

X

xī	希望	xīwàng	〔动〕	to wish, to hope	24
xǐ	洗	xǐ	〔动〕	to wash	34
	洗澡	xǐ zǎo		to bathe, to take a bath	33
	喜欢	xǐhuan	〔动〕	to like	23
xì	系	xì	〔名〕	department	31
xiā	虾	xiā	〔名〕	prawn, shrimp	14
xià	下	xià	〔名〕	next, lower, below, under	8
	下（雨、雪）	xià (yǔ, xuě)	〔动〕	to fall (rain , snow)	16
	下	xià	〔动〕	to get off, to disembark	18
	下班	xià bān		to come or go off work	27
	下边儿	xiàbiānr	〔名〕	underneath, below	26
	下来	xiàlai		to come down	22
	下去	xiàqu		to go down	22
	下午	xiàwǔ	〔名〕	afternoon	8
	夏天	xiàtiān	〔名〕	summer	16
xiān	先	xiān	〔副〕	firstly, before hand	15
	先生	xiānsheng	〔名〕	Mr., sir, gentleman	1
xiàn	县	xiàn	〔名〕	county	30
	现在	xiànzài	〔名〕	present, now	9
xiāng	相会	xiānghuì	〔动〕	to meet, to come together	23
	相见时难别亦难			difficult to meet, difficult to part	24
	xiāngjiàn shí nán bié yì nán				
	相信	xiāngxìn	〔动〕	to believe	29
	相遇	xiāngyù	〔动〕	to meet	21
	箱子	xiāngzi	〔名〕	suitcase, trunk	34
xiáng	详细	xiángxì	〔形〕	in detail, detailed	32
xiǎng	想	xiǎng	〔助动、动〕	to want, to intend, to think	14
xiàng	像	xiàng	〔动〕	to look like, to resemble	17
	向	xiàng	〔介〕	to, towards	20
xiāo	消息	xiāoxi	〔名〕	news	32

xiǎo	小	xiǎo	〔头、形〕	little, small, young (used before family names of young people one knows well)	11
	小姐	xiǎojie	〔名〕	Miss	1
	小卖部	xiǎomàibù	〔名〕	small shops at railway stations or hotels, as different to regular shops	11
	小朋友	xiǎopéngyou	〔名〕	little friend, (children), (a polite way to address a child or children one does not know)	17
	小时	xiǎoshí	〔名〕	hour	13
	小学	xiǎoxué	〔名〕	elementary school	17
xiào	笑	xiào	〔动〕	to laugh, to smile	29
xiē	些	xiē	〔量〕	some, a little (indicating a certain quantity or degree)	14
xiě	写	xiě	〔动〕	to write	8
	写法	xiěfǎ	〔名〕	the way to write	30
xiè	谢谢	xièxie	〔动〕	to thank	1
xīn	新	xīn	〔形〕	new, recent	11
	新闻	xīnwén	〔名〕	news	32
	心里	xīnlǐ	〔名〕	heart, bottom of the heart	35
xìn	信	xìn	〔名〕	letter	5
	信封	xìnfēng	〔名〕	envelope	5
xīng	星期	xīngqī	〔名〕	week	8
	星期一	xīngqīyī	〔名〕	Monday	8
	星期二	xīngqī'èr	〔名〕	Tuesday	8
	星期三	xīngqīsān	〔名〕	Wednesday	8
	星期四	xīngqīsì	〔名〕	Thursday	8
	星期五	xīngqīwǔ	〔名〕	Friday	8
	星期六	xīngqīliù	〔名〕	Saturday	8
	星期几	xīngqījǐ		what day (of the week)	8
	星期天（日）	xīngqītiān (rì)	〔名〕	Sunday	8
xíng	行	xíng	〔形〕	all right, O.K., capable	11
	行李	xíngli	〔名〕	luggage, baggage	24
	行李牌儿	xínglǐpáir	〔名〕	luggage tag	35
	型	xíng	〔名〕	scale, model	33
xìng	姓	xìng	〔动、名〕	one's family name is...; family name	31
	姓名	xìngmíng	〔名〕	full name	25
	幸福	xìngfú	〔形〕	happy	27
	兴趣	xìngqù	〔名〕	interest	31
xióng	雄伟	xióngwěi	〔形〕	magnificent	22

418

xiū	休息	xiūxi	〔动〕	to rest	15
xū	需要	xūyào	〔动、名〕	to need; need	24
xǔ	许多	xǔduō	〔形〕	many, a lot of	20
xuē	靴子	xuēzi	〔名〕	boots	29
xué	学	xué	〔动〕	to learn	28
	学生	xuésheng	〔名〕	student, pupil	28
	学习	xuéxí	〔动、名〕	to learn; study	28
	学校	xuéxiào	〔名〕	school	33
xuě	雪	xuě	〔名〕	snow	16

Y

yā	鸭（子）	yā (zi)	〔名〕	duck	23
yán	研究	yánjiū	〔动、名〕	to study; research	21
	颜色	yánsè	〔名〕	color	12
yǎn	演	yǎn	〔动〕	to perform, to put on a show	10
	演员	yǎnyuán	〔名〕	actor, actress	27
	眼镜	yǎnjīng	〔名〕	glasses, spectacles	34
	眼睛	yǎnjing	〔名〕	eyes	29
yàn	宴请	yànqǐng	〔动〕	to host a dinner party, to give a banquet	23
yàng	样子	yàngzi	〔名〕	style, look, model	12
yào	要	yào	〔动〕	to want, to need, to ask	6
	要	yào	〔助动〕	will, would	8
	要…了	yào...le		to be going to (an adverb to indicate sth. about to happen)	19
	要	yào	〔动〕	to ask somebody to do something	20
	药	yào	〔名〕	medicine	15
	药方	yàofāng	〔名〕	prescription	15
	药房	yàofáng	〔名〕	dispensary, pharmacy, drugstore	15
yé	爷爷	yéye	〔名〕	grandpa	17
yě	也	yě	〔副〕	too, also	4
	也就是说	yě jiù shì shuō		that is to say	30
yèr	叶儿	yèr	〔名〕	leaf	16
yī	一	yī	〔数〕	one	3
	衣服	yīfu	〔名〕	clothes, clothing	19
	衣柜	yīguì	〔名〕	wardrobe	27
	医生	yīshēng	〔名〕	doctor	15
	医学	yīxué	〔名〕	medical science	19

	医院	yīyuàn	〔名〕	hospital	27
yí	一定	yídìng	〔副、形〕	surely, definitely; sure, definite, beautiful	16
	一共	yígòng	〔副〕	altogether, in all	6
	一会儿	yíhuìr	〔名〕	a moment, a little bit later	11
	一路	yílù	〔名〕	the whole journey, all the way	20
	一路顺风	yílùshùnfēng		bon voyage, a pleasant trip	24
	一切	yíqiè	〔代〕	all, everything	33
	一下儿	yíxiàr	〔量〕	a measure word for verbs, also used to indicate the action as being short or informal	2
	一样	yíyàng	〔形〕	same	30
yǐ	乙	yǐ	〔名〕	B	26
	以后	yǐhòu	〔名〕	after	13
	以前	yǐqián	〔名〕	former times, before	33
	以外	yǐwài	〔名〕	apart from	28
	已经	yǐjīng	〔副〕	already	19
	椅子	yǐzi	〔名〕	chair	27
yì	一边…一边…	yìbiān…yìbiān…		at the same time, …while…	23
	一点儿	yìdiǎnr	〔量〕	a bit, a little	4
	一家	yìjiā	〔名〕	family	23
	一起	yìqǐ	〔副、名〕	together; being together	21
	一些	yìxiē	〔量〕	some, several	21
	一直	yìzhí	〔副〕	ever, all along	18
	意见	yìjiàn	〔名〕	opinion	35
	意思	yìsi	〔名〕	meaning	23
yīn	阴	yīn	〔形〕	cloudy, overcast	16
	因为	yīnwèi	〔连〕	because	25
	音乐	yīnyuè	〔名〕	music	32
yīng	英镑	yīngbàng	〔名〕	English pound	7
	英文	Yīngwén	〔名〕	English	30
	英语	Yīngyǔ	〔名〕	the English language	28
	应该	yīnggāi	〔助动〕	should, ought to	22
yíng	营业员	yíngyèyuán	〔名〕	clerk	6
yòng	用	yòng	〔动〕	to use	23
yóu	邮局	yóujú	〔名〕	post office	5
	邮票	yóupiào	〔名〕	stamp	5
	游览	yóulǎn	〔动〕	to tour, to go sightseeing	16
yǒu	有	yǒu	〔动〕	to have, there is (are)	4
	有的	yǒude	〔代〕	some	25

	有点儿	yǒudiǎnr		somewhat, a little bit	15
	有时候	yǒu shíhòu		sometimes, occasionally	16
	有意思	yǒu yìsi		interesting, meaningful	18
	友谊	yǒuyí	〔名〕	friendship	23
yòu	又	yòu	〔副〕	again	24
	右	yòu	〔名〕	right	26
yú	鱼	yú	〔名〕	fish	14
	愉快	yúkuài	〔形〕	happy, enjoyable	22
yǔ	雨	yǔ	〔名〕	rain	16
	语调	yǔdiào	〔名〕	intonation	28
	语法	yǔfǎ	〔名〕	grammar	28
	语言	yǔyán	〔名〕	language	28
	语音	yǔyīn	〔名〕	pronunciation, phonetics	28
yù	预报	yùbào	〔名、动〕	forecast	16
	遇见	yù jiàn		to meet, to come upon	21
yuan	元	yuán	〔量〕	yuan, a unit of Chinese currency	6
	元旦	yuándàn	〔名〕	New Year's Day	27
	原谅	yuánliàng	〔动〕	to excuse, to forgive	35
yuǎn	远	yuǎn	〔形〕	far, distant	24

远在天边，近在眼前

yuǎn zài tiānbiān, jìn zài yǎnqián   If you look far it is ten thousand miles away, and if you look near, it is right in front of you.   29

yuàn	愿望	yuànwàng	〔名〕	wish	35
	愿意	yuànyì	〔助动〕	to be willing	28
yuè	月	yuè	〔名〕	month	8

Z

zá	杂技	zájì	〔名〕	acrobatics	4
	杂志	zázhì	〔名〕	magazine, journal	19
zài	在	zài	〔动〕	to be (is, are...), to be situated	3
	在	zài	〔介〕	at, in	10
	在	zài	〔副〕	an adverb indicating sth. is in progress	19
	再	zài	〔副〕	too, also, in addition to	5
	再见	zàijiàn		good-bye, see you again	1
zán	咱们	zánmen	〔代〕	we, us (inclusive first person)	8
zāo	糟糕	zāogāo	〔形〕	awful, too bad	9

zǎo	早	zǎo	〔形〕	early		24
	早晨	zǎochen	〔名〕	morning		11
	早饭	zǎofàn	〔名〕	breakfast		20
	早上	zǎoshang	〔名〕	morning		28
zěn	怎么	zěnme	〔代〕	why, how, what		21
	怎么办	zěnme bàn		how to do, what to do		21
	怎么了	zěnmele		What is wrong? What is the matter?		29
	怎么样〔代〕	zěnmeyàng		how		12
	怎样	zěnyàng	〔代〕	how		30
zhá	炸	zhá	〔动〕	to fry		14
zhàn	站	zhàn	〔名〕	station, stop		27
	站	zhàn	〔动〕	to stand		29
zhāng	张	zhāng	〔量〕	a measure word (piece, sheet)		5
	张开	zhāng kāi		to open		15
zhǎng	长	zhǎng	〔动〕	to grow		29
zhāo	招	zhāo	〔动〕	to attract		28
	招待	zhāodài	〔动〕	to entertain		27
	招手	zhāo shǒu		to wave		29
zhǎo	找	zhǎo	〔动〕	to look for, to look up		3
	找	zhǎo	〔动〕	to give change		6
zhào	照	zhào	〔动〕	to take (a picture)		34
	照片	zhàopiān	〔名〕	picture, snapshot		34
	照相	zhào xiàng		to take pictures		34
	照相机	zhàoxiàngjī	〔名〕	camera		35
zhè	这	zhè	〔代〕	this		2
	这不	zhèbu		(used to call attention to something that is obvious)		19
	这么	zhème	〔代〕	so, such		20
	这些	zhèxiē	〔代〕	these		14
	这样	zhèyàng	〔代〕	this, such		11
zhe	着	zhe	〔助〕	a particle placed after verbs to show continuation of an action or state		29
zhēn	针	zhēn	〔名〕	syringe, needle		15
	真	zhēn	〔形〕	true, real		16
	真的	zhēnde	〔副〕	really		35
zhēng	争取	zhēngqǔ	〔动〕	to try, to manage		24
zhèng	正	zhèng	〔副〕	just, exactly (indicating an action in progress)		18
	正面	zhèngmiàn	〔名〕	front		30
	正在	zhèngzài	〔副〕	in the process of, in the middle of		19

	政治	zhèngzhì	〔名〕	politics	31
zhèr	这儿	zhèr	〔代〕	here	11
zhī	支	zhī	〔量〕	a measure word for cylindrical objects or songs or army units	11
	知道	zhīdao	〔动〕	to know	23
	…之间	…zhījiān		between, among	25
zhí	值得	zhíde	〔动〕	to be worth	23
	直接	zhíjiē	〔形〕	direct, straight	24
	侄子	zhízi	〔名〕	nephew	21
zhǐ	只	zhǐ	〔副〕	only	24
	只要	zhǐyào	〔连〕	if only, so long as	24
zhōng	中国话	Zhōngguó huà	〔名〕	oral Chinese	13
	中间儿	zhōngjiànr	〔名〕	middle	30
	中文	Zhōngwén	〔名〕	Chinese	30
	中午	zhōngwǔ	〔名〕	noon	27
	中西结合	Zhōng Xī jiéhé		combination of things Chinese and Western	23
	中心	zhōngxīn	〔名〕	center	31
	中学	zhōngxué	〔名〕	high school	27
	衷心	zhōngxīn	〔形〕	heartfelt	35
zhǒng	种	zhǒng	〔量〕	kind, sort	11
zhòng	重要	zhòngyào	〔形〕	important	20
zhǔ	主要	zhǔyào	〔形〕	main	31
zhù	住	zhù	〔动〕	to live, to stay	3
	祝	zhù	〔动〕	to wish, to congratulate	20
	助教	zhùjiào	〔名〕	teaching assistant	31
	注射	zhùshè	〔动〕	to inject	15
	注意	zhùyì	〔动〕	to note, to be sure of, to heed	15
zhuàn	转	zhuàn	〔动〕	to turn, to change	16
zhǔn	准	zhǔn	〔形〕	sure, certain	29
	准备	zhǔnbèi	〔动、名〕	to prepare, to get ready; preparation	20
zhuō	桌子	zhuōzi	〔名〕	table	11
zì	自己	zìjǐ	〔代〕	self	28
	自然	zìrán	〔形、名、副〕	natural; nature; naturally	27
zǒu	走	zǒu	〔动〕	to go, to leave, to walk	9
	走路	zǒu lù		to walk	26
zǔ	祖国	zǔguó	〔名〕	motherland	35
zuǐ	嘴	zuǐ	〔名〕	mouth	15
zuì	最	zuì	〔副〕	most	16

	最后	zuìhòu	〔名〕	last	30
zuó	昨天	zuótiān	〔名〕	yesterday	11
zuǒ	左	zuǒ	〔名〕	left	30
	左右	zuǒyòu	〔名〕	a noun indicating an approximate number, (quantity), around, about	34
zuò	坐	zuò	〔动〕	to sit	2
	作	zuò	〔动〕	to do; to work	21
	做	zuò	〔动〕	to do, to make	22

专 名 Proper Nouns

A

Lesson

ài	艾琳	Àilín	Irene	2

B

bǎi	百货大楼	Bǎihuò Dàlóu	well-known department store in Beijing	34
běi	北海	Běihǎi	a park in Beijing	18
	北京	Běijīng	Beijing (Peking)	16
	北京饭店	Běijīng Fàndiàn	Beijing Hotel	10
bǐ	比利·威尔逊	Bǐlì Wēi'ěrxùn	Bailey Wilson	11

C

chá	《茶馆》	《Cháguǎn》	"The Tea House" (a play by Lao She, a major contemporary Chinese play-wright)	32
cháng	长城	Chángchéng	the Great Wall	4
chén	陈	Chén	a common Chinese family name	1
	陈明山	Chén Míngshān	a name	1

D

dà	《大闹天宫》《Dà Nào Tiāngōng》	"The Monkey King Creates Havoc in Heaven"	10
	大伟	Dàwěi	David	2
dīng	丁淑琴	Dīng Shūqín	a name	16

G

gù	故宫	Gùgōng	the Imperial Palace (the Forbidden City or the Palace Museum)	4
guǎng	《广播电视节目报》		*Radio and TV Guide*	32
	《Guǎngbō Diànshì Jiémù Bào》			
guō	郭	Guō	a Chinese family name common	28
	郭玉珍	Guō Yùzhēn	a name	28
guó	国际机场	Běijīng Guójì Jīchǎng	Beijing International Airport	13

H

hàn	《汉英词典》《Hàn Yīng Cídiǎn》		*The Chinese-English Dictionary*	21
hé	和平新村	Hépíng Xīn Cūn	New Peace Village (a residential area in Xian)	26
hēng	亨利	Hēnglì	Henry	4
huá	华清池	Huáqīngchí	Huaqing Spring, a place in Xian famous for its hot springs	33

L

lǐ	李	Lǐ	a common Chinese family name	2
	《李时珍》	《Lǐ Shízhēn》	title of a film after the name of an ancient Chinese pharmacist	9
	李文汉	Lǐ Wénhàn	a name	2
lì	莉莉	Lìli	Lily	2
	历史博物馆	Lìshǐ Bówùguǎn	The Historical Museum	33
lín	林	Lín	a common Chinese family name	31
	林小东	Lín Xiǎodōng	a name	31
liú	刘	Liú	a common Chinese family name	11

| | 琉璃厂 | Liúlíchǎng | a famous street in Beijing for selling Chinese paintings, calligraphy, stationeries and antiques | 20 |
| lǚ | 旅游局 | Lǚyóujú | the Tourist Bureau | 1 |

M

| měi | 美国 | Měiguó | the United States | 3 |

Q

| qián | 乾陵博物馆 Qián Líng Bówùguǎn | | Qian Ling Museum (one of the museums in Xian) | 31 |
| quán | 全聚德烤鸭店 Quánjùdé Kǎoyā Diàn | | *Quan Ju De Roast Duck Restaurant* (the best known Beijing duck restaurant in Beijing) | 23 |

R

| rén | 人民剧场 | RénmínJùchǎng | People's Theater | 10 |

S

| shàng | 上海 | Shànghǎi | Shanghai | 34 |
| sī | 《丝路花雨》 | 《Sī Lù Huā Yǔ》 | "Tales of the Silk Route" | 33 |

T

táng	唐	Táng	Tang, an early dynasty in the history of China between 618 and 907 A.D.	31
	唐代绘画展览 Tángdài Huìhuà Zhǎnlǎn		Exhibition of Paintings of the Tang Dynasty	20
tiān	天安门	Tiān'ānmén	Tiananmen, the main gate of the Imperial Palace, situated in the centre of Beijing	34
	天坛	Tiāntán	Temple of Heaven, a park in Beijing	18

W

wáng	王	Wáng	a common Chinese family name	1
	王芳	Wáng Fāng	a woman's name	1
	王府井百货大楼		Wangfujing Department store, the well-	
		Wángfǔjǐng Bǎihuò Dàlóu	known department store in Beijing	34

X

xī	西安	Xī'ān	Xian, capital of Shaanxi Province in the north-west of China.	8
	西安大学	Xī'ān Dàxué	Xian University	31
	西方	Xīfāng	the West	23
xiāng	香港	Xiānggǎng	Hong Kong	17
	香山	Xiāngshān	Fragrant Hills (one of Beijing's scenic spots, known for its crimson maple leaves in autumn)	16
xiǎo	小江	Xiǎojiāng	a given name	17

Y

yān	燕山中学	Yànshān Zhōngxué	name of a middle school	18
yí	颐和园	Yíhéyuán	Summer Palace, a park in Beijing	18
yīng	"英雄"	Yīngxióng	Hero (here, a brand name of Chinese pens)	11
yǒu	友谊商店	Yǒuyì Shāngdiàn	Friendship Store	19
yù	玉珍	Yùzhēn	a name	27
yuē	约翰·史密斯	Yuēhàn Shǐmìsī	John Smith	3

Z

zhāng	张	Zhāng	a common Chinese family name	27
	张新	Zhāng Xīn	a name	27
zhèng	郑州	Zhèngzhōu	Zhengzhou, capital of Henan Province in central China	33
zhōng	中国	Zhōngguó	China	9
	《中国画报》	《Zhōngguó Huàbào》	*China Pictorial*	5

427

	中华人民共和国 Zhōnghuá Rénmín Gònghéguó		The People's Republic of China		30
	中山公园	Zhōngshān Gōngyuán	a park named after Dr. Sun Yat-sen in Beijing		18
	中央台	Zhōngyāngtái	Central (Radio or TV) Station		32
	钟楼	Zhōnglóu	the Bell Tower		

补充词汇表
Supplementary Vocabulary

	A				**Lesson**
ā	阿姨	āyí	〔名〕	auntie	17
á	啊	á	〔叹〕	exclamation of doubt	2
a	啊	a	〔助〕	ah, oh	2
ài	爱动	ài dòng		active (physically)	33
ān	安排	ānpái	〔动〕	to arrange	4
	安全带	ānquándài	〔名〕	safety belt	35
àn	岸	àn	〔名〕	shore	31

	B				
bǎ	把	bǎ	〔量〕	a measure word	5
bái	白	bái	〔形〕	white	29
	白酒	báijiǔ	〔名〕	spirits (alcohol)	14
	白天	báitiān	〔名〕	day (time)	16
	白血球	báixuèqiú	〔名〕	white blood cell	15
bān	班门弄斧	bānménnòngfǔ		to display one's slight skill before an expert	25
bàn	办	bàn	〔动〕	to go through	24
bāo	包裹单	bāoguǒdān	〔名〕	parcel invoice	6

bǎo	保险	bǎoxiǎn	〔形、名〕	safe; security	24
bào	报	bào	〔名〕	newspaper	5
	报告	bàogào	〔动、名〕	to report; report	19
bēi	杯	bēi	〔量〕	cup, glass	23
bǐ	比赛	bǐsài	〔动、名〕	to compete; match	19
biàn	变	biàn	〔动〕	to change	16
bù	布	bù	〔名〕	cloth	12
	不敢当	bù gǎndāng		not at all (literally, I don't deserve it.)	25
	不如	bùrú	〔动〕	not as good as, not as well as	23

C

chā	插	chā	〔动〕	to plug	32
chǎn	铲	chǎn	〔动〕	to lift	23
cháng	长短儿	chángduǎnr	〔名〕	length	12
	长途	chángtú	〔名〕	long distance	22
chǎo	炒	chǎo	〔动〕	to stir and fry	33
chī	吃	chī	〔动〕	to eat	9
chǐ	尺	chǐ	〔量〕	a measure word	12
chū	出差	chū chāi		to be sent out on business	28
	出发	chūfā	〔动〕	to start off	21
chǔ	处理	chǔlǐ	〔动〕	to handle	11
chuán	船	chuán	〔名〕	boat	31
chuāng	窗户	chuānghu	〔名〕	window	35
chuáng	床	chuáng	〔名〕	bed	5
cí	磁带（盘）	cídài (pán)	〔名〕	magnetic tape	33
cōng	聪明	cōngming	〔形〕	intelligent, clever	17
cún	存	cún	〔动〕	to deposit	7
	存折	cúnzhé	〔名〕	bank-book	7
cuò	错	cuò	〔形〕	wrong	26

D

dǎ	打开	dǎkāi		to open	30
	打球	dǎ qiú		to play ball games	9
	打伞	dǎ sǎn		to hold an umbrella	29
	打听	dǎting	〔动〕	to ask, to find out	26
dà	大概	dàgài	〔副〕	about	6

	大人	dàren	〔名〕	grown-up	22
	大小儿	dàxiǎor	〔名〕	size	12
dān	耽误	dānwu	〔动〕	to take up (one's time)	25
dāng	当然	dāngrán	〔形、副〕	certain, certainly	13
dé	得	dé	〔动〕	to be ready	12
dēng	灯	dēng	〔名〕	light	32
dì	地铁	dìtiě	〔名〕	underground railway, subway	23
diǎn	点（菜）	diǎn (cài)	〔动〕	to order (dishes)	20
diàn	电报	diànbào	〔名〕	telegram, cable	10
	电报纸	diànbàozhǐ	〔名〕	telegram form	10
diào	掉	diào	〔动〕	to fall	16
dīng	盯	dīng	〔动〕	to stare	29
dìng	定期	dìngqī	〔名〕	time (deposit), fixed (deposit)	7
diū	丢	diū	〔动〕	to lose	24
dú	读	dú	〔动〕	to read	33
dù	肚子	dùzi	〔名〕	stomach	15
duān	端	duān	〔动〕	to take, to hold	23
duì	对面	duìmiàn	〔名〕	opposite side	26

E

ér	儿媳妇	érxífu	〔名〕	daughter-in-law (son's wife)	22
ěr	耳塞子	ěrsāizi	〔名〕	earphones	32

F

fǎ	法郎	fǎláng	〔名〕	franc	7
fān	翻译	fānyì	〔动、名〕	to translate; translation	21
fǎn	反	fǎn	〔形〕	the other way round	26
fàn	饭店	fàndiàn	〔名〕	restaurant, hotel	3
fāng	方便	fāngbiàn	〔形〕	convenient	23
	方向	fāngxiàng	〔名〕	direction	26
fáng	房租	fángzū	〔名〕	rent	22
féi	肥	féi	〔形〕	loose	12
	肥瘦儿	féishòur	〔名〕	width	12
fēn	分钟	fēnzhōng	〔名〕	minute	19
fú	幅	fú	〔量〕	a measure word for pictures and paintings	30

| | 福 | fú | 〔名〕 | happiness, luck | 35 |
| fù | 副 | fù | 〔量〕 | a measure word (pair) | 11 |

G

gǎi	改	gǎi	〔动〕	to make changes	30
gāng	刚	gāng	〔副〕	just	19
gāo	高	gāo	〔形〕	high	15
	高尔夫球	gāo'ěrfūqiú	〔名〕	golf	28
gào	告别	gàobié	〔动〕	to say good-bye	19
gē	歌剧	gējù	〔名〕	opera	10
gè	各	gè	〔代〕	every	27
	个子	gèzi	〔名〕	height	28
gēn	跟	gēn	〔介〕	with	13
gōng	工资	gōngzī	〔名〕	wage, pay	22
	公费医疗	gōngfèi yīliáo		free medical care	22
	恭敬不如从命			the best way to show respect	
		gōngjìng bùrú cóngmìng		is to obey	27
gǒu	狗	gǒu	〔名〕	dog	18
gòu	够	gòu	〔形〕	enough	12
	够用	gòu yòng		enough (for a purpose)	22
gǔ	谷	gǔ	〔名〕	grain	35
gù	顾客	gùkè	〔名〕	customer	6
guà	挂	guà	〔动〕	to hang	35
guāi	乖	guāi	〔形〕	well-behaved	17
guàn	罐头	guàntou	〔名〕	canned food(s)	34
guǎng	广播	guǎngbō	〔动、名〕	to broadcast; broadcast	19
guì	柜子	guìzi	〔名〕	wardrobe	32
guó	国家	guójiā	〔名〕	country, nation	16
guò	过去	guòqù	〔名〕	the past	33

H

hā	哈	hā	〔象声〕	ha (laughing sound)	2
hǎn	喊	hǎn	〔动〕	to shout	29
hàn	汉语	Hànyǔ	〔名〕	Chinese	23
hǎo	好吃	hǎochī	〔形〕	delicious	32
	好听	hǎotīng	〔形〕	pleasant to the ear	33

	好玩儿	hǎowánr	〔形〕	enjoyable	18
hēi	黑	hēi	〔形〕	black	30
hóng	红	hóng	〔形〕	red	11
hòu	后天	hòutiān	〔名〕	the day after tomorrow	8
huā	花生米	huāshēngmǐ	〔名〕	peanut	14
huá	划（船）	huá (chuán)	〔动〕	to row	31
huà	画	huà	〔动〕	to draw, to paint	30
	话剧	huàjù	〔名〕	play	10
	画儿	huàr	〔名〕	drawing, painting	30
	画展	huàzhǎn	〔名〕	exhibition of paintings	4
huáng	黄瓜	huángguā	〔名〕	cucumber	14
huí	回	huí	〔动〕	to come back, to return	8
huó	活期	huóqī	〔名〕	demand (deposit)	7
huǒ	火车	huǒchē	〔名〕	train	20

J

jì	系	jì	〔动〕	to tie	35
	寄	jì	〔动〕	to post, to mail	
	记性	jìxing	〔名〕	memory	17
jiā	夹	jiā	〔动〕	to pick up	23
	家乡	jiāxiāng	〔名〕	native place	16
jiàng	酱肉	jiàngròu	〔名〕	cooked meat seasoned in soy sauce	14
jiāo	教书	jiāo shū		to teach	31
	交流	jiāoliú	〔动〕	to exchange	25
	胶卷	jiāojuǎn	〔名〕	film	20
jiǎo	饺子	jiǎozi	〔名〕	dumpling	14
jiào	教育	jiàoyù	〔名、动〕	education; to educate	31
jiē	接	jiē	〔动〕	to take, to receive	21
jié	节目	jiémù	〔名〕	program	18
jiě	解答	jiědá	〔动〕	to answer	25
jiè	借	jiè	〔动〕	to borrow, to lend	20
jīn	金	jīn	〔名〕	gold	30
	斤	jīn	〔量〕	jin (equal to ½ kilo)	34
	金笔	jīnbǐ	〔名〕	gold-tipped pen	11
	今年	jīnnián	〔名〕	this year	17
jìn	进行	jìnxíng	〔动〕	to proceed	25
jiǔ	酒	jiǔ	〔名〕	alcoholic drink	13

| jǔ | 举 | jǔ | 〔动〕 | to hold up | 32 |
| jù | 句 | jù | 〔名、量〕 | sentence, a measure word | 17 |

K

kā	咖啡	kāfēi	〔名〕	coffee	2
kāi	开(车)	kāi (chē)	〔动〕	(a vehicle) to start	19
	开会	kāi huì		to hold a meeting or conference	34
	开球	kāiqiú		to serve the ball	19
	开始	kāishǐ	〔动〕	to begin	15
	开玩笑	kái wánxiào		to make jokes	21
kàn	看够	kàn gòu		to see enough of	18
kě	可不是	kěbushì		exactly, indeed	16
kè	客人	kèrén	〔名〕	guest	19
kōng	空气	kōngqì	〔名〕	air	17
kòngr	空儿	kòngr	〔名〕	spare time	28
kǒu	口	kǒu	〔量〕	a measure word	22
	口袋	kǒudài	〔名〕	pocket	24
	口音	kǒuyīn	〔名〕	accent	17
kù	裤子	kùzi	〔名〕	trousers	12
kuài	块	kuài	〔量〕	a measure word (lump, piece, etc.)	11
kuǎn	款	kuǎn	〔名〕	deposit	7

L

lā	拉	lā	〔动〕	to pull	29
lán	篮球	lánqiú	〔名〕	basketball	28
lǎo	老大爷	lǎodàye	〔名〕	grandpa (polite way to address elderly men)	17
lǐ	里	lǐ	〔量〕	li (equal to ½ km)	34
lì	历史学家	lìshǐxuéjiā	〔名〕	historian	25
liǎ	俩	liǎ	〔数量〕	two	29
liàn	练	liàn	〔动〕	to practice	27
liè	列车	lièchē	〔名〕	train	19
lǔ	旅客	lǚkè	〔名〕	passenger	19
	旅行	lǚxíng	〔动、名〕	to travel; travel	24
lù	路	lù	〔量〕	a measure word	26

M

mǎ	马克	mǎkè	〔名〕	mark	7
	马路	mǎlù	〔名〕	street, road	26
	马戏	mǎxì	〔名〕	circus	18
mài	卖	mài	〔动〕	to sell	6
mǎn	满	mǎn	〔形〕	full	27
máng	忙	máng	〔形〕	busy	20
máo	毛病	máobing	〔名〕	trouble	32
méi	没错儿	méi cuòr		exactly	7
	没什么	méi shénme		you are welcome, don't mention it	7
mén	门口儿	ménkǒur	〔名〕	doorway	29
mǐ	米	mǐ	〔量〕	meter	28
miàn	面包	miànbāo	〔名〕	bread	14
	面前	miànqián	〔名〕	before, in front of	25
	面条儿	miàntiáor	〔名〕	noodles	14
míng	名贵	míngguì	〔形〕	valuable	27

N

ná	拿	ná	〔动〕	to bring	22
nà	那么	nàme	〔连〕	then	1
	那儿	nàr	〔代〕	there	4
nǎi	奶奶	nǎinai	〔名〕	grandma	2
	难看	nánkàn	〔形〕	ugly	30
néng	能力	nénglì	〔名〕	ability	31
niú	牛奶	niúnǎi	〔名〕	milk	14
	牛肉	niúròu	〔名〕	beef	14
nǚ	女士	nǚshì	〔名〕	lady	23

P

pá	扒	pá	〔动〕	to gather up, to rake up	23
pāi	拍	pāi	〔动〕	to send (cable)	34
pái	牌儿	páir	〔名〕	brand	11
pán	盘儿	pánr	〔量〕	a measure word (dish, plate)	14
pàng	胖	pàng	〔形〕	fat	33
pǎo	跑	pǎo	〔动〕	to run	26

	跑步	pǎo bù		jogging, to run	33
péi	陪	péi	〔动〕	to accompany	20
pí	啤酒	píjiǔ	〔名〕	beer	2
	脾气	píqi	〔名〕	temper	15
	皮鞋	píxié	〔名〕	leather shoes	12
pīn	拼盘	pīnpán	〔名〕	mixed cold dish, hors d'oeuvre	14
píng	凭	píng	〔动〕	to use (as evidence)	7
	瓶	píng	〔量〕	bottle	5

Q

qī	妻	qī	〔名〕	wife	35
qǐ	起床	qǐ chuáng		to get up, to get out of bed	9
	起飞	qǐfēi	〔动〕	to take off	35
qì	气象台	qìxiàngtái	〔名〕	weather station	16
qián	前天	qiántiān	〔名〕	the day before yesterday	8
qiú	球迷	qiúmí	〔名〕	fans (ball games)	28
qǔ	取	qǔ	〔动〕	to draw (money)	7
quān	圈	quān	〔名、量〕	circle, round	28

R

rén	人数	rén shù		number of people	30
rèn	任务	rènwù	〔名〕	task	34
rì	日元	rìyuán	〔名〕	(Japanese) yen	7
róng	容易	róngyì	〔形〕	easy	23

S

sàn	散步	sàn bù		to go for a walk	9
sǎng	嗓子	sǎngzi	〔名〕	throat	15
shàn	扇子	shànzi	〔名〕	fan	30
shàng	上楼	shàng lóu		to go upstairs	19
shēn	身体	shēntǐ	〔名〕	body	15
shēng	声	shēng	〔名〕	voice, sound	30
	生活	shēnghuó	〔动、名〕	to live; life	23
shī	失散	shīsàn	〔动〕	to lose	27
shí	石头	shítou	〔名〕	stone	30

shōu	收	shōu	〔动〕	to receive, to keep	24
shǒu	首都	shǒudū	〔名〕	capital	16
	手绢	shǒujuàn	〔名〕	handkerchief	11
	手套	shǒutào	〔名〕	gloves	11
	手续	shǒuxù	〔名〕	procedure	24
shòu	瘦	shòu	〔形〕	tight, thin	12
	售票员	shòupiàoyuán	〔名〕	conductor	26
shū	叔叔	shūshu	〔名〕	uncle	2
shuāng	双	shuāng	〔量〕	a measure word (pair)	12
shuǐ	水	shuǐ	〔名〕	water	33
	水电费	shuǐdiànfèi	〔名〕	payment for water and electricity	22
	水果	shuǐguǒ	〔名〕	fruit	19
shuì	睡觉	shuì jiào		to sleep	9
sú	俗话	súhuà	〔名〕	common saying	35
suàn	算术	suànshù	〔名〕	arithmetic	18
suì	岁数	suìshù	〔名〕	age	34
sūn	孙女	sūnnǚ	〔名〕	granddaughter	17

T

tā	它	tā	〔代〕	it	35
tái	台	tái	〔名〕	station	22
	抬	tái	〔动〕	to carry (on shoulder)	29
	台球	táiqiú	〔名〕	billiards	28
tǎo	讨论	tǎolùn	〔动〕	to discuss	24
tè	特产	tèchǎn	〔名〕	special produce	27
	特点	tèdiǎn	〔名〕	characteristic	35
tǐ	体育	tǐyù	〔名〕	physical exercises	33
tiáo	条	tiáo	〔量〕	a measure word	12
tiào	跳	tiào	〔动〕	to jump	29
	跳高	tiàogāo	〔名〕	high jump	28
tóng	同学	tóngxué	〔名〕	school-mate	21
tǒng	统筹医疗费		〔名〕	payment for a co-operative	
		tǒngchóu yīliáofèi		medical care	22
tóu	头发	tóufa	〔名〕	hair	33
tuì	退休金	tuìxiūjīn	〔名〕	retire pension	22
tuō	托儿费	tuō'érfèi	〔名〕	payment for child care	22
	托儿所	tuō'érsuǒ	〔名〕	nursery	22

W

wài	外地	wàidì	〔名〕	other places	20
wǎn	晚饭	wǎnfàn	〔名〕	supper, dinner	9
wàn	万	wàn	〔数〕	ten thousand	7
wǎng	网球	wǎngqiú	〔名〕	tennis	28
wàng	忘	wàng	〔动〕	to forget	24
wèi	位	wèi	〔量〕	a measure word for people	10
wén	文化宫	wénhuàgōng	〔名〕	cultural palace	4
	文章	wénzhāng	〔名〕	article, composition	30
wǔ	午饭	wǔfàn	〔名〕	lunch	9
wù	雾	wù	〔名〕	fog	16

X

xī	西餐	xīcān	〔名〕	western food	23
	西服	xīfú	〔名〕	suit	24
	西药	Xīyào	〔名〕	western medicine	15
xí	席	xí	〔名〕	banquet, table	27
xǐ	洗（照片）	xǐ (zhàopian)	〔动〕	to develop (photos)	21
	洗尘	xǐchén	〔动〕	to celebrate someone's home-coming	27
	喜欢	xǐhuan		to like	14
xià	下午	xiàwǔ	〔名〕	afternoon	4
xián	闲不住	xiánbuzhù		always keep oneself busy	35
xiāng	香	xiāng	〔形〕	fragrant or smell deliciously	33
	箱子	xiāngzi	〔名〕	suitcase, trunk	29
xiǎo	小说	xiǎoshuō	〔名〕	novel	31
xīn	心细	xīn xì		careful	35
xíng	行动	xíngdòng	〔动、名〕	movement; to take action	34
	行李架	xínglijià	〔名〕	luggage rack	24
xìng	幸福	xìngfú	〔形、名〕	happy; happiness	23
xué	学术	xuéshù	〔名〕	scholarship, academic subjects	25
	学校	xuéxiào	〔名〕	school	5
xuè	血压	xuèyā	〔名〕	blood pressure	15

Y

yá	牙	yá	〔名〕	tooth	15
ya	呀	yā	〔助〕	a modal particle	28
yǎn	眼	yǎn	〔名、量〕	eye; look	31
	眼镜盒儿	yǎnjìnghér	〔名〕	case (for keeping glasses)	24
yāng	秧	yāng	〔名〕	seedling	35
yáng	羊肉	yángròu	〔名〕	mutton	14
	羊肉泡馍			a popular dish in the northwest	
		yángròu pào mó		of China	27
	洋娃娃	yángwáwa	〔名〕	doll	21
yàng	样	yàng	〔名、量〕	appearance, kind; a measure word	11
yào	钥匙	yàoshi	〔名〕	key	11
yé	爷爷	yéye	〔名〕	grandpa	2
yī	衣帽钩	yīmàogōu	〔名〕	pegs for coats and hats	24
	铱金	yījīn	〔名〕	iridium	11
	医院	yīyuàn	〔名〕	hospital	15
yí	一定	yídìng	〔形、副〕	definite; definitely, must	1
yǐ	椅子	yǐzi	〔名〕	chair	5
yì	一起	yìqǐ	〔名、副〕	together	13
yīn	音量	yīnliàng	〔名〕	volume (sound)	32
yīng	英语	Yīngyǔ	〔名〕	English	17
yóu	游泳	yóuyǒng	〔动、名〕	to swim; swimming	33
yú	鱼翅	yúchì	〔名〕	shark's fin	27
yǔ	雨衣	yǔyī	〔名〕	raincoat	29
yún	云	yún	〔名〕	cloud	16
yùn	运动	yùndòng	〔动、名〕	to do exercises; sports	28

Z

zāng	脏	zāng	〔形〕	dirty	35
zǎo	早	zǎo	〔形〕	early	12
	早饭	zǎofàn	〔名〕	breakfast	9
zěn	怎么	zěnme	〔代〕	how	6
zhàn	占线	zhàn xiàn		the line is busy	10
zhào	照	zhào	〔动〕	to take (photos)	21
	照片	zhàopiān	〔名〕	photo	21
	罩衫	zhàoshān	〔名〕	a kind of jacket	12
	照相馆	zhàoxiāngguǎn	〔名〕	photo studio	21

zhè	这么	zhème	〔代〕	so	13
zhēn	真是的	zhēnshide		a mild disapproval	31
zhèn	阵雨	zhènyǔ	〔名〕	shower	16
zhèng	正好	zhènghǎo	〔形、副〕	precise; precisely; no more, no less	7
zhǐ	只	zhǐ	〔量〕	a measure word	11
zhǐ	指	zhǐ	〔动〕	to point	29
	指正	zhǐzhèng	〔动〕	to criticize	25
zhōng	中锋	zhōngfēng	〔名〕	center (a position in ball games)	28
	中式	Zhōngshì	〔名〕	Chinese style	12
	中药	Zhōngyào	〔名〕	Chinese medicine	15
	钟头	zhōngtóu	〔名〕	hour	31
	衷心	zhōngxīn	〔形〕	heartfelt	25
zhòng	重	zhòng	〔形〕	heavy	15
zhū	猪肉	zhūròu	〔名〕	pork	14
zhǔ	主持人	zhǔchírén	〔名〕	chairperson	25
zhuāng	装	zhuāng	〔动〕	to pack	34
zhuō	桌子	zhuōzi	〔名〕	table	5
zì	字	zì	〔名〕	character	10
	自己	zìjǐ	〔代〕	self	23
zū	租	zū	〔动〕	to hire	34
zuó	昨天	zuótiān	〔名〕	yesterday	8
zuǒ	左边儿	zuǒbiānr	〔名〕	left side	26
zuò	作	zuò	〔动〕	to do	18
	做	zuò	〔动〕	to make	12
	座谈	zuòtán	〔动〕	to discuss (informally)	25

专名 Proper Nouns

B

| 北京 | Běijīng | Beijing (Peking) | 3 |
| 北京饭店 | Běijīng Fàndiàn | Beijing Hotel (Peking Hotel) | 3 |

C

| 《茶馆》 | 《Cháguǎn》 | "Tea House" | 10 |

D

| 地下宫殿 | dìxià gōngdiàn | underground palace | 20 |

F

| 法国 | Fǎguó | France | 33 |

G

| 广州 | Guǎngzhōu | Guangzhou (Canton), capital of Guangdong Province in south China | 16 |
| 华侨大厦 | Huáqiáo Dàshà | Overseas Chinese Hotel | 10 |

J

| 加拿大 | Jiānádà | Canada | 3 |

L

| 李 | Lǐ | a common Chinese family name | 1 |
| 李小兰 | Lǐ Xiǎolán | name of a girl | 17 |

440

M

民族饭店	Mínzú Fàndiàn	Nationalities Hotel	13

Q

青岛	Qīngdǎo	a major coastal city in Shandong Province)	14

R

日本	Rìběn	Japan	3

S

上海	Shànghǎi	Shanghai	10
首都剧场	Shǒudū Jùchǎng	Capital Theater	10

T

唐人街	Tángrénjiē	Chinatown	23

W

王大娘	Wáng dàniáng	Auntie Wang	22
王力	Wáng Lì	a well-known professor of Chinese linguistics	28

X

西单	Xīdān	name of a commercial centre in the west of Beijing	4
小同	Xiǎotóng	name of a boy	19

Y

| 颐和园 | Yíhéyuán | the Summer Palace | 8 |
| 英国 | Yīngguó | England, Britain | 3 |

Z

张	Zhāng	a common Chinese family name	1
张大中	Zhāng Dàzhōng	name of a man	1
张文汉	Zhāng Wénhàn	name of a man	1
赵	Zhào	a common Chinese family name	1
中国	Zhōngguó	China	3
中国书店	Zhōngguó Shūdiàn	China Bookstore	26
中国银行	Zhōngguó Yínhàng	Bank of China	7

Appendix II

语法索引　Grammar Index

本索引包括本书多课出现的主要语法点，按语法内容分为八类排列。

This index includes the main grammar points in Book 1 of *CHINESE FOR TODAY*. They are arranged in eight items according to grammar content.

一、词类

Grammar Point	Lesson	Study Point
方位名词	26	②
疑问代词"谁"表任指	29	④
动词重叠	11	③
助动词"会"	13	④
	2	②
	11	⑥
助动词"要"	13	③
助动词"能"	13	⑤
助动词"可以"	13	①
数词"二"和"两"	6	④
数词"几"和"多少"	5	③
序数	32	②
量词	5	①
	3	①
量词"一点儿"	4	④
动量词"次"和"遍"	33	②
副词"就"	21	⑧
	22	④

副词"就"用法小结	34	⑤
副词"还"	13	⑤
	18	②
	19	⑤
	33	⑦
副词"还"用法小结	29	③
副词"又"	24	④
副词"再"	15	④
	32	③
副词"也"	16	⑥
	21	⑦
副词"都"	16	⑤
介词"给"	5	②
语气助词"吧"	5	⑤
	9	⑤
语气助词"呢"	26	③
语气助词"了"	9	⑥
	16	①
	17	③
	18	③
语气助词"啊"用法小结	28	⑦

二、 词组与固定格式

Grammar Point	Lesson	Study Point
除了…以外	28	⑧
"的"字结构	11	④
	12	①
	9	④
…来	22	⑦
"数词＋来＋量词"表概数	17	⑤

"数量词 + 左右" 表概数	34	③
形容词 + (一) 点儿	10	②
有点儿 + 形容词	15	③
又…又…	28	②
一边…一边…	30	⑥

三、句子成分

Grammar Point	Lesson	Study Point
定语	2	④
定语与 "的"	8	④
动宾结构做定语	21	⑥
动词结构做定语	23	④
地点状语	11	②
动宾结构做状语	23	②
介词结构做状语	21	④
状语与 "地"	25	⑤
"动词 + 着" 做状语	29	②
结果补语	24	③
"好" 做结果补语	24	⑥
"见" 做结果补语	25	③
"在" 做结果补语	24	⑤
程度补语	28	①
	29	⑥
趋向补语	22	①
	22	⑤
时量补语	31	③
可能补语	32	①

445

四、句子的类型

Grammar Point	Lesson	Study Point
双宾语动词谓语句	6	②
主谓谓语句	15	①
"是"字句	1	③
"有"字句	4	⑤
"把"字句	35	①
意义上的被动句	34	①
	30	②
连动句	4	②
兼语句	25	①
"是…的"句	27	③
	28	⑤
	31	①
"比"字句	25	②
	33	③
"跟…一样"的比较句	30	①
"没有"的比较句	33	④

五、提问的方法

Grammar Point	Lesson	Study Point
"吗"的疑问句	1	③
疑问代词的疑问句	3	②
"吧"的疑问句	9	⑦
"呢"的疑问句	4	③
正反疑问句	10	④
"有"字句的正反疑问句	14	④
选择疑问句	14	②
"好吗"的疑问句	9	③
"是吗"的疑问句	16	④

六、 数的表示法

Grammar Point	Lesson	Study Point
百以内称数法	7	①
时间表示法	9	②
日期、星期表示法	8	①、⑥
年、月、日顺序	27	④
人民币表示法	6	①

七、 强调的方法

Grammar Point	Lesson	Study Point
"不是…吗"表强调	11	⑧
副词"就"表强调	24	⑤
副词"可"表强调	28	⑩
动词"是"表强调	30	③
"怎么＋也"表强调	31	④

八、 动作的态

Grammar Point	Lesson	Study Point
动态助词"了"表完成态	20	②
动态助词"着"表持续态	29	②
动态助词"过"表经历态	33	①
"正…呢"表进行态	19	②
"要…了"表即将发生态	19	③